侨界记忆丛书

重返历史现场

——我对侨务工作的回忆与思考

吕伟雄 著

中国华侨出版社

·北京·

图书在版编目（CIP）数据

重返历史现场：我对侨务工作的回忆与思考 / 吕伟雄著. -- 北京：中国华侨出版社, 2025.6. -- ISBN 978-7-5113-9572-6

Ⅰ.D634

中国国家版本馆CIP数据核字第2025K7063N号

重返历史现场——我对侨务工作的回忆与思考

著　　者：	吕伟雄
出 版 人：	杨伯勋
责任编辑：	姜　军
特约编辑：	林　干　黄为民　肖韵贤
封面设计：	林美瑛　蓝美华
开　　本：	710毫米×1000毫米　1/16开　　印张：32.75　　字数：443千字
印　　刷：	香河县宏润印刷有限公司
版　　次：	2025年6月第1版
印　　次：	2025年6月第1次印刷
书　　号：	ISBN 978-7-5113-9572-6
定　　价：	88.00元

中国华侨出版社　北京市朝阳区西坝河东里77号楼底商5号　邮编：100028

发行部：（010）64443051　　传　真：（010）64439708

如发现印装质量问题，影响阅读，请与印刷厂联系调换。

序 一

开拓者的足音

胡 波

在我的大半辈子的人生经历中，为师长的论著写评论谈读后感者多，为上级领导的大作写"序"，则是大姑娘上轿——头一回。

但令我为之释怀的是，吕伟雄是朋友们公认的一位宽厚待人的老领导。在朋友圈子里，他是知心的朋友；在同事的眼里，他是关心人的领导；在群众的心里，他是实干的政府工作人员；在年轻人的心目中，他是受景仰的前辈。他从中山市副市长调任省厅局级领导已有多年，中山人仍然习惯叫他"吕市长"，这就是最有历史感和人情味的表达。我于20世纪80年代来中山工作，那个时候虽然没有与吕市长有过直接的交往，但从许多中山政界和文化界的朋友那里得知，他是一位有魄力、有担当、有文化情怀和具有文人气息的好领导！因此，心里对吕市长有了几分敬畏和景仰之情。后来接触多了，这种敬畏感固然依旧，但景仰之情与日俱增。

这本《重返历史现场——我对侨务工作的回忆与思考》显然不是吕伟雄的第一部著作，先前出版的《我生命中的夏天》，就曾引起过不小的"轰动"，在中山一度掀起了口述历史的浪花。几年过去了，有关华侨华人口述的历史，也出了不少好书，但这本《重返历史现场——我对侨务工作的回忆与思考》的口述史，无论是内容和形式，还是叙事和议论，都令人如沐春风、如饮甘霖、心旷神怡而又思绪万千。事实上，这既是一本侨务工作开拓创新的真实记录，又是一部别开生面的侨情史和侨心史，更是作者重侨、为侨、爱侨、护侨的精神史和行动史。

1. 侨务：在破与立中推进

侨务工作在常人看来，就是与华侨有关的一些事务性的工作。其实，在特定的历史时期，侨务工作发挥着不同寻常的作用。明清时期，统治者视海外移民为弃民，根本谈不上保护他们的权益。鸦片战争后，清政府虽然开始注意到华侨的作用，也在有识之士的呼吁下，勉强地做一些利于华侨的事情，但是侨务工作并没有得到实质性的进展。

庆幸的是，香山人敢于为维护华侨的权益而持续不断地鼓与呼。香山人唐廷枢的哥哥唐廷桂在美国期间，就积极主动地维护华侨华工的合法权益，备受华侨华工的尊敬。香山人容闳、郑藻如、郑观应等，不仅建议政府向世界各国派驻领事，保护华侨华工的人身和财产安全，而且身体力行地深入世界各国了解华侨华工在当地生产生活的情况，有针对性地提出保护华侨华工权益的措施，使华侨华工真切地感受到祖国和家乡的温暖。民国时期，侨务工作日益受到国民政府的重视，华侨与祖国和家乡的联系开始密切起来。遗憾的是，民国时期的侨务工作因复杂的政治环境和持续不断的政治斗争而时好时歹、时进时退，无法在根本上达到服务华侨和保护华侨的目的。

中华人民共和国成立后，侨务工作成为党和国家长期的战略性的工作，保护华侨权益，提高华侨地位，发挥华侨在国家建设和对外关系等方面的作用，成为侨务工作的首要任务。在中国共产党的领导下，如火如荼的社会主义建设吸引了无数海外侨胞回国参与建设，并且在人力、物力和道义上得到了他们的大力支持和无私奉献。尤其是以钱学森、华罗庚、邓稼先、谢希德等为代表的归侨群体，毅然放弃国外优越的生活和工作条件，主动回国参加社会主义建设，为中华人民共和国科技与文化事业的繁荣发展和国际地位的提升做出了重要贡献。但是，随着"左"的错误思想影响，侨务工作一度受到严重冲击，侨心也受到不小的伤害。改革开放初期，经济建设和社会发展，使侨务工作一跃成为对外交往和文化传播的桥梁纽带，甚至是招商引资和经贸洽谈的策划者和主力军。尤其是华侨众多的广东，侨务在改革开放和对外文化交流以及统战工作中扮演着格外重要的角色，发挥了极其重要的作用。但是，随着中国对外开放的扩大和深入，以及国际经贸合作和文化交流的深层次推进，侨务工作更需要有新视野、新思维、新理念、新方法，按部就班和循规蹈矩式的工作态度和工作方式，显然难以适应不断变化的环境，更难以满足时代和社会的需要。

在吕伟雄的这本书里，我们会惊喜地发现，广东侨务为什么能够发展壮大，并不断地在对外联络和服务华侨等方面取得骄人的成绩，这主要与广东省人民政府侨务办公室多年来不断改革创新，在破与立中有效地推进各项工作有关。尤其是吕伟雄到任省侨办后，为了更好地开展工作，首先进行深入调查研究，不断学习和思考，在交流和讨论中形成了更新观念的"五破五立"，即破除依赖优惠政策做侨务的思想，树立主动研究制定新时期为侨服务的新措施，以赢得侨心的观念；破除地方经济发展"打侨牌"的单赢思想，树立为华侨华人生存发展服务与华侨华人互惠互利的双赢观念；破除侨务工作只靠侨办自己做的思想，树立依靠社会力量和各部门做侨务的观念；破除无所作为、满足于旧基础、旧关系、旧领域的思想，树立敢为人先、开拓进取的观念；破除"敏感国家"不敢碰，新型社团不敢接触的因循守旧思想，树立敢做、善做工作的观念。

在"五破五立"的同时，吕伟雄又提出在巩固传统社团、老侨领、老朋友工作的基础上，全力拓展并建立与华侨华人新生代、新华侨华人、华侨华人社团新力量联系的"三新战略"，实现从乡亲侨务向大侨务跨越、从部门侨务向社会侨务跨越、从政府侨务向民间侨务跨越的"三个跨越"。

随后，广东省侨办以解放思想、与时俱进为思想指引，通过队伍建设、侨务外宣、侨捐监管、落实侨房政策、"侨心居"建设和海外交流协会转型升级等方面的改革创新，在短短的几年里成功地推动侨务工作迈上了新台阶，形成了广东侨务工作的新气象。尤其是每两年一届的世界广东同乡联谊大会（即"世粤联会"），不仅是广东侨务工作从"引进来"到"走出去"的重要举措之一，而且是广东改革开放过程中侨务工作"牵一发而动全身"的关键节点。

正是广东侨务工作者敢于"破"的勇气和决心，以问题为导向，以目标为指引，在观念更新、思路创新中，不断开拓，不断奋进，树立了侨务工作的品牌，提高了侨务工作者的威信，增加了华侨华人社会的凝聚力，壮大了统一战线的力量，以看得见、摸得着、感受得到的实绩成为全国侨务工作的标杆！

2. 侨情：在走与访中审视

广东是中国的华侨大省，也是侨务工作的重镇。维护好、实现好、发展好海外侨胞和归侨侨眷的根本利益，一直是侨务工作的出发点和落脚点。了解侨情，熟悉侨民，也就成为侨务工作的立足点和必修课。知己知彼，交流互信，灵活务实，工作方能顺风顺水。吕伟雄一贯注重读书学习和调查研究，富有群众观念和基层经验，善于问题导向和目标引领，在走基层、访侨胞、深调研的基础上，总结经验，吸取教训，提出思路，确定目标，明确任务，形成模式。

事实上，侨情不是简单易察的，也不是一成不变的。不同的国家不同的地区在不同的时期，侨情呈现出的状况也是千差万别的。且不说不同国家和地区的华侨社会的不同情况，就是同一国家同一地区的侨情也极为复杂。因历史和文化等方面的原因，早期华侨往往结成不同的帮派，建立各自的会馆，彼此之间，既少有联系，又各自为政，甚至相互攻击。1903年，梁启超深入考察华侨社会和华侨会馆后，就意识到帮派和会馆的弊端。他在《新大陆游记》中颇为感慨地说："凡外洋之粤民，皆有所谓三邑、四邑者，是最怪事。所谓三邑，则南海、番禺、顺德也。所谓四邑，则新会、新宁（即台山）、恩平、开平也。"奇怪的是"会、宁之人昵其异府之恩、开，而疏其同府之南、番、顺"，尤其是"旧金山之四邑，又分为五会馆"，其另立山头、各自为政的地方意识和宗派观念，令具有近代国家主义和民族思想的梁启超颇为震惊！

尽管梁启超所见华侨社会之现象在近代民族主义思潮和国家观念的影响下，尤其是经过近代中国民主革命的洗礼和全球经济一体化潮流的冲击，华侨华人社会发生了很大的改变，如作者在海外做侨情调研时，就发现澳大利亚华侨华人社会结构已与过去有了较大的变化，形成了八大华人移民群体，他们来自不同国家和地区，在政治倾向、社会地位、文化背景、经济状况、心理诉求等方面都不一样。如果侨务工作还是一如既往地以传统社团、老侨领和老朋友为对象，就会坐失良机，达不到侨务工作的目的。因此，只有全面深入华侨华人社会，实地走访交流考察，才能全面了解变动中的华侨华人社会，才能做到有的放矢、正确施策和精准服务，才能充分发挥侨务工作的外联内引和桥梁纽带作用，才能真正全面体现侨务工作者的价值。

基于这样的认识，吕伟雄上任省侨办主任伊始，就策划、组织省侨办和一些侨乡的侨务干部，组成多个调研团，在三年多的时间里，不辞劳苦，分赴几十个国家和地区，有目的有计划多形式地展开侨情、侨心调研，共编辑出版了《海外华人社会新观察》《海外华人社会新透视》《海外华人社会新视野》三部调研报告书，收集了超百篇海外侨情调研报告，多角度多层面集中反映了他们对新侨情的观察和思考，也成为广东侨务乃至全国侨务工作的智力支撑、决策参考和行动指南。在走与访中观察，在知情与达意中思考，及时调整工作思路和服务对象，务实灵活，有的放矢，在不断创新中实现侨务工作的大跨越，这是本书作者的真实写照，也是本书的精华所在。

3. 侨史：在学与用中书写

这本《重返历史现场——我对侨务工作的回忆与思考》，与一般的口述史略有不同，其既有个性化的自我书写，又有文献佐证的图文互补；既有当事人亲力亲为的讲述，又有事件情景的记录和历史现场的还原，更有侨务工作的经验总结和时过境迁后的反省。无论是讲述的内容还是呈现的方式，也无论是有针对性的观察还是有前瞻性的思考，处处洋溢着探索和创新的热情，事事体现出为"侨"担当的精神，思想和行动中常常闪烁着知识和智慧的光芒。

著名历史学家周策纵先生曾说："大凡文字写得最美最生动的，最难同时得事理的平实，因为作者不能不有艺术的夸张。"同样，回忆录或口述史，都不可避免地带有强烈的主观色彩和个性特征，因此可爱而不一定可信，可读而不一定好懂。但是，阅读吕伟雄的这本口述史，立即感觉它既真实可信，又好读易懂。古往今来的口述史和回忆录，能把叙事说理、声情交织、文史融合有机地统一起来者，并不多见。捧读吕伟雄的这本新书，则有返回历史现场的亲切感和真实感，还有阅读的愉悦和欣赏的快乐！

正如先贤所言：看似寻常最奇崛，成如容易却艰辛！且不说作者写作此书花费了几年的大好时光，翻箱倒柜查找了不少"陈年旧账"，就是那些尘封已久的碎片化的记录和趣味性、细节性的故事，也是不容易完整地表述和完美地演绎出来的。讲述生动的故事和书写真实的历史，需要作者有足够的勇气和过人的智慧，需要严谨的治学态度和生花妙笔的本领。而本书的作者恰好是实干的能人和表述的高手！且看书中《所罗门撤侨的六天六夜》一节，既有时间、地点、原因、人物、事件的清楚交代，又有故事、情节、悬念、对话和情景的具体呈现，这些就很有戏剧性和历史感。还有《"打蛇捉马"，破解委内瑞拉侨胞困局》《世界广东同乡联谊大会的形成》《筹办"百年侨团群英会"，引导广东籍传统社团与时俱进》这几节，也颇能引人入胜。即使是带有总结思考性的内容，如《华侨农场改革与发展的艰辛历程》《侨务工作与广东经济的发展》《从印尼起步的海外华文教育》《"侨心居"成了侨捐慈善项目的好形式》等节，同样诗情饱满而又文思泉涌，理性分析而又娓娓道来，既平实高远，又浅淡深邃，比一般的口述史或回忆录之类作品更好看更易懂。

在我的心目中，吕伟雄不仅是一位优秀的作家，还是一位善于观察、勤于思考、敢于直言的好领导，听他的讲话，看他的作品，总有茅塞顿开、豁然开朗的感觉。也许，这与他不断丰富的知识积累和经验积淀有关。写到这里，我突然想到著名哲学家和美学家李泽厚先生曾提出的"历史建理性""经验变先验""心理成本体"的"积淀学"说，在吕伟雄的著作和实践中，显然就有很好的体现。他的这部新作，表面上看，只是讲述自己在侨务工作中的一些经历和感受，实际上是在书写广东侨务工作的创新史和发展史，是在历史中建理性、在经验中变先验、在心理中成本体的一种尝试。

著名作家冰心说过："成功的花，人们只惊羡她现时的明艳！然而当初她的芽儿，浸透了奋斗的泪泉，洒遍了牺牲的血雨。"吕伟雄的这本关于广东侨务工作的口述史，同样浸透了奋斗的泪泉，洒遍了牺牲的血雨。记录历史，回忆过去，亦是为了寄望未来。相信每一位读者，都会从这本新书中读出侨务、侨情和侨史的真善美。

（作者系历史学博士、教授。广东历史学会副会长，广东省政府文史研究馆馆员，原中山市文联主席、社科联主席、政协专职常委）

序 二

一部珍贵的侨务教科书

林　干

吕伟雄主任耗时四年的侨务经历《重返历史现场——我对侨务工作的回忆与思考》终于付梓，作为项目的策划和参与者，我们都为之振奋，因为，这是广东侨务工作的主要领导人的工作经历，它不仅记载了21世纪初广东侨务的辉煌岁月，而且展示了广东侨务工作者如何不忘初心、努力为侨服务的可贵情怀和辉煌业绩，更重要的是书中所表达的不唯上，不唯书，只唯实，勇于开拓，敢为人先的精神和魄力，堪称广东改革开放成功的密码。

广东是中国第一大侨乡，广东侨务一直是我省的工作重点和发展优势，改革开放以来，广东侨务事业蓬勃发展，对推动广东社会和经济发展做出了突出贡献。习近平总书记2020年10月13日下午在广东省汕头市考察时说："华侨一个最重要的特点就是爱国、爱乡、爱自己的家人。这就是中国人、中国文化、中国人的精神、中国心。中国的改革开放，中国的发展建设跟我们有这么一大批心系桑梓、心系祖国的华侨是分不开的。"这既是对海外侨胞爱国爱乡的褒扬，也是对改革开放以来广东侨务工作的充分肯定。

我是1991年从企业调至广州市侨办下属的广州华声杂志社（现划归

广州市侨联）工作，经历了20世纪八九十年代以及21世纪初广东侨务大发展时期，身处其中，我见证了我的同事在协调方方面面落实党的侨务政策，争取侨心，营造重视关心支持侨务的社会氛围；招商引资引智，助推广州社会经济发展。侨务干部兢兢业业任劳任怨为侨服务的动人事迹常常见诸我的笔端，也一直感动着我，以至于有一种冲动，把他们记录下来。我觉得，在广东改革开放过程中，华侨港澳同胞是发展优势，而能够争取他们回乡参与祖国建设，党的侨务政策至关重要，侨务干部功不可没，而且当中的每一个故事都是一段很好的华侨史。但是，一段时期以来，对广东侨史的研究大多集中于华侨华人、港澳同胞这些侨务工作的对象身上，对侨务工作的执行者和实践者反而少有涉及。

2012年，我和广州华声杂志社副社长黄为民策划，在广州市侨办退休的几位老同事支持下，组成一个摄制小组，义务为20多位广州市侨办老干部摄制《广州侨界口述史》，这个公益项目后来因为种种原因停滞不前。看着自己一手策划的口述历史记录项目中断，而许多经历过中华人民共和国成立以来各个时期侨务工作的老同志离世，历史的许多真相和细节由此湮没，我不由得产生一种抢救历史的冲动。

2017年，我和广州华声杂志社社长黄为民、广东省侨心慈善基金会理事、广东华侨历史学会理事、广州市华侨历史学会理事兼副秘书长肖韵贤为广东省侨心慈善基金会编辑出版该会成立十周年的纪念画册，采访原广东省侨务办公室主任吕伟雄。

吕伟雄主任是我十分敬重的侨界老领导，2002年广州召开第二届世粤联会。这是在广东首次举行的全球广东同乡联谊大会，海外侨胞3000多人济济一堂，盛况空前，堪称广东侨界史无前例的盛会。当时，为了配合世粤联会，我和广州市侨办的几位同事找到负责大会筹备工作的广东省侨办主任吕伟雄，提议在大会期间由广州市侨办举办一个世界华侨华人书画展。这个提议得到了吕主任的支持，他高度评价我们的提议，认为这为世粤联会增添了一道文化亮色,他不仅将书画展列入大会议程,更是把活动揭幕仪式安排在大会前一天下午,以此为世粤联会拉开了序幕。此后,我参与了在他领导下的广东侨务辉煌历程,对他的侨务工作开拓创新思路和实践非常佩服,更折服于他的实干精神。

采访空隙,我和他谈起开启广东侨界口述史项目的设想。我的设想得到了这位侨界老领导的重视和支持,他认为,收集侨务干部和华侨华人、港澳同胞口述资料,记载改革开放以来的侨务历史,是一件十分有价值和有意义的事情,他愿意牵头开展这项工作。

2017年年初,我和合作者黄为民、肖韵贤多次拜会吕主任,由广东侨界的热心人共同合作策划,筹备启动"广东侨界记忆丛书"项目,计划以视频和文本的形式,系统全面地记录中华人民共和国成立以后特别是改革开放40年来,广东侨务工作概况以及广东侨务工作者、海外华侨华人、港澳同胞的工作生活经历、所作贡献,以弘扬爱国爱乡精神,传承华侨文化,保全中华人民共和国成立以来广东侨务工作历史的完整性文献。我们都认为,吕主任在侨务工作的7年是广东侨务一个辉煌的时期,无论是工作思路和效果,都是广东侨务难得的历史资料,首个口述史从吕主任开篇。

"广东侨界记忆丛书"是一个耗时较长和牵涉面较广的项目,而且是抢救性质的文史项目,需要参与者有极大的热情和韧性。2017年8月至2020年年初,我和黄为民、肖韵贤利用节假日十多次到中山对吕伟雄主任进行录音录像采访,其中,我作为采访人,黄为民负责摄像,肖韵贤负责整理出23万字的录音文字稿。2020年,尽管抗疫形势严峻,书稿整理仍有条不紊,这期间,吕主任翻阅大量的文件资料和工作笔记,认真回忆他在任职省侨办期间每一个阶段的工作思路,每一个重大事件的处理方式,每一项侨务政策构思的设想和落实后的效果,每一个精彩故事和细节,每一个与侨界重点人物交往中的趣闻逸事。他虽然退休至今已经10

年，但依然思维敏捷，记忆清晰，条理分明，风趣幽默，谈锋睿智，一场采访下来，犹如上了一堂生动的侨务知识课。比如，提出广东侨务的"三新战略"和"三个跨越"；探索侨务工作配合广东经济的发展；培养和锻炼侨务干部队伍；组织第二届世界广东同乡联谊大会；筹办"百年侨团群英会"，引导广东籍传统社团与时俱进；"打蛇捉马"，破解委内瑞拉侨胞困局；解决所罗门撤侨的六天六夜；建立健全华侨港澳同胞捐赠项目的监管制度；首创"侨心居"并成为侨捐慈善项目的好形式；与传媒合作，用社会化思路应对社会化的侨务；建立与驻外使领馆构筑内外互动的新机制；拍摄《海外中山人》电视专题片提升侨务的社会能见度；探索华侨农场改革与发展。桩桩件件，一步一个脚印，串联成21世纪头十年广东侨务的辉煌历程。而透过书中叙述的许多往事，又可以看到一个侨务干部在执行党的侨务政策时的坚定不移，开展侨务工作的灵活创新，为侨服务的真诚热忱，联系侨胞的深情厚谊，维护侨胞权益敢于担当的心路历程和忠肝义胆。

当然，我印象最深的是吕主任讲述的纠正清坟专项行动错误政策的一件事：2001年，广东省制定了《广东省殡葬管理工作"十五"计划》，这个计划提出："至2005年除少数山区县外，全省基本实现辖区无坟化。"

吕伟雄主任意识到华侨祖坟问题牵动着千千万万海外侨胞的心，是一个涉及侨心向背的重大问题。他亲自到侨乡调研，并且把了解的情况和省侨办对这个问题的看法连夜起草了《关于反映海外侨胞对我省清坟工作涉及华侨祖墓意见的报告》，以省侨办〔2003〕35号文，向省政府作了报告，"建议省政府对清坟工作涉及华侨祖坟问题是否再作认真研究；建议调整有关政策规定，废除'全省实现辖区无坟化'的提法，废除'实现无坟市'的提法，重新考虑设定清坟工作的适当范围，采用既认真贯彻国务院《殡葬管理条例》精神，又从侨乡、侨心的实际出发，不过激、不冒进，能够顺民心侨心的办法，努力实现既做好殡葬政策，又争取团结侨心"。

吕伟雄主任带领广东省侨务系统上下，前后花了近2年时间做不懈的努力，最终于2004年4月15日，在广东省政府召开全省殡改工作会议上，省民政厅宣布修改《广东省殡葬管理工作"十五"计划》火化率，清坟工作不搞"一刀切"。不唯上，不唯书，只唯实，吕伟雄坚持原则实事求是的工作作风略见一斑，开展新时代侨务工作，秉承这种作风尤为必要。

在谈及这段经历时，吕伟雄主任感慨地说，为侨服务，是侨务干部的天职，而要履行这一天职，是当面对侵害侨胞利益的行为时，不但要敢于站起来，更要敢于冲上去；对侵害侨胞权益的斗争要敢于持之以恒，要有"水滴石穿"的精神，缺乏这种精神，天职就可能沦为失职。这也让我联想起广州市原市长黎子流的一句话"在侨乡，不懂侨情不知侨务不能当好一把手"，大有异曲同工之妙。我以为，吕主任给我们侨务干部提供了一个标杆和典范，而他的口述史更是一部珍贵的侨务工作教科书。

2024年，有幸与中国华侨出版社共同参加广州市侨联一个活动，我和肖韵贤与他们谈起吕伟雄主任的书稿，得到了中国华侨出版社的大力支持，很快，中国华侨出版社出版的"侨界记忆丛书"第一本《重返历史现场——我对侨务工作的回忆与思考》终于和读者见面。在侨务工作面临巨大的机遇和挑战的新的历史时期出版老侨务工作者的口述史，有着特别的意义，它让我们更深入地思考：广东侨务工作的优势应该如何发挥？广东的侨务干部应该怎么做侨务工作？相信，老一辈侨务工作者的经验和总结无疑会给新一代侨务工作者以启迪和借鉴。

（作者为广东省侨心慈善基金会副理事长、广东华侨历史学会常务理事、广州市华侨历史学会会长）

目 录

序 一 ·· 1

序 二 ·· 8

一、初入侨门 ··· 1

二、世界广东同乡联谊大会的形成 ······································ 28

三、历时数年的海外侨情调研 ··· 67

四、广东侨务的"三新战略"和"三个跨越" ······················ 91

五、做大做强广东省海外交流协会 ···································· 103

六、筹办"百年侨团群英会",引导广东籍传统社团与时俱进 ······· 116

七、纠正殡葬管理中侵害华侨权益的行为,留住侨胞念祖的根 ······· 151

八、关于侨房和侨房政策的落实 ·· 161

九、"打蛇捉马",破解委内瑞拉侨胞困局 ······················ 190

十、所罗门撤侨的六天六夜 ··· 229

十一、"怨侨"事件是谁惹的祸? ······································· 256

十二、建立健全华侨港澳同胞捐赠项目的监管制度 ·········· 271

十三、"侨心居"成了侨捐慈善项目的好形式 …… 306

十四、华侨农场改革与发展的艰辛历程 …… 334

十五、侨务工作与广东经济的发展 …… 358

十六、从印尼起步的海外华文教育 …… 382

十七、培养和锻炼侨务干部队伍 …… 405

十八、与传媒合作，用社会化思路应对社会化的侨务 …… 423

十九、与驻外使领馆构筑内外互动的新机制 …… 452

二十、在各级党校开设侨务课 …… 471

二十一、《海外中山人》电视专题片与侨务的社会能见度 …… 479

二十二、我在省政协工作的十年 …… 486

后　记 …… 504

一、初入侨门

（一）入门前

我是2000年年初从广东省旅游局局长任上，步入坐落在珠江河畔二沙岛上的广东省人民政府侨务办公室（以下简称省侨办）大门，出任省侨办党组书记、主任的。说起来见笑，我真正认识侨务工作的意义是进了省侨办，当了省侨办主任之后的事情。

对于"华侨"这两个字，童年时我就有朦朦胧胧地认识。当年我担任中山市副市长期间，有很多机会与侨胞接触，也为侨胞做了一些工作。后来在省直机关工作了很长时间，但对侨务方针政策、侨务知识知之甚少，对省侨办日常工作的认识一片空白，真是隔行如隔山。

1.有亲戚是华侨，是可以炫耀的

我的母亲出生于越南一个极度贫困的华侨家庭，父母早亡，七岁那年随亲戚从越南逃难回到中国。记得我十一二岁时，母亲在越南的远房亲戚回广州探亲，住在广州海珠广场附近的华侨大厦。母亲领着我们姐弟跑去拜会这位越南亲戚，这老太婆从大包小包的行李中拿出一双人字拖鞋、一个枕头面包作为礼物送给我们。那时候国家经济困难，物资极度缺乏。我有生以来第一次见到如此柔软的海绵人字拖，第一次见到枕头面包，眼望着这个面包，嘴里的口水禁不住往肚里吞，印象相当深刻。

那时，广州海珠广场的华侨大厦专供华侨入住，其他人不得入住。在市民心中，华侨大厦十分神圣，令人向往。大概就是从那个时候开始，知道住在外国的中国人叫作华侨。也就是那时觉得我有亲戚是华侨，是可以在小朋友的圈子里炫耀的。

2. 侨胞筹款让我出国考察

当干部后，与侨胞的接触越来越多。1985年我回中山当副市长，第一次走出国门是去澳大利亚。首次出国，很有感触。那时，澳大利亚中山同乡会组织乡亲回中山恳亲，市长拉上我去接待他们。乡亲们当着汤炳权市长的面赞扬家乡建设变化很大，但是也直率地批评厕所太差，夫人们都不敢离开酒店，怕离开酒店后找不到厕所，就算找到厕所也不敢进去。乡亲们的这番话，触动了汤市长。他对我说："伟雄，这次你有事情做了。"那时候，我在市政府分管城建工作，我明白汤市长的意思是要我解决市区的厕所问题。

乡亲们对家乡建设十分热心，他们回到澳大利亚不久，同乡会会长和乡亲们就凑钱邀请我去澳大利亚考察城市建设和管理。那时候，政府是没有专项经费让政府官员出国的。乡亲们主动凑钱请我到澳大利亚，十多天时间里他们放下自己的生意，轮流带着我去看公共厕所、停车场、垃圾收集点等，向我细心解释垃圾是如何清运，厕所是如何管理的，违章乱停的汽车又是如何被拖走的。这次很有特色的出国经历，不但让我学到了国外城市管理及建设的经验，更让我深深地体会到侨胞对家乡建设的那种情怀。此事过去三十多年了，凑钱让我出国的五六位侨胞，均已离世。他们的音容笑貌，至今还不断在我脑海浮现。

3. 重点侨乡与"重灾区"

我们经常说广东是侨务大省，中山是重点侨乡。可就是这"重点"二字,让中山在改革开放前的历次政治运动中成了"重灾区"。那时许多对待侨胞的方针政策太"左",侨胞的利益受到侵害的情况也特别严重。

改革开放后,落实侨务政策成了广东特别是像中山这样的"重灾区"的一项重要任务。而最艰巨的任务,是要把当初不该没收而没收了的侨房退回给侨胞,这个任务称为落实侨房政策。这一任务是硬性的,一方面上级要求限时完成任务,另一方面,有的侨胞因心有余悸而不敢回来申请,再一方面是侨胞们的侨房早就分配给无房户居住了,如今要腾退出来,首要的问题是让住在侨房的人搬出来,而要让他们搬出来,又必须有房子安排他们迁入。经市长办公会议研究决定,由我负责在解决困难住房的总体计划中,专项建设一批住房,用于安排侨房腾退户。但当侨房腾退出来了,有些侨胞却不敢回来接收。汤炳权市长出访加拿大时,其中一个任务就是拿着落实侨房申请表,一家一户去做侨胞工作,让他们解除思想顾虑。

整个落实侨房政策的过程,让我深深地认识到,制定落实侨胞利益的政策不难,真正挽回侨心却十分艰难。

4. 吴桂显的家国情怀

令我对侨胞情怀有更深刻认识的是日本侨胞、中山大学孙文学院(电子科技大学中山学院前身)主要捐款者吴桂显先生。吴桂显先生出生于日本,并不是一个很富裕的华侨。他为了支持在家乡中山办孙文学院,竟然将先辈留下的家产变卖,捐回家乡建设孙文学院。他决定捐款之前,不了解日本对这类款项转出国外是需要缴税的,税额是资产价值的一半,而且手续总是办不下来。他宁愿先去银行贷款,也要先把学院办起来。

一个对家乡办学如此热心慷慨的人,自己的生活却是十分简朴。家里的电视机还是17英寸黑白机,他从来舍不得花无谓的钱。学院竣工,剪彩场地没有鲜花,连外围的地面也没有清洗干净。那时候我分管城建,见此情景，就安排消防救援局调来四辆消防车，协助把学校的马路和地面都冲洗干净；让园林处把苗圃场的鲜花用车运过来，把竣工仪式打扮得大方得体，仪式结束之后再将鲜花运回。

5. 每次离任：我的内心千般痛苦，万般矛盾

我任省侨办主任时，刚刚50岁出头，但人生也经历了许多。从城市青年到下乡当农民，又从农民转为国家干部，从基层的岗位调至地委机关，又从地委机关回到地方政府，从地方政府副市长上调到省旅游局任局长，又从省旅游局局长到省侨办主任，从省侨办主任又调任省政协外事侨务委员会主任。尽管我有"择一业，干一生"的准备，但每转换一次角色，除下乡当农民是自己选择外，其余都是自己毫无准备的情况下被安排的。从知青转成国家干部，连想都不敢想；从基层干部转到机关干部，我同样毫无思想准备。当时中山县（现为中山市）行政隶属佛山地委，包括我在内的四位年轻的公社副书记被安排去佛山地委党校参加青年干部学习。听领导说，要在这个学习班的学员选一部分进入地委机关，起"掺沙子"的作用。我们四个年轻人在议论，谁会调到地委机关工作。我分析说肯定不会是我，第一我的性格是调皮捣蛋，第二我的字写得很差，每个字都出格。四个人之中，仇智源一表人才，说话条理清晰，写得一手好字，最适合到机关工作。但偏偏自以为不适合的我，却被调到地委机关工作，从1975年一直干到1985年，中途有两年多在省委党校读干部专修课。之后我又回到中山工作，任副市长，分管城市建设规划管理和环境保护等工作。

刚出任副市长不久，我就有机会到中央党校参加市长研修班，专题学习城市建设管理专业知识。学习结束后能够运用学到的专业知识做好自己的分管工作，这是我的愿望，所以工作起来没日没夜，十分卖力，也很有成就感。从推动垃圾清运制度改革开始，使中山成为我省最早获得"国家

卫生城市"称号的城市，再到建设柏苑、松苑、竹苑住宅区，制定解决困难住户政策并贯彻实施，使中山因此获得联合国人居署颁发的"联合国人居奖"。这个人居奖，是"全球人居领域最高规格的奖励"。从解决城区自来水供应到解决城区公共交通难题，推动影响全国、闻名全国的中山品牌"慈善万人行"，规划整个中山长远蓝图，兴中道、兴中体育场，一个又一个项目渐渐建成，就连市委、市政府新办公大楼也竣工在即。我干得得心应手，潜心谋划更高层次的中山城市建设管理的时候，甚至于自己有一辈子就以中山城市规划建设管理为己任的打算时，命运却要我升官去当省旅游局局长（从副厅升至正厅）。因为舍不得自己正在做的事业，舍不得中山开放政策良好的干事氛围，舍不得经常被我骂到吃不消又甘心情愿与我一起拼命干的同事，我含着眼泪升官去了！

我是在广东省人民医院住院部的病房与时任省旅游局局长交接工作的。对于旅游工作，当时我也是两眼一抹黑，丝毫理论知识和工作准备也没有。不过，我深信，只要全身心投入，总是可以做出成绩来的。到任后，我从提出组建广东旅游集团开始，推动建立省级旅游度假区，实行旅行社经营权投标，制定征收旅游景点发展专用资金，开拓到达中国香港的外国人进入珠三角便利签证，对酒店建设实行宏观调控，引入国际青年旅舍组织，组织省人大代表、政协委员视察广东旅游，在全国率先提出"国民旅游计划"和"广东人游广东"，推动山区、海洋、农业、渔业旅游等活动。正当我在力推广东旅游"三大一新"战略，力推"广东人游广东"，冲破重重阻力促进外国游客进入珠三角 72 小时免签措施落地，在旅游工作形势大好之时，我被省政府决定调任省侨办主任。老实说，我也是含泪离开省旅游局的。

给广东旅游界朋友的信

我已正式接组织上的通知，调任广东省政府侨务办公室主任。

说句心里话，七年前，我从中山到省旅游局任职时，含泪而别，很舍不得。今天，又要与自己倾注了七年心血的省旅游局说再见了，同样是很舍不得，心里阵阵酸甜苦辣……

七年来，我省旅游形势发生了很大变化。看着旅游形势一年比一年好，旅游作用一年比一年大，本人内心有如勤劳的农夫丰收时节看到满田金穗一样陶醉。

当我雄心勃勃，策划在全省打一场实施国民旅游计划、构建粤港澳旅游金三角、推动东西两翼旅游发展，使广东旅游更上一层楼的大战役之际，现实却要我离开这一战役的指挥部，我的内心千般痛苦、万般矛盾。这也许是我对旅游事业的情结吧！

领导干部岗位交流，是推动历史前进的重举。过往，凡是对历史进步起积极作用的事情，本人都自觉投身。如今，我更应一如既往，决不向组织讲价钱。

同志们多年来对我工作的支持帮助，我铭记于心，定将在新的岗位上创造新辉煌，来作报答！

但愿人长久，千里共婵娟。

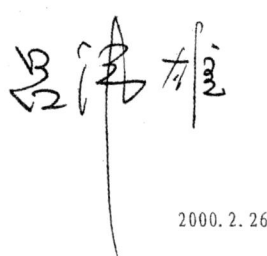

2000.2.26

2000年2月26日，作者《给广东旅游界朋友的信》

（二）入门后

1. 差点进不了侨家大门

到省侨办任职前，还有一个小插曲。这次省直部门一把手换岗，省里主要领导讨论我的去向时，初定要我到某市任市长。负责组织工作的省委领导已经找我谈话，要我做好思想准备。也许在许多人看来，从省直机关部门一把手调去地方任市政府一把手，这是重用，实在是求之不得。可说句心里话，对这个安排，我并不感兴趣。我的兴趣是希望能继续在省旅游局任局长，推动广东旅游发展。但部门领导换岗是硬性规定，个人唯有服从。几天后，省委领导又对我说，我的换岗方案变了，要到省侨办当主任。由另一名原计划担任省侨办主任的女厅长到该市任市长，说是要体现组织重视妇女干部。正是这一改变，我才有机会进入"侨家大院"这个门。

2. "侨家大院"有什么"当家人"

交班给我的是陈毓铮同志，他转岗去当省侨联主席。我和他的经历有相同之处，都是侨眷，都来自侨乡，也都做过基层及地方政府的领导。他是 1992 年从阳江市副市长调任省侨办副主任，1995 年升任省侨办主任的。

我接任时，省侨办的当家人有以下几位。

许丽华，女，正厅级巡视员，早年从印尼回国的归侨，长期在华侨农场工作，后提拔到省侨办当领导。工作勤奋热情、干脆诚实，主要负责华侨农场工作及联系联合国难民署。当时，许丽华还以归侨身份当选省人大代表。

符圣荣，原籍海南省，愿为省华侨农场管理局领导，因机构改革该局撤并到省侨办，任省侨办副主任，主要分工是秘书人事处、农场与难民工作处（对外称接待安置印支难民办公室）。

陈仰豪，潮汕人，曾是团省委的干部，后来当过省领导的秘书，再从省侨办的下属企业拱北中国旅行社提拔来省侨办当副主任。他是负责企业管理的，当时省侨办有下属企业30多家。他主要负责管理下属企业。

王荣宝，女，福建人，从省直研究机关挂职锻炼两年后被提拔到省侨办当副主任。

李国全，助理巡视员，从省直机关调入省侨办。之前曾任有归侨身份的副省长黄开渠同志的秘书。

整个队伍，无论领导成员也好，其他工作人员也好，都是普通群众，没有特殊的官场背景，因此没有谁看不起谁的矛盾。这是好的一面。谈到这个班子的不足之处，第一，虽是工作有务实精神，但大都理论修养不足，干的都是事务性工作，缺乏长远打算，只能就侨务谈侨务，没能把侨务工作带进中心工作中去。第二，有地方党政岗位任职经历的人不多。一个部门的决策者，综合工作能力及多部门工作经历是很重要的，而在地方政府工作最能培养人的综合能力。

3. 放下家务事，拿起开山斧

刚到省侨办时，省侨办有37家直属企业。这些企业全是在改革开放初期，利用国家鼓励华侨投资优惠政策创办起来的。创办初期曾经起过一定的作用，后来优惠政策渐渐减少，企业也越来越远离办企业的初心，有些半死不活了，有些还欠了一屁股债。可是，这些半死不活的企业，对于机关人员的福利是"烂船也有三根钉"，要靠企业筹资发奖金。那个时候，政府财政拨给省侨办的经费十分有限，侨办许多家务事的费用还得自筹。当时，广东的改革开放进入转型期，也就是从"引进来"到"走出去"。在"引进来"时期，侨务部门"家务事"甚多，侨胞捐赠、侨房政策落实、历史遗留的冤假错案平反等工作，全靠侨务部门去落实去完成。

当时招商引资正是高潮，港澳同胞、海外侨胞回乡投资办企业，从选址到办厂，事无巨细都要侨务干部协助。总之，当时的侨务部门，被政府和侨胞视作天生的宠儿，十分"吃香"。

在"引进来"时期，侨务部门十分充实而忙碌，堪称"天生宠儿"；可到了"走出去"时期，这个天生宠儿却"失宠"了。侨资企业从开办转到正常运转，落实侨房政策完成了，国家许多对侨胞的优惠政策也完成历史使命，领导们眼睛也少看侨了，表面上，侨务工作门庭冷落了，侨务系统的干部在观念上、思想上十分迷茫，整天怨天怨地，工作找不到"码头"，"泊"不了"岸"，不知路在何方。

就在这个节骨眼儿上，时任中共中央总书记江泽民到广东视察，指出广东要实施"走出去"战略，要加强外向带动，并指出："广东还有一个独特的优势，就是广东籍的侨胞和港澳同胞近3000万，世界五大洲都有广东乡亲，你们要善于利用这些优势实施好'走出去'的战略，进一步提高对外开放水平。"

省侨办党组会反复研究侨务工作如何落实江总书记对广东工作的重要指示。结合实际，我提出了两个口号："放下家务事，拿起开山斧"，"将良田交给兄弟们，我们开荒去"。所谓放下家务事，是指主动放下一些机关事务，特别是一些原有的审批权。拿起开山斧，则是要跟上时代的要求，开拓侨务新的工作层面。把良田交给兄弟们，主要是指把原属省侨办的37家直属企业愉快地脱钩，不再留恋这些良田的自身利益，轻松上阵重新开荒去。

4. 侨务工作社会化是一种进步

上任刚几天，《广州侨商报》社长韩志鹏上门采访我，开口便问我对目前侨务工作被社会化有什么看法。当时，侨务界对侨务工作被社会化这一事实怨言甚多，我这个初来乍到的新人，本来对同事们的这些怨言是有不同看法的，觉得等调研更全面、更深入时再说，会稳妥点。但韩志鹏直接提出这个问题要我表态，我想也好，来个思维碰撞，看看大家反应如何。我回答他说，所谓侨务工作社会化是指侨务工作受到社会关注和支持，这种社会化是好事，不是坏事，是社会的进步。第二天，该报在头版用通栏标题《吕伟雄：侨务工作社会化是一种进步》，刊登了韩志鹏对我的专访。《广州侨商报》虽然是小报，但在广东侨务系统、侨界是有相当影响力的。我这一论点，在当时侨务工作者中引起了一片哗然，有支持的，也有反对的，也有认为我不懂行乱弹琴的。

2000年3月20日，《广州侨商报》报道：《吕伟雄：侨务工作社会化是一种进步》

文章出来后，我的这个观点成了议论中心。在众说纷纭的时候，一封来自中国海外交流协会办公室的信件，为我撑腰，说看到《广州侨商报》的报道，该协会十分赞同我的观点，并决定把我的专访放在中国海外交流协会主办的龙脉网站上刊发。中国海外交流协会是国务院侨办的另一块牌子，上级主管公开赞同我的观点，我的底气大增，舆论的风向也开始转变了。

2000年4月15日，中国海外交流协会办公室给吕伟雄的信件

为了提高省侨办干部队伍对新时期侨务工作的认识，省侨办党组决定省侨办全体成员分成10个组到18个地市和港澳地区进行大规模的调研。用两个月的时间，进行思想大碰撞，寻找工作的新思路。

我们是2000年5月开始进行调研的。调研结束后，在全省各地市分别组织各县、镇侨务干部举行了八场调研报告会。我们这次大调研，也得到国侨办的认可。在《侨务工作研究》《侨情》两本刊物中，一共刊登了我们的六篇调研报告，包括吴行赐的《破旧立新，开创广东侨务新局面》，我的《建立适应新形势的新思维——谈转型期的广东侨务工作》，沈卫红的《转型期侨务工作的特点与定位》，肖锡权的《依法护侨的思路和对策》，林良锋的《争创广东侨务新优势》。

省侨办以大调研后的思想碰撞为基础，按照汤炳权副省长的指示，举办了为期三天的全省侨务干部培训班。就侨务工作者以什么精神状态去落实江泽民总书记关于"众多的海外侨胞是广东的独有优势"的指示，如何认识和推动广东侨务工作社会化等方向性问题开展思想交流。

经过两个多月的省内大调研、多次大型报告会及培训班的思维碰撞，思想渐渐统一了，工作方向也渐渐明晰了。形成了"四个转向"的转型期广东侨务工作方法：1.从微观转向宏观，即从直接引入资金捐赠，转向政策法规指导和充分利用引进的成果；2.从侨办单枪匹马干转向调动社会力量，用社会化的思路来应对逐步社会化的侨务工作；3.从被动地国内接待转向主动地走出去联络；4.从地缘亲缘观念转向用国际观念来指导海外侨团工作。

附录一

《侨务工作研究》2000年第五期《建立适应新形势的新思维——谈转型期广东省侨务工作》

广东是侨务大省，在海外有2000多万名粤籍侨胞。广东侨务工作取得改革开放之先机，为全国提供了不少宝贵经验。改革开放20年来，侨务工作对广东经济的快速发展，起到了重要的基础性作用。广东现在交通、教育等各方面的基础比较好，比较坚实，与广大侨胞、港澳同胞，与广大侨务工作者的共同努力是分不开的。正如李长春书记指出的，侨务工作对广东改革开放和现代化建设可谓"功不可没"。我省的侨务工作有良好的基础，发展空间也很大，这对我们来说既是动力，也是压力。在继续耕耘好这块肥沃良田的情况下，我们还要拓展，要拓荒。

一、侨务工作应抓住目前的大好时机，有所作为

江泽民总书记要求广东"增创新优势，更上一层楼"。广东籍的华侨遍及世界五大洲，是广东的独特优势之一。如何充分利用、发挥广东这一

独特优势，增创广东发展新优势是省侨办今后的工作重点。侨务工作大有可为，与省委、省政府在珠江三角洲地区率先基本实现现代化的战略部署关系密切。

江总书记今年2月视察广东时提出了广东经济发展要实施"走出去"的战略；朱镕基总理在九届人大三次会议上作政府工作报告时也强调要加大对外开放的力度。这些都给我们的侨务工作指明了方向。目前国家提出开发大西部的战略，也给侨务工作提供了一个新的机遇。现在，华侨华人把广东作为迈向西部的台阶，广东侨务部门可以在这方面起到新的桥梁作用。今后一段时期，全省的侨务工作应该向"走出去"战略转移，抓住目前的大好时机，充分利用我们的良好基础，锐意进取，再创广东侨务新优势。

二、研究适合新时期侨务工作特点的改革与工作方法，继续发挥侨务的独特作用

"社会存在决定社会意识"，社会存在变化了，社会意识也会随之发生变化。对侨务工作者来说，当务之急是更新观念，要认识在新形势下侨务工作的新情况、新特点、新变化，从中寻找做好侨务工作的新思路。我们不能再肤浅地理解侨务工作的独特优势，把为经济建设服务完全简单地等同于招商引资、铺路搭桥。现在政府许多部门如外经贸委、招商局、各个开发区管委会都在做招商引资的工作。侨务工作必须根据本部门工作的特性、特点来为经济建设和社会发展服务。因此，我们的工作方法要有相应的转变：①从微观转向宏观，即从直接引进资金、接受捐赠转向政策法规指导和充分利用引进的成果；②从侨办单枪匹马地干转向调动社会力量，用社会化的思路来对应已逐步社会化的侨务工作；③从被动地国内接待转向主动地走出去联络；④从用地缘、亲缘观念转向用市场经济的观念来指导侨务社团工作。总之，我们应通过良好的服务来树立侨务工作在社会上的地位，探索适合新时期侨务特点的工作方法，为我们"走出去"创造条件，也为海外侨胞"走进来"服务。

三、更新观念，建立适应新形势的新思维

目前侨务工作者要注意转变过去的老观念；建立适应新形势的新思维，特别要迅速在以下三个方面更新思想：第一，要正确认识侨务工作社会化的现状。它不仅不是侨务工作的不利因素，反而是侨务工作的新优势之一。我们要用主动、积极的态度去利用侨务工作的这一新特点、新优势，以社会化的思路对应社会化的侨务工作。这样才能适应小政府大社会的社会进步，对此要做好筹划。第二，要注意用经济联系的观念来抓侨务工作。要打破地籍观念，侨务工作对象要更广泛。过去我们搞侨务工作往往局限在狭小的范围内，主要是围绕侨民的家乡观念开展工作。可相对来说，第二代、第三代海外华侨华人更为看重的是投资环境，所以侨务部门的工作思路也要更新。随着经济全球化的势头日益猛烈，维系人与人之间关系的纽带内涵发生很大变化。比如，华侨华人团体，过去主要是同乡会、宗亲会等以地缘、亲缘来划分群体。现在华侨华人团体的性质已发生重大变化，出现很多新的团体，以学术、专业方向分类，成为一种经济族群。对于这个新动向，我们必须认真研究，这对我们能否做好新形势下的侨务工作有很大的关系。还有新一代侨胞的情况，也要深入研究。新一代侨胞关于"根"的观念，与过去相比已有很大的不同，他们回乡寻根创业，不再是从哪里来回到哪里去，而是哪里能创业就到哪里落脚。他们在国外学成归国，报效的将是整个中国，并不强调一定要在原籍创业。也就是说，如果我们创造好条件，工作做到家，全国的新一代侨胞都有赴粤工作的可能。我们要关注的不仅仅是广东籍的新一代侨胞。从这种认识出发，我们的工作思路将有很多改变。第三，对广东华侨众多的独特优势要有清醒的认识。所谓广东华侨众多，主要是说老的华侨的情况，在新一代侨胞方面情况就不一样了。而且过去广东籍华侨年龄偏大，做小生意的较多；新一代侨胞则年纪较轻，从事科技教育工作较多，而且外省籍华侨居多。我们在制订侨务工作思路时一定要研究这个客观情况。

一、初入侨门

四、放下"家务事",抢起开山斧,调动社会力量做侨务工作

所谓侨务工作社会化,是指侨务工作受到社会关注和支持。这种社会化是好事,不是坏事,是社会的进步。它证明侨务工作已经深入人心,渗透到社会的方方面面。对此,侨务部门的工作方法要转变。现在更主要的是要抓宏观,大的方面解决了,具体的操作自然水到渠成。政府的机构改革,就是要我们放下"微观",摆脱一些具体的"家务事",甚至放弃一些具体的权力。省侨办机构改革后,处室经过调整、合并,机关工作人员精简过半,这就要求留下来的人必须更加精干,用很少的人干出漂亮的活儿来。在提高机关办事效率的同时,我们要尽量减少一些微观事务而增强宏观管理职能,用社会化的思路对应社会化了的侨务工作,把侨务推向社会,让全社会共同来关心和支持侨务工作。侨务部门应该注重研究,出台新政策,用政策来调动全社会的力量为侨服务。引导、促进政府其他部门(通过不同职能)都来做侨务工作。这是侨务工作的转型期,其实也是整个政府工作的转型期,我们应该寻找一个牵一发而动全身的切入点。

五、运用各级传媒,大力宣传侨务品牌

实施大侨务战略,必须借助舆论宣传。加大侨务外宣力度是我们做好侨务工作的一个重要环节。目前广东全省侨务系统拥有侨刊乡讯140多种,这些侨刊在宣传党和国家的方针政策,宣传家乡的巨大变化,争取侨心等方面立下了大功。但是,单靠"侨"字号传媒还远远不够,应该充分利用社会上所有的传媒来为我们服务,各级侨办宣传部门不但要能写,而且要能策划,多向传媒推荐自己的"好产品",为扩大侨界的社会影响力服务。

六、虚事更要抓实处

侨务主要是做人的工作,看起来比较虚,没有一个具体的指标能够用于衡量工作的优劣。但我们就要把它做实,往实处抓,实实在在地去办。虽然侨务工作看起来比较虚,但在改革开放21年来广东的经济发展和社会进步中,侨务工作所发挥的巨大作用却是大家有目共睹、公认的。可见,只要思路对头,工作得法,看起来较虚的工作一样可以产生实实在在的社会经济效益。

七、对侨办机构改革的看法

我们认为,政府的机构改革,增减人员是手段,转变政府职能是目的。结合新时期侨务工作的特点,广东省侨办在机构改革中,从机构设置、职能分配等方面做了如下调整:①省侨办所有处室一致对外,改变过去只有国外处负责处理涉外事务的状况,充分体现侨务工作"外向性"的特点。②强调各处室之间结构和功能的相互联系。减少过去各处室之间联系较少,信息沟通较少的弊病。③提高干部素质,培养"有头脑,善思考"型的干部,改变以往侨办干部大多是"服务员式"的状况。④在干部的调整过程中,采取"吃自助餐"的方法,由全办干部首先选择能够发挥自己能力的职位,再由党组根据需要和比例做适当调整。在任职方面采取"互动"式的方法,处长可以挑选本处干部,处里干部也可以选举处长。在市县侨办的机构设置方面,我们建议:副省级市和侨务工作任务重,现有工作基础较好的地级市应单设侨务部门;一般地级市、县(市、区)侨办可考虑与外办和涉侨部门合署办公;少数侨务工作任务较少的县(区),可在政府办公室内设侨务机构。

广东侨务工作基础好,与各级侨联组织的存在和积极开展工作有很大关系。侨办、侨联只是职能分工不同;但目标是一致的。作为政府部门的侨办,应该有一个更广阔的胸怀。政府有政府的行为,团体有团体的特点,两者既不可分离,也不可相互替代。

5. 所有处室都上主战场

省侨办的机构设置,在机构改革前,全都是内向型的,所有处室都以国内事务为主业。而21世纪侨务工作要实行从"引进来"到"走出去"

的战略转移，也就是说，侨务工作要把拓展海外工作作为主战场。在机关处室从 11 个减至 7 个，机关人员缩减了 57% 的情况下，面对人手少、任务重的新情况，我认为必须让所有处室都上主战场。外联处主要从社团角度开展工作，经科处主要从经济和科技领域人士和专业协会角度开展工作，文化宣传处则主要从华文教育、华文媒体角度开展工作。这一转变，克服了过往处室工作冷热不均的问题，每个处室都在主战场上成了一个方面的主力军，积极性空前高涨。

6. 干部上岗前，先吃"自助餐"

处室功能重新调整后，就看如何发挥好机关一帮人的作用了。可现实中，机关单位"英雄无用武之地"的状况是长期存在的。这种才干不对应岗位的现象是人才最大的浪费。为了解决这一问题，我干脆提出让全体机关干部在岗位选择上来一次"自助餐"。所谓上岗自助餐，就是让干部根据自己的专长和爱好选择到哪个处室，善于做宣传的可以申请去宣传处，对经济有研究的可以去经科处，这样，干部的能力和兴趣可以得到充分发挥，积极性可以充分调动起来。这种吃"自助餐"的办法，很受干部们的欢迎。当然，在这个基础上，最终由省侨办党组讨论人员的实际工作安排。一个新的机制形成了，整个省侨办的精气神就不一样了，大家工作起来干劲和效果也完全不一样。

7. 放下"侨老大"的架子，迈开与时俱进的步子

在寻求工作突破的过程中，我深感"侨老大"思想是广东侨务干部实现新飞跃的一个思想包袱。正是这个"侨老大"思想，使我们看不到时代的变化而故步自封，看不到别人的发展而盲目自大，对兄弟省市的新做法、好经验往往漫不经心，对上级的新要求不做深入研究。

为了让全省侨务队伍在新形势下正确认识自我，增强忧患意识和危机

感，我们以"广东侨务算老几？"为题开展第二次大型调研。第一次调研是由省侨办干部到各个市去调研，第二次大型调研是组织各市侨务领导干部到兄弟省市调研学习，包括上海、北京、江苏、浙江、福建等一些非传统重点侨乡。

这次调研，我们的做法是，省侨办、市侨办干部混合编在八个小组，安排了三条线路，每条线路调研15天。调研回来后形成报告，组成宣讲组，利用40天时间跑遍全省各地向全体侨务干部宣讲，从江门市开始，一共召开了八场宣讲会。这八场大会实际上是大规模地对侨务干部进行思想动员，提高他们积极性的大会。

附录二

跳出传统模式，融入时代主流
——作者在广东省侨务赴华东、西南考察团（江门）专题报告会上的讲话（节选）

一、组织到华东、西南考察侨务工作，源于我们的危机感

此次组织到华东、西南考察的原因是我们已经感觉到广东侨务存在的危机，考察当中我们更深刻地感受到，广东侨务有一个迫在眉睫需要解决的问题，即如何走出广东侨务工作的传统模式，让广东的侨务工作更具时代气息，这是制约广东侨务工作实现跨越发展的大难题。为什么这样说呢？广东的侨务工作在传统的意义上是"老大"，但从时代发展的角度上看是"问题老大"。如何跳出传统模式，让广东的侨务工作赋予时代气息，是我们应深刻思考的问题。我们并不是要否定曾经辉煌的过去，但无论怎样辉煌，都已经过去了，我们所处的是现在，面对的是未来，应该有一个面对未来的设想，以及一个发展蓝图。在我们躺在功劳簿上，沾沾自喜说过去的时候，兄弟省市已经大踏步地走在我们前面，正好似"两岸猿声啼不住，轻舟已过万重山"。在考察过程中，愈加感觉到形势的迫切，这是

参加考察学习四五十个人的共同感受。

二、侨务资源的多少并不是能否做好侨务工作的决定因素，决定因素在于是否发挥了这种资源优势

华东、西南地区侨务资源优势不如我们，广东华侨华人众多，但现在看来侨务资源的多少并不是能否做好侨务工作的决定因素，决定因素在于是否发挥了这种资源优势，要在这方面下功夫，因为资源不挖掘利用等于没有用。西南、华东没有多少侨务资源，浙江海外才100万华侨华人，四川只有59万川籍侨胞，只相当于或少于广东一个地级市的华侨华人数，尤其是一些市、县，侨力资源更是贫乏。广东在这方面有很大的优势，尤其在江门，几乎家家户户都有海外关系。从数量上比较，我们占优势，但从开发利用侨务资源，尤其是寻找为侨服务与为经济服务的结合点上，我们比不上华东、西南。他们知道，资源可以共享，哪里有吸引力，资源就会流向哪里。四川省侨办主任王宋达将广东籍的华人资源吸引到四川。四川侨办将为当地社会服务与为侨服务结合起来，工作颇见成效。四川的教育事业落后，而经济要发展，一定要发展教育，这是当地党政领导正在思考、迫切需要解决的问题；众多华侨华人也渴望报效祖（籍）国。四川侨办将二者结合起来，为侨服务与为经济建设服务两"为"合一，形成了一个工作切入点，推动了全省的侨务工作。在几年内，建成176所"侨心小学"。这样，侨务工作自然引起了当地的重视，在全国外事与侨务合署的大潮流下，四川侨办反而从外侨合署变成单独设立，人员、经费进一步增加。四川侨办找到发挥侨务工作作用的最佳切入点，发挥侨力，抓教育，促经济，引起领导重视，在领导重视之下，又可以发挥更大的作用，做出更大的贡献。这就是"有为就可以有位，有位就可以更好地有为"的最好例证。

华东的浙江、江苏、上海等地与广东相比，侨务资源也不丰富，他们又是如何发挥侨力资源找到工作切入点的呢？他们起点比我们高，跨步比我们快。我们起步从传统社团开始，他们则一开始就从新华侨华人入手，

从华裔高科技专业人才入手。刚才介绍的高科技企业多数是侨务部门引到当地的。有几个大型的企业曾在广东寻找落脚点，但最终去了外地，有些甚至是粤籍乡亲。华东的侨务资源从量来说，远远比不上我们，但他们开始就考虑高质量、高起点，他们引进的企业不再是劳动密集型、来料加工型的，而是高科技型的。由此可以看出，华东地区的侨务部门在为侨服务、为经济服务方面是如何紧跟时代和社会发展需求的。在这里比较一个数字，就可以看出我们的差距。从量来说，广东有3000万名海外侨胞、港澳同胞，但2002年春节，我们省侨办下功夫收集人物地址，才发出去5000余张贺卡，而江苏在海外仅60万名华侨华人，每年春节发出的贺卡有一万余张。侨胞众多确实是我们的优势，但如果不发挥、不利用这样的优势，那3000万也仅只是数字而已。另外，从我们最近开展的一项工作中可以看出更大的危机。今年11月广东要召开"世粤联会"，按照省领导的意图，要开成"不是华商大会的华商大会"，开成有时代气息的大会，开成有"大广东人"观念的大会。要求由各地级市侨务部门报上拟邀请的社团名单，结果报上的名单几乎没有新华侨华人社团，没有专业科技社团，全是传统的老社团，而且集中在30多个国家。我们常说有水的地方就有广东人，但是，现在要开一个广东同乡联谊大会，在发动全省各地级市侨务部门参与邀请工作后，联系的国家地区才30多个，世界的五分之一都不到，这意味着还有五分之四的国家和地区我们未联系到。可见，所谓人数众多、分布广泛，只不过是概念上、数字上的，实际上我们并没有联络到。

单就省侨办来说，在一些国家的侨务工作是空白的，如哥斯达黎加，一定有广东同乡，但省侨办却无联络，这反映了侨力资源众多与联系发挥情况存在的差异。就是我们有联系的几十个国家，也全部是传统社团。当然，传统社团很重要，它为侨务工作，为我国经济发展，为我国发展对外友好关系发挥了很重要的作用。但只有旧朋友远远不够，只有旧的传统社团远远不够，随着时代的发展，新华侨华人、华人新生代的工作日益重要。但我们的工作触角还未延伸到那部分。是不是广东没有新华侨华人呢？从广东省公安厅的统计数字来看，广东改革开放以来大概有46万余人是经过合法手续移民到国外的，广东新移民的构成与内地有所不同，从广东出去的多是亲属移民或做小生意，从内地出去的多是去读书或技术移民。但在这46万余人中，总有学有所成的人。我们接触过的一些高层次的留学人员反映，他们认识的很多广东人也在高科技领域有很大的贡献。例如，前几天我会见了华盛顿华裔律师协会的会长，他告诉我，他们律师协会联系的新华侨华人中就有很多广东人。只不过我们没有看到，没有开阔的视野，没有开拓的精神。从华东回来后，我们才如梦初醒，要马上调整我们的工作部署。

三、要在全省侨务部门中开展一次"跳出传统工作模式，融入时代主流"的思想大解放的活动

这个报告会请各市侨务干部参加，就是要解决思想观念问题，要在全省侨务部门中发动一次"跳出传统模式，融入时代主流"的思想大解放的活动，让我省侨务干部在精神上、观念上有大的突破，上下齐努力，发扬过去广东侨务工作的精神，进行第二次创业。

越是传统侨区，那种走出传统的任务越重。比如江门，我为什么要千方百计请江门市蒋进书记给我们讲课？像江门这样一个重点侨区，国务院侨办主任、司长每次到广东来，几乎都要到江门。但是，反省一下，江门近五年来，有哪些侨务工作是可以拿到全国去做品牌来比较的呢？蒋进书记到了江门，首先提出搞侨乡旅游节。江门的旅游资源丰富，侨务资源也很丰富，他把二者结合起来，这项工作启动时确实很困难，但通过侨乡旅游节的活动，推动了整个江门的城市建设，推动江门人树立品牌意识。经过若干年，中国（江门）侨乡旅游节将会成为江门的侨务品牌。问题是，这个品牌活动，我们搞侨务工作的同志为什么想不到，又花了多少心血在上面呢？像这样的重点侨区，还是被侨务的具体事务，被一些没有时代特

色的家务事死死缠住了，脱不了身。我们从江门市外侨局向省侨办汇报的工作，要求解决的问题，就能够看出他们在干什么样的活儿，是不是被那些没有时代气息，跟当前的经济，尤其是跟当前的主流经济相距很远的杂务缠住。

要"走出传统，贴近时代"，不是靠省委、省政府给我们施加压力，而是靠我们自己解放自己。首先要从侨务干部队伍思想的大解放开始，要来一次思想上的改革开放。要认识到新的工作形势，新的要求，要有新的工作思路，要建立新的工作机制，要开拓新的工作领域。这是我们2002年工作要点里的主要内容。总之，我们要进行侨务工作的第二次创业，因为我们无路可走。作为侨务大省，不管怎么说都是"大"，关键是"成绩大"还是"问题大"。如果我们再不努力，问题就会越来越大。从全省侨务工作的角度来看，我们先从全国的重点侨区——江门市开始，做第一场专题报告。希望江门的同志能深刻了解到这种历史使命的重大，也希望大家共同为新时期拓展广东的侨务工作而努力。

四、广东侨务完全有条件实现新的跨越

从客观上看，广东侨务是完全有条件实现新的跨越的。机构改革之后，广东的侨务干部队伍明显地年轻了，新力量也明显增加了，这是一种优势；外侨合署也是一种优势，这种优势要通过团队合力才能发挥、体现出来。机构改革之后，全省各地外侨局长超过半数是新的。这一次参加国侨办侨务干校组织的培训班就有好几位都是地级市一把手，像梅州、肇庆等。清远市的局长是从外办过来的，参加了华东、西南考察后，写了一个很能贴近他们清远实际的工作设想和计划。我们有传统的优势，也有侨务干部队伍的优势，更有广东二十多年来经济建设的良好基础，要进行侨务工作的二次创业，要走出传统，贴近时代，完全有客观条件，就看我们的主观努力。正是为了这个目的，我们才组织了到华东、西南的考察；也正是为了实施这一重大步骤，我们策划了一系列的活动。围绕"跳出传统模式，融入时代主流"的主题，掀起全省对侨务工作的大讨论、大反思，从而形成新时期我省侨务工作的整体思路。

这一次大规模地向兄弟省市学习的活动，对于全省侨办系统来说影响很大，掀起了我省侨务工作自我反省和反思的热潮。大家都说活动让我们放下了"侨老大"的架子，学到了兄弟省市的高招、绝招，更找到了广东侨务工作的新招、实招。

通过这次活动，广东侨务形成了更新观念的"五破五立"："破除依赖优惠政策开展侨务工作的思想，树立主动研究制定新时期为侨服务的新措施，以赢得侨心的观念；破除地方经济发展'打侨牌'的单赢思想，树立为华侨华人生存发展服务与华侨华人互惠互利的双赢观念；破除侨务工作只靠侨办自己做的思想，树立依靠社会力量和各部门做侨务的观念；破除无所作为，满足于旧基础、旧关系、旧领域的思想，树立敢为人先、开拓进取的观念；破除'敏感国家'不敢碰，新型社团不敢接触的因循守旧思想，树立敢做善做工作的观念。"这"五破五立"以解放思想、与时俱进为精髓，被成功运用于我省侨务工作的实践中，有效地推动了我省侨务工作的新发展。

2002年年初，国侨办在北京举办"全国侨办主任会议"。会上，国侨办要求就广东侨务工作的新思路向大会做汇报。国侨办刊物《侨务工作研究》2002年第二期以《建立新机制，采取新手段，推动侨务工作新发展》为题目介绍了广东侨务的工作新思路。

附录三

2002年国侨办《侨务工作研究》报道：《建立新机制　采取新手段　推动侨务工作新发展》（节选）

从广东省侨办2002年的工作计划中我们发现，该侨办针对新时期侨务工作出现的新情况,突出在"创新"上做文章,力求通过探索新思路、采取新手段,来推动全省侨务工作的新发展。尤其是他们提出的建立"六项新机制"等举措,成为一个亮点,吸引了本刊记者。在全国侨办主任会议上,记者采访了广东侨办吕伟雄主任。刚刚步出报告厅的吕主任,满怀激情地向记者畅谈了听了钱其琛副总理、郭东坡主任报告后的感受和今后广东省开展侨务工作的新思路。

吕伟雄主任说,正如郭东坡主任报告中所讲的,新时期的侨务工作,有很多新的情况需要我们去研究探讨。过去我们所熟悉的一些旧的经验,随着形势的发展,特别是机构改革后侨务队伍大换班,或者适应不了现在的工作了,或者是与现在的工作任务脱节了。所以今后侨务工作怎么干?在一些地方存在一个"路在何方"的问题。从广东来说,改革开放前十年侨务工作的任务是很突出的,比如落实侨房政策,为凝聚广东的侨心起了很大的作用;还有为一些华侨华人政治上平反,也调动了他们参与中国经济建设的积极性。所以,十年来,华侨华人给广东的捐赠已超过了300亿元。当时的主战场很明确,主要任务也很明显,工作得到了社会的认可。但是随着广东改革开放的深入,这些事情不再是侨务工作的主要任务了,为此,一些地方的侨务部门常感到侨务工作没有了"抓手",没有了主战场,没有了主要的任务,或者是主要任务不突出了,好像都在做一些"边旁"的工作。所以,我们认为,新时期的侨务工作一定要有新的思路,要有新的工作手段。今年,我们要集中力量在创新方面多做文章,也就是要以创新的精神,来推动全省的侨务工作。

吕主任介绍说,广东省侨办2002年要建立起的六项工作机制,是根据当前广东省侨务工作新的特点来考虑的。一是建立侨界互动合作机制。我们要与省人大侨委、政协"三胞"委、致公党、侨联联系合作,共同开展侨务工作。二是侨办系统上下联动机制。前一时期广东省侨务系统上下协调还没有形成一个很好的机制,之所以把它列为一个新的机制,是因为我感觉到各级侨务部门的任务是有所不同的，越到基层，任务越具体。因此要建立好上级和下级，省和地方的相互联动关系。我们省的侨务部门在2001年部署了一些活动，这些活动通过省和地方联合行动，使侨务工作在社会的能见度明显地增强，在社会的声音也明显地增大。如果都是孤立地开展工作，在地方小圈子里自己干自己的，社会的能见度就不会高、社会的声音也不会大。所以，我们要调动全省各级侨务部门的积极性，分工合作，发挥整体效能。三是建立与驻外使领馆合作机制。在开展国外侨务工作中，以往省侨务部门联系较多的只是海外的传统社团，根据近两年来工作的实践经验，我们认为，密切与我驻外使领馆的联系，相互支持，内外配合是很重要的。过去我们只是被动地与驻外使领馆联系，而没有把它作为一种开展工作的基础，更没有上升到一种工作机制。现在我们把它作为一种机制，还要研究它怎么运转。如从2001年起，我们主动邀请了一些驻外使领馆的大使来广东访问、考察。四是与华商联系机制。通过构建为侨资企业服务联系点，建立侨商会、华商联谊会等，加强与在粤华商企业的联系。五是与海内外媒体合作机制。通过与媒体良好的互动，扩大侨务工作的影响。六是为侨服务机制。通过建立华侨华人投诉咨询服务中心，强化深化信访职能，适时排解华侨华人、归侨侨眷的困扰等，强化为侨服务工作。

吕主任说，要推进新时期侨务工作，必须确定新的工作重点，我们从广东的实际情况出发，提出"四个着力于"：第一，着力于东南亚。因为在东南亚，广东籍的华侨华人及其社团最多，他们与广东的经济联系比较密切。第二，着力于港澳社团。香港、澳门的经济发展离不开广东；从香港、澳门的国际性来看，广东的经济发展也离不开香港、澳门。所以，我们要着眼于港澳社团。港澳社团的另一个概念就是从港澳移民到国外去的那些新成立的社团。因为这些港澳社团的人大部分是在香港已经有一定的经济实力后移民海外的，这些移民到北美等地的社团层次比较高，是我们要开拓的一种社团。第三,着力于华侨华人专业社团。目前看,做专业社团的工作,我们还落后于湖北等内地省份。过去我们联系比较多的是传统社团,以为已经有很多朋友了,这些朋友已经够了,总是强调不要忘记老朋友。后来我们认识到,只有老朋友,没有新朋友,本身就是不够朋友。应该不断地有新朋友。现在的新朋友就是华侨华人专业社团,这方面的工作是我们的薄弱环节,需要进一步加强。

吕主任强调,我们把工作任务提出来了,但是完成任务的方法还需要不断地努力探索,为此我们在工作手段上提出了"四化"。一是社会化。起初有的同志认为,侨务工作是侨办的专利,其他部门做侨务工作就是抢了侨办饭碗,由此产生了一种悲观的情绪,感觉到我们自己没活干了。我反而认为,侨务工作社会化这本身是侨务工作的进步。因为侨务工作是整个社会的工作,侨办只是这个社会工作中的一个重要组成部分,扮演着"引擎"的角色,就是起"发动机"的作用——统筹协调作用,即协调好各部门的关系,不要出现你争我夺,或者是政出多门的情况。这不是侨办没有工作干了,而是对侨办的工作要求更高了。正如此次会议上钱副总理所说的,各个部门参与侨务工作是件好事,问题是侨办要发挥协调作用。二是网络化。就是要通过构建侨务系统内外各方面的工作网络,扩大工作空间,强化工作手段,增强工作辐射力。过去侨务部门往往是孤立地去干工作,没有形成网络,社会的影响力有限,侨务工作中的连带作用体现不出来。2001年,我们在开展的几项工作中;注重发挥了侨务工作的连带作用。比如我们改变了过去只是侨办孤立地去组织华裔青年夏令营的做法,联系了很多的传媒一起开展夏令营活动。结果那个时候全省形成了一股热潮,到处都宣传华裔青年在广东参加寻根夏令营活动。许多报纸、电视台有几百篇的新闻,有的还连篇报道了寻根夏令营,我们还制作了光盘。又如在开展华文教育工作中,我们没有把华文教育看作一项孤立的工作,而是把它看作开展海外华侨华人工作的切入点。通过做这项工作,我们认识了很多华人团体。这些社团，有的过去很少开展活动，或者社团之间没有相互联系。正是通过华文教育，我们把他们聚在一起共同出力开展活动。我们还借机认识了许多商人，请他们来广东视察，引导他们与国内开展经济合作。三是信息化。通过侨务部门的信息化建设，加强对外宣传、内外联系，提高工作效率，实现资源共享。四是务实化。侨务工作要以实化虚，干实事，求实效。

通过多年的实践，吕主任深有感触地谈到，实施以上新的机制、新的思路，关键是要求全省侨务干部队伍要有创新的精神，同时要求侨务部门要推动广东整个社会来认识新时期侨务工作的新特点、新环境，并需要广东各涉侨的部门都要有一些新的措施。江总书记视察广东时强调，广东要发挥好华侨、港澳同胞众多的这样一个独特优势。如果没有新的思路、新的举措，就很难使这个独有优势体现出来。所以要通过创新的精神逐渐统一全省的思想，要在侨务工作中贯彻"三个代表"重要思想，开拓广东省侨务工作的新局面。（刘香玲）

二、世界广东同乡联谊大会的形成

1. "世粤联会"的来由

每两年举行一次的世界性的广东同乡联谊大会，是广东侨务工作从"引进来"到"走出去"的重要举措，是广东改革开放过程中侨务工作"牵一发而动全身"的关键节点。

从2000年10月20日在新加坡举行第一届世界广东同乡联谊大会算起，至2018年，已经举行了九届，第十届本应于2020年由英国广东籍侨胞负责在伦敦举行，因发生全球性疫情而推迟举行。

这个"世粤联会"是如何孕育的呢？

2000年年初，我刚到省侨办上任，无意中听到了一些侨胞抱怨说：马来西亚和新加坡的广东社团，希望发起举办一个世界广东同乡恳亲大会。其中，马来西亚著名侨领李剑桥极力推动（李剑桥祖籍广东茂名，1923年生于英国，是马来西亚开国元勋、原财政部部长李孝式先生的儿子）。他从1999年开始做发动工作，满腔热情回来广东家乡找有关部门谈，希望得到支持，但无功而返。

2000年他们再次回到广东商谈此事，希望得到我这位新主任的支持。我专门见了他们，了解了他们的具体想法后，觉得这是一件大好事。办成这件事，至少有这几个好处。

二、世界广东同乡联谊大会的形成

历届"世粤联会"情况

第一,可以成为落实广东侨务新任务的切入点——海外联谊。21世纪初,广东的侨务工作从落实侨务政策、捐赠、招商引资等大高潮过去之后,刚好处于低潮的时期,不少侨务干部陷入了迷惘,不知道何去何从。而刚好当时江泽民总书记到广东调研,提出广东要实施"走出去"战略。我觉得侨务也应该从国内为主走到国外,尤其是联络与引导海外的华侨华人社团。我觉得这个事情很值得去做。

第二,这是在海外开展侨务对台工作的大好契机。由于历史上的原因，中国台湾在海外依靠的侨团大都是广东籍的侨胞社团。这些社团首领此时正在寻找机会向大陆方面靠拢，我们举办"世粤联会"，正是创造了这样一个好机会。

第三，广东有广府语、客家语、潮汕语三大语系。而海外已经有客属社团大会、潮属社团大会，这两个语系的华人社团在海外十分活跃，举行了多次世界性大会，但广府语系的华人社团在这方面有所缺乏，尽管在国内有一个珠玑巷后裔联谊会，但在海外还没有形成广府语系的力量。举办世粤联会，可以使广东三种语系的侨胞整合统一。

第四，这正是让我们侨务增加社会能见度和推动各级党政部门重视侨务工作的好机会。

第五，这正是增强各级侨务部门引导和影响海外传统社团转型改革的好机会。

我当即表示支持并同意参与组织筹划这个活动。为此，省侨办党组专门召开了会议讨论。会上，有个别党组成员担心，海外的华侨华人社团构成复杂，素质参差，政治取向各异，而我们侨务工作队伍薄弱，难以把控，还是平平安安做好现成的工作算了。但我认为，正是因为复杂，我们更要参与，才能促成新氛围的形成。而真正要开展好侨务工作，一定要将一件件工作做实，所谓的"虚工实做"，才能有成绩，工作才能有社会能见度，有了社会能见度，才能引起政府的重视。经过一番讨论，党组班子决定支持并发动海外华人社团参加由新加坡及马来西亚侨团发起举行的第一届世界广东同乡联谊大会。

确定这个大会的名称，还有一段故事。原定的名称是世界广东同乡恳亲大会。我觉得"恳亲"的定义有点狭隘，不适应海外社团的多元取向，更不利于联谊大量在住在国出生的华裔新生代。我建议把恳亲大会改为联谊大会，用"联谊"二字更为妥当。提议获得了大家的认可。实际上，恳亲与联谊是不一样的，如果是恳亲，那么每一届都只能在广东家乡召开；

二、世界广东同乡联谊大会的形成

而联谊,就是在世界各地轮流举办。所以,世界广东同乡联谊大会,第一届在新加坡,第二届在广州,第三届在香港,第四届在马来西亚,第五届在印度尼西亚,第六届在泰国,第七届在澳门,第八届在澳大利亚,第九届在加拿大。这种形式,对推动各国华社互相交流,推动当地社团力量在活动中团结壮大,作用都是十分明显的。

2. 请黎子流市长当广东总团长

2000年10月,第一届世界广东同乡联谊大会在新加坡召开,来自11个国家与地区的129个代表团,共约1700人。其中,广东各市侨务干部共占230人,我考虑第一届大会是筹备性质,所以动员本省侨务部门多去一些人。

在第一届"世粤联会"大会召开之前,我有一个想法,就是争取第二届大会由广东承接,在广州举办。为此我先向广州市政府报备,先和广州市政府领导及侨务部门协商,他们表示赞同后,省侨办于2000年10月11日向省政府提出《关于在广东召开第二届世界广东同乡联谊大会的请示》。一个星期后,省政府便复函同意了。

2000年10月18日,广州市市长黎子流作为总团长,带领广东代表团前往新加坡参加大会。为什么会是黎子流市长带队?当时,我考虑我刚入"侨家大院",海外侨胞认识我的人不多,大会需要一个有影响力的人发声号召,所以特意邀请黎子流市长出马担任总团长。黎子流当时任广州市市长,兼任社会团体职务"珠玑巷后裔联谊会会长"。他在江门任市长的时候,对海外华侨华人的重视程度很高。他有一句名言:"在侨乡当干部,不熟悉侨务工作的不是好干部。"黎子流市长带顺德音的广府话很有吸引力,加上他的人格魅力是很有号召力的,所以请他做广东代表团的总团长。但也不容易,因为当时黎子流是广州市市长,请他做总团团长要经省政府批准。经努力,省政府同意由黎子流市长作为总团长前往新加坡参加第一

"世粤联会",这样,我的底气更足了。

第一届大会,新加坡内政部部长黄根成(祖籍广东中山)出席。黎子流总团长做了一个精彩的演讲,他的生动手势、幽默语气和顺德话音调博得大会阵阵笑声和掌声。在讨论第二届"世粤联会"在什么地方召开时,我特意在大会上宣读了省政府《关于同意在广东举办第二届世界广东同乡联谊大会的复函》。与会代表一致同意,第二届"世粤联会"在广东举行。

3. 广东由谁"接旗"?

大会要举行第一届主办方向第二届主办方交接旗的仪式。会徽和会旗是新加坡广东会馆事前制作好的。广东由谁去"接旗"?省侨办内部有些议论,有人认为"世粤联会"从发动开始一直都是省侨办在起作用,如今办成了,理应由省侨办去"接旗",何必把好事及功劳让其他部门分享?这想法主要是"肥水不流别人田"的旧观念在作怪。在我看来,正是这些狭隘的旧观念,使得广东侨务部门各自为政,未能形成整体力量。我觉得推动世界广东侨胞联谊这是社会上的事情,属于整个大侨务的范畴,应该推动侨务部门共同参与,我特意请省委统战部的领导一起上台"接旗"。我觉得"接旗"这个环节很重要,表明了这样的联谊大会,不是某一个部门可以独占的,要共同参与才能"众人拾柴火焰高"。

2000年10月,"世界广东同乡联谊大会"第一届主办方与第二届主办方交接仪式

4. 常务副省长汤炳权任筹委会主任

第二届世界广东同乡联谊大会将于2002年在广州举办，这是广东侨务乃至广东历史上里程碑式的大事。世界各地广东侨胞代表将到广州，几千名代表的食宿、参观、回乡省亲，开幕式、闭幕式怎么搞，事情也相当繁杂。我心里希望能办成一次有历史影响的侨务大活动。省侨办从来没有承办过这样大规模的活动。要胜利完成这个任务，我知道，大家都捏了一把汗。

第一届"世粤联会"刚结束，省侨办便邀请省委统战部、省侨联、省人大侨委、省政协港澳台侨委及各地侨办主要领导举行第二届"世粤联会"筹备工作会议。

举行这样多方参加的会议，我是想要在侨务工作中打破"肥水不流别人田"的潜规则，形成共同作战的局面。只有这样，才能进一步解放思想，冲破不合时宜的观念，扩大侨务工作的社会能见度，拓展海外联谊这个侨务工作的主战场，特别是结合广东侨情的历史特点，在侨务、对台工作方面做出实际的成绩来。

我觉得，举办第二届世界广东同乡联谊大会是一件具体工作，但要起到"牵一发而动全身"的作用。在省侨办的请示提议下，省政府于2001年7月成立了第二届世界广东同乡联谊大会筹备委员会。筹委会主任由常务副省长汤炳权担任，副主任由省政府副秘书长黄业斌和我担任，我同时兼任筹委会秘书长。筹委会成员有各地级市副市长，省委、省政府有七八个部门参加，如统战部、公安局、外经贸局、侨联等。

筹委会的构成，体现了举办这次大会原本只是侨务部门的一项具体工作，如今成了省市政府及各部门的一件重要工作。侨务部门通过这样的具体活动，使侨务工作不再是侨务部门自己单打独斗，侨务工作更加社会化了，社会能见度也更加凸显了。

筹委会先后召开了三次全会，落实省直各部门、各市政府应负责的具体任务。

筹委会确定第二届"世粤联会"的主题是联谊、合作、发展，并决定在广州举行开幕式，在深圳举行闭幕式。筹委会特别指出，争取多邀请在住在国出生的华裔参会、想方设法邀请以往较少联系或没有联系的国家与地区的社团参会，通过"世粤联会"，增进各国侨胞对广东开放改革的认识，扩大广东侨务对外联系的网络。

5. 大会资料及文艺晚会的准备

大方向明确后，许多具体工作主要是由省侨办来具体操作。就宣传舆论方面，先从制作一个大会的宣传小册子开始。什么样的图案能显示广东华侨众多，而众多华侨又与家乡有着广泛的联系，体现众多侨胞"绿叶对根的留恋"这样一种情怀呢？我想用广东特有树种榕树来体现。榕树的根系极其发达，树冠遮天盖地，而且在广东许多侨乡的村头，都长着一棵令游子思乡的大榕树。我特意请时任江门市副市长何羡松，为宣传小册子的封面拍摄一幅根系发达的榕树照片。何羡松曾主管侨务，又是摄影发烧友，请这样一位熟悉侨务的领导去完成一件如此细小的任务，真是有点"大材小用"。但何羡松却极为投入，用了一个多星期寻找各地根系发达的榕树，终于送来了一幅有震撼力的榕树照片。这个体现侨乡特色的封面照，成了第二届"世粤联会"的一大亮点，不少侨胞都站在这个榕树宣传标牌前拍照留念。

为了准备大会资料，会前，我们特别从全省各地的侨刊乡讯中挑选了讲述乡亲们在世界各地创业奋斗的故事，编成一本书，书名为《梦逐流水闯天涯》。另外，专门以广东省海外交流协会的名义编了一本侨情交流文集。

大会要准备文艺节目，按筹委会的分工，是由文化部门负责准备的。

因为强调内容要有"侨"味,我们侨办必须盯紧,从节目的具体文档形成到彩排,可以说我们是步步为营,单是彩排就先后进行了三次。最后形成了在广州开幕式的一台晚会节目《天涯共此时》,在深圳闭幕式的一台晚会节目《龙凤舞中华》。这两台文艺节目,对于与会者来说,是大饱眼福而又鼓舞人心的,但对于组织者而言,却是极其艰难的。艰难之处在于,除了具体的组织细节外,我们要在紧缺的资金中拿出上百万元,用于支付两套节目的创作、排练、服装、舞台、背景等费用。当然,这两台文艺节目,集中表现了岭南文化,相当精彩而有震撼力。

2002年,第二届"世粤联会"宣传画

6. 大会的新闻报道

在第二届"世粤联会"举行的一年多前,我们便开始在海外的华文媒体中发出声音。记得2001年9月,中国新闻社在南京举办了首届世界华文传媒论坛,我觉得,这个东风我们必须去借,便派了新闻秘书屈桂琴专程到南京邀请了十多个国家的华文媒体来广东做了一个星期的采风活动。采风结束后,各华文媒体在海外做了各种报道,掀起了"世粤联会"对外宣传热潮。

省政府新闻办公室专门对外召开了新闻发布会,介绍第二届"世粤联会"的具体安排。我还以筹委会副主任的身份做客中央电视台海外频道(CCTV4),专门介绍大会的准备情况。

作者(中)在中央电视台接受有关第二届"世粤联会"的采访

作者与中央电视台编导李德琼(左一),中央电视台主持人赵俐婷(左二),北京大学教授梁英明(右一)合照

大会临近召开时,我们更组织密集的新闻宣传,与省政府新闻办公室合作,提前半年多组织全省各大媒体组稿,刊发数十个专版,介绍广东改革开放与海外华侨的关系。当大会召开时,我还确定要专设"记者服务中

心",由新闻秘书屈桂琴做总负责,特别建立新闻联络员制度,目的是为国内外记者提供个性化采访服务,确保传媒记者在海外嘉宾入住的九家酒店中,都可以获得采访协助。大会召开时,总共来了85家媒体,其中包括港澳和海外媒体28家260多名记者,他们从多视角、全方位报道了大会的盛况。我们统计了一下新闻报道的数字,图片报道230多幅,各类报纸专版30多个,有900多条消息,140条电视新闻。从历史上看,正是由于第二届"世粤联会"的活动,让广东侨务新闻工作攀越了一个新的高峰,让广东侨务与海内外各媒体形成了良好的合作机制。

2002年第二届"世粤联会"期间,省侨办新闻秘书屈桂琴(右)等人在记者服务中心工作

2002年第二届"世粤联会"期间,中国国际广播电台进行现场直播

7. 拓展侨务对台工作

第一届"世粤联会"之后，我们便开始为第二届做准备工作，把拓展侨务对台工作作为"世粤联会"的重要内容去准备。

这一工作是从引导美国宁阳总会馆回台山家乡举行年会开始的。

宁阳是台山市的古地名，而宁阳会馆是目前所知的海外华侨成立最早的地域性社团之一。1822年，新加坡的台山籍侨胞首先成立了新加坡宁阳会馆，到1876年，这个会馆的会员已经达到4.6万人。1928年9月，美国各地的台山籍侨胞代表在旧金山举行大会，正式成立美国台山宁阳总会馆。总会馆下设30多个会馆，遍布美国各地城市。

我的前任陈毓铮主任把宁阳会馆主要骨干希望回家乡举办年会的愿望转告我，我们一起商量，认为应该促成此事。于是陈毓铮及省侨办副主任符圣荣以广东省海外交流协会的名义专程到美国拜访宁阳会馆。

这次拜访宁阳会馆，具有历史性意义。宁阳会馆40多位元老级骨干齐集在会馆欢迎，场面热烈感人。旧金山各大华文报纸对此做了报道，《星岛日报》（美西版）更在头版以《中国官方代表团首度访宁阳会馆》为标题，称此举具有"特殊意义"。

还是这次拜访，促成了以美国宁阳总会馆主席雷鸿裕为团长的17位美国各地宁阳会馆主席于2000年11月8日首次回到家乡恳亲并举办年会。之后，由省侨办专门邀请他们到广州、中山、肇庆、佛山等地观光。为了实现该团"破冰之旅"的作用，我们特意请许德立副省长在省政府迎宾厅会见雷鸿裕一行，中新社为此事专门对外发了新闻稿。

宁阳总会馆访问团回美国后，更决定要发动世界各地宁阳会馆的会员于2001年再回家乡台山举行"首届世界台山宁阳会馆联谊大会"。

正当这个联谊大会顺利筹备时，美国发生了震惊世界的"9·11"恐怖袭击事件，美国宁阳会馆对是否继续举办"首届世界台山宁阳会馆联谊

二、世界广东同乡联谊大会的形成

大会"摇摆不定。这时台山市市长率侨务部门出访美加,鼓励组织者坚定决心。工夫不负有心人,在各方的努力下,2001年11月7日,来自美国、加拿大、新加坡、马来西亚及中国香港地区的宁阳会馆代表200多人聚首台山,召开首届"世界台山宁阳会馆联谊大会"。曾经在江门挂职任副市长的国务院侨办副主任许又声还专程从北京赶到台山,祝贺大会的召开。在会上,许又声副主任赞扬参会者是"勇敢的中国人",在"9·11"恐怖袭击的灾难后,仍然坚定举办这个大会。会后,省政府常务副省长汤炳权还专门把大会的主要领导请到省政府贵宾厅共叙乡情,听取建议。汤炳权常务副省长称赞美国台山宁阳总会馆为促进和平统一大业、促进两岸合作做出的贡献。团长伍璇灿先生动情地表示:"人在海外,心怀故乡,愿意为祖国和平统一大业努力。"

我们从主动引导美国台山宁阳总会馆回祖国举办年会开始,到美国台山宁阳总会馆主动发动世界各国宁阳会馆回国恳亲,推动祖国和平统一,这一领头羊作用促成了一批亲台社团的转向。2002年5月美国纽约中华公所,6月美国安良工商总会,10月台山世界李氏宗亲会,11月世界梅氏宗亲会、世界何氏宗亲会纷纷回到祖籍地活动。各访问团回到美国后,其成员还主动到中国驻美国大使馆畅谈回国感受,驻美大使馆曾专门发函给广东省政府表示感谢。

对美国,我们特意邀请"中华总会馆"这个有150年历史的以广东籍侨胞为主的社团参会。这是一个被称为全美传统社团的最高机构。该会在讨论是否回大陆参加"世粤联会"一事时,专门召开会议进行辩论,最后通过投票表决,决定组团参会。

中华总会馆这次"破冰之旅",在美国及中国台湾地区都引起了强烈震动。第二届"世粤联会"后,我国驻旧金山总领馆专门向广东省政府发来电文称:驻美中华总会馆打破半个世纪的禁忌,首次以总会名义访问北京、广东并出席第二届世界广东同乡联谊大会,取得圆满成功……中华总会馆代表团返国后,立即召开记者招待会畅谈感想和收获,指出通过此次访问增强了对中国"根"的认识,增进了对祖国发展状况的了解,坚定了"反独促统"的决心。

8. 古巴侨胞受阻来不了

在联络发动各国侨团参加第二届"世粤联会"的过程中,我们特别注重与未建交国的侨胞联络,特别注重与过往没有联系的国家的社团建立联络。尽管我们千方百计,事情也不是件件称心如意。

北美洲的古巴是广东人最早踏足的国度,众侨团曾经很有影响力。可惜的是,古巴革命成功后出现一段极"左"的倾向,把许多华侨的财产收归国有,华侨团体还被禁止活动。对这样的一些侨情薄弱国家,我们都着力希望有代表参加大会。经过多方联络,终于与几位老华侨联系上,他们回乡之心热切,但无能力支付回到中国的交通费。几位香港同胞知道之后,捐款筹足了他们的路费,一切都准备好了,我们也期待着这历史性的一刻。但是出于各种原因最后古巴有关当局还是没有签发护照,致使几位老华侨无法成行。

9. 省委常委集体讨论"世粤联会"整体方案

在广东举办世界广东同乡联谊会,这是有史以来的第一次。虽说是一个会议,但筹办起来是相当繁复的。从2000年年底在新加坡接旗后,我们便马不停蹄地进行各种准备。省政府一直在关注、指导着大会的筹备工作。作为筹委会主任的省政府常务副省长汤炳权,先后多次召集会议,具体指示工作。省政府副秘书长黄业斌四次到省侨办听取汇报,检查督促,解决具体难题。省侨办作为这次大会的承办单位,更是召开了几十次工作研究会,逐步细致地将一件一件工作加以落实。

时间到了2002年下半年,各项工作更是紧锣密鼓地进行着。6月3

二、世界广东同乡联谊大会的形成

日,省侨办向省财政厅发出《关于拨付第二届世界广东同乡联谊大会经费的函》,要求迅速预拨省政府常务会议确定的大会经费,用于预支各酒店订房的订金及文艺节目排练及舞台制作费用。6月17日,省侨办向省台办发出《关于世粤联会期间举办对台工作座谈会的函》,落实具体安排。6月27日,省侨办代省委草拟《关于请国家领导人出席第二届世界广东同乡联谊大会的请示》。7月8日,省侨办向香港中国旅行社发出《关于由你社协助世粤联会接待工作的复函》,因为大量海外侨胞都从香港入境,我们必须依靠香港中旅社来协助。

各项工作都在我们掌控之下顺利进行,我心里都有底。最重要也最没有把握的是大会召开的日期。这种世界性的大型活动,我们要提早好几个月通知海外乡亲大会日期,让他们预订机票、安排行程。广州酒店房间向来十分紧张,入住日期及时间一经确定不得更改,但大会所邀请的国家领导人、省市领导人及主礼嘉宾的出席时间却变数很大,但所有确定了的因素又必须服从这个不确定的因素。

7月中旬,召开省委常委会议,专题审议"世粤联会"的整体方案。我代表筹委会做了汇报,常委们议论一番后都表示赞同,就是大会举行的日期定不下来。原来,筹委会建议大会日期在11月中旬。讨论中常委们认为,11月中旬中央有重要会议,省委主要领导除了要参加中央会议还有其他任务,所以,大会举行日期必须提早或推后。建议我们筹委会结合各方因素重新考虑大会举行时间,另报省委批准。

会后,我们立即与有关部门沟通协商,再报省委常委。最后确定,"世粤联会"的召开时间为2002年12月2日至4日。根据省委决定的时间,大会所有安排迅速做了调整。

8月13日,按照中共广东省委常委会的决定,省政府常务副省长汤炳权专程带领我与吴行赐助理巡视员上北京,向国务院副总理钱其琛及国务院侨务办公室主任郭东坡就召开"世粤联会"作详细汇报,并邀请钱其琛副总理、郭东坡主任出席大会。钱其琛副总理、郭东坡主任表示将出席大会并讲话。两位领导对大会的安排提出了具体的指导意见。

钱其琛副总理的具体意见是：广东籍侨胞遍布世界各地，"世粤联会"应重视发挥以侨促统的作用。

郭东坡主任提出，要通过"世粤联会"，推动侨务为当地经济服务，提高各级领导对侨务工作的认识。

根据两位领导的指示，筹委会主任汤炳权在从北京回程的飞机上又向我做了两点具体指示：第一，与经贸厅协调策划，争取在大会期间有二十个左右的投资项目签约；第二，特邀嘉宾的邀请要打破"广东乡亲"的界限，只要是在广东有大的投资或者对我省未来发展有影响的人士都争取邀请。

结合钱其琛副总理、郭东坡主任及筹委会汤炳权主任的指示，我先后召开了几次工作会议，一一落实。

10. 广州本田公司感恩广大海外侨胞

改革开放后，广州要解决几千人大会的交通接送，一点问题也没有。我们租赁上百辆大型旅游巴便解决问题。但头痛的事往往都出在小问题上。各代表团领导人要举行多次会议，海内外媒体要第一时间采访，大会工作人员内部的运作，都要有一支小车队伍来服务。正当我们对这一问题头痛的时候，广州本田汽车公司主动上门，提出安排50台全新"广本"小车、50名熟练司机为第二届"世粤联会"服务。

广州本田汽车公司的前身是广州羊城汽车厂。广州生产汽车也经历了曲折的过程，从羊城汽车厂生产中巴，到后来与法国合作生产汽车的不成功，再转至与日本汽车企业合作，生产广州本田汽车。

有人认为，广州本田汽车公司主动出车出人支持大会，只是商业宣传，我告诉大家并非如此。当时广州本田汽车公司的领导主动上门来请缨，道出了他们这一举动的初心。原来，广州汽车工业的起步，得益于海外侨胞的支持。早在改革开放前，广州羊城汽车厂生产的羊城中巴，在海外开拓业务，几乎都是由侨胞们用爱国之心艰难地支撑起来的。那时广州的羊城中巴，质量难以与国外品牌竞争，侨胞们为推动国货在海外的销售，通常是"挨义气"（为人办事不求回报）亏本经营的。广本汽车公司领导多次对我表示：广州汽车工业的发展，感恩于广大海外侨胞。正是有这前因，才有50辆新广本、50名熟练司机为大会服务这个结果。

11. 谁来承办第三届"世粤联会"？

在紧张筹办第二届"世粤联会"的同时，我们未雨绸缪，思考着由哪个国家或地区承办第三届"世粤联会"。

此时，印尼雅加达粤籍侨胞社团首先向省侨办提出了承办第三届"世粤联会"的申请。接着，香港广东社团总会也提交了书面申请。这两个申办单位态度都相当积极，通过各种渠道要求获得第三届的承办权。

起初，我们准备在第二届大会召开前，由各参会社团首领投票表决确定下一届的承办者。后来细想一下，举办这样的大型会议，要从活动的宗旨去考虑，从有利于在海外开展侨务工作的长远计划去考虑。如果只用简单投票表决的形式决定而事前不做具体引导，未必能达到良好的效果，甚至可能适得其反。

于是，我们领导层内部比较两个申办单位谁来承办会更有利的问题。

印尼是海外华侨华人最多的国家。历史上，这个国家出现过多次排华现象。尽管当时印尼政府恢复了华文教育及华人社团的活动，华侨华人也开始活跃于社会各阶层，但我们对印尼这个国家对华人华侨的政策还是谨慎乐观的，担心太大型的世界性华人活动在印尼举行会影响正在向好的氛围，再者，此时印尼粤籍社团还较为分散，影响力有待提高。

香港广东社团总会是在推动香港回归的过程中形成的，是全广东籍广府、客属、潮属三地社团的联合体，在香港社会有相当的影响力。再者，从大会的最终作用去考虑,香港是世界性大都市,香港同胞与世界各地华侨华人都有广泛而紧密的联系。在回归后的香港举行第三届"世粤联会",会产生更好的积极作用。两者比较后,我们更倾向于第三届"世粤联会"由香港广东社团总会在香港主办。此外,为了培育印尼雅加达华侨华人社团的团结合作,我们主动鼓励支持推动印尼广东社团形成联合总会。这个措施经我们努力,从中也得到中国驻印尼大使馆的帮助,结果是相当成功的。经过印尼各广东社团的努力奔走,2007年11月,由印尼客属联谊总会、广肇总会、潮州乡亲公会、海南联谊会、梅州会馆、大埔同乡会、蕉岭同乡会、惠州同乡会、勿里洞同乡联谊会等九个团体在雅加达成立了印尼广东社团联合总会。更可喜的是,由这个总会在印尼雅加达承办了第五届"世粤联会"。

2006年,第四届、第五届"世粤联会"交接会旗时的情形

12. 让欢迎晚宴充满"团年饭"的味道

"民以食为天",而"食在广东"也早已是广东人挂在嘴边的口头禅。所以,大会的第一个见面礼欢迎晚宴应该是整个大会的"重头戏"。我一直希望能把这个欢迎晚宴办成中国人吃"团年饭"的味道,这就难倒了负责大会生活安排的同事了。

起初,欢迎晚宴的方案是省市主要领导与代表团团长集中在一个酒店举行晚宴,其他与会代表在驻地吃自助餐。这种方式已经是此类活动的惯例安排了。但是，对于我们要举办有乡情味的大会，这种方式显然太"行货"了。我要求把这个欢迎宴会办成省市领导和全体代表济济一堂，这样既有"乡情味"，又有答谢侨胞及港澳台同胞对家乡改革开放支持的"感恩味"。桌面上既要有典型的传统的广东菜式，连饮料也应该是广东生产的。

这个要求确实是有难度的，但我认为改革开放的广州饮食业有基础、有能力，只要创造条件，一定能做到。为此，大会组委会专门与广州饮食界巨头商议欢迎晚宴的方案。我们的方案是，同一时间，在十家酒店里举行欢迎宴会，省政府所有领导、广州市所有领导、各地市参加大会的领导分别在这十个场地出席，让每一位海外侨胞及港澳台同胞能够与省市领导共坐一堂，能够吃上广府、潮汕、客家菜，感受到不分彼此的大融合。

我们决定要实施这个方案。首先，为了让与会侨胞及港澳台同胞都能吃上地道家乡菜，在大会召开前的两个月，从广州酒家总店中请了大厨，由他们设计几个经典的粤菜菜式，再由他们协助培训其他九家餐厅的厨师制作指定的几个菜式。务必做到"各厨同味"。其次，预早安排好出席各驻地欢迎晚宴的领导。那时候，省政府领导大都是广东本地人，我们按广府、客家、潮汕语系安排。

当晚，由省人民政府宴请，3000多名代表同时在珠岛宾馆、白天鹅宾馆、中国大酒店、花园酒店、广州亚洲大酒店、广东国际大酒店等出席欢迎宴会。卢瑞华省长在珠岛宾馆致辞，省政府各领导分别在各酒店致辞。从客家地区走出来的省领导回到客家社团驻地那边用客家话致辞，说潮汕话的省领导就回潮州社团驻地那边做主持。说的是家乡话，吃的是家乡菜，声声乡音、阵阵乡情，使得欢迎晚宴真的成了"团年饭"。

13. 开幕式盛况空前，主席台位置"爆棚"

12月3日下午，大会举行开幕式。头戴不同颜色太阳帽的代表，从各酒店乘大巴到中山纪念堂轮候入会场（为了让代表们便于辨认队伍，入住不同酒店的代表以不同颜色的太阳帽做标识)。

本来，主席台上的位置，几个月前便做了初步安排。开幕前几天，也由汤炳权常务副省长签订了。但到了当时一刻，拟定的安排被突如其来的变化打乱了。许多本来事前回复因事不能参加大会的重要领导及嘉宾，此时都现身会场。众多重要人物的突然出现，逼得我们必须立即增加主席台的座位。本来已经满打满算的座位实在"爆棚"了。最后连大会主持人、省政府常务副省长汤炳权只好主动靠边站，把位置让出来。我更只能站在舞台幕布的边上，配合汤炳权常务副省长的工作。也因为这个原因，大会主席台的合照，缺了汤炳权常务副省长的形象。

2002年12月，第二届"世粤联会"广州中山纪念堂门前代表进入会场的情景

14. 传媒做了空前的报道

从大会开幕起，省内各大媒体、海外众多的华文媒体，均用大篇幅，用各种文体做了大量生动的报道。

附录一

2002年12月4日《南方日报》
报道《海外乡亲首度相聚广东》(节选)

本报讯　南粤初冬，和风送暖。昨日，第二届世界广东同乡联谊大会

二、世界广东同乡联谊大会的形成

在广州隆重开幕,这是海外乡亲在家乡广东最大规模的聚会。国务院副总理钱其琛在开幕式上讲话,中共中央政治局常委李长春向大会发来贺信,中共中央政治局委员、广东省委书记出席了大会。

大会由广东省常务副省长汤炳权主持,全国政协副主席霍英东、国务院侨办主任郭东坡和广东省省长卢瑞华也分别在会上致辞;海外嘉宾代表胡玉麟、黄镰在会上做了发言。李长春在热情洋溢的贺信中,向出席大会的嘉宾们致以问候,并说:"我在广东工作期间,到过不少侨乡,结识了众多海外朋友,深深体会到华侨华人和港澳台同胞桑梓情深,乡亲朋友们为中国,尤其为广东省改革开放和现代化建设做出了重大贡献。"

钱其琛在讲话中说,21世纪头20年是中国大发展的重要机遇期,将给海外同胞带来更多的创业机会,为各国企业家和其他有志之士提供广阔的市场、无限的商机和巨大的创业舞台。中国政府欢迎广大海外同胞共同分享中国现代化建设带来的机遇。他希望海外同胞们继续关心、支持中国的发展,并为促进中国的和平统一进程做出新的贡献。

卢瑞华在致辞中代表广东省政府和人民向乡亲和嘉宾表示热烈欢迎,他介绍了广东省经济等方面发展的情况,强调广东省各项事业的发展能有今天的成就,与广大海外同胞做出的贡献分不开。卢瑞华表示,广东省将更广泛地联系海外乡亲,也希望他们常回来看看,积极参与广东的现代化建设,在互利互助的基础上开展合作交流,并推动所在国与广东的合作。

开幕式上,嘉宾们还观看了一台具有浓郁广东味的大型文艺演出《天涯共此时》,其中有珠江三角洲地区、潮汕地区和客家地区特色的文艺节目。

附录二

2002年12月4日,《南方日报》报道:
《千年等一回,相聚在故乡》

沿着一首唐诗

却没有清冽的老酒

其实怎能用老酒

每一块石子都会数落我的心事

狮子、鼓乐、彩旗

喧哗得太久

打闹我的记忆

在祠堂里

大声一喝

"我回来了!"

尘埃落定

双眼

却盈满了两湖秋水

在第二届世界广东同乡联谊大会开幕之际,一位诗人饱蘸感情写下了这首《游子吟》,吟出了无数海外赤子的心声。

有一句老话说,有海水的地方,就有广东人。据有证可考的史实,广东人移民海外自唐代晚期开始。1000多年了,散布五大洲的祖籍广东的华侨华人、港澳台同胞已达3000万余人,他们对祖国、对故土的怀恋,没有一息停止过。尽管他们曾经以潮团联谊、客属恳亲、寻根夏令营等方式在祖国相聚,但以广东同乡的名义在祖籍地团聚,1000多年来还是第一次。

这是来之不易的第一次。没有祖国的安定、团结、繁荣昌盛和对海外同胞的凝聚力,不可能有这个第一次;没有海外游子的思乡情结和对祖国的向心力,不可能有这个第一次。

由是,这将是一起值得大书特书的重大历史事件。

这次来参加大会的还有一些非广东籍的人士,他们在广东投资、经商、创业,关注并支持着广东的建设和发展,也是当之无愧的"广东人"。这次大会既整合了广东既有的侨力资源,又突破地域界限,提出了"新广东人"的概念。这一举措,体现了广东开放、兼容的精神,这也是广东充满活力之所在。

在广东人移居海外的历史中,有不少或为逃避战乱,或为出海谋生,或被拐骗当"契约劳工",充满着无奈、辛酸和屈辱,也沉淀着他们的不屈、奋斗和才智。每一位海外赤子,无论走到哪里,总是秉承着中华民族的文化性格,总是同祖国的命运紧紧连在一起。

在近现代史上,华侨被称为"革命之母"。在改革开放新时期,华侨华人和港澳同胞是推动祖国改革开放事业的重要力量,海外华商曾被称为外商投资中国的"领航员"。如今,随着中国加入世界贸易组织,中国对外开放将进入一个新的阶段,进入了全面建成小康社会、加快社会主义现代化的新的发展时期;广东的经济建设,已跨上了新的台阶,正在向宽裕的小康迈进;在海外,华侨华人经济发展快速,尤其是华侨华人科技力量已成为推进世界科技发展的生力军,广大华侨华人与祖国合作交流的领域和范围将进一步扩大,华侨华人的作用将更加显著。

党和国家领导人高度重视华侨华人的作用。江泽民同志在视察广东时指出:"世界五大洲都有广东乡亲,你们要善于利用这些优势实施好'走出去'战略,进一步提高对外开放水平。"

据有关方面透露,目前在华的外资企业中,大多数的项目和资金来自海外华商,不少外国公司的投资,也得益于海外华商的牵线搭桥。目前,海外华商在祖国的投资领域越来越广泛、投资规模日益加大,科技含量逐渐增加,海外侨胞与祖国的经济科技合作,既帮助了祖国的现代化建设,也带动了他们自身事业的成长,同时促进了所在国的经济发展。

新时期祖国侨务工作的主要任务,已从过去以落实政策、拨乱反正和引侨捐款捐物为主,转到为华侨华人生存发展和我国实施"引进来""走出去"战略服务，促进中华民族伟大复兴上来。

沐浴着21世纪之初灿烂的阳光，祖国自豪地说，21世纪是中华民族伟大复兴的时期，也将是华侨华人在振兴中华、促进中国统一大业中发挥更大作用的时期。广东故乡自豪地说，这里充满着机遇。

"我回来了！""我们与祖国一起进步！"在第二届世界广东同乡联谊大会上，我们看到的是意气风发的粤籍华侨华人相聚在意气风发的故乡广东。无奈、辛酸和屈辱早已成为过去，"联谊、合作、发展"，成为这次历史盛会的强音。

主题

联谊　合作　发展

第二届世界广东同乡联谊大会（简称"世粤联会"）由广东省海外交流协会、海外联谊会、省归国华侨联合会主办，以"联谊、合作、发展"为主题，是我省与海外乡亲加强联系沟通、促进合作发展的盛会，必将产生深远的影响。

2001年7月，广东省政府专门成立了"第二届世界广东同乡联谊大会筹委会"，汤炳权副省长担任筹委会主任，省委、省政府有关部门和广州、深圳、佛山、汕头、梅州、江门、揭阳等11个主要侨乡的领导参加筹委会。

大会得到海内外乡亲朋友和新闻媒体的热烈响应和热情支持。已报名参加大会的海外代表有3000多人，来自70个国家和地区的1000多个海外社团。

为配合大会的举办，广州、深圳、佛山、中山、肇庆、茂名、东莞、江门、清远等地在大会前后举办一系列恳亲、联谊活动，汕头举办旅游节。

日程

集会　参观　文娱

12月3日上午　"世粤联会"的经贸合作交流会、"新世纪、新跨越"

侨情交流会，由省海外交流协会、海外联谊会、省侨联主办。

12月3日下午　在广州中山纪念堂举行大会开幕式。届时将有国家领导人致辞，以及广东省领导、国务院侨办领导和华侨华人代表讲话，并有地方特色的文艺表演《天涯共此时》等，以有广府、潮汕、客家地方特色的传统文艺表演为主。

12月4日　大会组织代表赴珠三角进行省情考察，分赴广州、深圳、珠海、江门、佛山、东莞、中山、顺德、番禺等珠江三角洲地区的9个市进行参观考察。

12月4日晚　大会闭幕式在深圳华侨城民俗文化村举行。

15. 兵分15路，回家去

按照预定的安排，3000多名代表于12月4日兵分15路，到广州、深圳、珠海、东莞、中山、佛山、江门七个城市参观、考察、恳亲。省侨办所有人员也分别陪同乡亲到各地去。为了接待各位代表，七个城市的地方政府都做足了准备，除参观点精心选择外，更是挑选好各种家乡美食。用最能体现乡情的形式，欢迎远道而回的乡亲。

附录三

2002年12月5日《广州日报》报道：《兵分15路回家》

"哇，家乡变得这么漂亮了！"昨天，备受瞩目的第二届世界广东同乡联谊大会进入了最后一天，大会组织全体与会华人华侨分成15条线路，赴广州、深圳、珠海、东莞、中山、佛山、江门等珠三角多个地方进行省情考察，其中包括广州3条线（含番禺）、深圳2条线、珠海2条线、东莞2条线、中山2条线、佛山3条线（含南海和顺德）以及江门1条线。一路走来，这些阔别祖国多年的华人华侨亲眼看到了家乡的巨大变化，他们感慨万千，一路欢歌不断。

广州　老乡遇老乡分外亲

昨日清晨，由祖籍梅州、珠海的华人华侨组成的第二届"世粤联会"广州B线考察团第一站来到了广州本田汽车有限公司。

"真没想到广东的汽车企业发展得这么厉害！"来自泰国的73岁老华侨刘志群，在车间里缠着"本田"的工作人员饶有兴趣地问了一大堆问题，"以前我从来没有到过这么大型的汽车生产基地参观，泰国没有这么大型的汽车企业，这里很漂亮！"他当场估算，如果用泰铢来购买一辆本田，要150万泰铢！

巧的是，广州本田负责接待的车间工作人员张先生和刘老先生同是客家人，他从刘老先生的普通话里听出了他的口音，两位老乡见面分外亲切。"老人家能回家看看很不容易，祖国是很欢迎你们的。有机会我们也要出去看看你们在海外的生活。现在生活好了，无论是你们回来或我们出去，都不是难事了。"刘老先生微笑着，连连点头称是。

身在国外唐装是最爱

在参观广州奥林匹克体育中心时，一身唐装的加拿大华侨陈其旋格外引人注目。已过花甲之年的他笑称，这么多年来唐装一直是他最喜爱的服装，这次回祖国当然要穿上了。"作为海外游子，能这样实实在在地看到祖国的巨变，实在是难以言表的兴奋。"他说，和几年前相比，广州的变化速度实在太惊人了。

深圳　向邓小平塑像三鞠躬

昨日，200多名前来参加第二届"世粤联会"的海外华人华侨前往深圳考察。一路上，参加考察的华侨华人兴致勃勃，欢声笑语不断，对深圳的巨大变化表示"很难想象"。

在莲花山上，当这些华人华侨看到山顶上矗立着邓小平同志塑像时，纷纷掏出了相机，与塑像合影留念。记者注意到，几十名来自印度尼西亚的华侨，在印尼广肇安良会馆主席黄柏的带领下，在合影留念之后，排着整齐的队伍，向邓小平同志塑像行三鞠躬。鞠躬之后，这几十名印尼华侨还觉得不够，又围拢在一起，唱起了《哎哟妈妈》等几首著名的印尼歌谣。

珠海　城市可媲美新加坡

昨天，近400名海外乡亲来到珠海，兴致勃勃地参观了格力电器、南屏工业园、中山大学珠海校区等处。在格力电器公司，一下汽车，从新加坡赶回参观的顺德乡亲何先生就赞声连连，他说，珠海很漂亮，空气很好，城市建设和新加坡相比毫不逊色。对于格力电器，何先生也表示了解，是世界单产规模最大的空调器生产基地。

在中山大学珠海校区，珠海乡亲马先生告诉记者，他在新加坡做生意，一直以来都很关心家乡情况，每年都要回珠海看看，年年都能看到家乡新的变化，深感欣慰。今年，他在沿途又看到一大批高校在唐家湾崛起，深感家乡未来大有希望！

东莞　要带老父回乡看看

昨天上午，浓雾锁沧海，华侨们在虎门威远炮台举目远眺，眼前更是苍茫一片，一些前来东莞参观的华侨伫立在炮台上，忍不住掉下了说不清是高兴还是感伤的泪水。

华侨张复往先生从小在新加坡长大，由于多年来与家乡失去联系，一家人尽管思乡情深，却从来无缘回家探望一次。此次是张复往第一次来到广东，第一次回到家乡，他兴奋地对记者说道，实在感谢本次广东同乡联谊会的举办，否则他都不知道何年何月才能回家乡。此次到家乡，亲眼看到祖父生长的地方，看到家乡的祠堂，感触颇深，回去后一定将年迈的父亲也带回来，让他老人家也得偿多年夙愿。

江门　自豪能说流利汉语

昨天，参加第二届"世粤联会"的几百名潮汕籍侨胞，来到江门市参观访问，海外侨胞对风景秀丽的江门市景赞叹不已。

对于祖国和家乡的变化，丹麦中华工商联合协会顾问马文新说："祖国的变化很大，越来越富强美丽。我们都能说一口流利的中国话，感觉极其自豪。如今，我们都重视子女的汉语教育，就是让他们时刻不忘自己是华夏子孙。"

在江门五邑大学，香港潮属社团总会副主席刘宗明感慨地说："江门市的现代化建设发展得很快，看了五邑大学感受颇深，政府把市中心最好的1000亩土地划给学校办学，表明政府对教育事业非常支持。"

顺德　山珍比不过家乡味

昨天上午，由270多名海外乡亲组成的第二届"世粤联会"顺德考察团到顺德乐从国际家具展览中心、陈村花卉世界和顺德展览馆等地参观考察。品尝着双皮奶、伦教糕、陈村粉等可口的家乡风味，看着顺德城乡翻天覆地的变化，乡亲们一路赞不绝口。

昨天，顺德有关部门特地为海外乡亲准备了一桌充满家乡风味的凤城美食。澳大利亚的陈乃学祖籍是广东河源，他津津有味地品尝了陈村粉和伦教糕后，意犹未尽地对记者说："什么山珍海味都比不过家乡风味，即便是粗茶淡饭也吃得格外舒畅。"陈先生去澳大利亚已经15年了，在那里做食品贸易。他说，中国食品在海外挺受欢迎的，他这次回国考察就想着把广东的美食推介到海外。

参观中，世界广东同乡顺德考察团给顺德人民留下了一首藏头词："顺改革开放大道，得德风气之先，人杰地灵天佑福地，民风务实开拓进取，感天地创千秋伟业，谢凤城风味美食，你激励我扬帆四海光大中华。"每句话的第一个字连在一起就是"顺德人民感谢你"。

佛山　"少年飞鸿"迎远亲

昨日，200多名参加第二届"世粤联会"的代表来到佛山参观。

在佛山祖庙内，来自世界各地的华侨们受到了热烈欢迎，佛山市的"少年黄飞鸿"为他们献上了精彩的舞狮表演。随着小飞鸿们在临时搭建起来的表演台上伴着鼓声做出各种高难度的动作，现场的气氛也被带动起来。对于小飞鸿们的精彩演出，"老广东"们不时地报以热烈的掌声。一个加拿大来的"老广东"说,这么小的孩子就能舞得这么好,实在不简单。当导游小姐告诉他其中还有几个是女孩儿时,他更是连连称赞。

在咏春拳宗师叶问的纪念馆里,"老广东"们的兴致尤其高,不少人还对着墙上的招式画像模像样地比画一番。

西樵　惊叹家乡巨大变化

随后,他们来到西樵旅游度假区参观考察,受到了热情接待。在西樵参观期间,记者采访了部分侨胞。他们表示,他们有一段时间没有回来了,这次回来,祖国的巨大变化确实给他们耳目一新的感觉。他们为祖国的日益壮大和繁荣感到自豪和骄傲,他们对祖国的未来充满信心。

石湾　感受千年陶文化魅力

在石湾中国陶瓷城,代表团分为不同的观光组,在导游的引领下,参观了进驻陶瓷城内的各厂家的前沿产品,并从中感受到佛山陶业千年文化的独特魅力。

陶瓷作为石湾的支柱产业,在全球都享有较高的声誉。而中国陶瓷城,到目前为止是国内规模最大和最专业的陶瓷商业文化中心,代表着整个佛山陶瓷产业及陶瓷文化。

中山　中山先生值得敬仰

昨日,300多名原籍深圳、湛江、佛山和东莞的海外乡亲,从广州出发,直奔孙中山故居,开始中山游。

来自马来西亚的东莞乡亲何先生和夫人是第一次游中山。参观了孙中山故居后,他感慨特别多:"故居是孙先生亲手设计的,那个时候就能造出这么好的房子,不但中西融合得天衣无缝,而且通风性好,特别适合广东的天气。从这可以看出中山先生观念的革新。先生先进的思想,也得益于出洋呀,看来国内同胞还是应该常出去看看。"

来自马来西亚的戴先生是在国外上的学,但对孙中山却非常敬佩:"先生一生都在为中国人民奔波,值得敬仰!"临行前,他因为没有时间看完所有图片,还特意买了几张VCD带回家。随后,大家又参观了中山火炬开发区的高科技工业园区和孙文西路步行街。定居比利时的伍先生感慨道:"广州在变,中山在变,每次回国,都发现与以前不同。改革开放后,中国的经济发展真的让人振奋。"

16.闭幕会上通过了大会宣言

12月4日晚上,到各地参观的代表,汇聚到深圳,在中国民族文化村,共同欣赏了一场我们精心组织的文艺节目《龙凤舞中华》。闭幕大会上,全体代表举手通过了大会宣言《携手共进 再创辉煌》,这个大会宣言,初稿由省侨办副主任林琳负责起草。经反复修改后,林琳副主任还请他的岳父大人做了文字润色,他的岳父是广东有名的文人。这个大会宣言反映了当时我们侨务工作的方向。

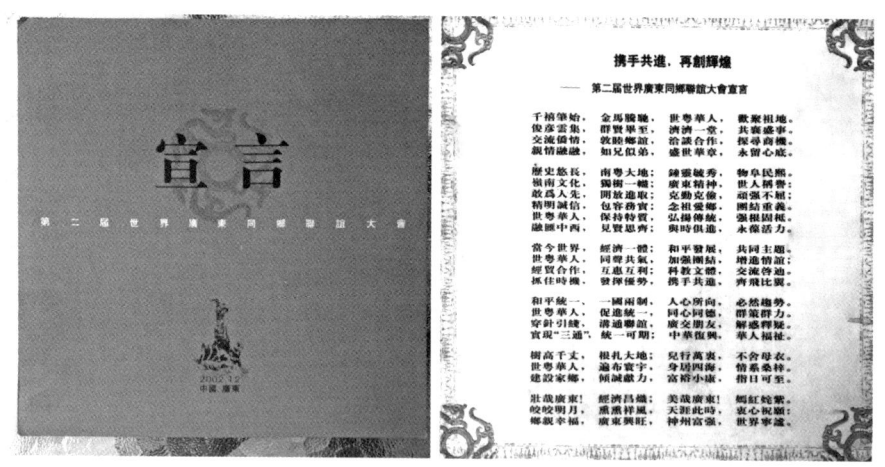

第二届"世粤联会"宣言《携手共进 再创辉煌》

附录四

第二届世界广东同乡联谊大会宣言

携手共进,再创辉煌

二、世界广东同乡联谊大会的形成

——第二届世界广东同乡联谊大会宣言

千禧肇始,金马腾驰,世粤华人,欢聚祖地。
俊彦云集,群贤毕至,济济一堂,共襄盛事。
交流侨情,敦睦乡谊,洽谈合作,探寻商机。
亲情融融,如兄似弟,盛世华章,永留心底。

历史悠长,南粤大地;钟灵毓秀,物阜民熙。
岭南文化,独树一帜;广东精神,世人称誉:
敢为人先,开放进取;克勤克俭,顽强不屈;
精明诚信,包容务实;念祖爱乡,团结重义。
世粤华人,保持特质;弘扬传统,强根固柢。
融汇中西,见贤思齐;与时俱进,永葆活力。

当今世界,经济一体;和平发展,共同主题。
世粤华人,同声共气,加强团结,增进情谊;
经贸合作,互惠互利;科教文体,交流启迪。
抓住时机,发挥优势,携手共进,齐飞比翼。

和平统一,一国两制,人心所向,必然趋势。
世粤华人,促进统一,同心同德,群策群力。
穿针引线,沟通联谊,广交朋友,解惑释疑。
实现"三通",统一可期;中华复兴,华人福祉。

树高千丈,根扎大地;儿行万里,不舍母衣。
世粤华人,遍布寰宇,身居四海,情系桑梓。
建设家乡,倾诚献力,富裕小康,指日可至。

> 壮哉广东！经济昌炽；美哉广东！嫣红姹紫。
> 皎皎明月，熏熏祥风，天涯此时，衷心祝愿：
> 乡亲幸福，广东兴旺，神州富强，世界宁谧。

闭幕大会上，我代表第二届"世粤联会"主办者把会旗交给了香港广东社团总会。这里有个小环节是要交代的，就是第一届的会旗，我们作为历史文物保存在广东省华侨博物馆。交给香港广东社团总会的是复制品，并一届一届往下传。

钱其琛副总理出席"世粤联会"开幕式后，在中共中央政治局委员、广东省委书记，国务院副秘书长崔占福，国侨办主任郭东坡的陪同下，到侨乡江门市视察。12月5日至6日两天时间里，钱其琛副总理视察了江门五邑大学、开平立园等地，与江门籍的侨领座谈。

视察期间，钱其琛副总理对广东举办"世粤联会"给予了充分的肯定。

17. 大会的深远影响

第二届"世粤联会"在家乡广东举行，是广东华侨历史上的第一次，效果是非凡的。

这一"战役"，使得全省侨务干部得到了能力的锻炼，在组织大会的过程中树立了许多侨务工作的新观念，侨务工作者精神面貌焕然一新。

侨务这一工作在整个社会中的能见度空前提高。这个能见度的提高，实际上是使得不少侨务政策更顺利地落实。很多以前在落实政策当中遇到的各种认识上的阻力，比较疑难的事情，通过这次大会的影响都得到了解决。一些因为原来的政策界限解决不了的问题，因为这次大会的影响而破解了。

二、世界广东同乡联谊大会的形成

"世粤联会"令广东侨务与海外侨胞的联系建立了一个坚实的平台,从被动接待转到主动联络,从只认识老侨胞提升到主动联系第二代、第三代华侨,实际上也使得各级侨办摆脱"乡亲办"的桎梏,向真正的"侨办"成长。

很多侨胞虽然知道自己是中国人、广东人,但是,从来没有回过祖籍。这次回国,亲身体验了家乡改革开放的进程,了解了自己先祖离乡别井到海外谋生的历史,也近距离接触了中国共产党领导的现实,许多疑惑释然了,许多误会也消除了。

2002 年,第二届"世粤联会"经贸合作洽谈签约仪式

这次大会与会人员中,有七八百位新华侨华人,他们都是企业家。会前,我们筹备了一百多个合资合作的项目,专门举办了一个经贸洽谈会,促成 16 亿美元的签约项目和 20 多个项目的达成。洽谈会促进了侨胞钱袋和脑袋的结合。所谓的钱袋和脑袋的结合,是指有的人有资金而无项目,而有的人有项目而无资金,通过这一次活动推动他们相互结合。

18.继续办好"世粤联会"的思考

在组织第二届"世粤联会"过程中,我已经隐约感觉到,某些人把"世粤联会"当成争名夺利的舞台,利用这个平台做出不利于侨社团结的事。当时,由谁代表新西兰奥克兰华侨会所上主席台便有人作难,华侨会所的当任会长黄超权先生是个土生土长的华人，理所当然由他上主席台，但是另一前任会长却争着要上主席台，搞了许多小动作。我们没有理会，还是决定由现任的会长上主席台，目的是要培养土生土长的华裔接任社团的首领。

从这个意识起步，2007年11月在马来西亚举行的第四届"世粤联会"上，我们与各代表商议，"世粤联会"要设立常设机构，大家一致认为很有必要。于是在马来西亚的第四届大会上表决确定：常设机构设在中国广州，这个机构的办事处设在省侨办。这个机构的设立，是为了保证"世粤联会"能朝着正确的方面继续办下去。在第四届"世粤联会"上，我针对社团领导人的品质，专题做了《社团的领导人是构建和谐侨社的关键》的主旨发言。

附录五

作者在第四届"世粤联会"上的发言：
《社团的领导人是构建和谐侨社的关键》

当今世界正处在大变革、大调整之中，面对经济全球化、政治民主化、社会公平化的挑战，华人社团的重要历史任务就是要努力构建一个和睦相融、合作共赢、团结友爱、充满活力的华侨华人社会。除此之外，没有别的选择。

近年来，广东省侨办紧紧围绕新时期侨务工作的新任务，组织了40多个调研团组到海外近70个国家进行侨情调研，深入各个社团详细了解社团发展情况，不断推动社团的革新发展。在调研中，我们对社团的革新有许多体会。我认为，社团要革新，要构建和谐侨社，社团的领导人素质如何是关键因素。

一些国家社团林立，各自形成小圈子，在涉及侨社的根本利益的问题上，各执一词，难以达成共识；某些国家的"和统会"在开会的时候，为了位次争得脸红耳赤，被人家讥笑；一些地区的老侨社团、新侨社团和一些华裔新社团之间的关系，应了中国的一句老话，叫作"鸡犬之声相闻，老死不相往来"；有些社团虽然历史悠久，但是长期不换届，久而久之就形成家族式，父传子、子传孙的现象；有些社团内部官比兵多，十羊九牧，谁也说服不了谁，甚至极个别的是"一人社团""万年会长"，社团永远不换届，只有他一个人，动不动就把"国际""世界"的头衔写在他的名片上，名片长得像个手风琴，实际上是空有其名。

人间一切美好的事业都是由人创造出来的，人间一切罪恶也是人制造出来的。我们要解决华人社会问题就要努力构建和睦相融，合作共赢，团结友爱，充满活力的华社，要与住在国的人民友好相处，人是第一重要的因素，而这一因素的核心是我们社团的领导人。一个好的领导人可以把落后的社团管理成先进单位，一个差的领导人也可以把这些好的社团搞垮。所以，我希望，我们要重视侨领的品德、人格、胸怀，重视侨领的作风建设。

有些人说做侨领首先要有钱。这句话不尽对，也不尽错。据我观察，在华人社会当中，有些有钱的人，反而缺乏应有道德，缺乏众人的信服力。一个成功侨领不是看他有多少钱，而是看他付出多少，这种付出不仅是钱，比金钱更重要的就是人格、品德、胸怀，还有对社会的诚实、热诚，还有对华社的奉献精神。

也许有人认为，一个人的力量是有限的，这是没有办法改变的，所以我们只能随波逐流……我想这种想法现在应该改变了。当然一个人的力量是十分有限的，但是一个人加上一个人就会形成众人的力量，众人的力量是无限的。我们华人的社团发展几百年来，日益壮大，就是因为一个人加上一个人，以此类推，形成众人的力量去推动华社的发展。

我觉得当前的社团领导应从三个方面去努力。

一是在侨领当中大力提倡中华优秀的"和合文化"。

中华民族优秀的和合文化已经深深地融入了中华民族血脉当中，成为中华民族的基本特征和重要的价值取向，也为我们构建和谐侨社提供了丰富厚重的思想资源。要大力倡导以和为贵的处世哲学，促进华人社会的团结合作，促进侨胞与住在国人民的和睦相处，大力倡导和而不同的文化理念，调整侨胞与当地族裔的关系，融入当地风俗，尊重当地的宗教，克服自身固有的一些不良习惯，接受当地的游戏规则。要大力倡导和平共济的工作思想，引导侨胞克服过客心态，培养家园意识，认识自己与当地人的利益是不可分割和相互依存的，把自己的利益与住在国人民的利益联系在一起，大力提倡和气生财这种商业道德，引导侨胞合法经营，诚信经商，文明经商。

二是侨领要克服"宁为鸡头，不为牛后"这样一种狭隘意识，努力促成区域性的广东社团的联谊。

我们在推动广东社团走向区域性联合的时候，感觉到这种意识相当严重，阻碍着我们社团联系。广东有广府、客属、潮属三大语系，三大语系的大小社团分布在世界的各个区域，成千上万的社团在过往历史中都起到过不同的作用。但是，现有的侨团不应该局限于原来的地源、血源、粤源，应当以区域形成一个大广东的社团联合组织这种机制，使社团从原来的保护亲朋好友利益到维护中华儿女在居住国的整体利益，帮助华侨华人融入主流社会，推动旅居国外各个国家的社团在中外文化交流中发挥作用，当然联合不是说要代替某个社团独立的活动。昨天我们了解到印尼就形成广府、客属、潮属的这样一个大联合模式。在1997年香港回归时，香港广东社团联合总会就树立了很好的榜样，为推动香港各个社团的发展起了很大的作用。

三是广东籍社团的侨领更要有海纳百川的胸怀，为构建和谐侨社做出贡献。

世界上数千万华侨华人，广东籍的占大多数。近三十年来，这个比例开始变化。祖国内地移民、世界各地移民渐多。这种客观现实要求我们广东籍侨团的领导人不能以老大自居，更应有海纳百川的胸怀，主动与各地籍、各类型侨团融洽相处，为他们开展活动提供方便。

中国人有一种传统观念"各人自扫门前雪，不理他人瓦上霜"。这句话初看起来似乎稳妥，细想下去其实很不妥。如果人人都只顾自己的"门前雪"，别家的"瓦上霜"一定也会变成你家的"门前雪"。世界的任何事物都是互相联系的，社团与社团之间谁也别想独善其身。我的建议是我们要有广阔的胸怀去推动广泛的广东人的团结，推动广东人与其他各地侨胞的团结，形成一个中华民族的大团结。

（2007年11月于马来西亚）

到了2015年，已经退休的我，自费到澳大利亚参加第八届"世粤联会"。对澳大利亚这次大会出现的种种有违大会初心的迹象，我有点担心。于是，我在侨务交流群里先后谈了四点思考，希望引起后来者注意。

附录六

作者在侨务交流群谈办好"世粤联会"的思考

办好"世粤联会"思考之一：《要着力促进承办国家社团的团结》

促进侨胞社团团结，是我们发起举办"世粤联会"的宗旨之一。但回顾过往八届"世粤联会"的历史，这个宗旨的实现，还须继续努力！

坦诚地说，承办国社团筹办大会的过程往往出现社团之间的不团结现象。而此类现象大都与社团首领个人的胸怀不广、品德欠佳有关，使得团结这个宗旨有越走越远的危险。

在承办国社团首领之间，有些人霸道，"有钱大晒"，用钱来占据领导权；有些人恋权，"宁为鸡头，不为牛后"，总是不从大局利益出发，甚至用小团体的作用阻止大局的行动；有些人台面握手，台底踢屁股，搞阳奉阴违，制造不团结因素；也有些人以自己资格老为由，公开表示不合作。种种现象，真让外人笑话。

我认为：常务理事会有责任维护好"世粤联会"的宗旨，让传统得以发扬而不是遭到破坏，要敢于批评某些制造不团结的人和事，要制订若干规则让承办国社团首领遵守。为创立这个大会出过力的过来人，更应多关心这棵广东侨胞共同培育的"大树"，让它根深叶茂而不是枯萎。

我呼吁：

全世界粤籍社团的首领们，都来共同关注这个问题，着力促进承办国社团的团结。

2015年10月13日

办好"世粤联会"思考之二：《注意防止承办国党派利用"世粤联会"》

各国政治体制不同，许多国家党派林立，今天是执政党，明天变为在野党，风云变幻莫测。

华侨华人在海外影响力大，越来越成了各党派争取的目标。一些华侨华人从参政角度出发，也参加到党派中去，这是无可非议的。但是，在举办"世粤联会"时，如让这类人过度参与组织工作，甚至成为大会主要组织者，将容易使"世粤联会""变味"，结果，出现被某些党派利用的现象，客观上更撕裂了不同党派倾向的侨胞的团结。这些现象已经出现了，也造成不良影响，一定要引起重视，防止"世粤联会"被承办国利用，从而保证"世粤联会"健康发展。

2015年10月15日

办好"世粤联会"思考之三：《举办"世粤联会"不必斗排场，比阔气》

勤俭节约是中华民族的美德，这美德应在"世粤联会"的举办过程中得到充分体现。就算有充足的赞助款，也要一分钱一分钱算清楚才开支。

二、世界广东同乡联谊大会的形成

要知道，这赞助款都是血汗钱。

观察过往的"世粤联会"，存在着斗排场、比阔气的现象。就拿这次澳大利亚办的，在悉尼歌剧院开幕，会议期间还放了烟花，参会者估计，整个活动应要花费200万澳元。有些活动，许多人都说吃力不讨好。我知道新一届加拿大接旗举办，他们已经在筹款问题上感到压力了，更有美国来的参会者直接对我说，这样下去，美国侨胞肯定不敢接旗的。

一届比一届筹款艰难，"世粤联会"又如何进行下去呢？由此，我想到，不要斗排场、比阔气。

2015年10月16日

办好"世粤联会"思考之四：《世界性的社团大会应适度安排》

举办世界性的社团大会，对推动各国侨胞相互交流、相互学习是必要的。但什么事情都应该适度。

如今，此类世界性大会实在太密、太繁、太重复了。除了世界广东同乡联谊大会，还有世界潮人联谊大会、世界客属联谊大会、世界广府人恳亲大会、各宗族姓氏世界大会。之后各市各县许多也举办世界性的联谊大会。

这样一来，海外社团几乎都在忙于应付各式各样的世界大会而无时间处理团队内务。再者，参加这类大会的，大都是一帮参会"积极分子"的老面孔，他们积极地来，已经有点疲于奔命了。对于这种现象，如不作适度调整，会将好事办成坏事。

我们应该未雨绸缪，探讨克服这种现象的办法，减少重复举办这样劳民伤财的世界性社团大会。

2015年10月20日

第九届"世粤联会"由加拿大侨胞接手，在他们接旗后，我向他们特别提起我的看法，希望他们要注意，不要讲阔气排场，也不要只由某个社团去举办，要由各社团形成一个筹委会，团结各方力量举办大会，又通过大会促进各方的更大团结。

2017年，第九届"世粤联会"在加拿大举行，本来我是准备前去参加的，可惜签证申请递入加国驻中国大使馆后，三四个月都没有获批。后来证实，这次大会大约有200多名广东各地侨办干部也没获得签证，连省侨办时任主任也参加不了大会，成了历史上第一次没有省侨办主任参会的"世粤联会"。在加拿大会议上，由英国侨团接旗承办于2020年举行的第十届"世粤联会"。

既然加拿大没批准我的签证，我转头签了英国入境，专程到英国伦敦，与邓柱廷、鲁展雨等侨领讨论第十届"世粤联会"的事情。

谁知道，2020年又因疫情在全球蔓延，第十届"世粤联会"不得不往后推了。

三、历时数年的海外侨情调研

从2003年开始,为了进一步推动广东侨务工作从"引进来"到"走出去"的历史转变,全省侨务系统上下联动,经历数年时间,深入到几十个国家和地区,开展了具有广东侨务历史意义的海外侨情调研。

可以这样评价,正是这数年的海外侨情调研,让我们认清了海外侨情的新变化,形成了21世纪广东侨务的新思路。自此之后,广东的许多侨务大动作,都源于海外侨情调研的思维碰撞和积累。

通过海外的调研,我们摸清了海外侨情的新脉搏,认识和主动物色了遍布世界各地的在政治上有影响、社会上有地位、经济上有实力、学术上有造诣的人,做大做强了广东海外交流协会,并为省政协、省人大推荐了众多特聘委员和列席代表,从而形成了广东侨务在海外强大而活跃的中坚力量。

数年的海外调研,还让我省侨务工作团队,从只会干"家务事"的氛围中解脱出来,锻炼和打造了整个侨务团队适应新形势的能力和作风。通过数年的海外调研,在海外侨胞中树立了广东侨务工作队伍的良好形象。

为什么广东要启动这么大规模、长时间的海外侨情调研呢?这和贯彻当年中共中央办公厅、国务院办公厅发出的通知《关于转发〈国务院侨务办公室、外交部关于进一步加强国外侨务工作的意见〉的通知》(简称《通知》)有关。

《通知》明确指出，侨务工作的主体在海外，侨务工作的主要对象是华侨、外籍华人，侨务工作的优势蕴藏在华侨华人之中。这段话明确地告诉我们，新时期侨务工作的主战场在海外。

可是，在这之前的若干年，我们整个侨务工作的重点只在国内，埋头于具体的"家务事"，对海外侨情的新变化缺乏真切的了解。

而正是在我们忙于干"家务事"这十多年，海外侨情无论是从数量、结构还是华侨华人的诉求上都发生了根本变化，我们对这极速而深刻的变化却知之甚少。

广东侨务要在新时期侨务工作发挥"排头兵"的作用，必须对海外侨情的新变化有深刻地理解。基于这种认识，我们筹划了海外侨情的调研。

实话实说，在规章多如牛毛的省直政府机关，省侨办要在海外实施或完成一件以往没有做过的事情，一定要有"不法常可"的精神。

以往市与市之间，甚至省与市之间，侨务部门所联系的海外侨胞是互相封锁的，谁也不愿意把自己的人脉关系让给别人，这叫"肥水不流别人田"。我执意要打破这个潜规则。调研要省市上下联动，每个调研团要有各市的侨务干部参加。这个举措理所当然得到各市的拥护。无奈各市侨办因办公经费不足，付不起调研人员差旅费。为此，我再打破一个常规，说服了省侨办直属企业的领导，从省侨办直属企业在香港所办公司留成经费中支付调研人员差旅费。这也许是我的又一个幸运。那时的开放政策让我有这样的自主权。

我还要打破常规，亲自耕作一块"试验田"，制定出严格的调研工作规程及具体要求。因此，我亲自先带一个调研团到南太平洋的新西兰做调研实践。

选择新西兰，我是特意的。过去组团出国，大都是去欧美，去我们自己熟悉的地方，这叫"拜访"。而我们是调研，是工作，应该到我们过往少去或没有去的国家，为此我特别选了新西兰。在人员组成上，我同样要

三、历时数年的海外侨情调研

打破常规。以前省侨办组团出国,一般干部是难有机会的,年轻人就更别想了。我们这次侨情调研组合是工作型的,人人都是工作者,个个都能独当一面。于是就选了黎静、梁小钢、陈金流、马碧雯。黎静时任侨政处处长,梁小钢是广州市侨办干部(因为新西兰有不少广州乡亲),陈金流、马碧雯两位都是刚到省侨办的年轻人,从未踏出国门,但是他们作风雷厉风行,热情高涨,再者他们懂英语,而我们的调研要与华裔新生代接触。决定人员后,我与黎静处长做出一个详细的、与以往不同的调研工作方案,并在事前做足出国前所去国家的摸底工作。

2003年,作者(中)与赴新西兰调研团人员合影

附录一

2003年4月11日省侨办《工作会议纪要》:
《关于海外侨情调研活动的若干问题》

4月9日上午,吕伟雄主任召集各海外调研线路主要负责人开会,研究如何开展海外调研工作,现纪要如下。

一、参加人员及线路安排

为形成"上下联动"机制,原则上每条调研线路要安排各地市侨办人员。每条线路总人数不超过5人,其中省侨办人员不超过3人;每条线路初定领队和2～3名主要工作人员，先做好准备工作。

会议初拟定12条调研线路：新西兰、澳大利亚、哥伦比亚／委内瑞拉、哥斯达黎加／巴拿马、南美各国、泰国、马来西亚、加拿大、英国、法国、韩国、日本。根据工作需要，个别线路可分A、B两线。

二、新西兰小组汇报准备情况

会上，新西兰小组领队黎静汇报了该小组准备情况。该小组提出要把工作"做新、做深"，即要结交新朋友、建立新联系、做深入调研。其准备工作主要有以下三点。

第一：熟悉基本情况。在准备初期，主要通过使领馆、有关社团、互联网、书籍、《侨情》等途径广泛收集资料。

第二：联络求助。先向我驻外使领馆及海交会顾问、理事联系，请他们推荐合适的社团和人士；然后再与被推荐的社团、人士联系，请他们推荐其他社团、人士。通过层层推荐，扩大了联系面。

第三：形成整体调研计划。计划经反复推敲、修改，现已形成详细的调研计划。内容包括调研形式、日程、分工、调查问卷等。

该团提出，在开展调研活动时，要紧密依靠我驻外使领馆，要在我驻外使领馆的指导下开展活动；对社团要依靠但不能依赖他们，特别是不能只依赖某个社团；要努力在"新"字上做文章。

吕主任肯定了新西兰调研小组的准备工作，认为该小组方法得当，准备较为充分；各线路要参考该小组的做法，并结合自身实际做好准备工作。对调研对象国的国情、侨情要有充分的了解，对调研对象、调研方式要有完备的方案。准备不充分的调研团暂不出国。

三、几点要求

吕主任强调，本次海外侨情调研是根据我省的实际情况而采取的大规模调研活动。在工作方式上，要强调"新、深、广"三个字；在活动内容上，要安排好"四类专题活动"。

（一）在工作方式上，要强调三个字："新""深""广"。

"新"，是指要用新的工作方法，如：少采用大型座谈会的形式，多采用小型座谈会、与各类人士单独谈话的形式等；接触大量新的社团，包括新成立的社团、以前未接触过的社团和以前很少接触的社团等；结识一批新的人士，包括新生代、新华侨华人等。

"深"，是指调研工作要深入开展。要在一个地区沉得下来深入调研，更要与一些家族、人士深入谈话。对各种情况，要了解透彻。

"广"，是指联系面要广。要突破只联系"广东老乡"的界限；调研工作不能依赖某一社团，要建立与各类社团的广泛联系；调研范围也要广，要多调查一些地方。为深入了解华人华侨在当地的生活环境，能乘车到达的地方就不坐飞机，优先选择经济型住宿而非商务酒店。

（二）在活动内容上，要安排好"四类专题活动"。

1. 以前我办有组信访团访问的线路，要进行接访及回复活动。要做一次以前接访活动的处理情况汇报；并利用节假日时间再开展接访活动。要争取使领馆及当地媒体的支持，广为宣传，落实"为华侨华人服务"的宗旨。

2. 回访夏令营营员。与电视台、电台、报纸等传媒联合举办，以增加影响。

3. 与海交会顾问、理事和在国内当过干部的移民等人士座谈。

4. 问卷调查。针对不同对象，设计不同问卷，广泛收集意见，全面了解香港移民、台湾移民、新生代、新华侨华人、留学生、来自其他国家的移民、原住民（包括政府领导、商人、低层人士等）等各类人士的情况和他们对有关问题的看法。这种调查可通过传媒进行，也可通过某些团体等途径进行。

吕主任最后强调，各线路要从现在起着手与各地使领馆的联系，充分做好前期准备工作。

以往的习惯，省侨办团队到某一个国家，十多个不同社团的首领到机场接机，之后是应付各个社团的欢迎饭局。这些惯例，我都要在这次调研中改变。连驻地也选择工作型的公寓酒店，这种酒店有工作氛围，有客厅，有厨房，有几个睡房。客厅可以共同办公，厨房可以煮早餐，甚至可以煮晚饭，这样就可以节省时间，提高工作效率。

调研团到达新西兰的中心城市奥克兰，第一个动作便是由省侨办请各社团首领吃晚饭。把当地所有社团首领请来，利用饭局说明这次调研的意图。之后，我们也不一个社团一个社团拜会，也劝各社团不必一个又一个请我们吃饭了。这样的做法相当不错，我们不再为接受宴请而疲于奔命，还可以避免社团之间互相攀比。工作用车也由调研团自己租。过往则是由某些熟悉的侨领来车接送，这种造成省侨办与社团之间亲疏不均的现象，我们也改变了。调研团的工作新风气，得到侨胞们一片称赞。

我们的工作秩序是：白天分头出动约人谈话，了解情况，晚上回公寓汇报当天工作情况，整理资料，之后其他成员负责发消息上广东侨网，完成"交公粮"任务。我则先睡觉，但早睡要早起，由我负责煮早餐。早餐的食材都是去侨胞开的超市里采购。新西兰有不少养鸡场淘汰出来的老母鸡，很便宜。我就买老母鸡来熬汤，然后用鸡汤来煮粉面、熬粥。黎静不吃羊肉，嫌膻味。我特意改良制作方法，所煮的羊肉她就爱吃。后来，她还自己动手做羊肉汤，做得比我还要好。

2003年，在新西兰调研期间，每天晚上，调研团成员整理调研资料

三、历时数年的海外侨情调研

作者（左）负责早起煮早餐给大家吃

多层次联络，各领域接触，新视觉观察，全方位工作。这四句话是我们预先制定的调研方式。在新西兰，我们先后拜访了 17 家华文传媒。谁会想到，小小的新西兰，竟然有多达 17 家华文媒体，包括电台、电视台、报纸等。我们还上了两个华语电台，接受现场专访。这些华语电台提前用粤语做了预报，告知在广阔田地上以种菜为生的广州的乡亲们留意这个专题节目，不少广州的乡亲专门打电话到节目组与我们互动，了解广州的情况，当时由梁小钢现场回答，这种新颖的空中座谈会效果非常好。

2003 年，作者（后右二）在新西兰华语电台与乡亲们互动做专题节目

海外华文媒体的蓬勃发展，成了我们侨情调研的新发现。后来，调研团便形成了《唐人街、大超市、新社团——对新西兰华文传媒的新观察》的调研报告。从这次调研活动中感受到了华文传媒的作用，我在后来的工作中，特别注重发挥及培育华文媒体的作用。

在新西兰许多侨胞从事农牧业。在首都惠灵顿的农场，广州侨胞还专门在农场为我们演示了用广州传统方法制作广东名菜——烧猪。令我们意想不到的是侨胞们还成立了一个粤剧团，粤剧团里有一些广州籍的香港人，专程前往广州状元坊，购买了不少的专业戏服，摆满了整个房子。他们还耐心地把粤曲的中文词翻译成英文，请当地的朋友来，先用英语耐心地解释曲目内容，然后再表演。这竟然培育出好几个当地人的"粤剧迷"来。回国后，我还专门向广州市市长黎子流推荐，让新西兰这个侨胞粤剧团参加广州市的粤剧节。

一天，我约了四位退休后移民到新西兰生活的中山老干部"吹水"（粤语，意为闲聊）。无意中了解到，他们移民新西兰后，领取国内的社保金手续相当麻烦。因为他们并不是移居在大城市，可中国使领馆却在惠灵顿、奥克兰等大城市，当时国内政策要求，退休人员如果移居海外生活需要领取国内的社保金，必须提供我驻外大使馆或者领事馆出具的生存证明，如果没有生存证明就无法领取社保金。为了拿到生存证明，他们专门乘飞机到使领馆的驻地，许多时候因为班机原因还要找酒店住宿，往返的费用比社保金还多。他们建议国内改进相关的政策，使要求更为人性化。侨胞的请求很实在。回国后我们和民政厅沟通、反馈，我们提出了几个简化手续的方案：1.由退休干部原单位出具生存证明，因为单位与当事人之间会经常有联系的；2.由省侨办认可的有信用的社团，协助开具生存证明。民政厅也接受这些建议，通过驻各国的大使馆提供各个国家的社团信用资质，再由省侨办根据大使馆的意见给民政厅出具正式公文，将有资质社团的情况报备给了民政厅，移居国外的干部职工将由这些社团提供生存证明，解决了移民海外的退休人士的大难题。这一细小的麻烦事也许在某些人看来是微不足道，不值一提，可对身受这一麻烦制约的退休干部职工，却是一个极其苦恼的问题。往往就是这些小问题，使得当事人叫天天不应叫地地不灵。促成解决这样的一些"小"问题，我认为是侨务干部的本分。

三、历时数年的海外侨情调研

新西兰地毯式侨情调研，成果丰盛，用农民的话说是全面"大丰收"。从华侨华人社团的变化到华文教育，从华文媒体的兴起到新华侨华人急速增长的比较，从华侨新人的聚集到低龄留学生的问题，到我们调研的新方法，以及侨务工作的新思路等方面，形成了八篇调研报告：《裂变、重组、新生、融合——新西兰华人社团的新观察》《蓬勃发展的新西兰华文教育》《唐人街、大超市、新社团——对新西兰华文传媒的新观察》《新西兰新华侨华人与新生代的现状与比较》《新西兰，世界华人新的聚集点》《彷徨、无助、孤独、放任——新西兰低龄留学生问题分析》《自主、求实、开拓、灵活、双赢——新西兰侨情调研的特点》《侨务工作的思路、方式方法必须适应海外侨情的发展》。这八份专题调研报告，国务院侨办主办的《侨情》《侨务工作研究》两个刊物先后采用了四份。令我们有成功感的不是被采用的数量，而是国侨办对我们不同于传统观点的调研报告的认同。

调研的"大丰收"更体现在挖掘优秀新人上。过去我们的目光只偏重传统同乡社团，联系的大都是已经离开现实社会的退休的老侨领。这次调研，让我们看到了传统社团以外的世界，感到"外面的世界很精彩"。

我们把深度联络新朋友作为一个硬任务，每一位新朋友都单独做一个人物档案，形成侨务资源。事后，我们做了统计，在新西兰，接触的社团65%是新社团，新朋友占了75%，形成了80个新人资源档案。

从新西兰开始，此后，作为硬任务我们要求每个调研团都要去完成这种资源挖掘，促使各个调研团主动去认识新人，也正是这项硬措施，让省侨办建立起侨力资源档案中心。以至于后来，不少省政协的海外特邀人士、省人大的海外华人代表，都是从省侨办推荐出去的。

一些地市、部门需要与某些专门的海外人才联系，我们的侨力资源中心也起到了作用。事有凑巧，到我退休五年后的2018年，中山市委书记率团访问英国、爱尔兰，可中山市外侨局在爱尔兰缺少关系。市外侨局领导向我了解，我及时介绍了爱尔兰科学家孙大文院士与中山访问团对接，这一对接，让中山市领导认识了孙大文院士，后来中山市政府更是聘任孙大文先生为政府顾问呢！

新西兰侨情调研团回国后，我特意邀八个准备出发的调研团专题听取海外侨情调研的示范性介绍。新西兰调研团的各成员分别用电脑演示形式汇报调研成果。黎静处长以"自主、求实、开拓、灵活、双赢——新西兰侨情调研的特点"为题，做了调研工作的专题示范，我以"侨务工作的思路、方式方法必须适应海外侨情的发展"为题，谈了自己在海外侨情调研后获得的感受。自此，具有历史意义的广东侨务工作海外调研拉开了序幕。十个调研团到亚洲的泰国、日本、马来西亚，欧洲的英国、法国，北美洲的美国、加拿大，中南美洲的巴西、智利、阿根廷、秘鲁、委内瑞拉、哥伦比亚等国家进行侨情调研。这次调研，时间之长，规模之大，工作之深入，效果之好，成果之丰富，实属前所未有。各调研团一改以往的做法，各项活动自主安排，尽量减少扰侨，变慰问式的"走马观花"为深入调研，访会馆学校，进庙堂市场，看工厂农场，察科研机构，探华侨家庭。既走进唐人街，又走出唐人街；既看望老朋友，又广结新关系；既重视成功人士，又关注普罗侨众；既访问广东乡亲社团，又联系外省移民精英。所到之处，无不广受欢迎，亲情融融，令人难忘。

附录二

作者对海外侨情调研工作的总结：
《侨务工作的思路、方式方法必须适应海外侨情的发展》

侨务工作的主体在海外，侨务工作的主要对象是华侨、外籍华人，侨务工作的优势蕴藏在华侨华人之中。广东要发挥这个独有优势的作用，不但要在广东境内，而且要在国外做好侨务工作，因为华侨华人大部分是生长在国外的。

一、海外侨情调研要有与时俱进的新方法

广东是华侨华人众多的一个省份，广东侨务工作的主体在国外，这对广东是一个新的要求，也是一个新的挑战。严格地说，我们对国外的华侨华人社会并不熟悉，很多事情必须从零开始。要开展海外的侨情调研工作，就必须创造一套新的方法。我把新方法概括为：自主、求实、开拓、灵活、双赢。

（一）自主。过去我们多以访问、慰问、做客的心理出访，现在我们要有主人的态度，要有侨务部门的主见。过去出访很容易就被各种社团礼节事项缠住了，往往没有了自己的主见，像一艘有风帆而没有方向的船，漂到哪儿算哪儿。这次我们的工作目的是调查研究，必须有自己的工作时间和工作主见，自主地开展工作。我们总结出"三而不"：1. 对社团要依靠而不依赖。社团的力量很重要，但如果我们的调研只依赖社团，就会陷于被动。2. 与社团交往深入而不介入。要深入到各个社团，了解各个社团的情况，但不介入到各个社团的成见、矛盾等事情之中。3. 对社团各个方面的事情引导而不领导。不要让他们以为我们是他们的领导，要我们对一些社团之间的是非表态。只有不依赖于某个社团或者某个人，才能赢取更多华侨华人团体和个人的信任；如果我们片面依赖某个社团或者某个人，其他社团和个人反而对我们有看法了。

（二）求实。从慰问到深入调查，从以前出访15天跑很多国家，即"凳子还没坐热又跑了"到现在用一个月的时间在一个国家开展调研，这样做的目的就是"求实"。华侨华人都赞我们像"狗仔队"。我觉得就是要有"狗仔队"精神。和平时跟领导出访不一样，我们需要做深入的调查和研究。这次我们能用一个月的时间走一个国家，在时间上就明显突出了侨务工作的特点。以后出访，都要减少礼节性做客，做到不受迎送礼节的制约，不受住宿、交通条件的制约，从礼节性的做客访问改变为自主性的工作安排。

（三）开拓。我认为开拓有以下四句话是应该记住的：1. 多层次联络。要形成一个新的工作方法，改变以往只联络广东老乡，只见社团的领导人,或者只满足于老朋友的旧观念。要强调多层次的联络,方方面面的人都要接触,这样才能把一个国家的侨情全部摸透。2. 多领域接触。不管是科技、经济、传媒、市场,还是个人、家庭,甚至贫民区,我们都要了解。3. 新视角观察。不要墨守成规地去看一些问题,例如社团裂变的问题。过去我们对社团之间矛盾总是回避,总是强调团结,其实社团的裂变、重组问题是社团活动的一种规律,这是正常的。甚至对传媒、宗教社团以及一些低龄留学生问题的看法,我们都是用新视角去观察,不再墨守成规地用以前的一些传统观念来对待这些新的侨情。4. 全方位工作。我们要克服那些单打一的出访,例如接受某个邀请去参加活动,这个活动一结束,事情也就跟着结束了,这种单打一的活动浪费我们不少时间。因此我们每次出访都应该是全方位的,有虚有实,有主有次,方方面面的事情都要完成。

(四)灵活。为了充分利用出访机会多做工作,我们在访问形式、任务分工和计划安排上,都根据情况灵活掌握。1. 访问形式多种多样。为避免给对方造成麻烦,我们尽量早出晚归,迁就对方。我们可以访问对方,对方也可到我们住处访问我们。我们约对方,餐费也由我们支付。2. 工作有分有合。有时一起活动,有时分头活动,晚上凑在一起,安排第二天的工作。3. 灵活安排行程。对临时发现的线索,只要觉得有访问价值,就改变原计划,安排访问。

(五)双赢。我们每次出访都要与当地华侨华人取得"双赢"的效果,即不但我们自己有收获,更使服务对象有所收获。而且,还要在出访回来后切实具体地为该国华侨华人做一些事情。

二、侨务工作的思路、方法、方式必须适应华人社会的需要

现在海外不再是单纯的华侨社会,已经由华侨社会转变为华人社会,如新西兰的华侨社会变成了新生代和新华人的社会一样。

从移民的动机看,旧移民是求生存的,新移民是求发展的;从移民的

教育素质看，过去是低文化的，现在是高学历的；从移民的社会构成看，过去是以农民为主，现在是以城市知识分子为主；从华人的植根文化来看，也发生了从东方到西方的转变，这就是华人结构的一种变化，这种变化要求我们的工作要有新的思路。

从移民地域变化看，大陆的移民从广东、福建沿海农村发展到内陆各省大中城市；从世界的范围来看也从以我国为主发展到我国香港、越棉寮之国（越南、柬埔寨、老挝）以及世界各地，世界的华人都在移动。这些变化使得我们不能沿用原来的思路、方法、方式来工作。

怎么调整呢？我觉得有四个方面：1. 面向世界。我们服务的对象是华侨华人，这些华侨华人是世界性的，如果我们只是站在中国的角度，面向中国来做华侨华人的工作已经远远不够了。所以我们工作的趋向是面向世界。2. 面向未来。面向未来就是可持续发展的侨务战略，面向新生代、新华侨华人。3. 紧跟时代。不要停留在改革开放初期的那种侨务工作的方式、方法。4. 服务主体，侨务工作的主体在海外，现在许多国家里占华侨华人社会主体地位的是新华侨华人和新生代。

三、用辩证的观点看待社团，循发展的规律引导社团

这是从新西兰社团的裂变、重组、新生、融合以及对大小社团的一些看法中得出来的一个思考。我们要用辩证的观点看待社团：1. 大的不一定大。就是说有些大的社团起的作用并不大，或在某一方面起的作用不是很大。2. 小的不一定小。如新西兰华人科学家社团，虽然只有50个成员，但他们都是华人精英人士。这也就是寸有所长、尺有所短的道理。3. 新的不一定新。不能说这个社团是新成立的，就是新社团，也许它还保留着大量的传统社团的特质。4. 旧的不一定旧。有些社团成立的时间较早，但它与时俱进，就不能说它是旧的传统社团。对华侨华人社团，我们应该不论大小、不分上下、不论新旧、不看隶属、尊重个性。

对社团裂变、新生、重组、融合这样的一些客观规律，我们要认识

它、遵循它、运用它,而不必要悲观地看待它,这是我们这一次出访的一个新收获。不必为各地社团之间的争斗而烦恼,因为争斗的背后反映出来的往往是不同的社会背景、不同的时代背景以及不同的文化背景,所体现的是不同的利益观。看待社团一定要存异求同。因为许多社团的时代、文化、背景都不一样,所以我们干脆去遵循它、运用它,辩证地看待社团,用规律来引导社团。

多极性的社团要运用多极性的方法去接触,关键在于敢接触,不回避。矛盾是存在的,社团的多极性也是存在的,例如有文化社团、经济社团,如果我们只用一种方法去对待社团,那是适应不了的,一定要用多极的方法去对待。

华人社团只是华人社会的一部分,它不是华人社会的全体,更不是华人的代表,企图通过某一社团去完全代表某地华人的想法是违背社团运动规律的。

社团是由一个一个人组成的,作用不大的社团有作用大的个人,关键是我们在这些社团中寻找作用大的人。努力接触与时俱进的社团,努力推动社团与时俱进,努力引导社团在保留自我的前提下融合。我觉得我们可以朝着这三个方面去做。

四、用新的观点看待华文传媒,让华文传媒发挥新的作用

我们应该用新的观点来看待华文传媒,让华文传媒发挥新的作用。不要把华文传媒简单地看成只是一份报纸、一个电台,要把它看成一个新的唐人街、华文文化的聚集点,华人生存与发展、经济与贸易的一个很大的"超市",同时,更是一个融合各个方面力量的新社团,是我们了解当地社团生存与发展的一个晴雨表。

(一)透过华文传媒更新侨务外宣工作。例如,在新西兰的华文报纸刊登一大版广告只需花费2000元人民币,我们可以与之合作,购买他们的整个版面,刊登我省各个市的总体发展情况。这要比通过侨刊乡讯的宣

传要快得多，要好得多。与华文媒体合作，既支持华文媒体的发展，又可推动侨务外宣工作。

（二）通过与华文传媒互动延伸侨刊乡讯的作用。侨刊乡讯和华文媒体可以形成良性互动，例如新西兰有许多广州籍华侨华人，广州市侨办的《华声》杂志可以跟新西兰华文传媒探讨如何把杂志一些版面通过邮件传给他们。新西兰的华文报纸发行量在1.5万份左右，与华文媒体合作，不仅省掉大量的邮寄费，而且量大又快捷。

（三）重点组织华文媒体到广东采风。省侨办将组织华文媒体来广东采风，加强与华文媒体的联系，进一步发挥海外华文传媒的作用。

五、只要联系实际，华文教育的路子宽又广

这次我们到新西兰去看了华文教育的情况，我们觉得只要联系实际，华文教育的路子宽又广。

（一）从新西兰华文教育的需求找出我们工作的切入点和结合点。新西兰的华人多是广州人，他们都想学广州话，我们可以根据这种需求，派人组织一些从广州来的、会讲广州话的留学生来当老师，这样就可以启动当地的华文教育，通过华文教育进一步推动海外侨务工作的开展。

（二）华文教育不单是付出，更多的是收获。开展华文教育工作首先要解决认识问题，侨务部门不要以为华文教育只是付出，没有收获，其实华文教育付出很少，收获很大，问题是怎么看待收获。例如，省侨办2001年以来，组织华文教师赴印尼开展华文教育，培训了3000余名老师，这本身就是很大的收获。更重要的是，通过华文教育加强了与华侨华人的联系，结交了一大批各界华侨华人朋友，还推动成立了广肇会馆总会。不去做基础性工作，不面向未来，我们又谈何收获呢？

六、侨务部门不应对低龄留学生袖手旁观

有人说低龄留学生不是华侨华人，不是我们服务的对象，我认为这是不对的，对于这个问题不要用什么政策来界定，而要从我们工作的需要来看待,就是说要把低龄留学生当作侨务部门的服务对象来看待。

内外结合,为低龄留学生形成良好的学习氛围。中国留学生在外面有困难,也可以找当地的一些传统社团对应帮助解决一些问题。

七、建立全省长效共用的资源中心

广东是侨务资源大省,但是广东的资源被分割,信息封闭在各个地方,而且多是旧的资源,没有新的资源。这次我们去新西兰调研,结交了80个新朋友,但如果这个资源得不到使用也不是真正的资源。省侨办吸取过去的经验教训,决定成立一个侨务资源中心,中心里面要有社团、人物等详细资料。要通过上下联动,把资源中心建好,实现全省侨务资源共享。

当初,我们策划海外侨情调研,更多的是考虑打开当时海外侨务的工作局面。可在调研的实践中,海外侨情的丰富、鲜活、复杂,海外侨胞的不同诉求,对比起自己在国内所做的工作觉得很不到位,实在感到有愧于侨胞,也更感到这项工作的历史意义,感到自己的责任重大。

在海外侨情调研的过程中,我负责的调研项目,从草拟提纲到形成文字稿,我都亲自动笔,字斟句酌去完成,如《关于"蛇头"组织运送恩平人非法移居委内瑞拉等问题的情况及对策建议的报告》《"怨侨"事件是谁惹的祸——从所罗门唐人街被烧说起》《对中南美洲侨情要有新认识,工作要有新举措》等。对于其他同事负责的题目,我也几乎是逐个报告与撰稿人议观点,谈看法,提出修改意见,一些带有争议性的特别题目,我甚至有点"力排众议",专门交代专人单独去完成,如《流落泰北山区的中国人——金三角的"国民党军人"及其后代》(《侨务工作研究》2005年第五期)。至于华侨华人与宗教的关系,我们长久以来都是避而不谈的。对海外华侨的宗教组织,更是采取"不接触"的态度,这几乎成了侨务工作的一个"禁区"。对这个题目我一直希望自己亲自去"碰",可惜始终没有

三、历时数年的海外侨情调研

机会，交代了几次专人，也许因为认识及胆量问题从未敢接触。后来，我决定指派黎静、马碧雯等到美国调研时完成这一个专题。为什么最终选择她们去完成？因为她们了解我的想法。最终她们也没有辜负我的期望，深入调研后形成了《对华人宗教组织的新认识》的调研报告，这篇调研报告观点新颖中肯，被国侨办《侨情》刊物采纳了（《侨情》2007 年第 7 期）。

每年完成海外调研后，我们都集中省、市两级侨务干部开海外侨情报告会。这些报告会，我们还有针对性地请有关部门派人来参加，因为我们所提到的某些专题是与有关部门的工作职责关系密切的，有的是有求于他们协助解决的。例如，2004 年邀请广东省公安厅派人来旁听调研报告会，主要是让公安厅了解委内瑞拉的恩平籍非正常移民问题；请教育厅来旁听，主要是让他们了解海外华文教育的现状和低龄学生出国留学所产生的问题；邀请外事办来旁听，主要是需要解决海外侨胞出入境签证的问题；请民政厅来旁听，主要是解决退休老人移民海外后领取社保金的生存证明的问题。这些省直单位虽然是第一次遇到这样的宣讲报告会，听完后都表示对此很感兴趣。因为他们从来都没有听过如此深入细致的报告。正是这些细小而实在的具体措施，在我看来都是侨务工作走向社会化的具体积累，都是增加侨务工作社会能见度的具体积累。许多时候，党和国家的侨务政策就是通过这些细微工作渗透到各个领域中去，从而切实解决了侨胞的种种诉求。

调研报告除侨务部门使用外，有一些专题还提交给省直的有关部门，例如 2003 年的调研报告就给了两个部门：向省委组织部发了专门的调查报告《关于海外高层次华人华侨专业人士的情况及工作建议》，省委组织部称赞这个调研报告分析得很到位；向省教育厅发了《新西兰推动华文教育工作和处理中国低龄留学生问题的材料》。我统计了一下，我们的调研报告在国侨办《侨情》《侨务工作研究》这两个刊物全文刊登的有 20 篇之多。

国侨办主要领导也十分看重广东海外侨情调研，专门来电话，嘱我把侨情调研报告汇编成书。为此，我们先后编辑出版了《海外华人社会新观察》《海外华人社会新透视》《海外华人社会新视野》三本约150万字的专辑。

三本专辑集中了104篇我们在60多个国家和地区侨情调研的报告，各层面、多维度反映了海外侨胞的生活状况和诉求。

今天回头看，尽管时光过去十多年了，这三本书选入的海外侨情调研报告，不仅对当时的海外侨务工作起到了指导作用，而且对现在和未来的侨务工作者认识海外侨情也具有工具性和可读性，起到了里程碑式的积极作用。

附录三

黎静《志存高远，心系侨情
——与吕伟雄主任到海外侨情调研随想》

（一）

澳大利亚首都堪培拉给我最深的印象，是那条宽阔笔直的"英雄大道"，并非因其美丽，而是吕伟雄主任站在大道上对一名侨胞说的一句话："一个心胸开阔、心存大志的人，他的心中一定会有一条宏伟而宽广的大道。"

那是2004年8月，我第一次来到堪培拉，随同吕主任进行新侨情调研。在一名华人出租车主（当地侨胞称之为"的士王"）的引领下，我们踏上了这条当地的标志性大道。正当我拿着相机抓拍大道上的美景时，一直与那名侨胞边走边聊的吕主任忽然停下脚步，远望大道尽处，若有所思地说出了上面的一席话。

所谓情由景生，但我一直认为，吕主任的话绝非一时感触，而是发自内心，源自他的气魄与胸襟。志存高远，心系侨情，正是吕主任的真实写照，也正因有如此的胸襟和情怀，在七年多的省侨办领导岗位上，吕主任

三、历时数年的海外侨情调研

一直满腔热情地投入工作，不断思考和推动实践工作新思路、新举措，使广东侨务工作不断创新发展，流光溢彩……

(二)

在吕主任推动实施的众多新举措中，开展海外新侨情调研无疑是最具成效、最为人称道的举措之一。

2002年年底，吕主任提出采取省市侨务部门上下联动的形式，组织开展大规模的海外新侨情调研，用数年的时间对海外华人华侨社会进行全面、深入的调研，以掌握海外侨社的新特点、新动向，有针对性地提出新形势下我省侨务工作的思路与对策。这无疑是一颗重磅炸弹。在很多人眼中，广东作为侨务大省，海外联络面已经很宽，联络对象已经够多，工作已经够深入了，开展这样的调研有必要吗？能取得什么成效？许多人投以怀疑的目光。

正如构想的提出出乎很多人的意料，开展海外新侨情调研是从打破大家的惯性思维开始的。谁也没有料到，远在南太平洋，总人口只有数百万，华人人口仅10来万的新西兰，会被吕主任选定为首个调研国。更让大家意想不到的是，由吕主任亲自调配的"新西兰侨情调研团"，除他亲自带队，我也参加外，还加入了马碧雯和陈金流两位到省侨办工作不到两年的年轻同事，要知道，过往处级以下干部出国访问的机会是少之又少的，何况是这么重要的任务呢。此外，针对新西兰广州籍乡亲较多的情况，广州市侨办的梁小钢副处长也加入了这一团队。

"新西兰侨情调研团是试验田，也是样板团，我们做成什么样，能否创新调研的思维和方式，能否取得实实在在的成效，不仅关乎本团调研的成败，对全办的调研计划也会产生直接的影响。大家要做好艰苦奋斗的思想准备，努力做出好的榜样来。"调研团的首次会议上，吕主任就向我们敲了警钟。

只不过，即使当时我们的思想准备多么充分，也断然无法预知调研的艰辛,更无法预测到吕主任是如此"彻头彻尾"地打破各种"惯性思维"的。

(三)

调研的准备工作开始于2003年年初。那时正是"非典"肆虐的非常时期,许多部门的工作都处于半停顿状态。我们的调研也受到影响,出发日期一再延后。在等待出发的日子里,我们一刻也没有闲着。我们在档案室查阅了大摞的侨情资料,到图书馆、书店查找了大批量的书刊,上互联网,甚至进入新西兰官方网站收集了大量的图文资料和统计数据,通过我驻新西兰使领馆及当地侨胞、侨团收集了大量的侨情资料和侨胞、侨团联系方式。在这么多资料的基础上,一个超过过往一般出访时间近一倍,跨度近30天的行程密密麻麻地排了出来。我们悄悄地舒了一口气,也暗暗地为这么紧的行程而发愁——我到侨办工作有十多年了,从来没有见过这么紧凑的出访行程。

吕主任对这个行程安排的态度大大出乎我们的意料。他"黑着脸"连问我们几个"为什么":"为什么每个地方都依靠一两个侨团安排行程?为什么老是安排见老侨、老朋友、老侨团?为什么有那么多的欢迎活动?为什么还有那么多的空档?……这种安排,被习惯牵着鼻子走,被别人牵着鼻子走,蜻蜓点水,走马看花,怎么能够另辟蹊径,抓到新的东西,取得新的成果呢?我们要心怀所有侨胞,面向整个侨社才行。"我们茅塞顿开。

8月初,我作为调研团先遣组负责人先期抵达新西兰第一大城市奥克兰。当时我们手里的行程安排,较之最早的,已几乎面目全非,不仅充实了大量的内容,还增加了许多"新元素":新移民、新社团、留学生、科技人才等都进入了我们调研的视野。但吕主任对这个行程还是不满意,也因此派出了由我率领的二人先遣组。他在我们出发前面授机宜:"你们的首要任务是进一步丰富调研内容,通过与当地侨胞、侨团的初步接触,挖掘当地侨社的新亮点,联络一批新的调研对象。此外,要做好调研的食、住、行安排，不必搞排场，不必住豪华酒店，不必劳驾侨胞迎来送往，要自主、灵活，千万别被别人和惯性思维束缚了手脚。"

三天后，调研团其他成员在吕主任的带领下抵达奥克兰。前往机场迎接的，除了先遣组成员，就只有执意要第一时间见到吕主任的侨领黄超权一人——很多侨领的接机要求都被我们婉拒了。这样的场面多少有点冷清，吕主任反而很高兴地称赞说："找到感觉，开始进入状态了！"

但我们愉快的心情很快又被吕主任"破坏"了。刚到旅馆放下行李，吕主任就召集我们开会研究行程。听着我们的汇报，看着已多次调整的行程，他左"挑剔"右"找碴儿"："这个安排还不够深入，调研面还不够广……"就连住的地方他也挑剔："这个旅馆离华人聚居区太远了……"于是，我们很快就做出了到新西兰后的第一个大调整——连夜从郊区的旅馆转到华人聚居区附近的旅馆。

（四）

像这样的变化和调整，在新西兰调研的日子里几乎每天都在发生。行程每天都在变，内容每天都在更新。特别是在调研对象上，我们坚持"骑牛找马"，不断拓宽调研视野，不断延伸调研触角，不断丰富调研内容。记得在惠灵顿时，我们到新西兰皇家地质与核科学研究所拜访华人科学家朱海先生，在结束拜访正要离开时，我们无意中看到一间办公室的墙上钉着一页稿纸，上面用秀丽的中文抄下李白的一首诗："花间一壶酒，独酌无相亲。举杯邀明月，对影成三人。"

在这个充满严肃学术气氛，几无华人的地方，这首诗让我们倍感亲切，也感受到办公室主人强烈的乡思。吕主任立即要求朱海先生把这位主人介绍给我们。原来，他是该研究所高级研究员，祖籍广东中山的地球物理学家余嘉顺先生。"相请不如偶遇"，我们马上把原定行程进行了调整，坐下来与余嘉顺先生聊了起来。我们越谈越投机，后来还相约到余先生家里做客，并通过他又结识了数名侨胞。余嘉顺先生现在已成为我办的老朋友,还被聘为广东省海外交流协会理事。

在灵活应变、积极扩大调研范围的同时,我们又围绕调研中发现的亮点和问题,不断深挖、充实调研主题。当调研开始不久,了解到新西兰的中国低龄留学生不仅数量大、问题也多时,吕主任敏感地把这个主题作为调研重点,在接下来的行程中增加了大量与中国留学生接触、交流的内容。为多了解新移民的生活,我们一大早起床到新移民集中摆摊的跳蚤市场参观,或连夜赶到新移民家中利用他们下班后的时间聊上一会儿。为了深入了解问题,消除心中疑问,我们一而再、再而三地上门拜访某个侨胞或侨团,甚至大为压缩在惠灵顿等地的调研时间,为的是争取更多的时间在奥克兰开展更深入的调研。为了提高效率,争取多接触一些调研对象,我们还经常根据实际需要,把调研团分成不同的小组分头行动,有时甚至是吕主任单枪匹马参加活动。

在近30天的调研里,我们总是马不停蹄地穿梭于餐馆、商铺、工厂、企业、农场、集市、院校,主动深入一线,广泛接触、采访各方面、各领域的团体和人物,其中,既有中国大陆、港澳台地区的新移民,也有越棉寮(越南、柬埔寨、老挝)等地的再移民;既有移居海外数十年却乡音不改的老华侨,也有土生土长乡情渐淡的新生代;既有菜农、小贩这样的市井平民,也有声名在外、业绩突出的学者殷商,甚至还有来自主流社会的政要和市民。坚持"大侨务"观念广交新朋友,是这次调研的一大特点。据统计,在我们拜访的侨团和侨胞中,新接触的社团占65%,新结交的朋友占75%,非粤籍侨胞占50%。

(五)

说实话,这样高效率、高强度的调研的确较苦较累。但是,作为调研团团长,吕主任没有搞一点特殊化,而是与我们同甘共苦,经常清晨起床,调研访问、整理资料至深夜才休息。

然而,我们的调研又是充满快乐,充满温情的。每天调研结束回到住处，无论多晚多累，我们总会一起碰个头，喝杯茶，聊一下调研的见闻和心得。吕主任还挑起调研团"家长"的"重任"，不仅对团员们关怀备至，还常常亲自下厨为大家做饭做菜（我们住的是汽车旅馆，各种厨房设施一应俱全），甚至大清早起床为全团煲粥煲汤，使大家辛劳之余能够吃到可口饭菜，及时补充营养。吕主任煲的美味靓汤我们至今难忘！

更令我们感动和难忘的，是吕主任的细心和对每一位团员的关怀之情。在基督城调研期间，适逢中秋节，那时吕主任因工作安排已先期返国。当天晚上，在一名侨胞的安排下，我们冒着严寒到山上赏月。看着异乡的圆月，我们都陷入了深深的乡思之中，不知不觉间出国调研已经20多天了！就在这个时候，一阵手机铃声打破了山顶的冷清与寂静，也把大家从乡思中惊醒过来。我拿出手机一看，原来是吕主任发来的节日慰问，一首打油诗。我大声地念给大家听："离家出国弄侨情，只求方向路更明；待到来年家国旺，离愁别绪一次清。……"刹那间，周围的空气仿佛凝固下来，大家仰望明月，再一次陷入沉思……第二天恰好是吕主任的生日，我们决定回赠他一个惊喜。远隔万水千山，送什么样的惊喜，怎样送过去呢？我们讨论来讨论去，最后决定画一个生日蛋糕，每位团员在边上分别写一段祝福的话，然后拍下来电邮给他！现代化的手段很快就把我们的心意送到吕主任手上，也很快就收到了他的回复："礼物很漂亮，谢谢！但不要让我望梅止渴啊，真的蛋糕呢？"

（六）

丰富的调研"果实"恐怕远比真的蛋糕香甜，那才是吕主任最想要的最好礼物。从新西兰调研回来后，调研团经过认真研究讨论和精心提炼，撰写了八篇调研报告，内容涉及侨情、侨团、新移民、华裔新生代、留学生、华文教育等多个方面。吕主任也亲自执笔，撰文对这次调研进行了深刻总结。这八篇调研报告有四篇被国务院侨办的《侨情》《侨务工作研究》采用。另外，调研团在省侨办召开的侨情报告会上以多媒体的形式，向全办和地市侨办的同事做了一整天的侨情报告。仅有十来万名侨胞的新西兰，我们挖掘出那么多"料"，这也许有点不可思议。作为调研团成员的我们，却深深地知道，这些收获来得不容易，也只有在这个时候才深深地领悟到吕主任对我们要求那么高，调研那么广泛深入的苦心。更何况，对我们个人来说，收获又何止八篇报告呢！我们不仅从调研中提高了个人工作能力，开阔了思路，拓宽了视野，更重要的是从吕主任身上领悟到了一种境界，学到了许多受益终身的东西：干一番事业既要坚持不懈、全身心地投入，更要志存高远、胸怀广阔、勇于创新……新西兰调研之后，我办的海外新侨情调研活动如火如荼地展开，至2006年年底，已完成了对60多个国家和地区的调研，先后举办了多场新侨情报告会，结集出版了两本调研报告文集，第三本也正在编印中。更重要的是，通过调研，我办乃至全省侨务工作深入了解和客观认识了侨胞和侨社的所思、所需、所想，推动各项工作进一步贴近了海外侨情，贴近了侨务工作对象，贴近了侨务工作实际，工作的思路、广度、深度均有了深刻的拓展，并形成了一个领域宽广、层次丰富、充满活力、作用突出的海外交流网络，推动着我省侨务工作不断创新发展。

十分幸运的是，继新西兰之后，我还先后参与了对澳大利亚、墨西哥、厄瓜多尔、美国等国的新侨情调研。作为这一重大举措的参与者和见证者，我深深体会到其中的艰辛和重要意义，现在回过头来看，可谓是"近期枝繁叶茂，长期硕果累累"。这也一再萌发我的疑问：其时涉足侨务工作不长时间的吕主任，是什么促使他形成开展大规模新侨情调研的构想？是什么促使他坚持面向全球侨情、面向整个侨社开展调研？也许，那时他的心中，已经构筑起一条宏伟而宽广的侨务工作大道……

黎　静
完稿于 2007 年 7 月 2 日

四、广东侨务的"三新战略"和"三个跨越"

下面谈谈广东省侨务工作形成的"三新战略"和"三个跨越"。

"三新战略"是指转型期侨务工作对象的三个"新"。"三新战略"的是在巩固传统社团、老侨领、老朋友工作的基础上,全力拓展并建立与华侨华人新生代、新华侨华人、华侨华人社团新力量的联系。新生代,是指华侨华人在住在国所产生的第二代、第三代、第四代的华裔,我们的工作术语一般称为新生代;而新华侨华人,指的是改革开放以来出国创业及出国读书留下定居的那部分人;新社团是指以地缘、血缘、宗亲为基础的传统社团以外的各类社团。

以往,我们的工作比较多的是联系传统社团、乡亲社团。这类社团以外的群体我们很少接触。另外,过往主要多是接触广府话的社团、客家话的社团、潮州话的社团,这些语系以外的社团接触很少。

我们提出侨务工作"三新战略",是侨力资源可持续发展及在侨务工作中贯彻科学发展观的体现,而把新生代放在"三新战略"的首位,是因为这部分群体是广东侨务可持续发展的关键,是侨力资源可持续发展的关键群体。

我们的"三新战略"是怎样形成的呢?我想,主要是我们花了三年多的时间到几十个国家和地区做深入的侨情调研,较透彻地摸清了海外侨情的变化。三年多的调研,我们总共编辑出版了《海外华人社会新观察》

《海外华人社会新透视》和《海外华人社会新视野》三本书。这三本书我们收入了超百篇海外侨情调研报告,集中反映了我们对新侨情的思考,成了我们提出广东侨务"三新战略"的底气。侨情调研令我们认识到,一定要将"三新"作为侨务工作的主体,主要服务的对象。

省侨办开展侨情调研后形成的三本书

在海外,广东人虽然人数众多、社团林立,其实每一个社团圈子很小。一种乡音,一条村子,甚至一个家族,一个姓氏,就是一个社团。这些社团强调的观念也是"乡音不改,乡情不变"。以新西兰的一个城市奥克兰为例,广府、客家、潮汕语系社团起码超过50个。尽管广东在奥克兰有几十个社团,但由于圈子很小,联系面很窄,办起大事来却是一盘散沙,根本形成不了大的氛围。而整个陕西省在奥克兰只有一个社团,可这个社团活动起来却是一个拳头。

以前,在我们的印象中,总以为海外侨胞数量广东独大,实际上,到了改革开放的中期以后,海外侨胞广东独大的局面已经发生变化。大量浙江、福建、江苏一带的新移民到了海外,加上香港移民、台湾移民,改变了海外华人中广东人所占的数量比例。特别是近几十年来,世界上几个重大的历史事件,使得海外华人的数量和结构发生了很大的变化。如香港

"九七回归"之前,就有大量的香港人因为对"九七回归"的理解存在片面性而大批移民到了世界各地。柬埔寨、越南的排华又造成了柬埔寨、越南的华人大量往外移民。某些国家历史上采取限制华人发展的措施,例如,马来西亚,早在二三十年前就规定马来西亚的华人进入马来西亚的大学读书有名额的限制,致使大量马来西亚的华人离开马来西亚去澳大利亚、新西兰读书后留在当地谋生发展。所以,澳大利亚、新西兰在这方面的华人就多了。

说到世界华人社会的结构发生了很大的变化,在海外侨情调研时,我们对澳大利亚华人的社会结构变化做了一个深入的研究。在近三四十年,有几个重大的契机让华人移民澳大利亚的数量突飞猛进,形成了澳大利亚的八大华人社团群体。按照2001年的统计,澳大利亚华人大体有56万人,主要由八大群体构成:1.广东高明地区的移民群体;2.东帝汶的移民群体;3.马来西亚的移民群体;4.越棉寮移民群体;5.中国台湾移民群体;6.中国香港移民群体;7.华俄后裔移民群体;8.最大的一个移民群体是中国大陆新移民群体。这八大移民群体几乎构成了澳大利亚56万名华裔移民的总体。这八大华人社团群体,中国大陆的新移民是最大的群体。这主要是指1989年以来留学、经商、发展、谋生等移民到澳大利亚的,按澳大利亚政府2001年的统计有16.8万人,占了整个澳大利亚华人群体的30%以上。这八大群体都是中国人,但是他们的来源地并非都是中国。他们的社会地位、文化背景、心理诉求及在住在国社会所处的层次都各不相同,例如中国香港的移民,他们比较大量地在商业、金融方面发展,中国台湾的移民比较多的是在实业方面发展。总之,是各有各的谋生领域,各有各的社会影响。

而华人新生代成了各个国家主流社会重要的部分。特别是在拉美、非洲的国家,华侨华人移民的年代远、历史长,繁衍的华侨华人后代特别多,而这些华侨华人后代经过几代的繁衍,他们已经完全融入了当地的主流社会，已经占据了华人当中很重要的一部分。以非洲的马达加斯加为例，马达加斯加的人口约1700万，其中有5万华人。这5万华人繁衍的（包括混血）华裔按当时的估计有30万，这30万的华裔已经成了华人的主体。早年的华人移民，在当地成家立业，繁衍了大量的混血华裔。顺德、南海华人先到马达加斯加，后来又有相当部分的客家人到了马达加斯加。历史上，先到的顺德人、南海人和当地的政府关系密切，他们不愿意让大量客家人再涌入马达加斯加，不知道用什么手段影响了政府，让政府除了顺德、南海人，不让客家人进入马达加斯加。客家人后来就去了留尼汪岛及附近的岛国，顺德、南海人成了马达加斯加华人的主体。我们曾经邀请一些顺德籍混血华裔回来顺德恳亲，不了解外情的人还以为我们带了黑人朋友过来参观，可这些人一开口却是满口顺德话。

从历史上看，华侨进入越早的国家，新生代的比重越大，混血华裔也会越多。中南美洲、东南亚一带华人新生代的比重也比欧洲大，这些新生代大多成为医生、教师、政府雇员等。华人新生代与前辈人（老华侨）比较，已经有很多不同的特点，他们的文化水平和从事的专业不同，前辈华侨从事的是以前说的"三把刀"（剃头刀、剪刀、菜刀），因为前辈人受尽社会地位低下的困苦，促使他们倾尽全力培养下一代读书，到了新生代华裔的社会地位则完全不同。以新西兰为例，2001年新西兰人口普查结果，新西兰本地华人（当地出生的华裔）就业率和年收入都远远超过全国的平均水平。从这个数字就看出华人在住在国的社会阶层已经发生变化，他们的前辈只能局限于同乡之间的交流，离开了同乡的圈子便难以融入，新生代已经完全融入了当地的主流社会，不少人还进入精英阶层，可或多或少保留了中华文化的传统。

当然，他们对自己华人的身份认同还是有很大的迷茫。一位英国出生的华裔青年曾对我诉说，小孩的时候，他在家讲的是中国话，觉得自己是中国人；读书的时候，他又认为自己是英国人，因为读书的时候要说英语，所以他认为自己是英国人；读完书进入社会之后却不知道自己应该是哪国人。是英国人？自己的皮肤和西方人又完全不同。是中国人？自己又不会写中文。觉得有些迷茫，这是很多华裔的心结。

华人新生代中，许多人对中国的现状缺乏认识，甚至存有偏见。缺乏认识是因为他们没有亲身感受，存有偏见与西方的传媒有很大的关系，他们听不到真实的中国声音，看不见中国现状的实际。新西兰有一位老侨胞，特意安排自己的孙子回中国寻根认祖。孙子不解，反问爷爷：你要我到中国干什么？中国是原始社会。这是孙子的感觉。要知道，新西兰不少华侨，并不在城市居住，祖辈都在郊外种菜，就在菜地里建房居住，日出而作，日落而息，尽管他们种菜的机械化程度很高，但平时只能靠电视机来了解世界，视野受阻。爷爷决意要孙子到中国，这位孙子带着极不情愿的情绪来到中国。在广州参加了寻根活动，亲身感受到现代中国城市的活力，这位孙子感触很大，可以说，完全改变了他的观念。回到新西兰后，孙子对爷爷说："爷爷，新西兰才是原始社会。"这个例子说明这部分人对中国缺乏认识，并且存在偏见。有些人甚至对中国的政治制度很不理解。这么大量的新生代，我们的侨务工作融不进他们的圈子，对于我们来说是工作的一个很大的缺位，所以，我们"三新战略"的第一个"新"就是新生代，是"三新战略"的重中之重。

2001年7月至8月，省侨办精心组织了美国、英国、加拿大、印尼等七个国家的160多名华裔青少年回来参加寻根夏令营。从这次专项活动开始，我们正式把这个活动命名为"华裔中国寻根工程"。我们改变了过往只把华裔青年夏令营作为是给海外侨领的一种福利，每年安排几个名额让侨领分配，而华裔学生到中国后的活动，侨办也只是委托旅行社安排，这是一种"交差"状态。我们明确，夏令营工作是通过"寻根"的方式做新生代人的工作，是新时期侨务工作可持续发展的中心工作。

附录一

2001年7月4日省侨办《会议纪要》(节选)

6月27日上午,我办吕伟雄主任召集有关处室和华侨中专领导、夏令营督导员听取了文宣处负责同志对今年夏令营的准备情况的介绍,并就今后华裔青少年夏令营工作进行了部署。现纪要如下。

一、夏令营工作是侨务工作转型的一项重要的工作,是侨务工作可持续发展的重要的中心工作。

吕主任指出,目前海外华侨华人社团领导逐渐老化,年轻人接不上班。夏令营工作是培养华侨华人后裔的工作,是开展海外华文教育工作的一个重要组成部分。要根本改变以前那种重接待,轻跟进,目的不够明确,侨办主办方地位不突出,办营方式不够灵活的局面。

二、夏令营工作是做人的工作,是一个留根的工程。

吕主任强调,华裔青少年夏令营工作一年到头都要做,没有季节,不限定时间,不限定人数,不搞大集中,不搞开营式,每个团不超过10人,2～3个人也可以。总的原则是,不要急风暴雨,流于形式,做工作要深入细致,和风细雨。要按照美国旧金山中华文化寻根团的工作那样注重寻根活动。狭义上的寻根是寻自己家族的根,广义上的寻根是寻中华民族的根,两条根一样重要。要通过寻根活动,培养一批认识中华文化,继承中华民族优秀品德的华裔新一代。

三、今年的夏令营工作的具体部署。

吕主任指出,今年8个夏令营团队都要派督导员,原则上每位督导员负责10名夏令营营员的跟进服务。决定从各处室和新来的大学生中抽调12位督导员到各团队工作,督导员全程参与夏令营活动,中途不能请假,要保证跟进到位。

四、广东侨务的"三新战略"和"三个跨越"

这次大型的华裔寻根活动,我们是做足准备的。我特别挑选了一批有活力的年轻干部作为督导员,每个督导员跟进一个寻根团,从选择寻根团员开始,到联系祖居地、祖屋及国内亲人,督导员都要一一跟进。一环扣一环,真正让寻根活动根连着根。

为了让寻根团员们了解祖辈的农村生活,我专门在中山市孙中山故居旁找到几亩即将收割的水稻,下田与团员们动手收割,还带着团员们下水沟抓鱼,让他们领略中国农村的真实生活。

作者与寻根团团员在孙中山故居旁的田地收割水稻

为了鼓励和引导海外社团及有关热心人士积极参与华裔寻根的具体行动,我们以"寻根引路者"为荣誉,首批向十个华人社团和六位个人给予奖励。这十个华人社团分别是美国旧金山中华文化基金会、美国旧金山华侨历史学会、加拿大维多利亚台山总会、加拿大多伦多台山同乡会、澳大利亚侨青社、法国广肇会馆、泰国留学中国同学会、菲律宾广东侨团总会、毛里求斯仁和会馆、香港台山商会。六位个人分别是美国郑国和、麦礼谦,加拿大关鸿禧、陈振沛,澳大利亚杨广钊、吴楚芬。这些团体及个人都是在组织华裔青年寻根活动中做出卓越成绩的。

在实施"三新战略"时,我们进一步强调广东侨务工作要实现"三个跨越":从乡亲侨务向大侨务跨越,从部门侨务向社会侨务跨越;从政府侨务向民间侨务跨越。

"寻根引路者"颁奖仪式

《人民日报》的《越洋寻根引路一走14年》等有关报道

我提出"三个跨越"口号时,不用"转变"一词而用"跨越"一词,是因为"乡亲侨务""部门侨务""政府侨务"并没有错,这是我们侨务工作的传家宝,但是工作面太窄了。我们要跨越就是要把侨务工作领域进一步扩大。"大侨务"是针对我们的服务对象、工作对象而言的,要求我们的眼睛不能只看到自己的乡亲,更不要把政府的侨务办公室办成是"乡亲

四、广东侨务的"三新战略"和"三个跨越"

办"。"社会侨务"是针对侨务部门的工作指导思想而言的,不能把侨务简单理解为只是"为侨而办",侨务工作是为整个社会。"民间侨务"是针对侨务工作的方式方法而言的,随着社会生活的多样性,中国越来越多的侨务因素在民间茁壮成长,只看到"政府侨务",看不到"民间侨务",适应不了新时期的要求。没有整个"民间侨务"力量的凝聚,"政府侨务"也是孤掌难鸣的。

2004年,"华裔中国寻根工程"的活动形式更深入到社会、深入到民间。我们创新思维,举办"华裔青年走进市民家庭"活动,组织英、美两国华裔青年入住广州居民家庭。这个活动,连英国、美国驻广州总领事馆也被牵动了,他们派员主动参加"华裔青年与市民家庭见面仪式",认为这很有创意,对促进海内外青年交流很有帮助。

《羊城晚报》《南方都市报》的《华裔青年寻根,走进广州人家》《入屋当一回广州人》等报道

组织华裔青年入住市民家庭的活动,就是让他们了解真实的中国。为此,我们除让他们入住城市家庭外,也安排他们到小城镇家庭入住,到农村农民家庭入住,到华侨农场归侨家庭入住。

在每年组织华裔青年寻根的同时,我们特别注重活动的个性化,注意组织华裔高端人士回国寻根。对这类寻根,我们更是一事一办,认真策划组织。如马来西亚参政华裔寻根团,就是在吴德芳先生的精心协助下成功组织的。

2006年6月,作者(前排左四)与马来西亚参政华裔寻根团合影留念

附录二

2006年6月4日《广州日报》报道:
《马来西亚华裔高官今来粤寻根》

寻根团团员包括马来西亚国家教育部副部长拿督韩春锦、文化部副部长拿督黄锦鸿、贸消部政务次长拿督何襄赞、国会议员丹斯里丘思东、著名金钻业企业家拿督吴德芳等。

他们都是当地第二代或第三代的华裔,不少人对中国认识相对片面,有的甚至还以为中国的代名词就是"穷"字。

记者从广东省侨办获悉,今天一支来自马来西亚的"特殊"团队将抵穗,他们地位显赫,包括马来西亚国家教育部、文化部副部长,国会议员及企业家等,而他们都有同一身份——马来西亚广东籍华裔,而这次来广东是为了同一个目的——寻根。

团员在马来西亚地位显赫

据悉,这次寻根团的团员包括了马来西亚国家教育部副部长拿督韩春锦,文化部副部长拿督黄锦鸿,贸消部政务次长拿督何裏赞,国会议员丹斯里丘思东,还有马来西亚著名的金钻业企业家拿督吴德芳,当地知名华人企业家林茂发、杨星耀等,共20人。省侨办有关人士透露,近年来广东接待过几次外国华裔的寻根团体,有来自巴西、厄瓜多尔等国家的寻根团,但像这次团员在国外有着如此显赫地位的华裔寻根团,对广东省而言还是首个。

寻根团将游览陈家祠大学城

有关人士称,广东省侨办对该寻根团的到来已经做好了充分的接待准备,对五天的寻根之旅做了细密的安排。针对这些华裔政要的现职身份,省侨办特意安排了广州的陈家祠、宝墨园、广州大学城等参观点,这些都是广东文化、教育方面最有代表性的地方,目的是让他们对祖国家乡的文化、教育以及经济建设有一个感观深刻的认识。毕竟他们这些人都是当地第二代或第三代的华裔,当中不少人还是第一次来中国,他们对中国的认识相对片面化,有的甚至还以为中国的代名词就是"穷"字,所谓百闻不如一见,相信他们会为自己家乡有如此的发展而感到自豪,为自己是华人这一身份而感到骄傲。

据介绍,由于寻根团团员的祖籍大部分为梅州地区的客家人,他们在广州参观游览完后,将赴梅州寻根访亲。

省侨办有关人士透露,这次寻根活动的促成,拿督吴德芳先生功不可没。作为马来西亚华人社团领袖,吴德芳近年来致力推动中华文化在马来西亚的传播,主张通过华人团体等渠道带领马来西亚高层次人士来华访问考察,这次寻根活动就是他从中进行联系协调的。

"马来西亚有不少高官是华裔"

"其实现在马来西亚有不少高官都是华裔,像这次寻根活动,一开始时联系到起码有五个副部长级别以上的高官前来寻根,这说明华人在当地的影响是巨大的。"

据介绍,马来西亚华侨华人总数达 610 万(马统计局 2004 年 3 月统计数字),约占马全国人口的四分之一(23.96%),系马第二大民族,绝大部分已加入马籍。而马来西亚华侨华人的祖籍大多来自中国福建、广东、广西、海南。其中福建以闽南、福州,广东以客家、广府、潮州籍人为最。当地华人主要从事商业、种植业、工业、木材加工业、食品工业、旅游业、建筑业等行业。近年来随着马来西亚经济的发展和新兴产业公司的不断涌现,从事技术、行政管理、工商管理的华人专业知识层正不断扩大。

五、做大做强广东省海外交流协会

推动实施广东省侨务工作"三新战略",必须有一个广泛而稳健的海外工作平台,有一个生气勃勃的工作群体。基于这样的认识,我们通过多年努力,使广东省海外交流协会从小到大、从弱到强,从质到量来了一个"大翻身",继而带动了全省各地参照广东省海外交流协会的做法,改造组建自己的海外交流协会。

到2006年,广东除省海外交流协会外,还有广州、深圳、珠海、汕头、惠州、佛山、江门、肇庆、中山、河源等十个市也成立了海外交流协会,成为我省新时期侨务工作的新力军。广东省整个海外交流协会的工作,也成了全国海外交流协会工作的标兵,多次受到国侨办及省委、省政府的奖励。

广东省海外交流协会多年来获奖众多

广东省海外交流协会成立于 1992 年,至 2000 年的八年间,受当时国际国内客观环境的影响,活动不多,几乎处于静止状态。这时的海外交流协会没会员,只有几十个海外理事,全是传统侨团的退位侨领,而且是清一色的广东"乡亲"。

2000 年,政府机构实施新一轮改革,广东的发展战略也从"引进来"转型升级到"走出去"。我觉得是时候推动广东省海外交流协会成为我省在海外开展侨务工作的新力量。实践中,省海外交流协会发展壮大的过程,成了广东侨务实施"三新战略"的重要品牌。

着手推动省海外交流协会的转型升级的第一个动作是设立广东省海外交流协会秘书处,把对工作有执行力的黄玲副处长聘为秘书长,并配备了两名助手。

黄玲是归侨的后代,其父亲是泰国归侨。她有思想,有很强的事业心,有相当强的组织能力及执行力,文字功夫也好。此前派她去推动印尼华文教育,她工作十分出色。我就是要启用这样的人去为省海外交流协会"杀出一条血路"。黄玲对省海外交流协会的成员构成和工作方式都进行了大胆的改革,特别是在推动印尼华文教育方面成效显著。

黄玲任广东省海外交流协会秘书长,从搭建组织机构开始改革,形成一个宽广的海内外互动的理事网络,成为一个让海内外理事都能施展拳脚的平台。

首先,开始物色吸纳国内会员,改变省海外交流协会没有国内会员的缺陷。一大批有海外交流业务的单位和组织,十分踊跃申请成为省海外交流协会的会员单位。包括外事、文化、教育、经贸、医疗等单位和组织都成为省海外交流协会的团体会员。这也是侨务工作社会化的具体措施。几年下来,便形成了 160 个国内团体会员。这些单位和组织,实际上也急需要侨务的海外平台来拓展他们的事业。例如,省舞蹈学校有许多的中国舞专业老师,成为省海外交流协会理事单位后,我们推荐这些专业老师到海外华社中去辅导中国舞,效果非常好。中医学院的教授成为省海外交流协会理事后,请他们出国讲中医理论,每次讲课都座无虚席。教授们自己也感觉成为省海外交流协会成员后,"身价"立马不同。这160个会员中,有厨师、武术家、书法家、画家、歌唱家等各类专业人才,全都是海外华社极其需要的。如省海外交流协会成员、著名歌唱家唐彪,他唱歌的风格很受侨胞欢迎,许多海外华侨华人的庆典活动都邀请他到场演出。

在这个基础上,通过各市侨务部门及我驻外使领馆的推荐,开始物色聘请海外理事。在对海外理事的聘任时,我们按大侨务的观念做到四个"突破":一是突破只把"海外理事"作为荣誉称呼,而是要组建真刀真枪,有生气有活力的队伍。二是突破"唐人街"的局限,吸纳了一大批活跃于传统社团及华人圈子以外的各界精英。在这之前,我们海外工作的着眼点和依靠的力量主要集中在乡亲社团、传统社团,这是必须的,否则,我们便没有了工作的基础。但是随着社会的发展和海外华侨华人结构的变化,我们的工作对象也应随之发生变化。一大批新华侨华人,一大批华裔新生代,成了华侨华人社会的主体,他们已经融入了当地主流社会,活跃于传统社团乡亲圈子以外的领域。这些新华侨华人和华裔新生代是我们需要依靠的新力量。三是突破"广东人"的界限,以大侨务的观念吸纳一大批非广东籍的华侨华人新秀,甚至个别中国情结浓烈的外国友人。四是突破只看"经济实力"的局限,吸纳一批高学历、在社会各领域有建树的专业人士。在我们的视野还没开拓的时候,我们往往只看重经济。慢慢地,我们觉悟了,觉得金钱和经济虽是必不可少,但并不是唯一的因素。整个社会的和谐,推动人与自然的和谐,推动整个世界族群与族群之间的和谐,这需要各个方面的力量。

聘任这些海外理事程序是严格的。首先省海外交流协会发函征求拟聘人选所在国的我驻外使领馆的意见,在我驻外使领馆对拟聘人选无异议后,再将拟聘人选的背景资料发给省海外交流协会各常务理事审阅,协会再函告拟聘人选，征求其本人意见，并由本人填写简历表格，正式聘为广东省海外交流协会的海外理事。

选聘海外理事，不但注重个人的作用，从整个侨务大局出发，我们也考虑在不同国家，在同一个国家的不同城市，在华侨华人数量不多的国家和城市，如刚果、坦桑尼亚、巴哈马等国家选聘了理事。

2002年8月第三届广东省海外交流协会常务理事大会第一次会议举行，副省长汤炳权当选为会长，我当选为常务副会长。到这次大会召开时，省海外交流协会已经发展了180名海外理事。2004年3月在第三届理事会第二次常务理事会上，增聘了130多名海外理事；2005年7月，在省海外交流协会第三届理事会第三次常务理事会议上又增聘了40多个国家和地区的118名海外理事；到了2006年10月，省海外交流协会第三届理事会第四次常务理事会时，协会的海外理事发展至近百个国家和地区的460人，近160多家社会团体和企事业单位及近200名各行各业人士加入省海外交流协会。

通过几年的努力打造，省海外交流协会已经形成了一个生机勃勃的海内外交流网络。海外理事从2000年前的67人发展到2007年的480人，国家从25个扩展到99个，海外理事的籍贯由基本上是广东乡亲发展到27个省市及港澳台地区，其中非广东籍的人士超过了四分之一，专业人士由极个别增加至总数的四分之一以上。其中博士有近100人，海外理事的平均年龄也明显的年轻化，55岁以下的理事超过50%，其中40岁左右的占多数，最年轻的只有30岁。

改组后的省海外交流协会，本身就体现了广东省侨务工作"三新"战略的成功，更成为推动我省侨务工作"三新"战略的新力军。这支新力军与原来的传统社团在不同范围不同层次中发挥着各自不可替代的作用。

以英国的李贞驹律师为例。她是中国香港人，12岁时，从中国香港到了北爱尔兰，在英国读法律，是英国的大律师，对英国法律研究有建树。

五、做大做强广东省海外交流协会

2006年,她在英国创办非营利机构"英国华人参政计划",积极推动华人参政,致力于推动华人与英国社会的融合、接触和合作,传播中华文化,协助中国企业在英国解决各种法律难题。我们看中了她在英国本土的融入度及社会影响力,聘她为省海外交流协会海外理事,并协助她在广州成立法律咨询机构,让她能更好发挥法律方面的特长。

我们邀请她回来列席政协第十届广东省委员会第五次会议。当省委书记接见政协委员时,我特意安排她代表海外侨胞发言。我宁可坐在她旁边翻译她的话,纠正她的普通话发音,也要让省委书记认识这样的人。现在她是中国驻英国大使馆首席法律顾问,也被国侨办聘为法律顾问。在法律方面为侨胞、为中国大使馆服务。

2009年1月31日,李贞驹荣获英国首相特雷莎·梅颁发的"Points of Light"(社群之光)奖项,成为全英国第一千一百一十名荣获此项殊荣的得奖者。

2009年1月,李贞驹(中)获奖后在唐宁街10号门前与儿子及儿媳合照

李贞驹在广东省政协会议上即席发言

在几乎找不到广东籍侨团的匈牙利,我们的侨情调研团接触了浙江籍侨胞王德庆(别名释行鸿)先生。他1974年出生,9岁进入少林寺学武,1999年,为了让更多欧洲人接触到正宗的少林寺功夫,王德庆只身赴匈牙

利创办了"匈牙利禅武联盟总会",将中国功夫在匈牙利发扬光大,引起匈牙利警察局的关注,被请到特种部队当教官。调研团的林克风处长觉得王德庆以这种方式融入匈牙利主流社会,传播中华文化很有特点,于是建议海外交流协会聘请他为省海外交流协会海外理事。他作为海外交流协会的海外理事,专门回国多次,我们特别安排他与省公安厅接触,省公安厅又通过他和匈牙利警察局取得联系,开始了广东警察与匈牙利警察的互相学习交流活动。

广东警察到匈牙利交流学习

王德庆受聘海外交流协会海外理事

这种互相学习的项目影响越来越大,从 2005 年起,我省公安系统辖下的 21 个市的特警支队长、精英教官以及武警猎鹰突击队、雪豹突击队,在王德庆先生的安排下,先后赴匈牙利接受全面的系统训练。之后,王德庆代表禅武国际联盟与华侨职业技术学校合作设立了中国第一个面向世界华侨华人和国际友人的"广东禅武文化中心",专门组织世界各地青少年到中国来学习中国传统武术。这个中心先后接待了 60 多个国家和地区的青少年,如今已经发展成为两国政府及民间在中国最重要的文化交流平台。匈牙利前总理迈杰西等众多高官来中国访问时都专程参观广东禅武文化中心,并给予很高的评价。广东禅武文化中心的设立,被省政协组织的《敢为人先:改革开放广东一千个率先》一书选中,成为广东改革开放"一千个率先"的其中一个。2013 年,匈牙利内务部联合中国最高警务机构发起成立"匈中警务交流协会",王德庆被推选为该协会的常务副主席。

五、做大做强广东省海外交流协会

匈牙利前总理迈杰西参观"广东禅武文化中心"

文化交流促进了匈中经贸合作。在王德庆推动下，2017年，匈牙利国家经贸署在广州设立了办事处。

在选聘省海外交流协会海外理事过程中，我们特别留意在住在国从事中文教学的专业人士。因为我们感到在海外从事中文教育是一项很艰难的事业，而要让中华民族的精神世代相传，中华文化的传承是重中之重。培育支持热心于这项工作的专业人士，可以起到"牵一发而动全身"的作用。

1987年毕业于华东师范大学的上海籍侨胞许易女士，在国内幼儿园工作了两年后，移民到澳大利亚的悉尼，又在悉尼科技大学附属幼儿园工做了六年。1998年，她在较多中国新移民居住的社区创办了丰华中文学校，并担任校长。

我们认识许易校长是在2004年，她带着一批中文学校的学生到广东参加冬令营活动。活动中，我察觉到她对在海外传播中华文化很专注，从而关注上这位中文学校的校长。不久，我们到澳大利亚做侨情调研，我专程到她办的学校考察了她们的工作环境。

丰华中文学校是在周六周日租借其他学校的教室来办学，而学生也只有在这个时间才能来学中文。没有固定的校舍，也没有正式的课本教学，还要动员学生家长利用周六周日送小孩儿来上中文课，着实是困难重重。可许易校长凭着她的坚毅，凭着她对中文教育的执着，感动了当地学校愿意租借教室，感动了学生家长愿意送子女来学中文。

我们选聘她为省海外交流协会海外理事,并从各个方面大力支持她。那时,安排海外侨胞子女回来参加夏、冬令营,不是广东籍的侨胞子女是不安排的。可是,对许易校长的学生,我们破了这个例。从2006年起,她几乎每年都组织大批学生到广东佛山、东莞、中山参加夏、冬令营。

许易校长花大量心血发展中文教育,推动中澳文化交流,运用中西结合的方法,让学生可以快乐地学习。从一开始办学只有十多个学生,发展到如今1000多个学生。她在澳大利亚中文教育界的名气也大起来了。她推动成立了澳大利亚中文学校联合会,被选举为会长。从中文教育交流起步,许易校长进一步促进中澳两国教育系统的交流,组织了澳大利亚多个中小学校长考察团及教育官员考察团到中国考察交流。她的工作得到了当地政府的认可,被新南威尔士州赖德市市政府吸纳为社区关系委员会委员,2010年澳大利亚国庆日,还获得了该市杰出市民最高荣誉奖(这个荣誉该市每年只评选一人)。2014年许易校长还被选为中国政协第十二届全国会议海外列席代表,2016年被国务院侨办聘为首届华文教育专家指导委员会委员,2017年澳大利亚国庆日,许易校长被澳大利亚政府授予OAM国家荣誉勋章。

作者(后排左七)在澳大利亚与许易校长(后排左五)及学生家长聚会时合影

五、做大做强广东省海外交流协会

2007年11月23日，省海外交流协会举行了成立十五周年纪念大会。来自31个国家和地区的67名海外顾问和理事、国内团体会员150人参加了大会。会上，我以"理事当家、舞台在外、内外互动、共创共赢"为题，就广东省海外交流协会成立十五周年做了一个回顾性的讲话。我们把"理事当家、舞台在外、内外互动、共创共赢"作为省海外交流协会的工作方针。

这个方针的核心是，省海外交流协会活动舞台在海外，由海外理事当家开展各种活动，让海外理事发挥主人翁作用。

在这个方针的指导下，我们许多在海外的活动搞得如火如荼。许多传统社团想搞而搞不了的大型活动，在省海外交流协会海外理事的参与推动下，都搞得有声有色。如2007年澳大利亚悉尼华人春节大巡游（1996年，在以方劲武等华人为首的悉尼华埠文化顾问委员会推动下，悉尼市政府第一次举办华人春节大巡游活动。目前已成为悉尼各族裔期盼和喜爱的文化盛宴。2007年在海外理事的努力下，共有50多个社团参加大巡游，沿途观众超过10万人，大大突破往年人数）、开平碉楼申遗成功的庆祝活动（2007年，由四位新西兰理事推动的"开平碉楼与村落"成功列入《世界遗产名录》，在新西兰主流社会产生了强烈反响），海外理事都发挥了不可替代的作用。在全球抗击新冠疫情的日日夜夜，海外理事们的作用更是功不可没。

我们强调"理事当家，舞台在外"的省海外交流协会工作方针，目的之一是推动海外理事在住在国发挥作用，提升海外理事在住在国的地位，拓展其生存发展的空间。在实践中，海外理事在住在国也起到了很好的作用，归纳起来有这几个方面：一是推动住在国政府和民间与中国广东的友好交往，二是推动中华文化与住在国文化的交流与融合，三是推动住在国与中国的科技经济方面的交流，四是推动数量众多的华裔新生代增强对中华民族的认同，五是促进中国和平统一大业。

参加春节大巡游活动的澳大利亚友人

澳大利亚华人团体合照

澳大利亚中山同乡会参加春节大巡游活动

作者与参加活动的傅莹（中，时任中国驻澳大利亚大使）、悉尼市长（左）合照

在起到这些作用的同时，海外理事在住在国的社会地位也得到提升，发展空间也更为广阔，实现了双赢的局面。

在注重发挥海外理事在海外作用的同时，我们也十分注重听取海外理事们对我省侨务工作的意见建议。2005年11月，协会以"共享、共创、共赢"为主题，专门邀请了世界近40个国家和地区的120名海外理事在广州召开会议，分别以经济科技、文化交流、"反独促统"为专题听取海外理事们的建议。各海外理事都以当家人的态度，发表了很有建设性的讲话。2006年4月，为进一步培训海外理事，由省海外交流协会牵头，各市海外交流协会共同参与，组织了省、市两级海外交流协会的来自45个国家和地区的200多名理事举行以"提升、融入、和谐"为主题的大会。会上我以"用另一种眼光看所罗门唐人街被烧——海外'怨侨'事件的反思与醒悟"为题作专题报告,让海外理事充分认识到华侨融入住在国的重要性。

在与众多海外理事的交往中,我们结下深厚的情谊,甚至到了无论公事私事都无话不谈的地步。新西兰的黄伟雄理事,将自己恋爱对象也专程带到广州来,以密友的姿态咨询我们意见。巴拿马理事甘林(现任巴拿马驻中国大使)受邀到中国参加世界政党会议,在日程安排十分紧凑的情况下,宁可当天来回也要从北京飞来广东与我见面。多米尼加驻中国商务代表处代表吴玫瑰离任时,也专程从北京赶来中山与我道别。

2019年,回国参加中华人民共和国成立70周年国庆观礼的海外交流协会理事到"侨心居"聚会

作者与多米尼加驻中国商务代表处代表吴玫瑰亲切交谈

巴拿马驻中国大使甘林(左二)拜访"侨心居"

澳大利亚中文学校联合会会长许易(后排左四)率澳大利亚中小学校长拜访"侨心居"

更令我感动的，是我们的友情并没有因为我的退休而疏远。我退休后，在中山城郊租地办了一个"侨心居"农场，成了海外理事、社团侨领的聚会处。许多海外理事、社团首领，只要回到中国，都抽空到"侨心居"来拜访。我都像欢迎自己的亲人一样热情地款待他们。

中国驻英国大使馆首席法律顾问李贞驹（左二）拜访"侨心居"

海外理事拜访"侨心居"。吴少康（左一），哥斯达黎加翁翠玉（左二），哥伦比亚徐铭添（左三）

厄瓜多尔驻中国大使华盛顿·阿戈（左三）拜访"侨心居"

五、做大做强广东省海外交流协会

作者与拜访"侨心居"的海外理事，巴西李少玉（左二），澳大利亚陈静愉（右二）合影留念

匈牙利内务部匈中警务联络官王德兴（中）拜访"侨心居"

六、筹办"百年侨团群英会",引导广东籍传统社团与时俱进

2006年,是伟大的民主革命先行者孙中山先生诞辰140周年。在这样一个有历史纪念意义的年份,11月21日至24日,来自世界各国128家有百年历史的广东籍传统社团的"掌门人",汇聚到羊城,围绕着"团结、革新、发展"这个主题,举行了历史性的"百年侨团群英会"。

"百年侨团群英会",使海外有百年历史的侨团实现首次大聚会,开创了华侨华人社团活动的历史先河。这个"百年侨团群英会",对我省侨务工作而言,不仅是一次会议,还建立了又一个海外侨务工作的新平台,开创推动传统社团改革的新路子,对广大海外侨团而言,是建立了一个加强相互交流沟通,探讨共性问题,多层横向合作的新渠道。

附录一

2006年11月22日《人民日报》华南新闻报道:
《全球百年侨团聚羊城》

本报讯 由广东省侨务办公室主办的"全球百年侨团群英会"11月21日在广州开幕,来自21个国家的128个百年侨团的代表首次大聚会,共同探讨在新的历史时期百年侨团如何发展。

据广东省侨办主任吕伟雄介绍，两个世纪以来，古老的侨团承载着华侨华人的奋斗与欢乐、光荣与梦想。据不完全统计，旅居海外的粤籍乡亲多达2000多万人，他们所组成的侨团华社数以万计，其中百岁以上侨团多达500余家，遍布五大洲。它们发挥着联络宗亲、守望相助的基本功能，承担着推动华教、传承文化的民族使命，担当着沟通融合、回馈社会的重要角色，谱写着联系乡邦、促进友谊的历史华章。

大会回顾华侨华人社团的历史和优良传统，讨论如何加强团结、合作交流、革新会务，探讨了在经济全球化、文化多元化、华人本土化以及新社团层出不穷的今天，百年侨团的新使命。参加会议的侨团代表还将赴中山市参观孙中山先生故居，在孙中山纪念公园植"百年侨团林"，并赴各地侨乡参观，出席广东省国际旅游文化节开幕式等活动。

附录二

2006年11月22日香港《大公报》报道：
《百年侨团群英会倡和谐社团》

"百年侨团群英会"今天上午在广州举行，来自全球20多个国家和地区的128家百年以上历史的侨团汇聚一堂，这是一次百年侨团历史性的盛会。国务院侨办外司副司长朱慧玲在会上表示，倡导和谐华人华侨社会，加强华社与住在国社会交流与融合，国务院侨办正在考虑这个问题。

朱慧玲说，进入21世纪以来，海外华侨发生了一系列的变化。总体来看，海外华侨华人在促进住在国的社会进步和经济发展，在增进住在国与中国之间多领域的友好合作与交往。我们也看到海外华侨出现了一些问题，其中有一些问题是直接影响到海外华侨的生存和发展的。

朱慧玲认为，目前，问题表现主要是传统侨团日益老化，新侨团林立，侨团运作不规范，在涉及侨胞切身利益的重大问题上，形不成合力，很难保护自己的利益还有华侨社会,与住在国社会保持距离,对当地社会的公益事业参与不够,主流社会对华侨社会有误解和偏见。随着新华侨华人增多,这些问题日益严重,在欧洲和拉丁美洲就相当严重。

一些侨胞法律意识淡薄,不守法经营,不遵守住在国的习俗,这样让华社的整体形象受到影响。此外,华社与住在国的社会经济纠纷和经济摩擦时有发生。朱慧玲说,实际上,百年老店形象已经形成了,它一代代打下基础。就是被一些很少的不守法侨团、侨胞几个人把整个形象搞坏了,老侨胞意见很大。

朱慧玲强调,面对华社自身的变化及所面临的问题,如何建立一个和谐的华侨华人社会,应该成为各位侨领和海外人士深入思考的一大课题,国务院侨办这几年也正在考虑这个问题。

广东省侨办主任吕伟雄表示,将以存异求同、共存共赢的胸怀协调好同一地区社团与社团的关系。同一地区社团之间不和的问题,影响了中国人的形象,对这一问题"百年侨团"应有更广阔的胸怀去协调好。

附录三

2006年11月22日《羊城晚报》报道:
《百年侨团赶时髦吸引新会员》

本报讯 昨天,在广州举行的百年侨团群英会上,各侨团首领无一不面临同样的困扰——如何解决"百年老店"青黄不接的问题。

侨团被戏称养老院

据不完全统计,全世界百岁以上侨团多达500个,遍布五大洲。然而,由于时代和社会的变化,目前一些侨团后继无人,作用减弱,甚至进入"冬眠"状态。主要原因在于老侨团缺乏年轻人的加入,开始"老化"。有人甚至戏称侨团为养老院。在东南亚和欧美的传统会馆中,负责人基本上都年过花甲,有的甚至80多岁;一些会馆成为老年华人聊天、搓麻将

六、筹办"百年侨团群英会"，引导广东籍传统社团与时俱进

的场所，对青年人失去了吸引力，个别会馆只剩下几十名会员。

马来西亚华侨李永光感慨地说，现在很多年轻人都说华侨会馆是"百老汇"，出入会馆的大部分是老年人，操弄二胡、琵琶……吸引力已经远远逊于互联网、游戏机……快速发展的时代拉大了老年人与年轻一代的距离。

泰国华侨吴先生说，在泰国定居的华侨中，很多年轻人都把精力放在谋生和做生意赚钱上，没有时间和兴趣参加老侨团的活动和工作。

侨团进入"老龄时代"，谁来接班成了难题。

把侨团当企业管理

据介绍，现在很多侨团把吸引青少年、培养新人作为重点，纷纷成立青年团（部、组）。目前，马来西亚的马潮联会有51个属会，其中40个属会设有青年组。

为了拉近和年轻人的距离，很多侨团被当作企业来管理，引进现代管理理念和企业管理模式。马来西亚的雪隆海南会馆是全马来西亚第一间"ISO9001品质管理体系社团"。据介绍，以国际品质管理的标准来要求侨团后，会馆的管理更系统化，塑造了新的组织文化，很多年轻人被吸引过来。

老侨团努力赶时髦

李永光是马来西亚槟城广东暨汀州会馆的总务。他表示，为了迎合年轻人的喜好，他们有些吃力地在努力赶时髦，用流行元素来包装传统文化活动。比如广东暨汀州会馆属下的海南会馆举办的妈祖巡游，像阅兵一样，海陆并发，而且服装时尚，在槟城引得万人空巷，一下子年轻会员激增。

潮州会馆准拿督黄赐兴会长认为，强化教育是一条吸引年轻人的很好的道路。潮州会馆目前拥有北马唯一的独立中学韩江中学，并创办了韩江学院，最近准备办硕士班。有了学校，会馆就很容易吸收年轻人。

也有侨团代表认为,许多年轻人不参与侨团是因为不了解。给他们开办补习班,开展寻根之旅,增加对历史的了解,将会很有帮助。

省侨办策划这个"百年侨团群英会"不是一时之兴,而是在提出广东侨务"三新战略"的同时,针对全球百年以上历史的传统侨团,绝大部分是广东籍,而此类社团过去曾经都有过光荣的历史,可在新时期又迫切需要与时俱进这一事实,开拓的又一项战略性的工作。

筹办"百年侨团群英会"、推动广东籍百年侨团与时俱进,这一构想,是在2003年开展海外侨情大调研时逐渐形成的。调研期间,我们接触了大量广东籍的百年侨团,了解了他们的光辉历史,也感觉这些社团需要跟上时代要求,感到推动百年侨团与时俱进已经是广东侨务当务之急。

1. 广东籍百年侨团形成的历史、特点及问题

马来西亚马六甲增龙会馆,是1792年成立的。新加坡的地缘性社团曹家馆,是1819年由曹亚志创立的。马来西亚槟城嘉应会馆成立于1801年。这些侨团都有超过两百年的历史了。

我们到巴拿马开展侨情调研时,专程到巴拿马城三邑会馆拜会,结果"吃了闭门羹",看门的说没有预先约定不接待。第二天,我们才知道是因为这个会馆大楼太长时间无人管理了,出于对我们的尊重,请人打扫后,才专门请我们前往。这个会馆从门口的招牌,到会馆里所有家私——酸枝台椅,连神台、香炉都是光绪年间从中国运到巴拿马的,馆内的祭神用具刻着"光绪二十五"(1899)字样。墙上挂着一幅康有为照片,也是当年康有为亲自签名后,从上海带到巴拿马的。许多百年侨团总部内保存下来的物件,实际上都成为古董了,可见这类社团历史的悠久。

我们曾经在调研报告中,用"社团林立"一词来形容广东籍社团数目众多。在中南美洲、东南亚,家乡的同村人便组一个社团,同姓人又组一

六、筹办"百年侨团群英会",引导广东籍传统社团与时俱进

个社团,甚至一条村在海外一个地方的人便产生几个社团。在墨西哥蒂华纳市调研时,我就见过一条旧街道,多个门牌都有一个华人社团的招牌。马来西亚,仅在该国内政部社团注册局注册的华人社团就有 8000 个,占全国社团注册数的 32%,而其中有百年以上历史的地缘性社团有 83 个。众多的"百年侨团",大都后继无人,断层现象十分严重。

19 世纪后期至 20 世纪初,当时中国还是封建社会,宗族是中国社会结构的核心,乡土地域观念在人们的头脑中根深蒂固。华侨到异国,人生地不熟,人海茫茫,唯一的途径便是同乡会、宗族组织来保护自己的利益。尽管有众多社团,但大都规模小,又由于语言、风俗等因素,社团的活动空间大都在乡音乡情之间,社会维系圈子很窄。社团与社团之间几乎没有联系,更有甚者,因家乡人际关系及利益之争,也影响着海外社团与社团之间的不和,因而成了"老死不相往来"。

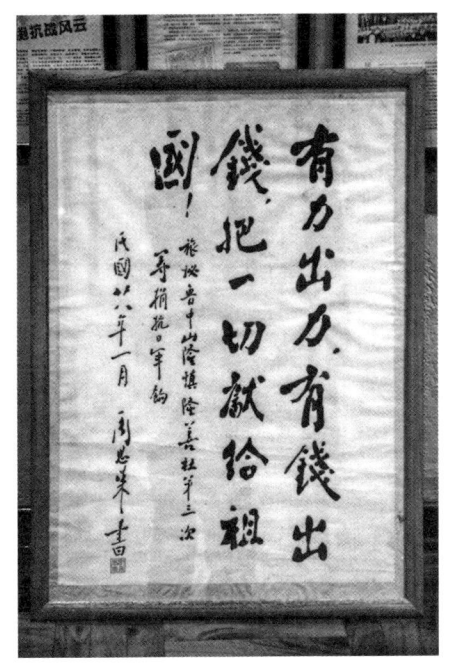 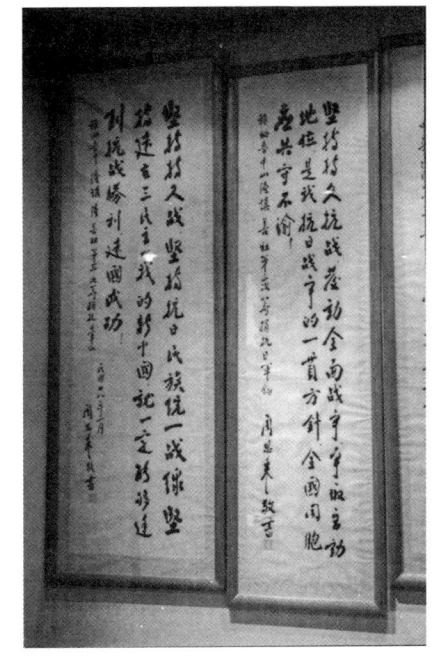

1939 年,周恩来为旅秘鲁中山隆镇隆善社第三次筹捐抗日军饷题词

广东籍的百年侨团在辛亥革命和抗日战争中有特别光荣的历史。开平籍著名侨领、中国洪门致公党创始人司徒美堂领导致公党全力支持孙中山的革命活动。1905年，司徒美堂在纽约成立"安良堂"，这个百年侨团以"锄强扶弱，除暴安良"为口号，团结了大量的侨胞，在全美31个城市设有分会，成立时达两万多人。1911年，广州起义失败后，司徒美堂将加拿大几处致公党物业典押筹款，支持孙中山革命。抗战期间，他发动成立"纽约全体华侨抗日救国筹饷总会"，全力支援国内抗战。他所在的筹饷总会在抗战期间筹集了约330万美元，募捐款项多达1400万美元。成立于1908年的秘鲁中山隆镇隆善社，为支持祖国抗日战争，多次举行义卖筹款活动，以各种方式筹款。当时国共两党军政要人及各界知名人士纷纷挥毫泼墨，创作书法作品和水墨画作，侨团派人送到秘鲁。如今，秘鲁中山隆镇隆善社还专门设立了抗战墨宝陈列室，纪念当年的光辉历史。

2. "百年侨团群英会"的前期准备

为了把"百年侨团群英会"作为推动侨团团结、革新、发展的战役来打，我们做足战役前的准备。为此，我们做了如下基础性的工作。

首先，有针对性地总结百年侨团中的团结、革新、发展的成功典范，并作经验介绍。

马来西亚是百年侨团数量较多的国家，同时是百年侨团最早走革新之路的国家。为了总结这个国家百年侨团革新的经验，我们专门派林琳副主任带两人到马来西亚作专题调研，形成了《马来西亚地缘性华侨华人社团革新发展情况》的调研报告。

其次，由吴行赐副巡视员负责组织研究各国百年侨团革新的经验。从50多篇文稿中，选定了九个典型，准备在大会上介绍。与此同时，向全球235个百年侨团征集了近千幅历史图片，为大会现场精心制作了一条百年

六、筹办"百年侨团群英会",引导广东籍传统社团与时俱进

侨团的发展历史图片长廊。

没想到在大会开幕时,这一图片长廊成了与会者注目的焦点,成了各位代表抒发情怀的平台,他们争先恐后在自己社团的历史照片上签名留念。与会者签名时表现出的使命感,深深地触动了我。我从这里看到百年侨团的掌门人对侨团未来的希望,我决定在大会闭幕后,要把这签满代表们名字的历史画卷长久保存下来。

2006年11月,"百年侨团群英会"期间,百年侨团掌门人在自己社团的历史照片上签名留念

再次,由我负责落实在中山市孙文纪念公园内,营造"百年侨团林"的准备工作。

为了使"百年侨团群英会"能留下历史性的纪念,省侨办向中山市政府申请,在孙文纪念公园,孙中山铜像下,营造"百年侨团林"。这一申请得到中山市政府的大力支持,从定地点、选树种、挖树穴,到选巨石、造石碑等,我都亲力亲为,逐一跟进。

3. 造一片"百年侨团林"

植树那天,我们特别为每一个"百年侨团"制作一个花篮,130多个社团几百位人士捧着花篮,在武警战士的带领下,从孙文纪念公园大门口拾级而上,向孙中山铜像献花,场景十分动人。

2006年11月,百年侨团掌门人在中山市孙文纪念公园向孙中山先生铜像献花

献花仪式之后,群英会代表兴致勃勃,走到有自己社团名字的碑石旁,有人扶树,有人培土,有人浇水,共同种下了一片沉香树林。每个社团都在种树的这一刻,留下了历史的照片。

"百年侨团林"的营造,不但向社会反映了广东侨团的历史,也体现了广东推动百年侨团革新的行动。在此后的岁月里,不少海外社团回国恳亲,都专程前来"百年侨团林"培土浇树,以寄托侨胞的情怀。也有当时没有参加群英会的"百年侨团"专程前来补种树木。我退休后,还多次与

六、筹办"百年侨团群英会",引导广东籍传统社团与时俱进

海外侨胞为"百年侨团林"进行保育,希望"百年侨团林"枝繁叶茂、代代兴盛。

2006年11月,"百年侨团林"在中山市孙文纪念公园内营造,百年侨团掌门人在刻有自己社团名字的碑石旁种下沉香树

澳大利亚中山同乡会会员在百年侨团林植树

4. 大会的主要发言及经验介绍

策划百年侨团群英会，目的是推动传统社团的团结、革新、发展。大会开幕时，我的发言单刀直入地谈了传统社团的弊端，指出传统社团革新的方向。我开了这个头后，国侨办副司长朱慧玲直面指出当前海外社团的种种不足。没想到与会代表对我们俩人的发言认同度极高，反响十分热烈。

附录四

作者在"百年侨团群英会"开幕式上的发言：
《再续百年侨团新章》（节录）

百年侨团的历史，是一部辛酸史、奋斗史、贡献史；百年侨团的历史，是记载着中华民族走向世界、融入世界的历史。

百年侨团发挥着联络家乡、守望相助的基本功能，承担着推动华教、传承文化的民族使命，担当着沟通融合、回馈社会的重要角色，谱写着联系乡邦、促进友谊的历史华章。

今天，128个侨团，带着我们的光荣，带着我们的骄傲，来参加这样一个如此有意义的群英会，无不令人思绪万千，无不令人为之振奋。

这次大会，以"团结、革新、发展"为主题，目的就是希望大家通过交流经验，加强团结，推动革新，共同为新形势下百年侨团与时俱进出谋划策，为建设和谐侨团、和谐侨社注入新的活力。

近二三十年来，由于世界潮流的变化，强大的中国在世界和平崛起，海外华人华侨社会结构的深刻变化，利益格局的深刻调整，思想观念的深刻变化，使华人社会面临新的机遇，同时，也面临新的挑战。

我们不妨往前回顾三四十年前我们华人社会的状况。那时，华人华侨社会结构十分单一，群体是单一的广东人为主，工种是单一的苦力为主,出生地是单一的来自中国广东、福建等沿海地区。但近三十年来,世界各地的华人社会结构从单一的广东人群体演进到多地域来源群体。以澳大利亚为例,华人移民澳大利亚已有长达150多年的历史,长期以来都是以广东人作为一个主要群体,一直持续了一百多年。但近三十年,澳大利亚华人群体发生了很大的变化,已从单一的广东人群体转变成现在的八大群体:中国大陆新移民群体、越棉寮华人移民群体、马来西亚华人移民群体、东帝汶移民群体,还有华俄后裔移民群体。从中可以看到,近三十年来,华侨华人大都在世界流动,所以华侨华人社会的结构已从单一的广东人为主,进展为多元化的综合群体。华人社团的形式和数量都在增加,华人以从苦力为主再进步到进入社会各阶层,出生地更是以中国为主变为以出生于住在国为主。这种不同政治、经济、社会文化教育、信仰背景的群体社会结构呈现其多样性和复杂性。

就利益格局而言,三四十年前,海外华人经济弱小到根本不成气候,被住在国经济压得喘不过气来,而如今,华人经济不但与当地经济在许多方面形成了竞争的局面,而且华人之间也形成了相互竞争的局面。

华人华侨的思想观念,随着教育背景的不同,文化氛围的变化,及生存发展的需要,更是从早期的"落叶归根"发展到"落地生根",继而跨越到"世界公民"。一句话,华人华侨社会发生了根本变化,而我们"百年侨团"如不根据这种时代的变化来改革侨团的方方面面,就无法适应新形势下发展的华人社会了。

当前,"和平与发展"已成时代主题,建设和谐世界已成为各国的共识。"世界潮流浩浩荡荡,顺之则昌,逆之则亡。"我们要牢记伟大的民主革命先行者孙中山的嘱咐,面对新形势,站在新起点,迈出新步伐。

(一)以存异求同,共存共赢的胸怀协调好同一地区社团与社团的关系。

我到许多国家开展侨情调研,都感觉到社团与社团之间总是有点不大协调。比如说侨团召开促进祖国和平统一大会，在会上社团与社团之间就为座位排次这些小事吵得不可开交，这样的观念还怎么谈祖国统一？

同一地区社团之间不协调的问题，影响了中国人的形象，对这一问题"百年侨团"应有更广阔的胸怀去协调好。

新的华侨群体增多，必然有新的需求。而这种需求原来的社团满足不了，必然催生新的社团。我们应以发展眼光看待新团体，扶植新团体。我们的一些传统社团，都是以血缘姓氏或是以地缘、同乡会等形式建立的，而现在的新华侨华人，他们方方面面的人都有，同乡会、宗亲会已满足不了他们的需求，新的需求催生新的社团，这是一件好事。我们要存异求同，就是各个新社团有各个新社团的特点，在保持它们特点的同时，我们要和而不同。在同一地区，团体之间应建立既有各自特点，又能联合干大事的社团机制。举个例子，省侨办要在新西兰的奥克兰举办一个活动，广东籍乡亲在奥克兰的各种各样的社团不下30个，我们找这个社团协助，那个社团就有了想法，我们找那个社团去谈，其他社团又认为你们省侨办为什么不找我。说实话，我们不可能让这30来个社团都来举办，肯定应有个联合才行。社团还是社团，社团有其特点，有其独立性，这是肯定需要的。在有各自特点的同时，还需要有一个联合的机制，这才是最好的，所以，在奥克兰就有侨胞建议逐步成立一个奥克兰广东社团的联合会，这个联合会就会起到相关的作用。在这一方面香港广东社团总会就做得很成功，我们还将请香港广东社团总会来介绍香港的近200多个广东社团是如何建立起香港广东社团总会的，总会在举办大的活动时是如何联合起来做大做强的。

社团与社团之间要团结，社团骨干自身也要团结。社团的侨领有先有后，有前任的、有后任的，有会长、有副会长，相互间也要讲团结，这是一个重要的前提。侨团要跟上时代发展的步伐，就要强调共生，强调团结，强调联系，强调协调，强调兼顾，强调互利，强调双赢，强调发挥一切要素的积极作用,强调发挥集体智慧和创造力。只有这样,侨团才能不断激发新活力,增强凝聚力和影响力。

(二)适应时代要求,推动"百年侨团"的革新。

此次大会,我们的百年侨团聚集在一起,共商如何发扬我们的光荣传统,革新陈规陋习。百年侨团是在当时的历史条件下成立的,这些社团的章程有当时的规定,但这些规定已不大适合现在的形势了。如有的章程规定,侨团领导人可以终身制,有的规定是家族性的,我认为这些规定应与时俱进进行调整完善。

引进新观念,提携新骨干。年轻人是侨团的希望,是侨团的未来。百年侨团要保持朝气和活力,必须有广大青年的参与、补充新鲜血液。要适应新时期侨团工作的开展,大胆吸纳更多高学历、高素质、富有朝气的年青一代参与侨团工作。要切实解决好侨团接班人问题,在这一方面,我们海外的潮州会馆做得就比较有成绩,他们都成立了青年委员会。我们这次专门邀请了香港潮州商会来向大家介绍他们是如何组织青年委员会,如何推动年轻人进入社团的。

研究吸引土生华裔的机制。我感觉到许多的海外社团、社团的首领以及社团的基本队伍都是来自中国,本土出生的不多,有的土生华裔社团他们相对较独立,与其他华人社团无交往、无联系,或者是一些传统的社团中,还鲜有华裔。这些土生的华裔与我们的观念是有距离的,是有差别的,相互间联系往来少,渐渐地就会变得"陌生",就会产生意见。我们作为中国政府的侨务部门,实际上也会像对待其他的海外侨胞一样对待他们,希望他们了解中国,认识中国,希望他们在世界这个大舞台上推动中国的进步。我们要建立研究如何吸引他们参与社团活动的机制,这是十分重要的。这当然也包括我们的新华侨华人。

管好用好前人留下的物业财产。百年侨团的先辈们历尽艰辛所创下的物业,一些财产现在有的已流失了。我们到美国、墨西哥、厄瓜多尔都发现了这样的一些情况。如厄瓜多尔原来中华会馆的一幢四层楼的物业，原是公共财产，现却落到了某一人的手上，中华会馆的其他会员谁也不能用。在墨西哥京城的中华会馆也出现了类似的情况。这或许是这些百年侨团的物业，历经人事的变更，出现了几十年"断档期"，财产的监督检查机制不到位，造成了财产的遗失现象。当然，也有在这方面处得较好的社团。对于社团财产遗失的现象应引起我们各社团的注意，因为这是我们祖辈留下的财产，如果管不好，用不好，那是很难向后人交代的。在墨西哥、厄瓜多尔，我就建议他们去找我们中国驻当地的大使馆，通过他们来协调解决，你越不协调，就越解决不了这些问题。

侨团领导要转变观念，改革领导模式，提升统领能力。侨团能否培养、造就出具有现代化、科学化意识的领袖，对社团能否进一步发展至关重要。现在的侨团领导已与过往有很大的不同，要与主流社会、要同当地的政府、要跟当地的方方面面有密切联系和往来，要善于听取不同的意见，这样才有可能把我们的社团搞好。在这方面，加拿大温哥华地区的侨团领导做了很大的努力，尤其是方君学先生，他在引导当地华人社团与当地主流社会的联系交往做了大量的工作。他成立的社区发展促进会在两个月前，就约了加拿大的总理与华人对话，这一对话就是四个小时。这是相当不容易的，说明了我们的社团活动引起了当地主流社会的关注。当地政府高层也要依靠华人的力量，也认识到华人的重要性了。现在的社团侨领就应有这样的统领能力，引导华侨华人加强和当地社会的密切联系。这是我们政府积极倡导，并大力支持的。

（三）倡导和谐理念，培育和谐精神。

融入当地，回馈当地，尊重当地文化。融入，就是"入乡随俗"。我们中国政府的侨务部门现在也在进行反省，过往我们只是强调海外乡亲爱中国，现在看来跟我们和谐世界的理念是有距离的。除了爱中国、爱家乡，还要爱住在国，要同住在国的人民生活在一起，要以住在国的利益作为我们海外华侨华人的利益,只有这样,华侨华人才能在住在国长期居住,长期发展。所以融入当地,回馈当地,尊重当地文化是十分重要的问题。就是要认同当地的文化、熟悉当地的历史、认识当地的宗教、接受当地的风俗。要把自己作为当地社会的一分子,把自己的命运与住在国的命运连在一起,把自己的利益与住在国人民的利益连在一起。华侨华人在融入当地社会的同时,要严格遵守住在国法规,与当地人和平相处,共同为住在国的社会稳定和经济发展贡献力量。要懂得回馈当地,回馈社会,构建族裔和谐关系,为自身的生存发展营造更好的外部环境。

多办活动,服务社会,增强社团能见度,提升在主流社会的影响力。现代科技资讯技术日新月异,越来越多的社团组织,在组织结构、经营管理、服务项目、活动内容等方面,都在顺应时代潮流,或多或少,或自觉或被动地随着环境的变化而转变。社团的视野进一步开阔,逐渐转变乡籍观念的狭窄性和局限性,从单纯的服务宗亲扩展到服务社群,从传统单一的狭义功能转向服务社会的广义功能。绝大多数侨团通过锐意革新取得长足发展。但也有部分侨团活动单一贫乏,会务日渐式微,甚至名存实亡。所以,衡量侨团是否发展,是否有活力的标准,不能单从社团数量来衡量,不是说侨团越来越多,侨团就是发展了。衡量侨团发展的标准,关键是看侨团的内涵和整体综合素质。特别是历史悠久的传统侨团,要有"逆水行舟,不进则退"的危机意识,要树立强烈的历史责任感和使命感,大胆革新,开放门户,提升侨团功能;要多办活动,创新活动内容和形式,提高凝聚力;要多与主流社会沟通,邀请主流社会人士参加社团活动,增强能见度;要加强组织建设,形成观念现代化、管理专业化、成员年轻化、活动多元化和体系制度化,使侨团事业取得实质性发展。

百年侨团历尽沧桑,如今更是海外华社的重要力量,中国政府联系海外侨胞的桥梁。岁月的锤炼,锻造出"百年老店"的顽强生命力;时代召唤,推动了"百年老店"迈向与时俱进的时代步伐。我们必须切记,胜利不会向我们走来,而我们必须向胜利走去!

大会选择了几个"百年侨团"改革的典型经验向代表们介绍。由于准备充分,与会者的发言都相当有分量。多年过去了,我重新翻阅这些发言,觉得时至今日还是很有启发的,很有必要节录下来,让后来者借鉴。

附录五

澳大利亚西澳中华会馆会长陈和水在"百年侨团群英会"上的发言:《浅谈传统华人社团的"改革开放"》

数百年来,一波又一波的中国人,背井离乡,远渡重洋,到海外"淘金",是的,经济动机是中国移民的原动力。每个移民的血泪史里,几乎都有一个共同的愿望,那就是改善个人、家人、家族甚至乡亲的生活。因政治动机而移民的,少之又少。

早期的移民,其实不算移民,因为他们的梦想是衣锦还乡、落叶归根。他们冒险、奋斗,盼的就是回家光宗耀祖的日子。因此,最早期到国外"揾食"的中国人,不会与当地社会有多大瓜葛,其实,也跨不过当地种族歧视、阶级歧视的门槛。他们确实是一盘散沙,既没有结社的冲动,可能也没有结社的权利。

后来,有些移民与当地人通婚了,或者因其他原因而居留了。他们从过客变成了居民,为了保护长远的权益,结社的需求就自然涌现了。

传统社团的面貌

从开始结社,而至今天,一般传统百年侨团的面貌,会随着每个阶段移民浪潮的特色而改变。就拿我所属的会馆——西澳中华会馆为例,最初成立时,大多数会员是所谓的"契约劳工"。"白澳政策"开始实施后,大部分劳工被遣送回国,会馆依靠留下来的土生的或与当地人通婚的华人维持下去。第二次世界大战期间,会馆停顿了好多年。后来,在一批当地华

六、筹办"百年侨团群英会",引导广东籍传统社团与时俱进

人的努力下,得以重生。到了20世纪50年代后期,中国香港来的"厨师移民"逐渐在会馆出现。20世纪60年代开始,来自东南亚的华裔留学生增多了,好些学生在完成学业后申请居留,他们大多数是医生、会计师、工程师、律师等专业人士。从那个时候开始至今,会馆的领导层,一般都以这些专业人士为主。20世纪70年代末期,越战结束后,难民潮汹涌澎湃,会馆也相应地吸纳了不少印支华裔难民。20世纪80年代,中国学生开始来澳,主要是来学习英语的短期学生。从此,会馆的会员册里,开始涌现了越来越多以汉语拼音的中文名字。这些新会员,大多数是因为送孩子到会馆的学校学习中文而入会的。他们当中,包括了许多学有专长的博士和杰出的商人。20世纪90年代至今,因为澳大利亚政府鼓励商业投资移民,会馆的会员里,也增加了不少来自中国内地、中国台湾、中国香港和东南亚各地的华裔投资移民。

会员面貌的不断演变,意味着会馆的"文化"很难保持连贯性、"无污染"的承袭。以会馆开会员大会时应用语言为例,原先只用英语,后来加了粤语,现在开会则英语、粤语、普通话全用上,以任何语言发个问题要翻译两次,回答时也要翻译两次,开大会的时间越来越冗长。在组织各类文化活动方面,面对着各个"小族群"的不同需求,孰轻孰重,也是颇伤脑筋的。

但是,这些都是可以克服的小问题。我们面对的,还有以下更重大的挑战。

面对的挑战

面对着国际形势的变迁,当地社会的转型,一个老会馆要怎样才能保持其存在的必要性?面对着现代拜金主义浪潮的冲击,一个义务性质的团体要怎样才能确保有良好的领导让它能继续生存下去?这些,都是关心华人华侨事务的有识之士深入思考的话题。

从我的十年参与社团经验,我看到这些口号式问题背后几个比较具

体、可以捉摸得到的挑战：

1. 如何鼓励新移民入会，并糅合新、老移民会员，让文化、背景的差异由分歧转为力量？

2. 怎么解决"后继无人"这个普遍的难题？

3. 如何确保会馆能融入主流社会，扩大社团的影响？

4. 如何贯彻传承中华民族文化的重大任务？

"改革开放"是唯一的出路

请让我逐一谈论这四个挑战。

1. 如何吸纳新会员并糅合新、老会员的力量？

答案是"改革开放"。要糅合新、老会员，会馆领导层必须超越以"关系"为经、"裙带风"为纬的老观念，打开门户，敞开胸襟。正所谓海纳百川，有容乃大。这里所说的"裙带风"，并不含有任何违法的诠释。我的意思是，传统的招收会员方法是把朋友、家人带进来。一来容易说服，二来利于沟通，三来如果同在领导班子，能互相照应，办事方便。这些，都是无可厚非的好理由。但是，如果一个会馆就靠这么几个家庭和他们的朋友圈支撑起来，这个会馆会逐渐变得自我封闭、排外。新移民会进不来，或不进来。就算进来了，也顿感"人地生疏"。这样下去，会馆会存在，但是不会茁长。就像搞销售一样，如果只靠家人、朋友的支持，不向陌生人推销，那么，这档生意永远也做不大。能够把陌生人引进会馆，能够把责任交给陌生人，会馆才能发展得广、深、大。

2. 怎样解决"后继无人"的通病？

答案是"改革开放"。找不到合适的接班人是社团的一个通病。其主要因素有二。

其一，青少年觉得会馆的活动与他们无关。会馆的活动，在他们眼里，是为中、老年人和小孩儿而设的。不信你看：社交舞班和舞会参加的大都是中、老年人，舞蹈老师教的大都是不会激发心脏病的慢步舞。在

六、筹办"百年侨团群英会",引导广东籍传统社团与时俱进

卡拉 OK 晚会上登台的很多是张露、静婷、姚苏蓉年代的歌手,唱的是白光、邓丽君的歌。罕听见周杰伦、S.H.E 的现代歌曲。而在会馆附设的中文学校,天真活泼可爱的小朋友很多,但年级越高,人数越少。青少年都避开了,难怪会馆里最常见的是老年人和小朋友。要吸引青少年,会馆应着手改革活动、创新思维。尽量办些与青少年有关的活动,如球类、青年舞会、选美赛、计算机游戏比赛、青年人专业讲座、青年人电台等。通过这样的途径,吸引青年加入会馆,待他们有了归属感后,再把有能量的引进领导层。

其二,华人社区卧虎藏龙,人才比比皆是,其中不乏有时间有爱心的人。但是,他们却不愿意参与社团工作。原因当然很多,但是,其中一个较为突出的,是一般人对社团工作的负面了解。比如说,过去,由于某些亲身经历、观察,或相信某些传言,误以为凡是出来义务做事的领导,无非是要假公济私,沽名钓誉,或听闻钱财出入不清楚,或认为章程机制不民主,等等。应对这种迟疑态度,也需要"改革开放"。首先,领导人应该以身作则,做到凡事公正透明,凡财钱不粘(沾)手。举一个简单的例子,办一场收费的演出或餐会,最忌的是领导人的家人、密友,都变成特权阶级,预先留座,还免费入场。作为会馆的领导层,我可以很骄傲地宣称,我们没有这个陋习。凡有活动,我们都率先带头买票,以表明"大门之前,人人平等"。再举一个例子,会馆章程规定某些前辈,可以终身担任某些职衔,但是,许多崇尚一人一票民主制度的有识之士,却不能接受这种安排,结果是不要加入这个圈子,不参加会馆的活动。其实,这种意见分歧,可以从长计议。如果大多数会员认同,在民主的程序下,有关的章程条文可以改革。但是,在改革过程,也要谨记饮水思源、敬老尊贤的中华传统,以期达至一个令多方面满意的解决方案,使会馆不至于对有经验、有贡献的老前辈不尊,但也不会阻挡有能力的年轻专才进来继承大业。

3. 怎样让社团真正融入主流社会，扩大社团的影响？

答案还是"改革开放"。一般百年会馆的早期历史，都是关于反对种族歧视、捍卫民族权益的沧桑史。立会的宗旨，无不围绕着这两个主题。今天的社会，虽然已没当时那么封闭，种族歧视的论调也没有那么尖锐，但是，潜伏着的危机，依然存在。

其一，积极让会馆融入主流社会，建立起一个成熟的、主流的社团形象，摆脱"少数民族团体"的框框。融入主流，必须与政界有交情，必须与衙门对话，必须参与主流社区的活动。说来容易，做起来可不简单。首先，必须有足够的人力物力，才能应付各种大场面。其次，会员人数要多，说起话来才会有分量。所以，我们大幅开放会馆，鼓励更多人（包括主流社会非华裔人士）入会，这是要真正融入主流社会的不二法门。但是，怎样衡量融入主流社会的进度呢？例如，某天某个大型活动，得到当地最高级部长青睐出席，而出席是因为会馆声势大，会员里公民多，在全民投票选举时举足轻重。如果是冲着这个目的而来，那会馆融入主流社会的努力，显然已经有了成效。如果还是因为会馆是个少数民族团体，这位高官因为要表示尊重多元文化政策，而亲临慰问，那就证明会馆还是停留在主流之外。再举个西澳中华会馆的实例，会馆在为华裔老人服务方面，成绩杰出，赢得官方、民间的赞赏。会馆再接再厉，把为"华裔老人服务"，扩展成为"亚裔老人服务"，甚至把会馆章程里的"服务华人社区"修改为"服务亚裔社区"，结果，赢得了更多的喝彩，更多的政府配给老人服务资金。政府的公开评语是：这个百年会馆已经属于主流社会。

其二，独木不成林。无论一个会馆多大，从整个大社区的角度来看，还是势单力薄的。何不改革独大、独来独往的思想，迈出门槛，与其他社团联手办事，使声势更浩大，更能引起主流社会瞩目？例如，这三年来，西澳华人社区庆祝中华人民共和国国庆，都是由西澳中华会馆牵头，与所有当地主要华人社团联办的。结果的确是场面热烈，意义深远。

4. 如何更好地传承中华民族文化?

答案也还是"改革开放"。要传承中华民族文化,我们必须与中华民族文化的发祥地、我们的祖国保持密切的联系,建立多方面的文化通道,这样,才能让华人社区的子女,认识到其根之所在。要达到这个目标,必须积极开放会馆中文学校与祖国的各类文化、教育联系和交流。广东省侨办的冬令营、舞狮训练班,和省侨办及国侨办的校长、老师培训班等,在这方面,的确给我们提供了最直接、最有效的桥梁。

附录六

香港潮州商会会长陈幼南在"百年侨团群英会"上的发言:《培育新俊,继往开来》

(一)

要做好年轻人的工作,要解决年轻人的认识问题,首先要解决的是社团前辈的认识问题。20世纪八九十年代,不少社团都面临青黄不接的问题。当时,潮州商会会董的平均年龄偏高,大家谈到,以前曾有个别年轻人加入会董会,但慢慢地,这些年轻人都相继流失,而随着岁月的流逝,原来的年轻人也渐渐地变老了。培养年轻人是一件大事,要列入商会会董会的议事日程,制度化、经常化。经过数次的讨论,形成了一个共同的看法,这就是要吸收多点年轻人入会,形成一个年轻的氛围,让年轻人有一个圈子,让他们埋堆(粤语,意为融入群体),然后再慢慢地培养他们对社团的感情,其中的优秀分子自然受到会员的认同,被推荐进入社团的核心——会董会。

认识统一后,正副会长分头邀请青年人聚餐座谈,表达出诚意,了解他们的要求,同时听取他们对于会务的建议。在座谈中,我们了解到,年青一代的潮籍人士有很多优点,他们大都受过高等教育,掌握现代的科学及尖端技术,有良好的经济及事业基础,视野广阔、感觉敏锐、大胆创新。年轻人是我们的未来,社会的希望。在老年人为主的社团,年龄形成鸿沟，要两三代人团结无间，需经过一段时期的磨合才行。一两人难以形成气候，只有一批人的加入，他们在社团中才有一些"知音"，才不会感觉到"孤鸟入人群"而逐渐疏离。

除此之外，我们又邀请多位潮人贤达同年轻人座谈，包括李嘉诚博士、庄世平先生、饶宗颐教授、郭丰民大使等，引导年轻人明确人生之追求目标，在事业发展的同时，服务社群。

经过一段时间的筹备及酝酿，我们决定成立青年委员会，挑选有能力、有抱负的年轻会员。至今，青年委员会已进入第八届第十六个年头。第八届的青年委员有七十多位，他们从事各行各业，而且都是该行业中的精英。至于在商会每年新吸收的会员方面，根据连续数年之统计，年龄在20岁至30岁的占总体会员人数的百分之十，年龄在31岁至50岁的占总体会员人数的百分之七十五，会员结构日趋年轻化。

（二）

青年委员会成立之后，为了使其活动能顺利开展，我们做了几件事。

第一，是加强会董会对青委会的指导与沟通。初期，会董会委派两位常务会董出任青委会之正、副主任。后来，当青委会工作走上正轨后，便由青委会推举出正、副主任委员，经会董会审核批准，并决定青委会主任委员列席商会之常务会董会议。会董会的重要会议或重要活动，邀请青年委员列席和参加。这就保证会董会同青委会能够紧密地沟通。商会的主要方针决策能及时在青年委员中传达及贯彻，而青年委员的要求及意见也能及时在会董会中得到反映。

第二，是健全各种规章制度。青年委员会作为一个较为独立的下属群体，加上要考虑年轻人特点，我们起草了一份章程，使每个加入的青年委员都能了解自己的任务及权益，清楚群体的目标。同时，我们又制定有关的办事规则，做到有章可循，依法办事，减少办事的任意性及盲目性，保持各项工作的连续性。

第三，是青年委员会的架构简练。除了正、副主任委员，青委会划分为六个组：文化教育组、会员事务组、财务及社会服务组、商务及公共事务组、国际及对外事务组、总务及信息科技组。各委员可以按自己的兴趣及专长加入各种小组，使他们可以发挥所长，组员之间又有共同语言。

最为重要的是财务方面。青委会创建初期，商会在经费上支持青委会，即使是一些要收费的活动，青委会的经费都由商会赞助，目的在于让他们感受商会对他们的信任及关怀，也减少他们经济上的压力，消除加入社团即要捐款的顾虑。商会会长决定将当届会庆专用款之余款数十万元拨予青委会作首期经费。一位资深会董又捐出价值一百万港元的股票作青委基金。青委会之财务账户自行注册，并设立严谨而又独立于商会之财务制度，实行量入为出的理财原则。同时采取稳健之投资策略，以期获得稳定回报。青委会的财务收支一分一毫都相当透明。

（三）

会董会认为，要使青年人对商会有向心力，必须有年轻人感兴趣的活动。

一是年轻人走上社会，他的本职工作是发展事业，这是他们目前人生阶段的基础。因而商会要针对他们的需要，提供有关的商务讯息，而且要考虑年轻人的特点。他们从事的事业大都是新兴产业，科技含量较高。因此，商会举办如何带领企业进入21世纪大型研讨会，邀请香港大学的教授专家和会员及嘉宾进行研讨，组织商务考察团，参加招商项目洽谈会，通过参加商会的活动，让年轻人寻找到商机。年轻人感到有了用武之地，亦有了他们感兴趣的话题。

二是针对青年人特点，开展活动。一方面，青年委员会成员包含各工商业、专业和学术界的人士，商会及青年委员会提供了一个非常好的平台，给予大家做交流、沟通之用。另一方面，除了专业上的话题及活动，又举办如高尔夫球、烧烤晚会，以及各式各样的聚会，让各委员在轻松的活动中加强联谊，加深认识。又如举办"潮州话班""工夫茶班"，让他们感受到潮汕文化及中华文化的博大精深。

三是在商会工作中，要体现出对青年人的重视。这几年商会会董选举中，均有多位青年委员被推选进入会董会。比如，现届会董中，有约百分之四十的董事是青年委员或是前青年委员。商会在各项主要活动，如每届就职典礼，或是筹备全港性、国际性活动，青年委员都加入筹备委员会，参与筹备工作，让年轻人扛大旗。既让他们得到锻炼提高，也显示会董会对他们的器重。

四是引导青年人关心社会、服务社会。青委会的一个经常性活动就是演讲聚餐会，针对社会热门话题，邀请有关人士主讲，深入探讨。比如香港特区政府就23条立法，以及税制改革、教育改革等，青委会邀请港府主要官员或有关机构要员到会，就有关问题及政策展开讨论，青年委员结合自己的专业，就香港的社会及经济发展等方面，提出自己的见解。一些青年委员也经常深入祖国各地，为国家的经济建设及科技创新提供具体的意见。

五是要动员年轻人为社会做贡献。青年委员会成立之后，凝聚了一批年轻人，大家经常聚在一起参与会务及娱乐，形成了合力之后，我们就注意引导青年会员为社会做贡献，这才是我们的最终目的。不少青年会员都在海外受过高等教育，有不少海外关系，我们透过这些关系，以青委名义邀请海外医学专家，前往潮汕地区与当地医生护士交流，讲解海外最新医疗技术的使用，受到家乡领导及群众的欢迎。李嘉诚先生到内地贫困山区，推行"关心是潮流"，为贫困失明者免费治疗。不少青年委员出钱出力，纷纷响应，并前往山区参与活动。当然，对香港社会繁荣稳定，青年委员也做出应有的贡献。

六是注重从纵深及广泛领域做好年轻人的工作。近年来，我们以青委会名义组织活动，比如潮汕文化体验团，利用每年暑假，组织中国香港、东南亚及北美洲潮籍青年学生赴潮汕寻根，体验潮汕文化，认识祖国，增强民族自尊心及自豪感。各位青年委员都挤出宝贵时间带同比他们更为年轻之后代,当好这些少年人的导师,以自己的经验体会带好下一代。另外,我们香港潮州商会又把做好青年工作的体会,透过国际潮团联谊年会和海外潮属社团进行交流。首先是和澳门、珠海、深圳、广州的潮人团体的青年人加强联谊,将交流活动扩展到东南亚及国内外其他地区的潮人社团的青年人。渐渐地,不少海外潮属社团也纷纷成立青年组织。1999年,时机成熟了,第一届国际潮青联谊年会在香港举行。当时,我作为大会主席,自己都感觉到非常自豪,因为国际潮团联谊年会早在20世纪80年代初期就提出了如何使社团年轻化的议题。现时,我们终于探索到一条路子。在该次年会上,李嘉诚博士会见了与会代表,并和大家进行了推心置腹的谈话,而且一谈就是两个多钟头。他鼓励各位居住在不同地方的年轻人切实负起联系家乡、沟通世界的桥梁任务,关心和参与家乡及祖国的发展,永远记着木本水源,不要忘记我们是中华儿女。

此后,第二届至第四届的国际潮青联谊年会在法国巴黎、加拿大蒙特利尔以及中国深圳相继举行。全球数十个潮属青年团体均派员参加。代表中不少是海外出生的第二代及第三代,甚至是第四代的潮籍青年,很多人都不懂潮语,但大家都相处非常融洽。根据与会者的提议及世界各地潮籍人士的心愿,我们联合全球潮籍青年组成了国际潮青联合会,理事会决议将秘书处设于香港,由香港潮州商会提供支持及协助。

长江后浪推前浪,世上今人胜古人。新陈代谢是自然界亦是人类社会的基本规律。社团也一样,应该吸收新血,培养新人,才能历久不衰。这也是历史赋予我们的责任,让我们共同努力!

附录七

马来西亚新山广肇会馆会长曾振强在"百年侨团群英会"上的发言:《侨团领导人的角色与作用》

所谓社团,亦称民间或公益团体,都属于非营利机构,为了能够顺畅运作，必须依据所立的章程行事。而作为社团的领导人，最主要的是要有献身精神，因为参与社团工作，只有付出而没有回馈，出钱出力，在所难免。

社团领导人是组织的灵魂人物，一举一动都可影响组织的风格，处于营运及权力的核心，负有决策、管理、提高实力的责任。

尤其在现今科技多样化的时代，除了需具备各方面的技术、人际、概念等技能，更需具备高度的容忍度，检讨现在，策划将来。还得靠胆识、经验及前瞻性的眼光来规划及领导，要懂得求新求变，合力维持组织的安定及稳健的发展。

社团领导人的角色，必须与其他理事成员联结在一起，共谋计划，分享责任，在过程中应做好适度的风险评估的准备，认清方向后，就应坚定自己的理念，勇往直前，以造就最后的成就，提升团队的层次。在进行改革计划时，则应逐步进行，欲速则不达。

一位优秀的领导人，应善于应用授权的方式，赋予理事成员责任心与使命，这样不但能做出更完善的决策，也能与理事成员们共谋策划，发掘其他成员的领导才能，也让成员们对领导人的领导风格与方针，更具信心，为培养出优越的接班人而铺路。

社团领导人讲究的是大方向与效果，能在异中求同，朝目标前进。因而领导人的胸襟有多大，成就就有多大，以争一时不如争千秋的宽阔的胸怀来执行任务。因而尽管成员中拥有不同的志趣，不同性质的专业人士，但却能认同领导人赋予的使命。并且关心华文文化、教育及社会事务的发展，超越族群，融入社会，与其他华团协调配合，才能巩固与振兴华社的共同事业。

一个卓越的领导人在组织中应具备的条件与守则如下：

一是以身作则和不断学习的精神，言行合一。二是有明确的方向及远见，真诚、坦率、公正，作风透明以及信誉声望，而获得信赖。三是勇于承担责任,散发正面的能量和乐观气息,并拥有足够的见识、经验和坚强的毅力。更应具备强大的应变力、执行力、贯彻力,以行动提升更具体的效果。四是善于沟通。集思广益,群策群力,能够接纳各种不同立场的意见,找到共同的理念及方向,才能加强组织的团结力量。拥有"岂能尽如人意,但求无愧我心"的宽大的胸怀与气度,团结成员们的凝聚力。这股期许的使命感一旦形成,整个组织就能更加团结,愈为稳固,当基础磐石稳固及茁壮后,才能延续永久。五是发扬民主,共商对策。要善于团结会员及表达会员的心声,共同推展相关事务,全力整合,以提高士气。六是善于规划。环境在变,科学技术也在变,人口结构在变,应以"不变应万变"之领导能力,借着有规划的系统,让会员们产生共识,凭着共同的信念,才能发挥组织的力量加强与其他组织的交流,经过沟通及整合之后,共同组织更有力的团队精神,共谋发展。

附录八

日本社团法人广东同乡会会长陆焕鑫在"百年侨团群英会"上的发言:《百年侨团发展的对策》

在30年前我会出版的纪念志上,我用同乡二字写成一副对联,对联曰:

同是天涯沦落人相逢何必曾相识;

乡音无改情义厚聚首欢谈乐何如。

但是侨团的运营谈何容易,新时期百年侨团要加快革新发展,有以下几个方面要注意。

领导人的推选关乎侨团的生存发展

热心公益,能牺牲时间及金钱,又有先见之明及决断力的人最为理想。性格比能力更重要。而且要任劳任怨,因为团体工作做得好是当然的,做得不好要受人指责,有时做得好也要受人批评。做团体工作的领导人大多数是义务的,一旦受人批评很容易就退出不干,所以能找得一个理想的领导人实在不容易。团体工作能否活泼、创新发展,领导层的思维理念和决策能力至为关键。相反,若领导人不称职的话,前人建好的基础也会凋落崩坏,这点不可不注意。

经济基础是支撑会务活动的必要条件

会务的运作是需要费用的,联络或聚会是需要事务所或会馆的。有历史的侨团多有安定的收入和会馆。有经济基础的侨团当然没有问题,如果没有的话应怎么办?我认为可以采取如下办法。

(1)短期计划

联络事务所是利用会长或负责人的事务所,各种活动采用当日会费制,因为没有补助金,费用全部由参加者负担,并要加多10%作为通信费用。活动要多做,因为没有活动的团体只是暮气沉沉,没有发展希望,领导人要计划各种不要费用或少费用的活动,有活动的团体是受人欢迎的。例如,我们定期举行散步会,简单容易,不费一文钱,对身体有益,又可见面欢谈,我们又邀请其他侨团参加,举办小型联欢会,一举数得。年会费制似乎合理,但是征缴手续麻烦,还是当日的参加会费加10%比较方便。为节省通信费用,对两年或三年完全没有回信的会员暂时停止通信,待本人希望时才再发信。

(2)长期计划

为确保有固定会所和稳定收入,应购置房屋,财源是依靠热心人士的捐款,积少成多。需要长期作战,不是一朝一夕可达到目的。领导人须制订全盘计划,平时活动要有良好的表现,才能得到会员的协力。长期计划能否成功,在乎领导人的能力。

采取多种形式传承中华民族文化

为了和中华民族文化不脱节,我们都希望和祖籍国多交流,尤其是青年人的夏令营最有意义,所以我们历来都积极参加祖籍国的青年夏令营。

六、筹办"百年侨团群英会",引导广东籍传统社团与时俱进

在本地出生的华裔不懂中文的很多,为了激发华裔的参与兴趣和热情,我们的会刊用中日双语。同时我们也开办粤菜烹饪班和广东语学习班,这样既可以传承中华文化,因为有当地的日本妇女参加,又可以与当地民众交流,一举两得。

侨团会务和财政要有透明度

侨团的会务,先有安定才有发展,要会务安定,先要解决财政的安定。会务的运营先得理事会的许可才做,会计要保持透明性。我们邀请了一位会计顾问,担任管理,并定期提出报告,也欢迎任何会员随时检阅。会计和会务有透明性及公开性,对侨团会务的正常开展很重要,我们做各种活动,都量力而为,不做超过自己能力的事,务求脚踏实地。

在各地典型介绍的基础上,与会者展开了热烈的讨论。最后,达成了百年侨团必须改革,与时俱进的共识。大会表决通过了由省侨办副主任林琳起草的《百年侨团群英会宣言》。也许因林琳在马来西亚调研百年侨团时感受深刻,这篇《百年侨团群英会宣言》写得有血有肉,针对性极强,就是放到20年后的今天,还是对海外侨团具有很现实的指导意义。

5. 推动社团联合,在新西兰遇到阻力

"百年侨团群英会"结束不到一个月,2006年12月19日,吴锐成同志接任省侨办主任一职。2007年春节,我就和吴锐成一起出访新西兰,参加当地侨胞举办的"新春同乐日"活动,主要目的是带带班,与吴锐成去见见侨胞,另外,是想贯彻"百年侨团群英会"精神,推动新西兰奥克兰的各类社团之间的交流,形成华侨华人社团的联合会。因为单是奥克兰这个城市,就有三十多个广东籍社团。由于社团林立,容易互相消磨、互相抵消,形成不了力量。一些有远见的侨领们希望能形成一个联合体,共同推动当地华人社团的团结发展。

2007年2月3日，新西兰《先驱报》刊登报道：《构建和谐华社，共商发展大计》

在新西兰，我们与广东籍各社团召开了几次负责人会议，收集各方面意见，商讨成立联合会。

在一个地方推动社团联合，促进社团和谐肯定会遇到阻力的，在奥克兰我们便遇上了。会议中，大家都赞成联合，在会后，谁当这个联合会领导人，便有暗流。要知道，有些社团三五十个会员，却有十个八个会长、副会长。

起初，大家商定好这个联合会的名字是"奥克兰广东社团联合会"，可有人担心自己当不了联合会的会长，干脆抢先注册一个"奥克兰广东××会"。用上了"广东"二字的这个团体，实质只有十多个会员。在广东，因我们知道内情，这个社团在广东成不了气候，但在广东以外的各省市，这个"奥克兰广东××会会长"可蒙了不少人。也是因为有人从中作梗，奥克兰广东社团联合会也无疾而终。两年之后，时任省侨办外联处处长黎静与省海交会海外理事黄伟雄，再次发力，推动成立了新西兰广东高校校友会联盟。

6. 推动哥斯达黎加成立"哥华协会"

组建新西兰奥克兰广东社团联合会的不成功，对我来说是一个教训。

六、筹办"百年侨团群英会",引导广东籍传统社团与时俱进

当然,没有失误,便没有觉悟。我并不会因为一个失误而气馁,反而更觉悟在下一个回合应该如何工作。

2007年6月1日,中国与哥斯达黎加签约建立外交关系。6月6日,两国同时宣布这一消息。7月4日,在两国宣布建交不足一个月,我和冯子源二人再次到哥斯达黎加作侨情调研,研究推动当地侨团的整合团结。

中哥建交后,华人社团的种种变化,让我们感到拉美国家在与中国建交的过程中,如何引导这些国家侨社的转向,让这些国家的侨社和谐发展,应该是海外侨务工作的一个新课题。

围绕这个新课题,也针对旅哥华侨华人华裔众多,结构复杂,认识不一,难以在涉侨根本利益上形成共识,也难以在一个国家内为侨胞们办大事的现实,我们利用在哥国的五天时间,到华侨华人华裔家庭及工作场所多方听取意见的基础上,再与时任中国驻哥斯达黎加大使汪鸿雁汇报沟通。经过多方工作,多种观点磨合,最后通过在哥斯达黎加成立一个由各种社团领导人以个人身份参加的全新型社团——哥斯达黎加华侨华人华裔协会(简称"哥华协会")。

因为"哥华协会"的会员必须是各侨团首领这一要求,几经讨论形成了会员的四个基本条件:(一)在哥国有合法居留权,无刑事犯罪记录;(二)有合法经营项目及稳定的经济来源;(三)坚持"一个中国"原则,热爱祖国,热爱哥斯达黎加;(四)在当地有注册的社团并任正、副会长或理事长及以上。

这四个条件是针对哥国侨社的实际而制定的,主要是要消除华社中的不良因素。消除某些无合法居留权,而又在华社中肆意活动者,消除某些在华社以组织非正常入境为借口谋财的无合法经营而又无稳定经济来源者,使某些在社团离任了,但还有积极性的骨干可以再发挥作用。

最后,委托各界人士作为"哥华协会"筹委会成员,组织成立这个

社团。

2008年,我随中山市政府代表团再次访问哥斯达黎加,"哥华协会"理事们终于等来机会,邀请我出席该协会第一届理事会的就职典礼。这是他们的愿望,说如果没有省侨办的指导和支撑,便没有哥国侨胞的新面貌。

"哥华协会"在筹备过程及成立后,在协助中哥建交、宣传和推动北京奥运会和上海世博会发挥的作用也是十分出众的。在这些活动中,"哥华协会"与中国多个城市都建立了很好的关系,当"哥华协会"提出在首都圣荷西设立"中国城"这一构想时,北京市政府出资150万美元支持。这条长550米的大街,建成"中国城"后,成了哥斯达黎加民众各种活动的大舞台。2013年春节,"哥华协会"联合各社团在新落成的"中国城"举行中国春节活动。这次活动创造了一个吉尼斯世界纪录:万人同享一锅开年饭。用哥斯达黎加生产的材料、工具、一个超过半吨重的大铁锅、89千克米饭、150千克火腿、116千克鸡肉、225千克叉烧、22千克中国腊肠、39千克甜椒、56千克鲜葱、82千克鸡蛋浆、40千克油、10千克酱油,在吉尼斯代表的现场见证下,由哥斯达黎加侨胞烹制了一锅1340千克的全世界最大的中国炒饭。这锅中国炒饭,当天一共有8500人次品尝。

2013年春节期间,哥斯达黎加侨胞烹制的一锅中国炒饭打破了吉尼斯世界纪录

六、筹办"百年侨团群英会",引导广东籍传统社团与时俱进

其实,看一个华人社团是否成功,更应该看该社团能否融入当地社会,能否得到当地社会的认同,能否推动住在国与祖籍国之间的友谊联系。在这方面,"哥华协会"在翁翠玉的带领下,都有显著的成绩。这个协会成立后,推动北京市和圣荷西市结为姊妹城市,2012年又推动广州市与圣荷西市签署协议成为友好城市。当然,"火车跑得快全靠车头带","哥华协会"会长翁翠玉荣获2013"中华之光——传播中华文化年度人物"奖,哥斯达黎加前总统菲格雷斯还专程陪同翁翠玉到北京领奖。回到哥斯达黎加后,哥国时任总统劳拉·钦奇利亚·米兰达全家、哥国政要、中国驻哥大使都参加了庆祝翁翠玉获"中华之光"奖的庆祝酒会。每逢中国传统节日春节,哥国总统都向"哥华协会"发出亲笔签名的贺信,表扬协会在推动族群团结,推动世界文化交流方面所起的作用。一个华人社团能在住在国得到总统亲笔签名贺信,也不是一件容易的事。

"哥华协会"会长翁翠玉与历届总统合影

2010—2014年间任哥斯达黎加总统的劳拉·钦奇利亚·米兰达(右)向翁翠玉颁发最高荣誉奖状

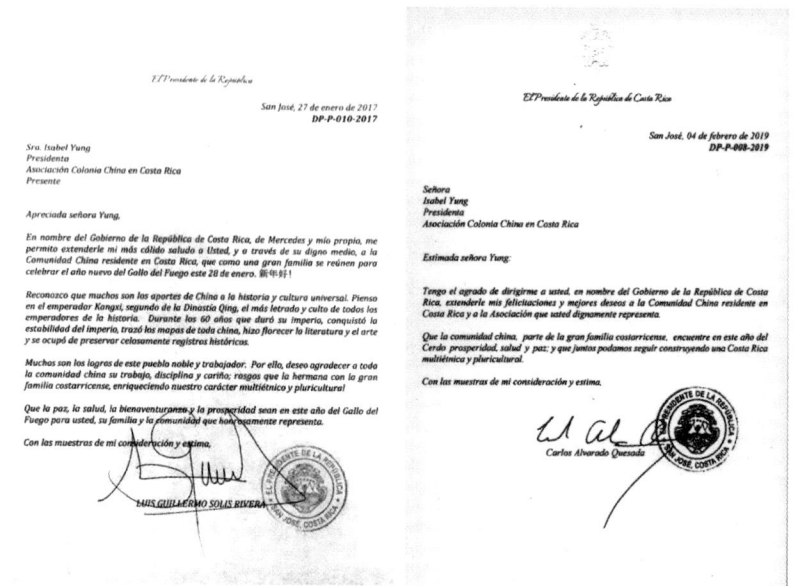

2017年和2019年，哥斯达黎加总统发给翁翠玉的贺信

2020年年初，新冠疫情出现，"哥华协会"众人筹集大批口罩，几经曲折送回祖国各地。当哥斯达黎加疫情严重时，中山市政府及中山人民又把大量的抗疫物资送到哥国医疗机构。这种内外互动的效果，正是源于社团改革后，华社新老力量的融合所呈现出来的。

推动海外社团革新的实践告诉我们，这是一件艰巨而漫长的"世纪工程"，没有几辈侨务人前仆后继、坚韧不拔的毅力，坚定不移的志向，不断推进、不断斗争、不断唤起侨胞的觉悟，是不可能完成的。华人社团各有特点，革新也必须根据特点，实现个性化推动，形式应该多种多样，不可能只用一种形式去代替。

七、纠正殡葬管理中侵害华侨权益的行为，留住侨胞念祖的根

1. 祖墓，侨胞念祖的根

我们中国人把祖墓看作家族精神的核心和传统风俗的根。对于远离乡土的侨胞而言，祖墓更是他们精神上薪火相传的"教科书"。我担任广东省侨办主任以后，到世界各地工作，在秘鲁、墨西哥、所罗门、新加坡、菲律宾等国家，都曾专程去拜祭当地的华人墓。每每参与这些活动时，我脑海里都浮现起历史上侨胞们到海外谋生的艰辛历程。

前几年，为筹备世界中山同乡恳亲大会，我随中山市侨务访问团到位于南太平洋中心的世界著名的度假胜地斐济。在一个海岛的高尔夫球场中间，无意中发现了一组中国人的墓，细看碑文，全是中山大涌人。随行的侨胞告诉我，这个小岛是许久许久以前中山籍的侨胞买下种甘蔗的，这个家族几代人前赴后继，在这个海岛上生老病死，去世后也就埋在此。后来，这个家族后人将整个小岛转卖给英国人后，举家移民美国了。几十年来，英国人把这小岛逐步发展成旅游区，并建了一个高尔夫球场。奇怪的是，这一片中国人的坟墓，本来影响了高尔夫球场的风景，却一直保留下来。

许多在国外出生的华裔，他们身居高位了，仍关注家族祖墓。如泰国

前总理他信，2005年带着自己的后代到中国访问，回到梅州其母亲故居所在地。虽然当地原来并没有安排，他信还是临时提出祭拜外曾祖母的墓地。

2005年7月3日，《南方都市报》报道泰国总理他信祭拜祖墓

2006年3月5日，《广州日报》有一篇报道《老专家独守华侨义冢十五载》，记述了一位老人15年来悉心保护华侨义冢。这些义冢全是历史上侨胞客死异乡后，当地华社组织捡拾其骸骨，运回家乡，由家属认领。无人认领的，则由当地慈善机构集体安葬。少小离家，客死他乡，又由乡亲把骸骨漂洋过海运回故乡，而异乡的人出钱出力，寻地安葬形成义冢。这里有多少中国人的辛酸往事，有多少中华民族的精气神。改革开放后，党和政府拨乱反正，落实侨务政策，温暖了无数侨胞已冷却的心，令多少曾经发誓永世不回中国的海外侨胞把自己在海外去世的先人骨灰，千里迢

迢运回自己家乡的故土埋葬,以此表态回心转意,爱自己的祖国,爱自己的家乡。

2006年3月5日,《广州日报》报道:《老专家独守华侨义冢十五载》

2. 决心碰碰这"硬骨头"

作为改革开放排头兵的广东,这几十年来,经济腾飞,城市化的进程突飞猛进,各地无可避免地一次又一次实施墓地迁移,这些行动都触及海外侨胞的利益。

2001年,广东省制定了《广东省殡葬管理工作第十个五年计划》,这个计划提出:"2003年年底前全省完成三道两区的乱葬坟墓专项清理工作任务,珠江三角洲经济发达地区,全面完成辖区的清坟工作,至2005年,除少数山区县外,全省基本实现辖区无坟化。"这个限时限刻要完成的计划,使得海外侨胞纷纷来信,反映这样的殡葬改革对侨胞祖墓的损害。特别在珠江三角洲,因为华侨众多,华侨的祖墓也众多,反映更加强烈。在美国，侨胞甚至到中国领事馆提出意见。美国台山籍的华侨还成立了一个保护祖坟委员会。旅美阳和总会馆还专门约见中国驻旧金山总领事馆的侨务领事，对清坟工作过程中的粗暴行为表示不满。中国驻旧金山总领馆专门用电报将侨胞的意见反映到广东省政府，反映到省侨办，要求省侨办妥善处理。各市侨务部门也纷纷向省侨办反映清坟专项行动侵害了侨胞的利益。

这一次，侨胞们直接到中国大使馆反映诉求，好几个大使馆同时向我们转达侨胞们的意见，而且意见是集中在"全面清坟""实现辖区无坟化""实现无坟市"这些不切实际的错误提法上。我感到，在这关系到侨胞利益的关键问题面前，我们应该抓住这个时机，保护好侨胞在祖坟问题上的应有权益。我决心要碰碰这个"硬骨头"。

我先到中山市了解基层在"清坟"工作中的实际情况。中山南区是一个典型的重点侨乡，这里是中国近代百货业鼻祖先施、永安、新新、大新四大百货公司创始人的故乡，是中国革命空军之父杨仙逸先生的故乡。历史上这里有众多的侨胞在辛亥革命中出钱出力支持孙中山。中山南区的村落，到处都有各种建筑风格的大大小小的侨房，同样也有众多的华侨墓地。再者，南区就在中山市中心边上，正是"清坟"专项中所指的"三道两区"（指铁道、国道、省道公路两侧及城市周边区域、风景名胜区）范围，因而是中山实行"无坟化"的重点区域之一。

到了南区，一位美国侨胞递给我一封南区办事处发出的关于治理坟墓的"公开信"。此信开门见山地说，根据中山市下发的《关于实现无坟市的工作意见》，南区必须在2003年全面完成辖区内的清坟工作，清坟范围包括区域内所有坟墓。公开信强调："逾期不清，一律作无主坟处理。"

这样的"公开信"实际上是执行政策的"层层加码"逼出来的。省里规定"2003年年底前全省完成三道两区乱葬坟墓专项清理任务，珠江三角洲经济发达地区全面完成辖区的清坟工作，至2005年，除少数山区县外，

七、纠正殡葬管理中侵害华侨权益的行为，留住侨胞念祖的根

全省基本实现辖区无坟化。"省里有了这个期限，市里又照文下达，到了镇区就变成"逾期不清，一律作无主坟处理"的硬任务。更有甚者，为了提前完成任务，一些区镇干脆把清坟作为工程项目承包给私人施工队，每清一个坟，镇区就付给私人施工队多少钱。一些无良施工队，为了多创收，见坟就铲。一座座坟地，被铲到狼藉不堪，惨不忍睹。

离开南区，在汽车上，我对卢艳红局长说，这件事我们责无旁贷，要向省政府反映。她点头支持我的意见。我趁势对她说，我们分头行事，内外夹攻，分别向省政府汇报我们的看法。此事，我们两人就这样达成默契。

冷静下来后，我的思绪再次陷入两难之中。全省大规模限时的"清坟"行动，是作为省政府的红头文件明确规定的。

但面对侨胞的应有权益受损，想想自己的职责，难道我可以袖手旁观吗？带着这矛盾的心情，在与老领导汤炳权常务副省长汇报时，也谈了自己的想法。这次我所说的话，可算是"一泻千里"了。我敢在老领导面前倾诉衷情，说真话，因为我们有风雨同舟的经历，可以肝胆相照。

3. 向省政府二次报告

得到汤炳权常务副省长的支持，我连夜起草了《关于反映海外侨胞对我省清坟工作涉及华侨祖坟意见的报告》，向省政府做了报告。报告提出："祖坟和祖屋一样，都被海外侨胞视为在故乡的根，甚至在感情和精神意识层面上，祖坟往往在侨胞心中具有更重要更崇高的地位，往往更加牵动他们的心。许多侨胞不论远隔重洋，不论工作多忙，每年必回乡祭祖，从而增进了对家乡的了解、联系和感情。""可以说，华侨祖坟问题牵动着千千万万海外侨胞的心，是一个涉及侨心向背的重大问题。"

"建议省政府对清坟工作涉及华侨祖坟问题是否再作认真研究；建议调整有关政策规定，废除'全省实现辖区无坟化'的提法，废除'实现无

坟市'的提法，重新考虑设定清坟工作的适当范围，采用既认真贯彻国务院《殡葬管理条例》精神，又从侨乡、侨心的实际出发，不过激、不冒进，能够找到顺民心、侨心的办法，努力实现既做好殡葬政策，又争取团结侨心。"

在向省政府上呈报告的当天，我们又收到驻加拿大卡尔加里总领事馆转来的加拿大籍华人关强基4月22日致省政府的信。总领事馆要求省侨办把信转送省政府。关强基先生来信反映："三月二十九日从家乡传来消息，说有广东省文件下来，要把珠江三角洲一带搞成无坟区。时间紧迫，坟墓很快被铲平，不知怎么办？"关强基先生与家乡官员通了三个小时越洋电话后，专门写下《关于广东某些地方官员拆祖坟处理不当事》给广东省政府的信，认为搞无坟化"使我们无根可寻，把代表中国文化的墓地也要连根拔起"，"拆迁坟地关系到老百姓切身利益，拆人家的坟要合理安置、补偿，切不能急之乱拆"。

我并不认识关强基先生，但觉得关先生的来信很直接、很实在，反映了海外侨胞的心声。便于4月30日以《关于请省政府对处理华侨华人祖坟问题予以明确指示的报告》，连同关强基先生的信，一起向省政府再次报告。

4. 省政府办公厅有了明确的态度

5月28日，我们收到省政府办公厅发来的《关于我省部分地区清坟涉及华侨、港澳台同胞祖坟有关问题的签批意见》（以下简称《签批意见》），从这份《签批意见》中，我看出了省政府办公厅有了明确的态度。《签批意见》的关键点是：(1)华侨和港澳台同胞祖坟的处理问题，是一项十分敏感和复杂的工作。既要认真贯彻《广东省殡葬管理工作"十五"计划》，又要认真充分考虑华侨港澳台同胞对殡葬改革的意见。(2)目前先"治标"，当前重点清理"三道两区"乱埋乱葬坟墓，其余区域暂缓清理。"其

七、纠正殡葬管理中侵害华侨权益的行为，留住侨胞念祖的根

余地区暂缓清理"这一句，实际上已经否定了"全面清坟"的提法了。（3）至于有关殡葬改革的目标是否需要调整，如何解决好殡葬改革中华侨港澳台同胞祖坟的处理等有关问题，建议由省政府发展研究中心牵头，在充分研究的基础上提出切实可行的解决方案，报请省政府常务会议讨论后再印发各地执行。在《签批意见》上，副秘书长签注的意见是明确的。

根据签批意见，省民政厅和省侨办，联合向各市、县（自治县）人民政府、省直有关单位发出了《关于华侨港澳台同胞祖坟清理工作有关问题的通知》，这个通知，由我和民政厅厅长杨华维两个部门的一把手签发。这个通知的下发，制止了面上对侨胞、港澳台同胞祖坟的侵害。接着由省政府发展研究中心牵头，会同省民政厅和省侨办等部门，再到各地去调研。

5. 省政府决定对《广东省殡葬管理工作"十五"计划》的某些不妥提法进行纠正

这个报告是8月4日送给省政府的。8月25日省政府召开常务会议，就清坟工作涉及华侨祖坟问题做了专门讨论。会议决定，由省民政厅、省侨办向省政府提出意见，由省政府办公厅发文到各地的办法，对《广东省殡葬管理工作"十五"计划》的某些不妥提法进行纠正。

省民政厅和省侨办起草好文件后，经省政府办公厅审核，最后经常务副省长汤炳权签批。但此时汤炳权出访日本，要十多天后才回国，而此时全省各地还在按原计划清坟，侵害侨胞利益的行为还在进行。我很心急，恨不得尽早下发此文，便与在日本的汤炳权通越洋电话汇报情况。汤炳权让我们通过省外办用密件把文稿送到中国驻日本大使馆，由中国驻日本大使馆将文稿提交给汤炳权过目并最后审定。汤炳权是在日本签批这份文件的。

文件下发后，各地立即按文件落实，使侵害侨胞权益的现象得到有效的制止。

2004年3月,为了推动文件精神的落实,省侨办联合省人大侨委,省政协港澳台侨委,分四条线路到珠海、中山、佛山、江门、广州等地,检查落实工作,形成了书面报告给省政府,肯定成绩,指出问题,提出建议。全国政协港澳台侨委副主任郭荣昌,常务副省长汤炳权还专门听取了检查组的汇报。

时间到了2004年4月15日,广东省政府召开殡葬工作会议。省民政厅厅长杨华维在会上正式表明《广东省殡葬管理工作"十五"计划》有不切实际的任务和目标,承认"至2005年除少数山区县外,全省基本实现辖区无坟化"的提法不科学。并建议省政府对此进行修改。

附录一

2004年4月16日《广州日报》报道:《广东省民政厅建议修改殡葬管理工作"十五"计划火化率,清坟工作不搞"一刀切",边远山区村镇将允许土葬》

"吴川市民政执法机关收受贿赂,与丧主串通搞假火化真土葬的违规现象仍有发生;广州市清坟工作进展缓慢;地下仵工承运尸体土葬、接运尸体屡禁不止,不少山区市、县遗体火化后骨灰70%以上继续装棺土葬;江门市新会等地区公益性公墓滥批滥建,造成新的'青山白化'……"在昨日召开的广东省殡葬工作会议上,省民政厅厅长杨华维表示,广东省殡葬改革工作出现了一些亟待解决的问题。

经过三年的殡葬改革实践,调查结果表明广东省殡葬管理工作"十五"计划中一些不切实际的任务目标,省民政厅正着手建议省政府对此进行修改。

现象篇

1.殡葬改革工作发展不平衡

经济欠发达地区的云浮市、肇庆市火化率达标。其他同类城市如汕尾市，火化率却一直不能达标，陆丰市甚至降至1997年全省大力推行殡葬改革以来的最低点。同属珠三角地区，深圳市、佛山市已完成了全市清坟任务，其他各市，特别是广州，全市约有历史旧坟156万座，到目前只清理了29.7万座，还有120多万座尚未清理。

2. 不少山区70%骨灰二次土葬

不少山区市、县遗体火化后骨灰70%以上继续装棺火葬，推行火葬不仅没有减少群众办丧的负担，没有节约殡葬用地，反而增加了群众的负担。

3. 执法人员默许假火化真土葬

吴川市吴阳镇民政执法中队采取非法手段，以默许土葬为条件，收受死者家属钱财，并暗中与吴川市殡仪馆有关人员勾结，收受贿赂，搞假火化真土葬。个别殡仪馆还增设收费项目，一些地方更收受丧主"红包"。部分公益性公墓和经营性公墓哄抬价格，误导群众炒买炒卖骨灰存放格位。

4. 公益性公墓滥批滥建

一些县、市滥批滥建公益性公墓，并出现将公益性公墓私自改为经营性公墓对外经营的错误行为。江门市新会就已批准建成公益性公墓八个，均按照经营性公墓的经营方式和宣传手段对外经营。

对策篇

据介绍，"十五"计划是广东殡葬管理的重要指导性文件。但在实际执行中，"十五"计划指定的部分任务目标与实际情况存在一定差距，对于不尽合理的三个任务目标，省民政厅正着手建议省政府对"十五"计划中过高的目标作适当的调整与修改。

问题：火化率片面追求100%

2003年到2005年，全省火化率达到100%，采用"一刀切"，将全省都划为火化区。实际上，这在一些交通不便的山区、偏远村庄、海岛、大型水库库区等特殊地区是很难做到的。没有火化设备,村民只能把遗体运出家乡到十几公里甚至五十公里外的具备火葬场的城镇,耗费大量时间、金钱及人力。

对策:边远山区设土葬改革区

今年各地可根据实际情况,设置土葬改革区,对人烟稀少、荒地较多、交通不便的边远山区、库区和海岛等不便实行火葬的镇、村,允许实行土葬。但必须在指定公共墓地深埋,不得乱埋乱葬。具体范围由当地县人民政府提出规划,报地级以上市人民政府审核,上报省政府审批。

问题:基本实现无坟化不科学

"至2005年除少数山区县外,全省基本实现辖区无坟化",这种提法不科学。烈士墓和公墓将长期存在,很多边远山区,几十年甚至几百年都不可能开发到,要求这些地方清坟,会造成人力、物力和财力的浪费。

对策:经济开发到哪里清坟到哪里

对于边远山区农村的历史旧坟,可根据经济建设发展需要,发展到哪里清理到哪里;对于"三道两区"的历史旧坟,确实有碍观瞻的,坚决清理。清坟工作经济发达地区可搞得快一些,经济欠发达地区可慢一些。

问题:消灭殡仪馆空白县不实际

"全省消灭殡仪馆(火葬场)空白县"的要求不切实际。其结果不但造成重复建设,而且引发了一系列新的矛盾。

对策:农村可在规定墓地埋骨灰

人口不多,离地级市火葬场较近的县,可以不建火葬场。不再要求全面建设镇级骨灰楼。对一些建设骨灰存放设施有困难的边远山区农村,家属可领回骨灰安葬,在当地政府指定的公共墓地进行深埋处理。

八、关于侨房和侨房政策的落实

侨胞们在海外谋生，一点一滴积蓄钱财，回祖国回家乡兴建或购置的房屋，我们一般都称为侨房。

回顾侨房历史的喜怒哀乐、风风雨雨，了解改革开放以来我们落实侨房政策的艰辛，应该算得上是不忘初心的一种教育。

1. 侨房折射出历史的赤橙黄绿青蓝紫

在珠三角侨乡，星罗棋布的侨房是如何形成的呢？

先是有大量的中国农民漂洋过海，背井离乡出国谋生。早期，出国谋生的多数是男人，很多国家是不接受妇女的，尤其是中南美洲的国家，大都只准青壮男人前往。所以，很多青壮年男人赚到了钱，回家乡娶妻后，也只能独身再出国谋生，辛辛苦苦积蓄了一点钱后就回家乡建房子让父母妻儿居住。年复一年，村里便建起了许多由侨胞出资建造的房屋，这些房子就成了侨房。

侨房有很多种类，一是属于普通的民居，这类型的侨房数量很大。我想，像孙中山故居就属于这一类侨房。二是属于光宗耀祖或纪念亲人性质的，如开平的立园，是旅美华侨谢维立的私人园林，面积达 19600 平方米；又如中山的马公纪念堂大院，是先施公司创始人马应彪为纪念其父亲而兴建的，1923 年动工，1933 年建成，占地面积有 7620 平方米；还有一些是族群性的，所谓族群性的，就是整个姓氏的家族，大家筹钱来建设一个大型村落，如开平的风采楼。分布在珠三角和五邑地区风格各异的碉楼，主要的功能就是用来防匪防贼的。那时候土匪横行，侨胞们为了家人安全，在房子旁边再搭起一座碉楼式的建筑，当有匪贼来时，家人进入碉楼躲避。家里的金银首饰贵重物品，契证、股票、合同等重要文件，也都放在碉楼收藏。有些碉楼也被人用作村子里的保安亭，在土匪进村时用于保护村民。

侨房的建筑风格大致分成两大类：一类是中国传统建筑，雕龙画凤，墙上有砖雕等，这类大都是岭南的建筑风格。另一类称为"西装屋"，采用西方建筑风格建造。房屋的主人在哪个国家谋生，其房子就带有哪个国家的建筑风格。大量的侨房除了砖头，钢材、水泥、窗花、地砖大都是从外国进口。懂行的人从侨房的大门用料就可以分出房子是建于清末还是民国时期，如果大门是柚木的，那一定是民国时期建造的，因为民国时期，才有外国柚木进口中国。在一个村里的房屋中，侨房的建筑质量都是顶级的，防护性能极好，某些侨房还设有逃生用的地道，可见当时社会的动乱。

我从事侨务工作后，接触侨房的事情多了，对侨房的历史遭遇认识也越来越深刻。可以说，侨房的历史是中国近现代社会政治变迁的缩影。侨房，以它的柴米油盐酱醋茶，折射出历史的赤橙黄绿青蓝紫。

侨房的一砖一瓦都是海外侨胞用血汗换来的。然而自从房子建好后，一家人从未团团圆圆、整整齐齐地住在一起。儿子或丈夫在海外谋生，住在侨房的父母或妻儿，天天盼望自己的儿子或丈夫归来。侨乡中山的文化人刘大邦曾经制作过一组雕像《盼郎归》，立在岐江河畔，很形象地再现了这段历史。可惜后来者不知深浅，又把这雕像拆除了。

日本侵华时，侨乡大量侨房被日军强占，好的、高档的用作军官住所，普通的成了日军兵营。不久前我去考察侨房改造，还见到一些侨房留下的日式厨房及澡堂的痕迹。这是日本军人为适应自己需要而改造侨房的见证。

当然，我们党领导的革命活动也借助侨房做掩护，坐落在中山五桂山的珠江纵队总部就是华侨支持革命的见证。

中华人民共和国成立初期，解放军进城入村，建立政权，许多办公地点就借用侨房。中山市著名的139招待所，是一栋很有"西装屋"风格的侨房。这幢房子，从中华人民共和国成立初直至改革开放，都是用作中山市党政接待上级领导的用房。这里住过陶铸这样的大领导。说来有点讽刺，这座具有华侨历史文物价值的建筑物，却因要建华侨博物馆而拆除了。坐落在中国四大百货公司创始人之一马应彪的故乡沙涌，1923年动工，1933年建成的马公纪念堂等建筑群，于2008年11月被省政府列为省级文物保护单位，也长期由中山县委作为党校之用。中共中央有关文件的传达，都在此处举行。那时，我是小榄公社干部，就在此处睡在用稻草垫好的地上，白天席地而坐，听中央文件的传达。后来中山要建华侨博物馆，我极力主张用这个马家大院，马家后人也愿意，可惜由于种种原因而没有实现。

2. 党中央决定落实侨房政策，足足用了30年时间

落实侨房政策的实践过程，是一个漫长而艰苦的过程。

我们以重点侨乡中山市为例，看看落实侨房政策的漫长过程。

从1972年开始，中山县委从房管处及县委政工室抽出五名干部组成调查组对借用、占用华侨房屋情况进行调查。

1978年侨务机构刚恢复，中山便成立落实华侨房屋政策领导组，开始研究城区的侨房政策落实。

1982年3月中山县委成立落实华侨房屋政策领导组。1983年5月县政府印发《关于认真落实华侨房屋政策问题的通知》。1984年下半年，进

入全面落实侨房政策工作。

1985年1月全省侨房工作会议在中山召开，专门研究落实农村侨房政策问题。当时，落实农村华侨房屋政策的范围是十分严格的：是指在土地改革中，农村和城镇没收、征收、拍卖的华侨私房，以及农村历次运动中没收、征用的华侨私房。据统计，中山市全市应退还侨房面积522765平方米，其中农村占374000平方米。从这一年开始，中山将落实侨房工作重点放在农村，计划用五年时间完成。到了1989年6月，中山市政府印发了《关于落实农村华侨私房政策若干规定》，重点解决农村落实侨房政策的各种复杂问题。

经过七年努力，中山市到1990年全市共落实农村侨房产权2755户，面积411923平方米，退还使用权2742户，面积402550平方米。在落实农村侨房政策的同时，还要落实城镇侨房政策、落实城区私改非住宅侨房政策，一个部分一个部分地进行。

从1972年调查侨房情况开始到2010年，前后经历近40年，中山全市落实侨房5930户，面积785097平方米，算是全面完成了落实侨房政策的任务。

3. 落实侨房政策每一步都走得相当艰难

落实侨房政策之初，社会上的种种阻力是相当大的。首先是居住在侨房里的住户有抵触情绪。他们认为，这是政府作为胜利果实分给他们的，房产证上也明明写了自己的姓名，怎么现在政府又要收回去呢？

其次，大量的侨房业主经历过被占用、被征用、被没收的痛苦，心有余悸，不相信政府会在几十年后又把房子归还，因而不敢主动申请。但侨房退回的第一步，是要侨房业主亲自申请的。

有两件事我记忆犹新。当时中山市的市长汤炳权为了落实侨房政策，为了挽回乡亲们对家乡的那种感情，他带着落实侨房的申请表出国到加拿

八、关于侨房和侨房政策的落实

大,挨家挨户找到侨房的业主动员他们填表申请。尽管是汤市长亲自出面去上门邀请,很多侨胞依然是不敢相信,甚至政府的发还侨房通知书送到他们手上了,也不敢回国办手续。有一位美国华侨15年前就收到落实侨房通知书了,但就是不敢回来领取房子。直到我任省侨办主任的时候,开展落实侨房政策已经过去二十年,他才寄信到省侨办咨询,问十多年前收到的落实侨房通知书是否还有效?当时,收到他的来信后,我也信心不足。毕竟,过去了这么多年,房子的情况也不知道发生了什么变化。我抱着试试看的态度,把侨胞的信件转发给中山市侨办,让中山市侨办去了解一下侨房的情况。还好,这份通知书发出去这么多年,侨房所在地的小榄镇还把应该退还的房子一直保管下来,等他回来接收。

落实侨房政策的第一阶段,几乎都只是落实所有权,也就是说,第一步政府承认当年没收或征收的行为是错误的,现在归还给原主人,发给房产证。但是,侨房里住着大量的原住户。改革开放初期,政府要争取侨心,但一时也没有经济能力建房,让住在侨房的群众腾出侨房,所以第一步只能先落实所有权。尽管只是落实了所有权,还没有落实使用权,侨胞使用不了自己的房子。对此,侨胞们还是感激不尽,他们根本没想到房子被没收或征收几十年后政府还能纠正错误发还给他们,因而侨胞对家乡的捐资热潮也高涨起来。有些是在落实了侨房之后,原业主把侨房捐赠出来给社会,如广州的永安堂大厦。

第二阶段从落实所有权到落实使用权。也是经过了十年左右的时间。第二阶段的工作实质是腾退侨房。所谓的腾退侨房,就是政府要设法让居住在侨房里面的人迁出来,把房子清空退回给侨胞房主。那时候,一间侨房可能居住了五六户人家,改革开放初期,民众的生活水平不高,根本就没有钱可以购买新房居住;就算有钱,那时候政府从经济能力到实际操作都提供不了这么多房子来安置侨房迁出户。腾退侨房进度十分缓慢,一间侨房从动员腾退到完全腾空经历十年八年。腾退侨房的缓慢进度,又令海外侨胞心存怨气，甚至觉得自己在有生之年也无望住进自己的房子。

这种局面迫使地方政府在财政短缺的情况下，下定决心"勒紧裤头"，节衣缩食也要解决这个大历史难题。中山市开始采用的办法是："战线包干，谁用谁退，酌情补助"的三个原则（当时所说的战线，实质上是企业的功能组别，如"工交战线"便是工厂、交通企业，政府有一个专门机构管理这些企业），动员各战线住了侨房的干部职工带头先行清退。许多干部为了响应号召，临时住进单位办公室，或亲戚家里，或回到乡下祖屋临时居住，也带头把侨房腾退出来。各战线压缩行政经费，想方设法东拼西凑，自筹经费来建造房子或者购买一些简易的房子，自行安置好自己的干部职工。这个办法解决了一小部分侨房的腾退，但还没有彻底解决问题。

当时，除了要解决侨房腾退，政府还面临更大的难题，就是城区居民的居住环境也十分困难。在这"屋漏偏逢连夜雨"之际，中山市市长汤炳权毅然决定暂缓新建市委、市政府办公楼，把资金用于解决这两个难题。决定用"3、3、4"办法（即市政府出资30%，各单位出资30%，住房户出资40%）兴建房子，用于解决居民住房困难及腾退侨房。我当时是中山市政府副市长，分管城市建设、管理，于是成了这个项目的总指挥。柏苑新村、松苑新村、竹苑新村就是为这个项目而建的，土地由政府划拨，政府统一组织施工，统一设计，施工费用都很低，加上土地是划拨的，房子不属于商品，个人只需出资8000～12000元就可以拥有这间房子的使用权和所有权。不过这个所有权是有限的，自己居住不是问题，如果要流通就要补缴商品化的差额及税费。当时，国家在房地产政策上还是有许多限制的，只是因为中山市作为重点侨乡，可以"敢为人先""先行一步"，也得到了省建设部门的首肯，同意让中山市先行先试。中山市用"3、3、4"的办法兴建了柏苑新村、松苑新村、竹苑新村，这三个新村中有1590多间新房，专门用作腾退侨房。有了这个基础，中山市的腾退侨房就形势大好了。记得这1000多迁出户是分批集中到中山纪念堂抽签分房的。

八、关于侨房和侨房政策的落实

到了1991年10月,省政府在中山市举行"全省落实城镇侨房政策工作现场座谈会",向全省推广中山市的经验。直至2000年,中山市累计侨房的迁出户达到了4200户,成了全省落实侨房政策最快、最早、最彻底的一个地级市。

4. 剩下的百分之七是最难啃的骨头

2000年,我任省侨办主任时,全省落实侨房政策任务已经完成93%。剩下的7%全是硬骨头。这7%没有完成的任务,是指土改期间异地农会在广州拍卖的侨房。广州是省会城市,经济发达,流通畅顺,居住方便,历来都是吸引广东乃至全国各地各界人士投资置业的宝地。中华人民共和国成立前,海外侨胞在广州投资大量房产、商铺。土改时,在当时政策的催促下,缺乏冷静的各地农会纷纷蜂拥来到广州,把自己村里的华侨在广州拥有的房产拍卖,拍卖后的款项当作土改果实全部被分掉了。据当时统计,土改期间外地农会在广州拍卖的侨房共计约35万平方米,涉及全省65个县市。这些被拍卖的侨房都要落实侨房政策,这是最难"啃"的硬骨头了。

这项工作是1997年省政府提出的,但在具体补偿标准和经费分担问题上,各地与广州市意见不一,在这种情况下对异地拍卖侨房的处理实际上又搁置了下来。首先,在广州的侨房被各个农会拍卖后,钱已经拿回家乡了,广州是完全没有利益的。但按当时的落实侨房政策,侨房在哪里就由侨房所在地的地方政府退还。土改时没有任何收益,而现在落实侨房政策又要广州财政来负担,我内心也觉得有点"黑狗偷食,白狗挡灾"之感。但是,也只能用这办法才能解决问题。经过了长久的"磨牙""拉锯",时任广州市市长的林树森承诺一次性拿出7000万元来解决异地拍卖侨房。这7000万元的来源是将广州落实侨房政策所建的专用房转化为货币,专门用于支付落实异地拍卖侨房政策的专用款。有了广州市政府这7000万元垫底,省侨办于2000年7月在鹤山市召集了一次"处理土改期间外地农会在广州拍卖侨房协调会"。在此基础上形成了一个《关于做好处理土改期间外地农会在广州拍卖侨房工作的意见》,向省政府报告,请求省政府批转各地贯彻执行。

广东省人民政府
侨 务 办 公 室

粤侨办〔2000〕19号
签发人:吕伟雄

关于要求批转《关于做好处理土改期间外地农会在
广州拍卖侨房工作的意见》的请示

省人民政府办公厅:

今年7月12日至13日,我办在鹤山市召开了处理土改期间外地农会在广州拍卖侨房协调会,就贯彻落实省府办公厅《转发省人大常委会批准省人民政府关于加快落实城镇侨房政策工作议案的办理结果报告的决议的通知》(粤府办〔1997〕8号),处理土改期间外地农会在广州拍卖侨

2000年,粤侨办向省府办发文请示:《关于要求批转〈关于做好处理土改期间外地农会在广州拍卖侨房工作的意见〉的请示》

省政府同意并批转了这个报告。这个报告指出,不论是侨房所在地的政府,还是原农会所在地的政府,均应共同承担起历史的责任。

由于这类侨房被拍卖以后多次变卖,有的已经被拆除或改建,房屋情况变化大,又由于购房者享有房屋产权,其权益受法律保护。所以,报告提出,处理这一问题的原则是不退原房,适当用现金补偿,补偿金由广州市与原农会所在市县共同筹措,广州每平方米补200元,原农会所在市县每平方米补100～200元。

在实施这个报告的过程中,江门市由于异地拍卖侨房数量大,占全省此类侨房量过半,经济负担过重。江门地区的省人大代表、省政协委员在省两会召开期间也提出提案,要求省政府给予江门更多的补助。

八、关于侨房和侨房政策的落实

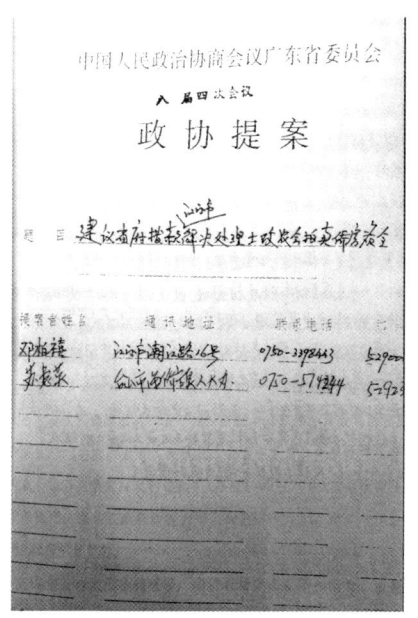

广东省政协八届四次会议提案:《建议省政府拨款江门市解决处理土改农会拍卖侨房资金》

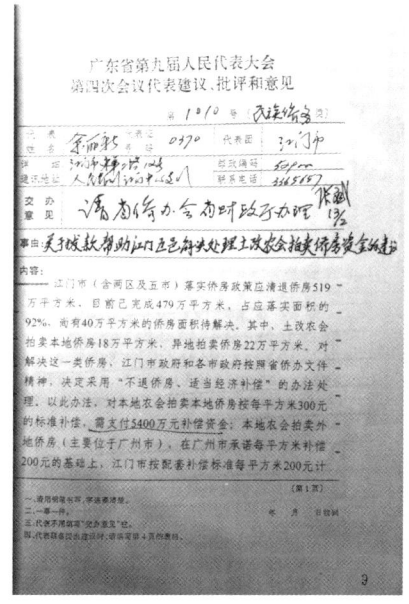

广东省人大九届四次会议代表建议:《关于拨款帮助江门五邑解决处理土改农会拍卖侨房资金的建议》

经过反复核实,省政府认为江门地区确实负担过重,而江门地区经济也薄弱,接受人大代表和政协委员的建议,增加对江门的补偿,由省财政在 2001 年至 2002 年两年内安排 1230 万元下拨款项给江门市政府。

我们补偿给侨胞的是人民币,而侨房的主人全都生活在海外,人民币如何兑换成外币让侨房主人带回海外?在那个金融管理制度非常严格的年代,也是一个头痛的问题。

起初,金融管理部门态度僵硬,认为解决不了。最终,还是要省政府领导出面。几经交涉,才促使国家外汇管理局广东省分局发出《关于土改农会拍卖侨房补偿款购汇等问题的复函》,同意侨胞把这些补偿款兑换成外币汇出境。

2002 年,省侨办向各市侨办(侨务局)转发国家外汇管理局广东省分局《关于土改农会拍卖侨房补偿款购汇等问题的复函》

5. 慈善家霍宗杰"少小离家老大回"!

到了 2002 年,尽管我们已经公开宣布此项工作基本结束,可在现实中,侨房政策的彻底落实,还有许多具体事项远远没有完成。香港著名慈善家、香港道德会荣誉会长霍宗杰在广州的侨房从政府同意发还到真正交

八、关于侨房和侨房政策的落实

回到霍先生手里的经历就很有典型意义。

霍宗杰先生一向以来慷慨向社会捐款。我们在筹划韶关地区遭洪水破坏而重建"侨心居"时,他捐款不少。他家的祖屋在广州市仁济路,1998年广州市政府已经把房屋所有权发还给霍宗杰先生,但是到了2007年,近十年过去了,使用权依然无法收回。房子也变成了危房,但房子里面还住着经政府安排的住户。住户经济困难,根本无法购房和搬迁,即使是政府用于落实侨房政策的专用房也买不起。结果,霍宗杰先生特别捐赠了5万元给住户,让住户去购买政府的专用房,霍宗杰的祖屋才真正回到自己手中。从房子被没收到彻底归还霍宗杰,足足过去了60年。

附录一

广东侨网转载报道:
《业主资助贫困住户喜乔迁,侨房半世纪终归后人》

大年二十九,当我们走进广州市仁济路一栋旧房。只见搭建的低矮阁楼、阴暗潮湿的房子已经搬空,并已经收拾得干干净净。原来的住户、腿脚残疾的罗国英笑着对业主的代理人说:"我今天早上专门赶过来,将房子钥匙交还给你们。"罗国英又告诉我们:"我家从1955年就在这里住,半个世纪了。我自己就是在这里出生的,当然有些不舍得。但这次的解决方案,我们一家还是满意的。我在年二十六拿到新房钥匙,当天下午就去搞卫生,一天就搬完了。我那80多岁的老母亲在新房子的阳台,可以每天对着花园了。"

原来，说起这件事，里面有一个既感人肺腑，又令人同情的故事。

香港道德会名誉会长霍宗杰先生是加拿大籍华人。多年来热心支持家乡建设和祖国的慈善事业，在多处捐建学校和医院，并捐赠其个人珍藏的文物和书画300多件。在去年的广东受灾之后，他又捐资120万元资助150户受灾户。去年11月，省侨办信访处接到他的来信，称其先父在广州市仁济路的祖屋，早期因政治原因被他人租住，至今无法收回使用权，请求省侨办给予协助，以尽快收回祖屋进行修缮。接信后，省侨办主任吕伟雄十分重视。于是，省侨办信访处即会同广州市及越秀区侨办多次深入住户所在地街道调研，了解到该房屋在1998年已经发还产权给业主。而且这栋房屋多年失修，已经十分破旧、多处漏水，区房管局已经下达了危房通知书。但是，由于该租住户生活比较贫困，根本无法买房或租房搬迁。于是，侨房归主便似乎成了一个打不开的死结。

在这种情况下，侨务部门非常着急，一方面与街道社区工作人员多次上门，与住户耐心细致地做思想工作，宣传侨务政策；另一方面，也想法为其解决困难。业主霍宗杰先生了解到住户的生活困境后也十分同情，无偿资助其五万元人民币，帮助住户购新房。由于广州市政府为了加快落实侨房政策步伐而兴建的落实侨房政策专用房，价格比城市商品房低三分之一至四分之一。所以，罗国英家花费不到5万元，就已经在汇侨新城购入了一套48平方米的住房。结果，仅仅用了三个月时间，在各级侨办重视及街道社区的协助下，一宗落实侨房政策信访案圆满结案。

这时，正当罗国英要离开时，社区居委的干部也赶来送上年货，祝贺他们搬出危房住新屋，过一个再也不用担心房屋漏雨或坍塌的新年。

6. 不法之徒骗取5栋侨房，最终受法律制裁

尽管我们侨房落实政策的具体制度十分严密，但百密有一疏，有不法之徒还是利用这疏漏做假手续，骗取侨房而牟利。

1949年，许多害怕者逃离中国，留下无人认领的空房。这类房子在中华人民共和国成立后由政府房管部门托管。这些托管房相当数量从性质上属侨房。在落实侨房政策启动时，只要有足够的依据，这类侨房也是应该退回给侨胞业主的。但是，社会上有些不法分子与我们内部人员同流合污，上下串通，伪造证明和依据，利用侨务部门审核不严的漏洞，把侨房骗到手后再转卖牟利。

这起案件是在省侨办严格管理公章保管制度后暴露的。

改革开放初期的一段时间，为了方便各处室办事，省侨办部分印章由各处室自行保管使用。随着制度的严格执行，我觉得这个现象不妥，下发通知要求全部集中由秘书处统一保管。可侨政处有人继续保留公章私自使用。侨政处的公章，最大用处是证明省属单位干部职工是否有归侨或侨属身份。而当时的手续程序是基层单位证明某人是侨属或归侨，省侨办侨政处便在这基层单位证明上，加盖侨政处公章。持证明者便可以凭证明到房管部门申请查阅侨房历史档案，从中提出申请发还侨房。发现有人继续私自使用公章后，我们警惕了，把基层单位的证明件交省公安厅专业部门验证，发现有基层单位证明的公章是伪造的。

我们向公安部门报案，公安部门立即展开调查，骗局的内幕便清楚暴露出来了。

7. "开平碉楼与村落"：中国诞生首个华侨文化的世界遗产项目

开平碉楼，如今是4A级旅游景区，这个占地19600平方米的景区，原本是旅美华侨谢维立的私人园林。早年，谢维立的父亲本想建成像北京的大型园林一样的公园。因碰上日本侵华，工程并没有完成，只是建了五间大别墅，西洋风格，很漂亮。

人们都知道开平市是著名侨乡，司徒美堂，这位中国洪门致公党创始人的祖籍便是开平市。把开平碉楼这样有代表性的侨房，经过种种努力，办成了体现华侨文化的 4A 级旅游景区,又再发展到将"开平碉楼与村落"成功争取进入世界文化遗产名录,这个艰辛过程,不仅体现了开平党政领导人的眼光独到,也充分体现了海外侨胞对家乡及祖国事业的情怀,更使我们这些深知侨房历史沧桑的人,感叹这满载悲欢的侨房,晚年能有如此光荣的面孔。

在我准备这本口述历史资料时,与曾任开平市委书记、后任江门市委常委副市长的谭思哲同志联系过。他十分耐心,发来了一篇很详尽的微信,谈了利用开平碉楼推动旅游景点建设的经过:

吕主任:当年在你的指引下,1986 年我回到江门市工作,在宣教线一干就十年。1996 年我要求从江门市委常委转到政府任副市长,主管财贸、外经、口岸、海关、侨务、旅游等工作。当时我召开了一个全市旅游工作会议,制定全市的旅游发展规划,要求每个县市区都要规划建设一个旅游龙头景点。当时开平报不上来,不知道搞什么项目。由于我是开平人,学生时期就经常去立园玩。觉得立园很有特色,只可惜已经荒废多年,破破烂烂。所以我当时就指定开平的龙头景点就是立园,要求开平重修立园。但一直没有落实。直到 1998 年我兼任开平市委书记,到开平第二年我就马上抓立园重修工作。当时的立园已经住了园主的亲戚和熟人共五户。园中养牛又养猪狗和鸡鹅,环境脏乱差齐全。这些住户是既得利益者,所以一开始对重修立园是不支持的。要他们联系园主也不配合,甚至还制造矛盾。后来,通过美国的很多侨领帮助调查,了解立园还健在的后人。功夫不负有心人,终于找到了园主谢维立的第三房太太余瑶琼女士(谢维立及一、二房太太都已去世)。当时余瑶琼女士已经八十高龄,身体也不好,只有她有决策权。如果她去世了,下面子孙三十多人,既对立园没有印象,也对重修立园拿不了主意。所以,市委马上派开平市主管侨务、旅游工作的副市长苏树栋同志专程飞美国,拜会余瑶琼女士。

八、关于侨房和侨房政策的落实

当时，我半开玩笑对苏树栋说："这次到美国，你的任务很重要！你要定下军令状：想尽千方百计，做好余瑶琼女士的工作，讲清重修立园不仅对纪念谢氏家族特别是谢维立的爱国爱乡的精神大有好处，而且对发展开平旅游意义重大！一定要与余瑶琼女士签下立园托管政府维修管理的合同才能回来。"苏树栋带了侨办两个副主任及旅游局局长飞美国芝加哥。在谢氏宗亲会谢锡枢等侨领的带领下找到了余瑶琼。开始余瑶琼说，不如把立园卖给政府算了。后来在谢锡枢引导她："你家祖宗神位都供奉在立园，怎能一卖了之！"反复商议之后，余瑶琼同意开平政府提出的"托管"办法。即谢维立家族把立园委托给政府，由政府出资维修管理使用。产权不变，使用权归政府，期限为20年，期满再续签。

这只是解决了主要矛盾，次要矛盾还没解决。因为谢维立是受其父委托回乡建立园。资金是其父的，甚至是祖父曾祖父几代积蓄起来的。本来规划设计是要参照中国大观园和西方建筑艺术，建一个中西合璧的大型园林。用了十年建成现有规模，遇上抗日战争爆发，中止了立园建设规划。谢维立回美国。

现在规模只是原规划的四分之一。

正是由于立园资金是父亲和前辈的，所以立园建成的别墅五座分别归谢维立、谢维文、谢维稳、谢龙海、谢天生家族所有。

而且五座别墅都有其亲戚居住，风凉水冷，环境优美，谁也不肯迁走。

后来我了解到其原因是：住户几十年了，要搬迁确实有一定困难，既有思想问题也有实际问题。我觉得政府不应与民争利。应用互利办法解决住户搬迁问题。于是决定每户补偿十万元。可到市区买一百平方米住宅或在农村建二百平方米住宅。自由选择。产权归搬迁户。政策一出，住户同意搬迁，同时当时立园重修办公室主任谭健民也很积极，再到美国洛杉矶，先做通业主谢龙海的工作，又通过谢龙海做通其他业主谢维文、谢维稳、谢天生或其后人的工作。他们全部都先后签了委托政府重修管理使用的合同。

立园业主托管法律手续完成后，政府用立园收费权作质押，贷款二千万元，征收立园周边三百多亩土地，开始重修和扩建立园工作。经过一年完成重修和扩建立园工作。2000年年底立园开业庆典。邀请立园业主余瑶琼、谢龙海一行三十多人回来主礼。当时大家兴高采烈、欢欣鼓舞。谢维立的子孙后人说："想不到政府把立园重修得这么漂亮。"余瑶琼在泮立楼门前摸着谢维立的铜像，眼睛闪着泪花，笑着对我说："谭书记，你为维立修了一个这么漂亮的铜像。又不帮我修一个。"当时引起周边围观的人群大笑起来。我当即表示："好！你对重修立园有功，就在你以前常去玩的小花园修一个你的铜像。"她高兴得连声说谢谢，哈哈大笑。

由于侨务工作细致，实事求是，重修立园争得侨心，大得民心。余瑶琼很受感动，主动同意把立园托管合同时间从20年延长到50年。2002年再次回立园，看到她的铜像已经坐落于百花丛中，她高兴得当场流下了热泪，不停地说："多谢政府！"也许是她已心无牵挂，这次回美后不久就仙逝！

写得不好！请斧正。正如你说的，立园为申遗打下了基础。在后续申遗工作中我也是用了立园的托管办法，去解决碉楼侨房的问题。申遗有更多的不为人知的故事，很精彩。不过申遗成功时我已退休。所以这个历史回忆要等我有闲心时再去寻找吧！

"开平碉楼"是从搞活立园起步的。回望开平立园的历史，从美国华侨谢维立受其父之托回乡，参照中国大观园和西方建筑艺术，建一个中西合璧的大型园林，前后用了十年的时间建成现有的规模，后因遇上抗日战争爆发，中止了立园的建设规划。中华人民共和国成立后至改革开放期间，我想立园一定经历与众多侨房同样的悲欢离合。直到谭思哲书记主政时，

八、关于侨房和侨房政策的落实

立园才在各方人士的努力下展现其秀美的一面,而这个过程的成功经验,实际上为"开平碉楼与村落"成功申请成为世界文化遗产打下了基础。

"开平碉楼与村落"的申遗工作,是从 2000 年开始起步做各方面的工作的。当时国务院办公厅一位干部到开平挂职任市委常委,提议开平碉楼可以形成一个申遗项目,向联合国教科文组织世界遗产委员会申报。从那时起,领导人承前启后,几经风雨,披荆斩棘,足足筹备了八年。到 2007 年 6 月,在新西兰召开的第三十一届世界遗产大会,要投票表决"开平碉楼与村落"能否载入《世界遗产名录》。那时候中国已经有 32 个项目进入《世界遗产名录》,但是广东还没有一个被世界承认的世界文化遗产。"开平碉楼与村落"这个带有华侨文化特点的项目,能否成功申遗,将是岭南文化、广东文化能否让世界认可的大事。因此,省里有关部门格外重视,拭目以待。当年的《南方日报》就此事专访了直接参与申报的省文化厅副厅长景李虎,并在 5 月 16 日发表了《"开平碉楼与村落"胜算几何?》的专访文章。

2007 年 5 月 16 日,《南方日报》专题报道:《"开平碉楼与村落"胜算几何?》

2007年6月28日，联合国教科文组织第三十一届世界遗产委员会大会在新西兰基督城举行。时任副省长雷于蓝是参加大会的成员之一，她提议要在大会投票地的新西兰准备一个庆祝活动，庆祝活动的组织工作最后确定由省侨办负责。

实际上，我们自己对"开平碉楼与村落"能否在此次大会上申遗成功充满信心，同时带着忧心。信心，源自我们的自信；忧心，来自大会的一些内幕消息。当年世界遗产委员会对过往已经通过的中国丽江古城、故宫、天坛、颐和园、三江并流、布达拉宫的保护措施质疑，要求以上项目在大会上做说明。因为有这个不利因素，我们担心会影响到"开平碉楼与村落"的表决。我决定带上外联处处长黎静，一起前往新西兰的奥克兰做准备。

我们做了两手准备——申遗成功就开一个庆祝会，不成功就开一个"加油会"。当然，我们的重点放在庆祝会。

"开平碉楼与村落"是世界文化遗产，我们又在国外举行这样的庆祝活动，我下意识觉得这活动应该有更多的当地人士参加，而不是以我们华侨为主。为此，我选择了省海交会海外理事、新西兰商学院院长、中山大学新西兰校友会会长黄伟雄负责策划。黄伟雄祖籍就是开平，他当时是奥克兰某区的区议员，与当地上层人士有广泛的接触，有条件落实我让更多当地人士参与活动的思路。

联合国教科文组织第三十一届世界遗产委员会大会在新西兰的基督城举行，而我们的庆功活动则选择在新西兰的奥克兰，两个地点分隔南北，照应和联系都十分不便。但我们必须选择在奥克兰。原因是世界遗产委员会大会有保密规定，如果我们的活动也在基督城举行，一不小心会弄巧成拙。我们所定的目标是要在大会表决的当天，举行庆祝活动。但第三十一届世界遗产委员会大会参加者不能带任何通信工具进入会场，大会更规定表决期间参加者不得往外传播任何消息。我们通过基督城侨团了解，知道为大会服务的工作人员队伍中，有我们的同胞。正是这位在大会服务的侨

八、关于侨房和侨房政策的落实

胞,负责在大会表决后把大会表决的结果,不管是福是祸,立即通报传达。工作能够做到如此周密,正是多年海外侨情调研新建立的良好渠道。

2007年6月28日(新西兰时间)中午12时35分,"开平碉楼与村落"获得第三十一届世界遗产委员会大会一致通过,被正式列入世界文化遗产名录。我们准确获得这一消息,已是下午3点左右。而我们要在晚上6点举办庆祝酒会。在海外用三小时的时间,邀请几百名人士参加一个活动,的确是一件不容易的事。可是,在侨胞的帮助下,这件不容易的事情我们很容易便办到了,而且是超水准办好了。

大会表决后,雷于蓝副省长一行,匆匆赶往机场飞到奥克兰,到奥克兰机场后,直接乘车赶到庆功大会现场——奥克兰市艾勒斯利赛马场。

2007年6月28日，"开平碉楼与村落"成功列入《世界遗产名录》庆祝酒会

2007年6月，《先驱报》专题报道：《传承文化瑰宝、共庆'申遗'成功——记开平碉楼与村落申遗大型庆功晚宴》

庆功会上来了众多的当地政要人士，这一点，连雷于蓝副省长也感到惊喜。一直对庆功活动十分担心的省文化厅副厅长景李虎也放下了心头大石。出席庆祝大会的当地议员，还主动向黄伟雄先生及众多侨领提出，要把我们带来的图片展的展品留下，继续在新西兰奥克兰展出，让更多的新西兰人分享。庆功会后，当地议会组织了大型的图片展，让众多新西兰人认识中国文化。

有谁会料到，侨胞们历尽辛酸，用血汗在家乡筑起众多的碉楼侨房，在经历悠长的历史磨砺之后，遇上了改革开放的大潮，却又为家乡广东夺得了第一个世界文化遗产的光荣。中国由此诞生了首个华侨文化遗产项目。同时，它也是国际"移民文化"的第一个世界遗产项目。

2007年6月，《先驱报》报道：《我们都是一家人——记"开平碉楼与村落"图片展开幕式》

附录二

黎静《文化虹桥，浓缩在"碉楼申遗"中的侨情》

2007年6月28日，在新西兰基督城举行的第三十一届世界遗产大会上，华侨文化与侨乡文化的典型代表"开平碉楼与村落"顺利通过表决，正式列入《世界遗产名录》，成为广东第一处、全国第三十五处世界文化遗产，极大地凝聚和鼓舞了海外华人华侨。

申遗，不仅在侨乡开平、在广东乃至在中国成为一件盛事；申遗，同样牵动着海内外华人华侨的一片诚心；申遗，也彰显广东省侨办近年来开展海外侨情调研、加深侨情的丰硕成果。

互动，我们因碉楼而凝聚

庆祝酒会　2007年6月28日，在申遗成功当晚，开平市人民政府和广东省海外交流协会在新西兰第一大城市奥克兰隆重举行"开平碉楼与村落"申遗庆功酒会，广东省人民政府副省长雷于蓝、中国驻奥克兰总领事马崇仁、副总领事王建州，广东省侨办党组书记吕伟雄、省文化厅副厅长景李虎，以及奥克兰博塔尼区议会主席迈克尔·威廉姆斯等当地政界、商界、学术界和华侨华人代表，省海交会在新西兰的全体理事等，共280多人出席了酒会。庆祝酒会别出心裁地安排了精彩的文艺演出，既有新西兰苏格兰风笛队演奏，也有广东醒狮表演，东西风格交融于一体，与"开平碉楼与村落""中西文化交融"的申遗主题契合。现场还举办了以"包容、融入，建立和谐社会的理念"为主题的碉楼图片展，既向与会嘉宾展示了岭南文化、侨乡文化，也向他们传达了推动建设和谐侨社、和谐世界的理念。

碉楼图片展　除了庆祝酒会当晚的小型图片展，在广东省海交会海外理事、新西兰商学院院长黄伟雄的推动下，奥克兰博塔尼区议会通过决议，以区议会的名义和新西兰商学院合作，于2007年7月7日至7月22日在博塔尼图书馆举办了"广东开平碉楼与村落"图片展。这是博塔尼区首次以区议会的名义，以决议的方式，出资支持举办中国图片展。开幕当日，新西兰总理代表、奥克兰市政府代表，国家、奥克兰市、博塔尼区三级议会议员，新西兰宗教界领袖，华人华侨代表，以及中国驻新西兰大使馆参赞刘林林、驻奥克兰副总领事王建州等应邀出席。图片展吸引了众多的参观者，其中三分之二为非亚裔、土生土长的新西兰人，一些中小学校还专门组织学生参观，这一盛况在当地亚洲文化展中甚为少见。《时代报》《东区信使报》等主流媒体争相在主要版面报道了这一盛事，并对此给予了高度评价。

新西兰主流媒体广东采风　广东省侨办还借"开平碉楼与村落"申遗成功的东风,加强对外宣传广东经济强省、文化大省、和谐社会建设成就,并为"开平碉楼与村落"申遗宣传造势。2007年6月12日至17日,广东省侨办通过《先驱报》(中文)组织邀请了《先驱报》《新闻报》《奥塔戈日报》《全国经济评论》杂志、新西兰通讯社、毛利电视台等六家新西兰主流媒体记者来粤采风访问,采访报道了深圳、中山、广州、开平等地工商贸易、核能利用、环境保护、文化教育等方面的情况,并专程采访了"开平碉楼与村落"。此行给记者们极大的震撼,记者们采发了近20篇介绍广东改革开放成就和沿途见闻、感想的深入报道,在新西兰主流社会中产生了积极的反响,大大增强了广东在新西兰主流社会的"能见度"和影响力,也有效地预热了"开平碉楼与村落"申遗。

文化,架起了一座和谐的虹桥

各种活动的成功举办,不仅有力地支持了"开平碉楼与村落"申遗,还向新西兰社会各界广泛宣传推介了广东,弘扬了岭南文化、侨乡文化、华侨文化,增进了新西兰主流社会和华侨华人对广东经济建设和文化建设的了解,同时提升了华侨华人,特别是广东省海交会海外理事在主流社会中的地位和影响力,促进了侨社与主流社会的和谐共融。文化,架起了一座和谐的虹桥。

文化传情,奏响和谐之曲。建和谐侨社,一个关键要素是实现侨社与当地主流社会的和谐共融,华人要融入主流社会,主流社会也需要包容华人。从这次"开平碉楼与村落"申遗相关活动情况来看,文化是一种很好的"催化剂"。特别是在新西兰这样实行多元文化政策的国家,文化在打破族群隔阂、促进族裔和谐方面,作用尤为突出。在博塔尼区议会审议举办"开平碉楼与村落"图片展的听证会上,省海交会理事黄伟雄正是以这样的观点,从主流社会的角度阐述图片展的重要意义,从而打动了在场的议员。他说,"让博塔尼区三分之二的非亚裔人口了解认识其他三分之一人口的亚裔文化,对促进区内族裔和谐共融具有重要意义","举办'开平碉楼与村落'图片展是促进区内亚裔和非亚裔相互了解、推动多元文化发展的良好契机"。他还鲜明地提出,图片展要以"包容、融入,建立和谐社会的理念"为主题。他的观点切合了主流社会的共识,体现了华侨华人作为新西兰社会一分子的积极态度,使议题顺利获表决通过。事实上,展览在当地引起了一股"开平碉楼"、中华文化热潮,大批来自政、商、文化、宗教等各界人士踊跃参观,一些中小学还组织学生集体参观,而其中占主体的正是土生土长的非亚裔,而非来自碉楼故乡的华侨华人。这种盛况,在以往的亚洲文化展中从来没有过,足见图片展定位的准确以及中华文化的独特魅力。

侨力辐射,筑融合之路。华侨华人定居海外,在长期的生活、工作中积聚了丰厚的人脉关系。几项活动之所以能够邀请和吸引一大批当地政要、各界人士参与,在新西兰主流社会产生强烈反响,华侨华人起了十分关键的作用。旅居当地的新侨领发挥与当地政要和各界人士,特别是博塔尼区议会等关系密切的优势,争取议会支持举办"开平碉楼与村落"图片展,在短短五天时间就高效地完成了"向区议会提议陈述—表决通过—形成决议—图片布展开幕"等各个环节的工作,同时争取到当地主流社会有关人士的协助并出席活动图片展。此外,广东省侨办和海交会理事,以及华文媒体《先驱报》的策划和推动,促成当地主流媒体组团到中国采风的活动。中国驻奥克兰总领事马崇仁高度评价这种"华文媒体带主流媒体"的模式是一种创举,成效显著。

厚积薄发,谋百年大计。华侨华人之所以积极协办活动,踊跃参与活动,正如新西兰华文报纸《先驱报》所说,"与广东省侨办……对海外新侨情的长期深入调研和对侨胞的关怀是密不可分的。"2003年广东省侨办对新西兰开展了近一个月的侨情调研,不仅深入了解认识了当地侨社情况，还与各界侨胞建立了密切联系，并推荐了多名年富力强的侨胞担任广东省海交会海外理事，初步形成了广东省侨办在新西兰侨社的人脉网络。此后，广东省侨办一直与新西兰侨界往来密切，吕伟雄、吴锐成主任先后数次率团访问新西兰侨社。广东省侨办还积极关心支持当地侨胞生存发展，积极推动侨社和谐发展，与新西兰侨胞建立了深厚的感情，形成了密切的合作互动关系，也培养、带动了一批侨社骨干。这些人在这次申遗相关活动中表现活跃，发挥了重要作用。

思考，友谊是一种力量。中华文化源远流长、博大精深，不仅是凝聚华侨华人的纽带，而且是促进中外交流的虹桥。上述活动的成功举办，启示我们：中华文化是促进海外侨社和谐、促进华人华侨与当地社会融合的纽带；我们与华人华侨的情谊，是促进我们对外交往的"使者"、促进内外交流的重要力量。因此，侨务部门要多组派文化团组慰侨演出、组织海外侨胞来华进行文化寻根考察等，支持海外侨社开展各种文化活动；要进一步加强与海外侨胞的互动合作，多推动中华优秀文化走进外国主流社会，以文化为媒，推动外国主流社会多了解中国，增进对中华文化、华人华侨社会的认识，从而推动当地主流社会以更加广阔的胸襟和宽容的态度接受和包容华人社会，营造侨社发展的外部环境，以此传承中华优秀文化，提高中华文化的影响力和凝聚力，推动侨社和谐发展，壮大侨社的软实力，为我们对外交流提供"侨力"支撑。

华人华侨拥有丰富的人脉资源，是我们开展对外交往的重要优势。在新西兰开展申遗庆祝活动中，华人华侨及其社团的优势得到充分发挥。他们凭借良好的社会地位和较强的社会影响力，成功争取了当地政府和议会的支持而举办了一系列活动，扩大了碉楼文化和中华文化的影响。这充分显示，新一代华人华侨在当地社会的影响力不断提升、地位不断提高；这也充分显示，我们与华人华侨的友谊不断加深、互信不断增强。不仅在新西兰如此，而且在华侨华人较为集中的其他国家和地区也如此。世界各国各地新华侨华人及其社团的发展十分迅速,力量不断壮大。这种友好关系,成为我们全方位开展对外交往的重要民间力量。

我们相信,文化是一种力量,友谊也是一种力量。

8. 一个华裔回国寻根,却推动一个国家仿效中国,把没收的侨房退回给华人

我国改革开放落实侨房政策,还影响和推动某些国家也把他们国家收归国有的华侨产业退回给侨胞。在莫桑比克这个非洲国家还发生了退侨房的故事呢!

据海外资料记载,郑和下西洋时曾经到达莫桑比克的海岸索法拉地区。而华侨踏足此处已经有220年的历史了,而这历史也是异常辛酸的。

在莫桑比克,除葡萄牙人外,华人则是影响莫桑比克较大的另一大外来种族。

第一批闯荡莫桑比克的华人是广东的木匠,后来当莫桑比克首府从莫桑比克岛迁移至马普托市后,葡属东非殖民政府大兴土木,因中国人的建筑技术和吃苦耐劳的特点,葡萄牙人便在澳门大量招募华工。莫桑比克早期的华人以木匠居多也正是这个原因。

1964年莫桑比克解放阵线党领导人民进行武装起义,打响了反对葡萄牙殖民主义的第一枪,在莫桑比克民族解放斗争中,中国给予了无私的援助,中国和苏联成为莫桑比克解放力量的两大军事援助国,毛泽东思想及军事理论对莫桑比克解放阵线的领导人也产生过重大影响。

独立前的莫桑比克是华人事业的鼎盛时期,经过长期的奋斗,华人也成为当地的富裕阶层,可以说华侨在当时的经济与社会建设中是举足轻重的一支力量。

1975年6月25日,莫桑比克人民共和国正式宣告成立,实行社会主义制度。不久效仿中国和苏联的做法,实行资产国有化,华侨的农场、工

厂、商业大楼等私有财产，包括华侨集资兴建的中华会馆及各侨社的建筑物，都一概收归国有。中华人民共和国成立后的新政府还规定，所有在莫桑比克的外籍公民必须在一个月内选择国籍以确定身份。多年奋斗积聚起来的财产化为乌有，国籍身份确认又迫在眉睫，在残酷的现实面前，绝大多数的华侨企业家离开莫桑比克逃往其他国家，留在莫桑比克的华侨，屈指可数。

在这屈指可数的侨胞中，有一位中山籍的侨胞郑帝滔仍然坚守在莫桑比克。他是1928年离开中山三乡到达莫桑比克的，在莫桑比克与当地人结婚，生育了8个儿女，其中一个儿子郑·马努埃尔当了莫桑比克计划财政部副部长。郑帝滔1976年去世，生前一直怀念故乡，经常向郑·马努埃尔描述故乡的草木。临终前他叮嘱郑·马努埃尔，一定要找机会回祖籍地看看，把故乡的水土带回莫桑比克。

2003年，郑·马努埃尔通过中国驻莫桑比克大使馆向国务院侨务办公室发出传真，希望协助其实现回乡寻根的愿望。此时正是我国非典（即传染性非典型肺炎）肆虐时期，几乎没有外国友人进入中国。我们接受这个任务后，格外小心安排，在中山市侨办协助下，找到了郑·马努埃尔的祖屋及亲人。4月27日上午，我陪同郑·马努埃尔回中山寻根。郑·马努埃尔与夫人饱含着热泪，从自己祖屋的水井打起了一桶井水，小心地装进瓶子里，说是要带回莫桑比克，洒在父亲墓头上。

郑·马努埃尔细细品味这座由他父亲寄钱回来兴建的三层祖屋。他仔细地询问天花上的雕饰、墙上的老照片，端起这座侨房落成时使用的碗，满满地喝了一碗家乡水。他的一举一动，令我觉得他另有所思。在回城的车上，他通过翻译向我谈及了莫桑比克革命胜利后，国家把华侨的财产全部没收了，怎么在中国他家的祖屋还属于私人所有？我简略地讲述了我们国家的侨房也曾收归国有，改革开放后我们又改正错误，把大量侨房发还给侨胞的经过。听着听着，他脱口而出说，回国后他会向总统建议，莫桑比克也应该这样做。我问他，总统会听你的吗？他笑笑说他是总统很信任的人，也是好朋友，私交很好，这样的好政策总统是会接受的。郑·马努埃尔真的做到了。两年后，莫桑比克政府真的开始把收归国有的华侨资产退回给华侨。

2003年4月，广东侨网报道：《莫桑比克华裔副部长郑·马努埃尔中山寻根》

《侨务工作研究》2007年第2期报道：《莫桑比克退回侨房》

八、关于侨房和侨房政策的落实

　　世事就是如此奇妙，一个华裔的回国寻根，却推动了一个国家仿照中国落实侨房的政策，把过往没收了的侨房退回给华人。

　　历史一代又一代地延续下来，上一代人留下的好的和坏的事物，下一代都必须接受。而下一代人总是要处理好上一代人留下的遗憾，而下一代人处理上一代人留下的遗憾时，也必然受到时代因素的局限。我国的落实侨房政策，尽管算是基本完成了，但是随着改革的深入，城市改造的进程，旧有侨房如何养护？侨胞利益如何保障？这些问题又重新摆在我们侨乡政府面前，倘若政策有点儿偏差又会重犯过往犯过的错误，这一点也是我这个老侨务工作者有所担心的。

九、"打蛇捉马",破解委内瑞拉侨胞困局

2003年年底,我率广东省侨办侨情调研组赴委内瑞拉开展侨情调研,其间发觉委内瑞拉华人社会中,有两个令人揪心的问题:一是"蛇头"大量组织、运送我省恩平人非正常移居委内瑞拉,少数非正常移民成为委内瑞拉华人社会的害群之马,在华侨华人中大肆进行绑架、凶杀、抢劫等违法活动;二是我省数万名恩平籍非正常移民,因未取得合法身份而滞留委内瑞拉,生活极度困苦,用"水深火热"来形容也毫不为过。

调研组回国后,向省侨办党组会做了详细汇报。党组决定以省侨办党组和省侨办的名义,向省委、省政府呈报《关于"蛇头"组织运送恩平人非法移居委内瑞拉等问题的情况及对策建议的报告》。这个报告,得到中央、省委、省政府各级领导的高度重视,分别做出重要批示,指示有关部门认真解决。前后经过两年多,在各部门、各方面的反复努力下,比较完善地解决了上述两个令人揪心的问题。

1. 把调研方向调整至关注侨胞切身利益问题上

2003年下半年,按照年初工作部署,由我带一个团队到委内瑞拉做侨情调研。调研团成员包括朱江、汤泗昌、郑晓红、叶欣以及恩平市侨务局局长陈纪匀。

在赴委内瑞拉前,我们确定的调研方向是围绕委内瑞拉的华人社团、

九、"打蛇捉马",破解委内瑞拉侨胞困局

华人经济、华文教育三个方面进行调研。确定这三个调研题目,是基于以下原因。首先,委内瑞拉新华侨华人众多,他们大多数以经营百货小商品为主,华人社团、商会也比较团结,这些商会甚至能做到抵制大型超市的落地。华人社会、华人社团影响力如此强大,吸引着我们把研究委内瑞拉华人社团作为调研的课题之一。其次,恩平只是一个拥有五十万人口的县级市,但近20年内有近十万人涌进了委内瑞拉,这些恩平人是如何在当地谋生的?经济发展如何?值得我们深入研究。于是确定把华人经济作为一个调研课题。最后,大量新移民的子女从委内瑞拉回到恩平读书,但也有不少没有回乡的小孩儿,他们在当地的华文教育是如何进行呢?

调研团临近出发,因时任中共中央政治局委员、广东省委书记率团到巴西访问,我必须与汤泗昌处长提前到巴西去打前站。因此,由朱江处长率四人,先行出发到委内瑞拉,在巴基西梅托、马拉开波、十字港市进行调研。我和汤泗昌在完成了陪同书记的访问活动后再从巴西飞到委内瑞拉会合。

11月22日,结束了陪同书记出访的任务后,我们急急飞往委内瑞拉。傍晚时分,我们乘坐的飞机降落到委内瑞拉首都加拉加斯机场。飞机降落时,从机舱往外看,机场附近山上山下万家灯火,这美景令我感觉当地很繁华。第二天天亮再一看,昨晚所看到灯火辉煌之处,竟然是一片又一片的贫民窟。由于贫民窟的铁皮棚屋密度大、空间小,在山坡搭建得密密麻麻、错错落落,晚上家家户户灯亮起来后就让人产生错觉,白天看到真实环境却是如此不堪。

我想去贫民窟走走,但是被接待我们的侨胞拦住了,说那里根本就没有路,即使能上去也不认得路下来。后来我才知道,实际上侨领们是害怕贫民窟邪恶势力多,担心我们有危险而不主张我们前往。

广东省侨办官员历史上第一次踏足委内瑞拉,当地社团的接待工作当然非常认真而隆重。在侨领们安排的欢迎饭局上,大家都兴高采烈,彼此

很感亲切，一边吃饭一边聊天。席间，我无意识问了一句："委内瑞拉的治安情况怎么样？"这一问，没有人作声，大家脸色也严肃起来。我觉得内有蹊跷。晚饭结束后，找了几个能说上话的侨领了解，问他们为何我问及治安问题大家都不吭声。此时有人说出了实情。原来，晚饭的参加者，或者是自己或者是家里人，都曾经被人抢劫或者绑架，而且那些抢劫者和绑匪都是自己认识的同胞，甚至是家乡的同村人。他们向我讲了一件骇人听闻的事。一位热心慈善的侨领捐款在当地办了一所中文小学，开学那一天，捐款人的儿子就被匪徒绑架，孙子在爷爷捐款所建的中文小学上课时被绑架后还被撕票了。

晚饭结束时已经是下半夜。因为时差已经困倦了，我还是坚持听取调研团前期调研的汇报。联系到侨胞们的实情，这一夜我怎么也睡不着。我觉得委内瑞拉的侨情跟我们原来想象的很不一样。

第二天上午，按原来的计划召开侨务政策咨询座谈会。调研每到一地都要召开一个这样的座谈会，由当地侨胞向我们咨询了解国内的侨务政策法规，如回国投资、孩子回国读书等相关政策。

座谈会后，我们专程到大使馆了解情况。大使馆人员抬出两大筐没收回来的假护照，说大都是恩平籍的"蛇头"所为。他们说，这几年驻委大使馆已经补发了近十万个护照，甚至把附近几个国家的护照额度都用完了。

大使馆人员的诉说令我们有点震惊。更令我震撼的是有天深夜，一位侨胞敲门找到我，向我诉说他的苦。这位诉苦人原来是恩平某银行的副行长，为了跟随移居到委内瑞拉的女儿生活，提前办理退休，通过"蛇头"以非正常渠道第一步先到委内瑞拉邻国，在那儿熬了几个月非人生活后，在一个风雨交加之夜乘船偷渡到委内瑞拉。一上岸，"蛇头"就要他把护照交出来，说是替他办理申请永久移民手续，并收了他3000美元。三个月后，又再收了3000美元。半年后，他向"蛇头"询问手续办得如何，

"蛇头"说护照已经交给当地移民局了。这位侨胞到移民局询问才知道上当了，这"蛇头"前后收取他6000美元后，把他的护照换成其他人的照片，转手卖给别人。这位侨胞最后花了近3万美元，什么手续也没有，如今有家归不得。他流着泪对我说，他愿意现身说法，劝说家乡人别再受"蛇头"的欺骗了。

一件件令人揪心的事例冲击着我们调研组每个人的心。我觉得我们原来确定的三个调研题目实属想当然，根本不符合当下委内瑞拉华侨华人的实际，我们必须改变这些不切实际的计划，把调研的方向转到了解委内瑞拉华侨华人生存发展环境恶化和恩平新移民非正常途径进入委内瑞拉的成因及其严重后果等问题上来。

2. 夜以继日，千方百计掌握第一手资料

决定转变调研重点后，调研团内出现两种情绪。一是担心新确立的题目太敏感，也会触动某些人的利益，就算是把情况弄清楚了，省侨办这样一个务虚的单位，也无能力解决如此实际的难题。二是由于有这样的担心，工作起来信心不足，而且原来积极协助我们调研的侨领也觉得此课题弄得不好会惹火烧身、伤及自己，行动起来缩手缩脚。再者，我们的时间是有限制的。前面几天无的放矢过去了，必须分秒必争夺回来。我只能身先士卒，全身心投入去感动同事和侨领。白天，我们深入农场、工厂、仓库，深入新移民破烂的蜗居，从他们那里获取第一手材料。晚上，通过关系和变换方式，去接触当地的"蛇头"和地下钱庄的庄主，甚至通过在警察局里工作的侨胞，把某些参与绑架抢劫活动的恩平人犯罪事实拿到手。为了向一位恩平原来的老领导了解实情，我们不怕往返100多千米，连夜赶到该侨胞所在城市，把许多实情弄明白。

除在基层侨胞中开展工作外，我们还主动找到上层侨胞进行沟通。委内瑞拉虽然是近20年来才有大量新华侨，但也有一些在当地出生的老华侨及其后代，不少在当地已经很有地位了。有一位姓梅的混血华裔，是查韦斯总统的私人医生，专为查韦斯总统做按摩推拿。侨胞告诉我，梅医生说的话，查韦斯总统会听得入耳。为此我专门找他聊天，谈了五六次，慢慢和他接近了，可以说上话。

2003年年底，作者（右）在委内瑞拉与混血华裔梅医生合照

另外，我们还接触了一些有华人血统的华裔议员，了解他们的心态，听听他们对这些现状的看法。这些人中，有些是"两面人"，表面光明正大，背地里偷鸡摸狗；白天和侨团开会，晚上却带人去赌钱，去干见不得人的事。

我们前后五次去中国驻委大使馆，和大使馆沟通，提出我们对委内瑞拉侨胞的痛苦现状及我们准备切入解决的愿望。可喜的是，新到任的驻委大使居一杰赞成我们的观点，支持我们的工作。

而过量的非法移民，打破了委内瑞拉华人社会平衡，形成一个负面的综合效应。所谓负面效应就是华人行业过度竞争，新老华侨因利益和经营手法不同而矛盾凸显。老华侨本来在当地生活不错，忽然间涌入了十几倍的同胞，生意之间相互竞争，与老华侨之间矛盾升级，更重要的是过量的非法移民挤占了当地人的生存空间，进而激化了华人与当地人的矛盾。甚

九、"打蛇捉马",破解委内瑞拉侨胞困局

至出现当地的某些地方官员鼓动当地人去抢劫华人商店的事。"害群之马"的作恶多端到了为所欲为、无所顾忌的地步,由于受害人怕遭报复不敢报案,见证人也不敢做证,警方难获证据,"害群之马"难以被绳之以法,造成当地华人人心惶惶。

许多老华侨举家逃离委内瑞拉,一些新华侨也把孩子送回祖国,自己继续冒险在委内瑞拉谋生。我们做侨情调研的时候,有1420个在委内瑞拉出生的中国小孩儿回恩平读书。他们不愿回乡下的学校,全都挤在恩平城区的学校,导致恩平城区学位紧张。因为这些小孩子以后还是会回委内瑞拉生活的,所以他们的父母还专门从委内瑞拉请西班牙语老师回恩平教学,情况已经到了非常难堪的地步。

经过艰苦的调研、深入的分析,省侨办侨情调研组形成了《探析中国人非正常入境委内瑞拉问题》的调研报告。

附录一

省侨办侨情调研组
《探析中国人非正常入境委内瑞拉问题》

在大西洋彼岸的委内瑞拉,生活着人数多达五万之众的新华侨华人弱势群体,其中大批是被"蛇头"和"中介"组织运送前往委内瑞拉的非正常入境的新移民。由于委内瑞拉政治、经济环境的恶化,加之他们自身素质等原因,他们大多数处于"屋漏偏遭连夜雨,船破正遇顶头风"的艰难困苦之中。

一、非正常入境者的现状

(一)非正常入境者的基本情况。

移民,性质上只有合法和非法之分。鉴于在委内瑞拉的中国移民形成的复杂性,为便于剖析起见,本文对凡通过各种途径前往委内瑞拉(包括非法出、入境,即偷渡;合法出境、非法入境;合法出入境),在当地无居留地位者,统称为"非正常入境者"。

近十多年来到委内瑞拉的中国新移民高达五万多人,多数是以不同形式、不同手段非正常入境的。其中约90%来自广东恩平,其余来自广东开平、新会、台山、中山、南海等市和其他省市。移民中以农民为主,约占总数的50%;工人其次,约占30%,其余阶层不到20%。文化素质普遍较低,大多只是初中水平。在性别、年龄构成上,男性占80%,35岁以下的约占80%,未婚者约70%,80%家庭经济都较为贫困。

中国人大批量非正常入境委内瑞拉,是1992年以来形成的。1992年至1996年为一个时间段,人数约3万人;1997年至2002年为一个时间段,人数约2万人。这些非正常入境的移民,除少数人外,绝大多数一直没有机会办理合法居留,据2002年年底的不完全统计,人数近5万人。后经我国大使馆做了大量艰苦细致的工作,得到委内瑞拉当局某些方面的通融,从2003年年初开始,至今约60%的新移民陆续以不同方式申办了合法居留,但由于种种困难和阻力,仍未办理合法居留的仍有近2万人。

(二)非正常入境者进入委内瑞拉的主要途径。

非正常入境者无论以何种方式渠道进入委内瑞拉,"蛇头"都起着关键性作用。他们进入委内瑞拉主要途径有:

1. "灰色"渠道。即"蛇头"和"中介"用钱买通委内瑞拉有关部门的一些人,再由"中介"编造有关资料或伪造证件,以旅游、探亲、商务签证等形式为移民者办理委内瑞拉入境签证,入境后便在委内瑞拉逾期滞留。

2. 办理第三国签证(多数以旅游形式)进入第三国后,再想办法偷渡至委内瑞拉。此类多以委内瑞拉的邻国为跳板,如哥伦比亚、亚鲁巴、库拉索、苏里南、圭亚那等国家。事前"蛇头"已经与当地国的"蛇头"和委内瑞拉的内线人物勾结串通,偷渡者到后分别用特殊运输工具偷运往委内瑞拉。走这种途径的人,有些几经周折,甚至付出血和生命的代价。

3.利用他人护照,通过调换相片、伪造证件等手法,再由早已买通的相关国家内线人物接应,走"地下秘密通道"到委内瑞拉。蛇头让移民者先以"真正"游客的身份到多个国家"旅游",护照盖满多国的出入境印章,借此鱼目混珠,再购买途经委内瑞拉机场的国家(如哥伦比亚、巴拿马、多米尼加、哥斯达黎加等国)的机票,飞机途经委内瑞拉加拉加斯国际机场停机落客时,他们也趁机下飞机,由内线人物接应,走"地下秘密通道"进入委内瑞拉。走此途径的移民十分曲折,在途经国被发现、受关押,他们深有感慨地说:我们到委内瑞拉是用命搏来的。

(三)非正常入境者的艰难处境。

1.债台高筑、背负沉重经济包袱。凡非正常入境者都要交付一笔高昂的移民费用,一般为10000～11000美元,入境后办居留每年又要交付2000～3000元。要延续五年才能办长期居留,办长期居留又要再付一大笔钱。合计起来近2万美元,这对移民者及其家庭来说,是一个天文数字。移民者原来交付的移民费用绝大多数是东凑西借的,如此反复折腾,弄得移民者及其家庭囊空如洗甚至倾家荡产。有的移民通过"蛇头"和中间人办居留经常被敲诈,办的是假居留证。虽然有的移民者的移民费用是先由"用工"老板代交后在移民者工薪中扣回,但现在委内瑞拉货币贬值,一般打工仔每月工资不足200美元,一年收入也就2000美元,因而债务十分沉重。

2.在社会活动中频受骚扰、盘查、敲诈。委内瑞拉治安奇差、腐败横行、警匪一家,非正常移民常被当成砧上肥肉,任受宰割。警察常以无身份证为由,对其随意搜身,以此榨取钱物。还不时上门搜查,不是抓人就是诈钱,使新移民惶惶不可终日。

3.成为变相"奴隶",受尽"卖身劳役"之苦。这些移民,工作条件差、劳动强度大,许多人每天工作长达十多个小时。居住条件也较为恶劣,一般都是在货仓间开一些小房,既窄又黑且脏。伙食只求填饱肚子,生活枯燥单调，没有文化娱乐，用他们的话讲就是"白天做牛，晚上做猪"。委内瑞拉报刊一篇报道说："根据官方调查已证实，尽管难以置信，大部分非法进入委内瑞拉的中国人为偿还债务，被迫在非人的条件下工作。""据国际刑警的消息：大部分通过非法途径进入委内瑞拉的中国人都变为奴隶，甚至被卖到其他国家从事无尊严、非人的劳动"，"已发现在一些国家，如苏里南存在'拍卖'中国奴隶（非法移民）的生意，目的是把他们转送去美国，从中获利"。

4. 精神意志受到高度创伤，心理状态极度忧愁。由于现实与理想形成了极大的反差，大多数非正常移民的"掘金梦""富豪梦"统统成为泡影。他们不仅自己"卖身"，还连累了家人和朋友，甚至酿成了不少家庭悲剧。由于经济包袱、合法居留问题、面子上的关系，他们难以"回头是岸"，只能违心地继续在当地"捱世界"，心理状态处于极度的痛苦之中。

二、造成大量非正常入境者的主要原因

1. 委内瑞拉一些部门和官员腐败，把非正常入境者作为"提款机"榨取钱财。委内瑞拉政府部门一些要员，都把非正常移民当成发财之道，一些要员还主动上门找侨领要求合作。他们组成网络，建立地下秘密通道，甚至可以提供特殊的运输工具。委内瑞拉报刊一篇文章报道说："不可思议，对每一位进入委内瑞拉并使其合法化的中国人收取1.3万美元。他们进入委内瑞拉不受任何检查……""中国移民的进入，成为部分违法官员暴富的财源……""在委内瑞拉，已形成一个由多个部门官员组成的'犯罪网络'。"历史上委内瑞拉政府从未遣送过非正常入境者，这为他们不断榨取非法入境者钱财提供了条件。同时，腐败官员还与"蛇头"内外勾结，为非法移民活动提供保护。

2. 一些华商不守法和取巧心理助长了非正常入境。委内瑞拉的华人行业多以饮食、食品、百货为主，全国总数一万多间店铺。这需要雇请大批职员。委内瑞拉的劳工法规定：在雇请员工时要以当地人为主，其比例是

9∶1，但华人老板普遍偏爱雇用"唐人"。这样他们就在家乡、亲友中物色移民对象，还主动求助"蛇头"为这些对象办理非正常手续入境。这在客观上支持、纵容了"蛇头"和"中介"。

3."蛇头"推波助澜，从中作祟，是造成众多中国人非正常入境委内瑞拉的主要原因。这些非法中介组织初期基本由委内瑞拉的华侨华人开办，他们与委内瑞拉政府部门的一些官员互相勾结，寻找"保护伞"，在我国内设立办事点，寻找"代理人""马仔"，怂恿他们帮忙联络、拉客，办理有关手续。"蛇头"在国外遥控指挥，内外照应。后来，国内一些不良分子见到"蛇头"发财容易，干脆成立机构充当新"蛇头"，扯起大旗，公开向社会拉客，成为一种职业。

他们基于商业考虑，为使对非正常移民更具煽动性、吸引力，移民交款办法也由原来先交一半，余下一半等人到了委内瑞拉再交齐，变为现在的全部款项等人到了委内瑞拉再交的办法，使要求移民者感到"不愁移民钱，保险又安全"，造成社会上不正常移民风愈演愈烈。

4.委内瑞拉国情的特殊性适合文化素质较低的人"谋发展"的需要，成了非正常入境的土壤。委内瑞拉地大人少、资源丰富、国民消费力较强，是全世界排第五位的石油国。在那里生活的人不需要很高的文化程度、很强的社会能力、很好的综合素质，只要有力气，一勤二俭，就可以立足社会，移民者生存空间较大。对于一些勤劳拼搏的人，熬上十年八年可以有机会做个小老板。恩平的移民大多数来自农村或工厂，文化偏低、素质不高，较适合这种环境。

5.恩平的侨情特点及近十多年经济不景气，是非正常入境者众多的又一重要原因。恩平是全国著名的侨乡之一，海外华人华侨、港澳台同胞众多，达47万人，市内侨眷23万人，占全市总人口的近二分之一。侨情源远流长，对家乡的影响根深蒂固，有千丝万缕的关系。而委内瑞拉是恩平华侨最多的国家，这成为移民流向趋于委内瑞拉的深厚的社会基础。同时，由于恩平近十多年来受炒汽车、建私房、金融风险"三大事件"的严重影响，经济受到几次折腾大伤元气，富余劳动力难以寻找出路，因此千方百计要移民海外谋求发展，形成恩平人移民委内瑞拉的大气候。

6. 社会上各类人的思想认识和观念错位，形成非正常入境的社会氛围。移民者及其家庭总认为出国就是出路，认为"出国日日好，在家时时难"，一出国就可以"断穷根""一人出国，全家得益"。又认为用工老板先垫付移民费用是一件很着数的事，"净身闯世界，几年当富豪"的心态，促使他们迫切要求移民。同时，社会上的群众对国外的生活、对委内瑞拉的社会了解十分肤浅和片面，只看到回乡的委内瑞拉华侨用钱风光的一面，看不到他们拼搏、"捱世界"的一面，总认为委内瑞拉是"金山"，出去就是"掘金"。这些不正确认识导致了许多人加入盲目的"移民潮"。

三、中国人大量非正常入境委内瑞拉造成的严重危害

1. 损害了中国在国际上的形象。反对非法移民是国际法规定的，中国政府一直坚持反对非法移民，全国人大制定和颁发了反对非法移民的有关法律。但大量非正常入境者进入委内瑞拉，令委内瑞拉不少国民质疑："难道中国出了问题吗？"一部分别有用心的人借此对中国进行诽谤和攻击，使我国国际形象受到损害。

2. 对移民者及其家庭造成极大的伤害，酿成家庭悲剧。大多数移民者都尝到恶果，受到了伤害。有些人到委内瑞拉五六年，至今仍两手空空，深感失望；有些人与家人分离多年，深受精神创伤；更有些人沉溺于嫖赌，债务重重。

3. 破坏了华社团结祥和的气氛，造成种种矛盾和难题。非正常入境者的大量涌入，给华人行业经营造成了激烈竞争，甚至是恶性的竞争。这必然造成新侨与老侨的矛盾。新移民中的少数人在社会上的不良行为，又造成了华族与当地人之间的矛盾，使当地人对华侨产生不少负面看法，影响了华人华侨在委内瑞拉的声誉，使华社的生存空间受到了很大的冲击。

非正常移民绝大部分是勤劳守法的，但也有极少数人道德观败坏、人生观扭曲，逐步走上了歧途。个别在乡下有恶习前科的不法之徒，劣性不改、旧病复发，成了"唐人"的害群之马。他们形成了黑社会势力，与委内瑞拉黑社会团体互相勾结，参加打劫、绑架、撕票，扰乱了华人社会，造成人心惶惶，令华人社会深恶痛绝。

4.影响社会大局的稳定。从长远来看，合法的移民对华侨资源的积累和一个地方的经济发展都是有好处的。但从委内瑞拉近十多年来的非正常入境的形成及其后果看，却是另一种负面效应。近十多年到委内瑞拉的8万中国移民，至今仍有不少人未取得合法居留，其艰难处境、痛苦生活，引起家人在经济上的压力和精神上的痛苦可想而知。这势必影响到其所在地家乡社会大局的稳定。

5."蛇头""人蛇"已成为社会的一大毒瘤，毒化着社会人心，也衍生了一系列腐败行为。联合国毒品和国际预防犯罪办公室主任皮诺·亚拉奇说："人口走私是当今世界上增长最快、最猖狂的罪恶勾当。人口走私是一桩'无本万利'的买卖……"委内瑞拉移民的引渡者——"蛇头"正是如此，他们的大笔金钱是通过违法获取的，是乘人之危、丧尽天良、损人利己获取的，是从众多的移民身上吸吮出来的。

在委内瑞拉，不时有委内瑞拉政界、军界的要员或主要岗位的职员上门找当地侨领交谈，谋求合作做"移民"生意。但许多侨领清醒知道这是违法勾当，所得到的钱是不义之财，而不为所动，依然遵循"君子爱财，取之有道"的信条，老老实实地做自己的合法生意。

非正常入境问题如果放任自流，它的严重危害绝不会仅仅如此，将成为历史的隐患，后患无穷。希望从新移民、非正常入境者及其家人，到社会一般群众和管理机构，能够形成共识，共同努力，采取措施，使这个令人揪心的问题得到尽快、全面地解决。

3. 决心要协调各方解决委内瑞拉侨胞"揪心"难题

过量恩平人非正常移民到了委内瑞拉,生活于水深火热之中,对以侨服务为己任的侨务干部来说,实在是一个揪心的问题。当时我们分析,这种非正常移民的势头不遏止,必定会令当地人与华人的矛盾激化,而当地政府从维护当地人利益出发,极端的做法将是遣返这些非正常入境者,如出现这种情况,就演变成国与国之间的外交事件。我脑海里渐渐产生了要设法解决这个大量非正常移民合法身份的问题。但是解决这个令人揪心的问题,也深感棘手和迷茫。这困局,冰冻三尺非一日之寒,问题出现在国外,却又与国内有关,而国内也不是一两个部门可以解决的,侨务部门也没有直接手段去解决这些问题。在调研团内同志们闲谈时也露出信心不足的情绪,认为我们将调查情况向有关部门反映算是尽责的,这块大石头就别撬了,弄不好撬不动反而被大石压死。

几经思量,我还是下定决心要以省侨办的力量协调各方,破解这两个令人揪心的问题。我的这个想法得到中国驻委内瑞拉大使居一杰的赞同与支持。2003年的最后一天,中国驻委内瑞拉大使馆电告省侨办,表示全力配合我省动手解决这一难题。

4. "暗箭"来了,"明枪"回应

2004年元旦假期后,我们接二连三紧张地举行了2003年海外侨情调研报告会:1月5日加拿大侨情报告会;1月6日泰国侨情报告会;1月7日马来西亚侨情报告会;1月9日美国新侨情报告会;1月16日巴西、智利、秘鲁新侨情报告会;1月17日,哥伦比亚、委内瑞拉、厄瓜多尔侨情报告会。

我把委内瑞拉的侨情调研放到最后一天才做报告,是要反复核实有关资料,务求报告所谈事实样样有根据。在此基础上,经省侨办党组反复讨

九、"打蛇捉马",破解委内瑞拉侨胞困局

论,形成了《关于"蛇头"组织运送恩平人非法移居委内瑞拉等问题的情况及对策建议的报告》,并决定以省侨办党组、省侨办的名义向省委、省政府请示报告。在平常的事项上,我们甚少以党组、侨办双重名义向上级报送报告或请示,因为这个报告十分特别也十分重要,我们才用了这个重锤。

报告拟好了,但我的工作经历告诉我,这个难题能不能解决,很大程度要看江门和恩平当地党政领导的认识。倘若当地党政领导不觉悟,不配合,事情难以办成。为此,我决定先把报告稿送江门市、恩平市两级党委、政府征求意见,待他们同意后再正式报送省委、省政府。

这一步我觉得是很有必要的。如果我焦急直接上报给省委、省政府,可能会导致当地政府的反感,而且我也要让当地党和政府领导知道我们是在帮助他们,而不是告他们的状。

这份报告的征求意见稿我特意交由调研团成员陈纪匀带回去交给恩平市领导,我的用意是看看恩平市委的态度。果不其然,恩平市一位主要领导看了报告后大发雷霆,认为陈纪匀是在"倒米",把陈纪匀主任叫过去训斥了一顿。尽管我们报告内容很详细很充实,也是不可颠覆的,但是这位主要领导还是坚持不在报告上签字。不但如此,几天之后,陈纪匀被免去市侨办主任的职务,只留下市侨联主席一职。这一"暗箭"射在陈纪匀身上,却是痛在我心上。这位领导内心在想什么,我心知肚明,但我又不能指责干预,毕竟他并没有处分陈纪匀,可以冠冕堂皇地说是工作需要、组织安排。

来了一支"暗箭",我干脆回一"明枪"。我直接以省侨办名义发函到江门及恩平市委、市政府,说明由我本人带队到恩平听取市委、市政府对调研报告的意见。我是带上调研组成员朱江处长一起直接去面对恩平市领导的。表面上,他们客客气气,但是言语间总是希望这一份报告最好不要上报。交涉持续了一个上午。最后我放出我的底线:报告是一定要向省

委、省政府递交的，但必须经恩平市委、市政府同意，报告交恩平市自己修改，无论恩平市怎么改，省侨办都按照恩平市的修改版向省委、省政府报送。我敢自信地说出这个底线，是因为我相信我们是真心想为侨胞解决难题的。最后恩平方面修改了几个字之后签字确认了。

县级市恩平签字后，我们再把报告送给江门市委、市政府领导征求意见。时任江门市委书记陈继兴于2004年2月11日在报告稿上批示："要高度重视，召开协调会，针对此报告反映的问题提出解决的措施和办法，并对报告提出建议。"随后市长王南健也在报告上签字同意，并请省侨办派指导组会同江门市政府到恩平指导该专项工作。

5. 解决两个揪心问题的六点对策建议

2004年3月8日，《关于"蛇头"组织运送恩平人非法移居委内瑞拉等问题的情况及对策建议的报告》以省侨办党组、省侨办的名义向省委、省政府请示报告，向省委、省政府就解决这一专门问题提出了六点对策建议。

（1）把错位的认识端正过来，树立信心和决心

对待移民问题，是一个关系到侨乡发展观的问题，是用正确的、健康的、科学的发展观指导工作，还是在思想错位状态下任由不良倾向自由发展，是侨乡地区必须正视的严重问题。目前，有部分群众、干部和部门领导的思想中存在对非法移民产生的影响认识不足的问题。我们鼓励合法移民，但坚决反对非法偷渡活动。因此，当前在思想认识上必须解决两个问题：一是有关地区，特别是恩平各级政府和领导要坚决贯彻落实全国人大有关规定精神，统一思想，充分认识非法移民和害群之马问题的严重危害，严格执行有关政策规定，真正把侨胞遇到的难题放在心上、纳入职责范围努力解决。二是要坚定信心、下定决心，把解决这两个揪心难题当作严肃政治任务，认真组织、多方配合、采取措施，抓出实效。

（2）加强协调和组织，坚决"打蛇""捉马"

遏制非法移民，重点要打击"蛇头"、捣毁偷渡组织；改善侨胞生存发展环境，最紧要的是打击华社中的害群之马。解决这些难题，必须与驻外使领馆、委内瑞拉有关部门联合起来，组织专项斗争，齐心协力开展打击活动。更重要的是，通过整治达到警醒当政者、打击犯罪者、挽救受害者、告诫旁观者、杜绝后来者、帮助合法者。

第一，成立专门机构，加强领导和协调。成立由公安、司法、边检、侨务等部门组成的专门工作机构，负责组织、协调、实施反对非法移民、打击"蛇头"和害群之马的有关工作。

第二，协调公安部门组成专门队伍与委内瑞拉警方联手出击。通过加强与使馆、侨团及委内瑞拉警方、移民部门合作，共同制定协作方案和实施方案，全力解决非法移民和害群之马问题（江门市对此也表示了积极的态度）。特别是要争取公安部、外事部门的协助配合，借助使馆、侨团及委内瑞拉警方、移民部门重点了解"蛇头"活动、参与绑架抢劫等犯罪嫌疑人情况，待时机成熟时联手出击。

与此同时，还要努力推动公安部门促成我国向委内瑞拉派驻警务联络官，有效遏制非法移民和华社犯罪活动，确保华社长治久安。

第三，在恩平市开展"打蛇""捉马"的专项斗争。委内瑞拉与恩平虽远隔万里，但又近在眼前。在恩平开展打击行动，势必震慑境外分子。首先是组织公安力量从严从重从快惩治打击"蛇头"，捣毁非法移民组织。再是对过去犯罪分子进行排查，了解掌握其境内外活动情况，对非法移民后继续从事犯罪活动者采取特殊手段抓捕打击（有些犯罪分子是通过恩平干部群众认识了解的），以震慑在委的华社害群之马，还侨社一个安定祥和的环境和秩序。

第四，在重点地区加强反非法移民的舆论宣传。侨务部门要负起责任、起骨干作用，协同公安司法部门通过各种媒介加强宣传舆论工作：一是大力宣传我国打击非法移民的有关法律,宣传我国政府与委内瑞拉合作,坚决打击华社犯罪活动的决心和措施;二是宣传委内瑞拉社会真实国情,特别是宣传非法移民真实的艰难处境和痛苦遭遇,告诫后来者;三是揭露"蛇头"违法犯罪、牟取暴利的实质和害群之马的罪恶行径及严重危害性,教育群众提高觉悟、认清犯罪分子的可恶面目。

(3)推动华社弘扬正气,促进团结联合,改善生存发展环境

一是要调动广大侨胞积极性,增强打击非法移民活动和打击害群之马的信心与决心,为解决这两个难题创造良好社会氛围。二是推动成立扶危救急基金和援助团,加强自我保护,对突发恶性事件造成的人员财产损失,及时提供支援救济,协助受害侨胞渡过难关,并配合整治害群之马。

华人商会是委内瑞拉极具特色的华人社团组织,在当前经济不景气的情势下,能够发挥各方面的应对作用:一是推动各地商会走联合之路,成立全国华人同业商会,更好地维护华商权益;二是发挥华人商会优势,争取更好的经济利益;三是发挥华人商会在华人社团中发挥支撑作用,增强华社凝聚力,提升解决困难的能力。

(4)内外联动,积极解决不正常入境者的合法居留权

对于在委内瑞拉没有合法居留权的几万新移民,我们应竭尽全力,通过密切与使馆配合,同时发挥侨社的积极作用,尽可能在减少腐败因素的环境下,帮助他们解决合法居留问题。据了解,2004年2月3日委内瑞拉发布了大赦法令,将于8月3日之前完成对非法入境和过期滞留者的登记,对提供合理证明者将给予办理居留。我们要抓住这一机遇,配合使馆做好这一利侨工作,还要敦促委内瑞拉放宽移民政策、提高效率,为合法移民开绿灯。各级政府也要支持帮助合法移民。

(5)引导华社积极向上,提升华人素质,更快更好融入当地社会

与当地人民友好相处、与有关部门沟通合作,是侨胞安定生活、发展事业的根本条件,这一点对委内瑞拉华社尤其重要。今后我们要推动华社

九、"打蛇捉马",破解委内瑞拉侨胞困局

加强与当地人民、部门的联系合作,开展有利于树立华人良好形象的公益慈善活动和文娱活动,关心参与当地社会生活,增强家在当地、扎根当地的思想。同时,为提高华人素质,促进融入当地社会,今后我们将积极推动华社成立中西文学校,促进华人尤其是新移民学习中西语言文化(当前最迫切是学西文),为融入当地社会打下基础。

要引导华社更加关心委内瑞拉政治生活,推动华人积极行使政治权利,履行公民义务,树立国民观念,遵纪守法,成为委内瑞拉社会真正的一员,获得当地人民更加尊重。并积极创造更好条件促进华人参政议政。

(6)加大对委内瑞拉华侨工作的力度

今后我省,尤其是江门、恩平要通过"请进来、走出去"等方式全方位、多角度地做工作,特别要把着力点放在解决侨胞生存发展面临的困难和问题上,为他们创造更好的生存发展条件。例如,要积极帮助侨社发展华文教育,同时解决好目前华侨子女回来寄养就读的问题。对较有经济实力的华侨华人,适当引导他们参与我省的经济建设,为他们在华寻求发展商机提供更好的服务。

6. "打蛇捉马"专项斗争效果显著

报告送达的第二天,省委副秘书长谭一鸣便签核了呈省委、省政府有关领导阅。

事情有进展了,我便专门与驻委大使居一杰通了跨国电话,把报告的主要内容及我们的工作进度做了汇报,目的是希望内外配合,我们在国内积极"打蛇捉马",驻委大使馆在国外力促解决恩平侨胞的入籍难题。这是我们调研组在委内瑞拉讨论工作时定下的目标。

报告发出后,我的焦虑心情反而与日俱增。这几个月来自己为此花了不少心血,战胜了不少阻力,如今已经"临门一脚"了,省委、省政府领导会如何表态呢?某些方面某些人还会不会另做手脚通过关系来设卡拦截呢？我并不是多心，这样的小动作，在当时的官场是常常有的。

我一直焦虑而又只能耐心地等待上级批示。

3月22日，省委办公厅传来了汤炳权常务副省长对报告的批示："请省公安厅与江门市政府研究采取有效措施解决此'顽疾'。"

4月12日，省委常委、省公安厅厅长梁国聚对报告做了更明确的批示："请郑红同志（注：时任省委政法委秘书长）牵头与侨办、公安厅作专题研究，采取有力措施解决大批非法移居委内瑞拉的问题。"

接到各级领导批示后，省侨办随即把报告转报国侨办及中国驻委内瑞拉大使馆。

省委政法委秘书长郑红同志是启动解决这一问题的积极执行者。他对待此工作的认真态度及雷厉风行的工作作风至今还深刻地印记在我的脑海中。省委常委、省公安厅厅长梁国聚4月12日做出批示，4月16日郑红秘书长在省委政法委会议室召开了协调会，制定了具体行动计划。到了5月28日，还以中共广东省委政法委的名义，向省法院、省检察院、省公安厅、省侨办、省外办、省委宣传部、省边防局和江门市委、市公安局、市侨办、恩平市委发出了《关于开展打击整治非法移居委内瑞拉活动专项行动工作方案》。

与此同时，新华社记者也以我们向省委、省政府的报告内容为依据，形成了题为《大量广东移民非正常进入委内瑞拉影响稳定》的文章在内参上发表。

5月28日，省委政法委再次组织召开关于打击整治非法移居委内瑞拉活动专项行动工作会议，决定从5月至10月在恩平等地区组织开展一次打击整治非法移居委内瑞拉活动的专项行动。

专项行动十分奏效，5月份开始打击，6月份江门前往委内瑞拉的签证就立即下降了50%，这说明这个行动已经起到了遏制作用。在专项行动中，省侨办加强与中国驻委内瑞拉大使馆和委内瑞拉侨界的联系磋商，及

九、"打蛇捉马",破解委内瑞拉侨胞困局

时掌握情况,互通信息,提供情报线索。公检法等有关部门充分发挥秘密力量和基层派出所及群众的力量,摸清了非正常出入境和"蛇头"跨境活动情况,发挥多种侦查手段的优势,对重点人物进行重点跟踪,建立健全高效的联警机制,与香港入境处密切开展协作;特别是摸清了"蛇头"和"马仔"的基本情况后,在江门和恩平抓获了一批"蛇头"和"马仔",其中在一名"蛇头"身上现场搜出140多本护照。

直到此时,我感到整件工作开始良性运转了,于是向委内瑞拉华文报纸《委国侨报》发去了一篇根据我们的调研报告内容改写的长篇文章《委国华侨血泪史 触目惊心移民路——中国人非正常入境委内瑞拉问题透视》让该报发表。

2004年10月7日,《委国侨报》刊登《委国华侨血泪史 触目惊心移民路——中国人非正常入境委内瑞拉问题透视》文章

2004年10月14日,《委国侨报》报道:《一篇良心文章 引来万千共鸣》

在整个调研期间,我们没有详细地表露过我们对非正常入境问题的看法,是怕对调研带来阻力,如今已经得到有关领导的明确指示,事情也明朗了,我们应该向侨胞们表明我们的态度,唤起侨胞们的觉醒。这篇文章发表后,在侨胞中引起了巨大的共鸣。

2005年8月,江门市中级人民法院又对四名以牟取暴利为目的的、专门组织恩平人偷渡南美的特大刑事案主犯做出二至七年有期徒刑的判决,并处5万—20万元的罚款。这是公开宣判,江门电视台、《江门日报》等媒体利用该案的宣判,广泛宣传"打蛇捉马"专项行动,令整个"打蛇捉马"行动的成果立竿见影。

国内"打蛇抓马"有成效了,在委内瑞拉,中国公安部也在此时派员前往委内瑞拉与委方共同合作,打击在委内瑞拉华人圈的犯罪行为。

7. 近三万恩平非正常入境者的合法居留全部得以解决

在国内积极行动的同时,中国驻委内瑞拉大使馆也在委内瑞拉上层积极开展工作,使馆高级官员多次与委政府有关部门高官进行接触磋商。侨领们也利用与委内瑞拉高层的良好关系做工作,特别是混血华裔梅医生,经常接触到查韦斯总统,他也把我们"打蛇捉马"专项工作行动及效果以及我们希望解决委内瑞拉非正常移居委内瑞拉的恩平人的入籍问题,不断向查韦斯总统谈及。

九、"打蛇捉马",破解委内瑞拉侨胞困局

实际上,由于委内瑞拉对待外来移民的政策一直比较宽松,多年来涌入委内瑞拉的外来移民越来越多。这些非法居留者也给委内瑞拉造成内政外交的困扰。中国和委内瑞拉周边众多国家一直通过不懈的外交努力,促使委内瑞拉重视解决非正常移民的问题。基于上述种种原因,我想也基于查韦斯总统与中国的良好关系,查韦斯总统最终签发了《委内瑞拉外国人身份规范化及加入国籍条例》的总统令,宣布在委内瑞拉的非正常居住者可以获得合法身份。

这总统令不单是针对恩平人,但因为在委内瑞拉的非正常入境者,大量的还是恩平人,因此受惠最多的还是恩平人。

总统令是有时限的。要在指定的时间内,办妥所有的非正常入境者的合法居留手续,过时不候,不然,容易被后面的非法移民钻空子。同时,对于具体到某一个非正常入境者,是要出具一定的依据的。

为了让非正常入境的恩平人能顺利办好合法居留手续,省侨办派出朱江处长,带着江门、恩平市侨务局的工作人员到委内瑞拉协助开展相关工作。委内瑞拉的华侨华人虽然主要聚居在三个城市,但分布也是很分散的。很多人的身份证据很不齐全,甚至连名字也不对,需要不断和国内确认身份。经过中国这边确认身份后委内瑞拉才可能认可。时间紧迫、工作量大,中国驻委内瑞拉大使馆为了能加快帮助侨胞办理手续,居一杰大使要求大使馆人员走出大使馆驻地到各个城市现场协助办理。这一措施是前所未有的,确实是一项很大的突破。中国驻委内瑞拉大使馆官员的行动,也推动了委内瑞拉移民局展开行动,他们也破例取消节日休假,离开办公室到华人聚居点办理手续,这些都是前所未有的。

经过近两年的各方努力、内外配合,近 3 万名恩平非正常入境者的合法居留终于得以解决。委内瑞拉整个华人社会当然是皆大欢喜、欢欣鼓舞,感觉扬眉吐气了。他们专门组成了一个代表团回到家乡广东,到省侨办送牌匾,感谢省侨办为他们办了一件终身受惠的大好事。令我万分感动

的不是这块牌匾,而是当 2006 年家乡广东的韶关地区发生洪涝灾害,海外侨胞支持灾区救灾重建、建设"侨心居"活动时,委内瑞拉侨胞那种踊跃捐款帮助韶关抗灾重建"侨心居"的行动。要明白,委内瑞拉侨胞绝大部分都是穷兄弟,都是工薪阶层,他们是用满满的感恩情怀在捐款,委内瑞拉侨胞共捐款 110 万元,支持了 500 户灾民的房子重建,是当时侨胞捐款最多的国家之一。

有关部门开展的专项行动,以及委内瑞拉实行大赦,为恩平移民安居乐业、发展事业创造了有利条件。然而要从根本上解决恩平人非法移居委内瑞拉问题,是一项综合的系统工程,牵涉到许多错综复杂的因素。为此,我们就专门以《关于解决恩平人非法移民委内瑞拉问题的进展情况及今后工作的建议的报告》,向省委、省政府提出四点具体建议。

《委华报》报道:《两个"破例"——加省移民分局和军人为华人办证记》

一是继续深化专项行动,坚决遏制大批恩平人非法赴委。原来非法移民的恩平人居留权问题解决了,可能会引起国内侨乡特别是恩平一些群众误以为非法移居委内瑞拉,变成合法身份是轻而易举的事,从而引发新一轮非正常移居的热潮。因此，必须在恩平当地继续深化专项行动，不断遏制恩平人大量非法移民赴委。

委内瑞拉侨胞向省侨办送牌匾

2006年，委内瑞拉华人捐款支持广东韶关灾区重建

二是继续加强护照管理，严格护照发放。特别是实行护照申请人见面制度和居民有条件申请护照政策，堵塞漏洞，防范那些有犯罪前科的人偷渡赴委，扰乱华社。

三是加强反非法移民的舆论宣传。

四是加强护侨工作，引导华社积极向上，促进移民融入当地社会，遵守当地法律和风俗，与当地人民友好相处，在创造自身财富的同时，积极回报当地社会。

2005年11月3日,《委华报》报道广东省海交会访问委内瑞拉

为了巩固这一专项斗争的成果,我们还以广东省海外交流协会的名义组织了有关工作部门再次深入委内瑞拉各城市,深入到侨胞中去,了解侨胞们解决了合法居留后的状况。我们还特意邀请了中国驻委大使居一杰夫妇到恩平访问,互通情报。

8. 解决"速汇金"的"大塞车"问题

3万多名非正常居住委内瑞拉的恩平人办理了合法居留手续,乡亲们没有了后顾之忧,心情舒畅地大量向家乡恩平汇款,又造成了恩平汇款渠道"大塞车"。当时有一个叫"速汇金"的项目,在委内瑞拉汇款,国内银行就马上支钱给收款人。2005年恩平工商银行办理了四万多笔委内瑞拉的汇款,总金额达到1430万美元,到了2006年更是翻倍,2007年第一季度汇款额就接近了2005年全年的总和。这些汇款都不是大笔汇款,而是由零碎的汇款组成。"速汇金"令工商银行的工作量剧增，钱不能及时发放到收款人手上，侨胞们产生意见，怀疑银行有意扣款项。加上此前恩平银行的金融丑闻，令侨胞和市民对银行的信任度降低了很多。为了解决这个难题，省侨办直接和省工商银行江门分行协商如何简化手续加快速度，让民众尽快拿到海外侨胞的汇款。

附录二

《南方日报》2007年8月2日报道：
《侨胞年汇3000多万美元，恩平"速汇金"一度塞车》

本报讯　速汇金国际汇款是一项国际性的快捷汇款服务。我省祖籍恩平市的侨胞去年利用这项业务向家乡汇款达3114万美元，但银行一度曾因人手问题而出现领汇难的问题。

今年5月以来，在广东省侨办、恩平市市委和市政府、工商银行恩平支行的努力下，这一问题在7月底之前已经得到解决，该支行办理"速汇金"的业务量如今达到亚洲第二、全国第一。近日，恩平市旅委内瑞拉侨领冯永贤先生一行，在省侨办领导陪同下，专程到恩平市了解有关情况，对有关部门妥善解决"速汇金"领汇问题表示满意。

"速汇金""塞车"

据介绍，恩平市旅委内瑞拉的侨胞超过15万人，约占该国华侨华人的90%，他们通过"速汇金"汇回家乡的外汇逐年增加。2005年，工商银行恩平支行就办理了46722笔，金额1430万美元；到2006年分别已经增加一倍；而到今年第一季度，又再增到37543笔、金额1136万美元。这些外汇，成为推动恩平经济社会发展、侨眷生活的一个重要资金来源渠道。

在今年头两个季度，"速汇金"的笔数和款项都急剧增加，每天达到1000多笔，而银行每天最多仅可办理约500笔。因此，恩平市自春节后出现了"速汇金"业务兑付难的问题,仅今年第一季度积压的业务就达 2 万笔,该行出现客户排长队的情况,今年 5 月发放的预约排号已安排到两个月后。

由于该种款项不准由他人代领,这令侨眷中的老人、小孩及病残弱者,到营业厅排队很不方便;加上有的侨眷文化素质不高,在填表时出现错漏,领取时忘记密码,更加延误了办理时间。领取这种款项还有个规定:超过 45 天未能解付的资金将被冻结。这种种因素给汇款华侨及家属带来很多不便,严重影响了侨心安定。

省侨办出面多方协调"外汇通道"重回畅通

今年 5 月以来,省侨办和恩平市委、市政府领导对此表示高度重视,积极协调推动问题的解决,努力消除海外侨胞的误解。省侨办领导多次赴恩平市调研,与有关部门和单位的领导座谈,共商解决办法。同时,工商银行恩平支行也向上级行反映同样情况,争取在设备、人手和政策方面的支持。

经过多方的协调,此事得到上级政府部门和金融机构的重视,并从 6 月起陆续采取了四项措施:一是可凭公证书代办"速汇金"业务;二是延长解汇冻结期至 90 天,并为被冻结"速汇金"的客户提供实时解冻服务;三是将办理的柜台由 3 个增加到 12 个,并增购了设备;四是将专职办理"速汇金"的人员增加了 13 名,并增加星期六照常办理。这些措施大大提高了办理效率,令该银行日均处理"速汇金"能力从 500 笔提高到 1800 笔,并且在 7 月底消化完前期积压的业务,并能及时受理新汇入的"速汇金"业务。

另外,该市司法局推出上门办理公证服务,市公安局配合做好有关银行的治安维护工作等。这些方面都受到市民的好评。

不仅如此,省侨办为了加强与海外侨胞的互信,消除误解,邀请了江门市及恩平市政府、工商银行等金融单位与回乡的委内瑞拉侨领直接对话，解释"速汇金"办理难的真正原因和应对措施。

侨领们对有关部门的积极举措表示感谢，并表示回去后会向广大侨胞做好解释工作，引导侨胞做好侨汇寄送的分流工作，同时还将通过委内瑞拉主要华文报纸介绍恩平市积极为侨胞解决问题的真实情况，做好正面宣传和释疑解惑工作。

经过一段时间的共同努力，"打蛇捉马"破解委内瑞拉侨胞困局的事情基本得到解决了。达到目的后，我们于2006年2月27日以《担起职责 为侨解忧——广东省侨办解决恩平人非正常移居委内瑞拉等问题的情况报告及体会》为题，向国务院侨务办公室做了汇报。在这个汇报中我们谈了四点体会。

一是为海外侨胞的生存发展服务，侨务部门可以有所作为。过去侨务部门的一些同志认为，侨办对海外侨胞在海外生存发展，特别是在海外发生的事情是无能为力的，因而不敢做也不想做。这是一种无所作为的认识。侨务部门不能对海外侨胞的疾苦袖手旁观、无动于衷，而侨办对解决这些问题能否有所作为，关键是要增强我们的责任感，发挥我们见事快速反应和协调、服务、配合的作用。这次推动解决恩平滞委移民获得合法身份并取得成功，正是侨务部门敢于作为的结果。

二是要加强海外侨情调研，了解侨胞所思所想所急。履行好、实践好为侨服务的宗旨，就必须充分了解侨情、掌握侨情。大量恩平人非正常滞留委内瑞拉，但他们在海外生活已是既成事实。掌握了这一侨情，了解了侨胞的所思所想所急，我们才能制定措施加以解决。

三要敢于和善于协调，调动内外各方力量。解决恩平人非正常移居委内瑞拉问题，是侨务工作的一个"硬"难题，考验我们能否敢于、善于整合、协调、利用各方力量开展工作。我们始终采取敢于推动、大胆协调、主动配合的态度，在发挥推动、协调、配合作用的同时，在诸如发现问题、反映情况、沟通信息、联络内外、解决问题等方面，则担起职责，起到引擎功能和主体作用。

四要发扬锲而不舍、顽强去办的精神。在委内瑞拉调研的20天里，调研团五人晤见我驻委使馆官员，拜访数十名侨领，多方、反复召开侨团座谈会，并设法接触警察、"蛇头"、遭绑架侨胞及亲属，更深入到非正常移民生活的养鸭场、厨房、杂货铺、贫民窟等地方，探访了150多人（次）。情况弄清后，省侨办要不要呼吁解决这些问题，能不能解决这些问题，怎样解决这些问题，我和我的团队也曾经犹豫，因为我们从来没有遇到和解决过此类复杂问题，省侨办自身也缺乏解决的手段。最终还是为侨服务的职责使命，促使我们迎难而上，决心碰硬，就是遇到地方某些领导使手腕反对，我们也没有动摇过。正是以认真去办、努力去办、顽强去办的精神，以一股不达目的决不罢休的韧劲，终于把这件常人认为侨务部门办不成的事，光彩夺目地办成了。

附录三

省侨办朱江：《铁肩担道义，霹雳解难题——感受吕伟雄主任的工作精神》

在加勒比海西岸的委内瑞拉，经过一百多年的历程，有十几万中国人踏足，在那里繁衍、生活、创业，尤其是最近这十多年，更是有大批中国人（主要是恩平人）涌入委内瑞拉，在那里开始新的生活。许多人去委内瑞拉之前，都认为那里是天堂，但是这些大多通过非正常渠道进入委内瑞拉的人，最后发现那里"一半是海水，一半是火焰"，给他们的生活带来难以想象的困苦和身心伤害。

果断调整调研主题：转向侨胞最关注的问题

为培育新资源、拓展新领域、开创新局面，2003年省侨办党组做出决策，组成多个调研团赴国外开展新侨情调研。由吕伟雄主任亲自调兵点

九、"打蛇捉马",破解委内瑞拉侨胞困局

将,组成由他率队、我和汤泗昌副处长、郑晓红、叶欣及恩平市外事侨务局陈纪匀参加的赴委内瑞拉侨情调研团。但我们这个团并不是一同出发。我和其他同事是11月中旬先行前往委内瑞拉,先在外围城市巴基巴梅托、马拉开波、十字港市进行调研。根据出访前的了解,我们确定了委内瑞拉华人经济、新移民、华文教育等5个调研主题。但实际上是着重通过了解外围的面上情况,为更深入地调研打下基础。由于是首次开展这样的调研,对于如何更好地抓住主题、找到为委内瑞拉华侨华人生存发展服务的切入点深觉迷惘,心里并没有底。

但情况很快就有转机。11月22日吕伟雄主任在结束对巴西访问后随即飞抵委内瑞拉。那是令我印象深刻的一天。吕主任是晚上飞达的,我和同事,还有一众侨领已早早在机场等候。由于这是广东省侨办主任第一次访问委内瑞拉,接到吕主任后侨领们十分高兴,彼此很感亲切。在简约的晚宴上,大家七嘴八舌地谈开了,说着说着,话题突然变得沉重起来,侨领们有的说在委内瑞拉做了几十年的生意,从没像这几年这样感到很不安全,不少人还移居了他国;有的说许多新华侨是被人骗来委内瑞拉的,生活极其艰苦,一些人甚至沦为抢劫分子。这话题一出,吕主任马上警觉而专注起来,他反复询问侨胞如何不安全,新华侨如何被骗、生活如何艰苦,抢劫分子如何猖獗。而此时侨领们的言谈却变得有半搭、没半搭,有时是欲言又止。很显然,他们都心存顾虑。

晚宴结束时已近深夜。在回住处的路上,一向昂然的吕主任却一路无言。他的沉默令气氛有些窒息,以我们对他的了解,心里在思忖:是不是哪里做得不周出现差错?入住后,虽已是深夜,我仍坚持要向他汇报我们此前的调研情况,他虽然疲惫,甚至有些不快,但还是同意听取这个"深夜的汇报"。我们思忖,他不称赞我们前段的调研成果,起码也要慰劳我们的辛苦,可是,并不,他疲乏地听一段又问几句,时而皱着眉头,到最后却沉着脸又大嗓子说:"你们虽忙活了一个多星期,却没有抓住该抓的调

研重点。先休息去吧！"我们心情沉甸甸地回到住处。但同时我又感到吕主任思想中一定已"内有乾坤"，并强烈预感到我们这次调研一定会面对新的挑战，要触碰新的难题。

第二天的活动是举行"侨务政策咨询座谈会"，几十个侨领、侨胞从各地赶来交流。我驻委使馆官员也到场。这恐怕是国内侨务部门第一次在委内瑞拉举行这类座谈会，所以人头攒动，侨胞们目光充满期待。虽说是咨询座谈会，侨胞们也提出各种各样的政策问题，最后焦点却是集中到了几个问题上：由于一些华人参与抢劫、绑架犯罪活动，为非作歹，在委内瑞拉生活的许多侨胞工作、生意都备受骚扰、伤害，甚至生命、财产都受到威胁，人人不能自安，祖国的侨务部门能提供什么帮助？是什么原因使得许多新华侨纷纷涌入委内瑞拉，他们通过各种不明渠道进入委内瑞拉后，因为没有合法身份，生活得很艰难，又遭受种种欺凌，侨务部门在国内应如何加强管理、引导？又应采取何种措施帮助他们渡过难关，在这里站稳脚跟，生存发展？说实在话，我多年与侨胞、侨团接触，从未遇到过如此直接、尖锐而迫切的问题。在会上，面对此情，我转而向吕主任望去，只见他时而静静地听，时而详细地做记录，更多时候是侨胞情绪激昂、神情急切地诉艰难、提问题，而他刨根究底、满怀关切地问情况、说想法。座谈会后，还有不少侨胞围着我们谈侨情、吐心声。

听到的情况，确实令人忧虑。当天晚上回到住处正准备休息，电话铃声响了，是吕主任召集我们开会。他严肃地问："你们听了侨胞的反映和意见，有什么感受，下一步怎么开展工作？"说实话，侨胞的反映同我们当初确定的调研主题真是"八竿子打不着边"，我们对此并没有过多地注意，只好含糊地说下一步的调研要适当关注、兼顾侨胞反映的问题。吕主任喝了一口水，身子往前一倾，伸出手臂向前一劈（这是他招牌式的指示动作），说："不是要兼顾，而是要做彻底转变。"接着又稍微沉重地说："侨胞反映的问题令人揪心！近几年来委内瑞拉的华侨华人绝大部分是恩

九、"打蛇捉马"，破解委内瑞拉侨胞困局

平人，又大多是通过非正常途径进入委内瑞拉，他们的问题比较复杂，面临的困难也很多，并且具有普遍性和迫切性。因此从现在开始要把调研精力和主题转到了解委内瑞拉华侨华人生存发展环境严重恶化和恩平新移民非正常途径入境问题的成因及其严重后果的问题上来。"吕主任这一决策转变，促成我们针对委内瑞拉侨社反映的两个突出问题开展专题调研：一是"蛇头"大量组织运送恩平人非正常移居委内瑞拉，极少数非正常移民参与绑架凶杀抢劫活动成为华社害群之马；二是我国大批非正常移民因未取得合法身份而滞留委内瑞拉，备受侨社"害群之马"欺凌，生活陷于极度困苦。

确定了这两个集中而明确的主题，我们连夜对原来的调研计划和访问对象做出调整。这样我们就必须更深入地了解委内瑞拉的政治、经济、社会状况，更多地接触新移民、老侨领，考察侨胞生活、工作的环境，听听侨胞真正的知心话，并且把调研重点放在新移民较多的加拉加斯、巴伦西亚、马拉凯等城市。

从第二天开始，调研团根据活动需要，有时分成两个小组或三个小组，有时又集中一起活动。为完成任务，吕主任提出：这是我们从未经历的最新课题，要当歼灭战来打，所以调研工作要做到"深（深入）、准（准确）、全（全面）"。因此，按他的要求，为了"深"，我们要走到最底层或最前沿，与新移民和曾遭绑架抢劫者接触；为了"准"，我们要克服艰险，直接多找当事人；为了"全"，我们就要接触各方面、各层次的侨胞。常常是我们上午在侨社见侨领、访侨胞、开座谈，下午又东奔西跑，考察了解侨胞生活工作的场所，走货铺、进餐馆、奔农场、闯工厂，晚上则翻阅近些年委内瑞拉华文报刊或进行集体讨论，忙到三更半夜是常事。

为了弄清新移民的真实苦况，吕主任不惧路遥，带着我们远赴数十公里外新移民生活工作之地，看到新移民四壁密封、"一张床、一顶蚊帐、几个人住"的住所和脏水四溅、粪土铺路的工作现场，他心情沉重；吕主

任在深夜接待远方奔来的年老移民，用心倾听这位移民充满泪水的诉说，并多加抚慰；为了了解"蛇头"运送人蛇的情况，他访侨领、询侨胞、探新侨，甚至不避忌讳，大胆接触当地"蛇头"和"地下钱庄庄主"，耳闻目睹"蛇头"们的大胆猖獗，他充满忧愤；为了确证极少数非正常移民参与绑架凶杀抢劫活动，他除了带我们直接接触遭遇过勒索、绑架的侨胞和被撕票的侨胞亲属，还派我们面见华人警员，当看到我们带回的一批参与绑架凶杀抢劫的华人凶犯照片证据时，他大骂一声："这帮害群之马！"有时候为了弄清一个情况，三番四次地找同一位侨胞，有时他们觉得不便，我们或约在酒店或派出个别同事在僻处面谈。印象最深的一次是，我们在行程的最后一个城市马拉凯，上午正准备返回首都加拉加斯以便傍晚飞往哥伦比亚，这时听说一位侨领，又是原来在恩平工作的一位老领导已从美国返回到了巴伦西亚市，吕主任马上命我陪他再次返赴上百公里外的巴伦西亚市去拜会这位侨领，做了深谈，掌握了宝贵的真实情况。当我们完成工作赶赴首都机场与其他同事会合时，所剩时间就只有与侨领告别，直冲安检入关，连简单的晚餐也来不及享用，就飞往夜晚的哥伦比亚。

为了了解更充实详尽的情况和解决问题，我们还多次访问融入了委内瑞拉主流社会的华人，包括知名华商名流、前总统经济顾问、前总统华人医生等。并五次拜访和面见中国驻委内瑞拉大使馆官员。吕主任还与大使馆官员交换意见。而当使馆官员把他们没收的几大筐我国入境新移民的假护照摆在我们面前时，我们既吃惊又感慨，深感中国驻委大使馆工作的苦衷。在委内瑞拉的20天里，我们深入侨社各阶层，广泛接触侨团、侨领和侨胞，联系侨界各行业，并与我驻委机构进行多次交流，仅专门约访、拜访各类人物180人（次），拜访了各类社团18个，参观访问了华人杂货铺、百货和餐馆上百家。

经过深入的调研，同时听取侨胞对侨务工作及侨社有关问题的反映，我们掌握了大量第一手材料和情况，也形成了基本的看法和结论：（1）近

九、"打蛇捉马",破解委内瑞拉侨胞困局

些年,由于委内瑞拉政局动荡、经济衰退,特别是管理松弛(尤其是移民环境宽松),通过各种方法和渠道移居委内瑞拉的广东人大幅增加,其中来自恩平市的有近8万人,当中有超过3万人当时尚未取得合法居留权;(2)这些非正常移民绝大多数是由"蛇头"和"中介"组织通过买通关节代其办理旅游探亲签证走"灰色"渠道,或通过第三国作跳板,或伪造证件走"地下通道"等各种手段几经周转偷渡进入委内瑞拉的;(3)他们来到委内瑞拉后处境艰难、生活困苦,许多人债台高筑,背负沉重经济包袱,被"蛇头"和"中介"吮干了身上的血(不计办理居留,仅受托偷渡入境就要交付12000美元);(4)由于没有合法身份,这些非正常移民在社会活动中频受骚扰、盘查、敲诈,在打工中成为变相"奴隶",受尽"卖身劳役"之苦,精神意志高度受创伤,心理状态极度忧愁;(5)极少数非正常移民蜕变为害群之马,频繁制造恶性事件,使华侨华人最基本的生活条件与事业环境受到严重威胁。这种状况极大地损害了中国在国际上、华人在委内瑞拉民众中的形象,破坏了华社团结祥和的气氛,造成种种矛盾和难题,对移民者及其家庭也造成极大的伤害,甚至影响到恩平的社会稳定。我们形成这些基本的看法和结论后,对委内瑞拉侨情深感对揪心,故在回国之前,吕主任就在哥伦比亚深夜起草文件,通过外交渠道专门致信我驻委大使馆大使,恳请关注"蛇头"大量组织运送恩平人非正常移居委内瑞拉和非正常移民因未取得合法身份而滞留委内瑞拉的问题,提出解决这些问题的初步设想。

面对"揪心"难题:怎么办

我们调研掌握的情况和最后形成的看法和观点,不仅令我们对委内瑞拉侨情及侨胞面临的两个问题感到揪心,更令人深感棘手和迷惘。因为这两个问题牵涉到国内、国外多个方面、多个部门、多种因素,情况复杂,侨务部门从未遇到这种问题,更没有解决这种问题的经验。所以,在调研期间和回国之后,大家在讨论时不仅意见分歧,更是缺乏信心,甚至

可以说从未往"解决问题"这个方向去想。有的说这是出入境和外交部门的事情，侨办既无权又缺手段，作用有限，我们将情况向上级反映就算尽责了；有的说还是通过在委侨团和驻委使馆做工作，把工作重心放在所在国；有的甚至私下说我们不是就搞侨情调研吗，完成调研报告就行了，何苦要如此劳师动众，这种事情还是不碰为好，否则会扯出大堆问题；等等，不一而足。我们在那里论说高见时，吕主任在一旁瞪着小眼睛在听，表情严肃地思考。最后他用他特有的沙嗓子下结论般地说："你们这样想问题不行，是不负责任的。侨胞这么恳切向我们反映情况，如果把这次艰苦调研只看作单纯地写情况报告更不行！情况令人揪心，不能视若不见，要从政治和外交影响上来看这问题，要敢碰'硬'，要形成一个有凭有据的真实报告，向省委、省政府汇报，协调解决。"这番义胆雄心的话令我们一"震"。他平日面对困难不服输、不信邪的"虎气""硬汉子"性格凸显出来了，他在给我们打气。看到我们依然肌肉绷紧的表情，他信心十足地谆谆分析：从实际看，我们完全有条件、有能力解决这两个"揪心"难题。他摆出了几个有利条件：反对非法移民是我国政府的一贯立场，侨胞已经觉醒，委内瑞拉政府正在整顿腐败的移民机构，大使馆表示了决心，我国有关部门已采取国际措施解决此类问题……我知道，经过这么多天的思考与煎熬，他已心有妙计，成事在胸。这也许就是考验我们践行为侨服务职责和魄力的关键时刻了。

确定了这个思路，我们才真正进入了"备战"状态。为了完善报告，吕主任亲自打电话给省侨办派驻驻外使馆的梁金安同志，要求协助收集有关外报报道"蛇头"运送我移民"偷渡"的资料，同时两次派我率组前往恩平再做详细调查、核实有关情况。报告初成后，这个"硬汉子"显现出他粗中带细的一面。他反复强调，这个报告不是要挖恩平的什么"丑事"，而是为了恩平侨胞有良好的生存发展环境，将来能够更好地帮助恩平发展。为此他不耻下问，又亲自带上我赴恩平、走江门，听取当地党政领导

九、"打蛇捉马",破解委内瑞拉侨胞困局

对这个报告的意见,研究工作方案和整治措施。他反复提醒我们,解决这个问题,要把错位的认识端正过来,争取地方的理解和支持很重要,要通过整治,达到"警醒当政者、打击犯罪者、挽救受害者、告诫旁观者、杜绝后来者、帮助合法者"的目的。

到2004年3月8日,我们形成了专题报告《关于"蛇头"组织运送恩平人非正常移居委内瑞拉等问题的情况及对策建议的报告》,正式专报广东省委、省政府及国侨办。报告的核心内容是要求严厉打击"蛇头"、从源头遏制非正常移民和采取可行途径解决我滞留委内瑞拉的大量非正常移民取得合法身份问题。与此同时,吕主任还让我专门约请新华社记者,通过该社内参把情况报送中央,同时还主动约请省委政法委作初步汇报,并把报告转报外交部及我驻委使馆。

当我们满怀热忱地忙活这一切的时候,实在地说,到这时节,我对能否解决这些问题依然心抱犹疑,而周围的人大多更是投来怀疑的目光,仿佛觉得这是"异想天开"。也难怪,这种事从未遇到或解决过。但吕主任还是依然故我,不容许我们在这件事上有丝毫泄劲,总是给我们布置与此有关的这事那事。我知道,他在等待上级和有关部门的"反响"和"回馈"。其实,我们心里何尝不是在焦急地等待。

霹雳出击:"打蛇捉马"

时光在平静中飞驰。过了一个来月,江门一位领导向我们透露,他们在北京汇报工作时,中央政治局一位熟悉广东情况的常委曾要求江门须注意解决处理好公民移居海外问题;紧接着,我们很快收到上级领导要求妥善解决"蛇头"大量组织运送恩平人非正常移居委内瑞拉等问题的重要批示。这时候,我已深信,中央和省领导对这一问题的高度重视,将为解决问题创造重要条件。

一天中午,我很迟才到楼下饭堂用餐。一进门,吕主任便招呼我过去(在餐厅布置工作是这位拼命三郎的"惯道"),叮嘱道:"明天省委政法委

召集有关部门会议，研究解决恩平人非正常移居委内瑞拉问题，到时就由你做详细情况汇报吧。"我赶紧说不行，这件事情重大。他也赶紧制止我的推卸，不容置辩地说就这样定吧。我知道，这个时候虽然他表情平静，但很显然，他对解决这个问题已有了十足把握，所以心里已觉释然了。

这次会议，除了召集的省委政法委，省公安厅、省检察院、省法院、省侨办、省外事办、省委宣传部、省边防总队及江门、恩平市有关部门的领导都到会，研究部署打击整治非正常移居委内瑞拉违法犯罪专项行动工作。我在运用多媒体和众多资料、图片做完情况汇报后，吕主任一针见血指出：非正常移居犯罪活动之所以猖獗，关键在于"蛇头"推波助澜、从中作祟，他们才是非正常入境的组织者和主要责任人。会议成立了省和江门、恩平市两级专项行动协调小组和指挥机构，负责组织实施具体的打击整治工作。我们后来戏说的"打蛇（蛇头）捉马（害群之马）"专项工作正式拉开了战幕。

这是一场正邪力量的较量，需要我们的内外组合共同出击。在专项工作中，我们加强与我驻委使馆和在委侨界的联系、磋商，及时掌握情况、互通信息、提供情报线索，调动各方力量开展工作。我省的公、检、法等部门通过采取各种有力措施，采取多种侦查手段，很快摸清了非正常出入境机构和"蛇头"跨境活动情况；并严格执行护照申请人见面制度，把关堵塞漏洞，标本兼治，整治、打击工作取得了丰硕战果：恩平市办理护照数量从过去每月平均454本下降至200本，有效地从源头上遏制恩平籍居民非正常移民委内瑞拉；抓获了一大批"蛇头"，并依法对吴某某、陈某某等4名主犯做出了2～7年的刑事判决，同时处以5万元～25万元罚金，有效打击了违法组织偷渡的气焰。

与此同时，我们发挥对外联系密切的优势，积极推动解决好已滞留在委内瑞拉的我移民获得合法居留身份。吕主任多次强调，这才是根本性的目标。他要求我们积极调动、配合、协助内外各方力量，配合内外各个方

九、"打蛇捉马",破解委内瑞拉侨胞困局

面开展工作。2003年年底,我调研组向我驻委使馆反映这一严重问题后,外交部高度关注。我国驻委大使馆积极开展工作,大使等高级官员多次与委有关方面负责人,甚至最高层进行接触、磋商;在委侨胞及社团也利用与委内瑞拉政府部门及官员建立的良好关系,积极为新侨民争取利益。经过包括中国和委内瑞拉周边国家在内的众多国家不懈地外交努力等因素的推动,委内瑞拉政府终于在2004年颁布了有关的总统令,宣布在委内瑞拉的非正常居住者可以获得合法身份(即所谓"大赦")。

真乃水到渠成。为了抓住时机,协调我方移民顺利办理获取相关合法身份的手续,2004年9月,吕主任再次指派我率一个有江门、恩平侨务局人员参加的协调工作组赴委内瑞拉开展协调工作。我们走访众多新侨民,了解他们在居留、入籍中存在的问题和困难,与使馆密切配合协调,以确保我移民合法居留问题的解决。一天午餐后,我从大洋彼岸打通了吕主任的国内手机,告诉他,经向我驻委使馆了解,有超过3万名来自中国(主要是恩平)的非正常移民在"大赦"中顺利办理了取得合法身份的手续(包括居留和入籍),他只频频说:"好,好!"话语不多,但仍能感觉到他的欣慰。只是,这时我才猛然觉醒,在中国现在已是午夜时分了。

"关键是要敢于和善于协调各方力量"

侨务部门、我驻委使馆及有关部门为解决我在委移民的居留、入籍问题和打击"蛇头"行动所作的努力,得到在委侨胞、华社的充分肯定和广泛好评。当地媒体称:广东侨务部门的工作是真正"为侨胞办了不少实事好事,解决了实际问题","给旅委侨胞留下了一份实实在在而又十分珍贵的大礼物"。

回顾我们克服艰难、达至目的所走过的路,令人感慨而难忘。由于"打蛇捉马"触及了一批犯罪分子,甚至个别公务人员的切身利益,老实说是有危险的,无论在国外调研或是在国内处理此事,一些同事也曾为我们担心,以致后来一些同事有时反而会戏问:不怕死啊?但是吕主任似乎

"战犹未酬",为了巩固战果、增强侨社正气、震慑境外犯罪分子,2005年5月,他指派组成一个文艺团组赴委支持委内瑞拉华社文化活动,10月又再次指派我代表省侨办协同省委政法委组织各参与专项整治工作的成员单位组团赴委内瑞拉,向中国驻委大使馆和当地侨界通报专项打击行动情况,向广大侨胞宣传祖国打击非正常移民违法犯罪活动的决心和成效,并与当地侨界建立有关反偷渡情况的信息联系渠道。2007年5月又再次派团赴委,加大宣传,深化工作。

非正常移居委内瑞拉等问题的解决,吕主任付出了许多艰辛。是他的大勇大智增亮了"为侨服务"的光彩。所以他常在全省侨务部门的会议上鞭策大家:为海外侨胞的生存发展服务,会遇到各种各样的困难,但侨务部门可以有所作为,"关键是要敢于和善于协调各方力量,不怕碰硬、顽强去办!"现在在委内瑞拉华社几乎无人不晓"吕伟雄"这个名字了,以至一些侨胞语带敬意地称他是"黑侠"!有时,回想起省侨办近几年干出的桩桩"出彩"的侨务大事,看着他拼命苦干、不撞南墙不回头的那股"蛮劲",慢慢体味他"要善于把小事做大、虚事做实、难事做顺,把别人做不到的事做得光辉灿烂"的箴言,你不由得敬佩他一个不折不挠的勇士,一个"大写的人",这时令人常想起他在中山市工作时,著名漫画家廖冰兄老先生给他漫画像中的那句题词:"不怕为中山人民企波台(意即挨批斗,编者注)……"

(2007年6月)

十、所罗门撤侨的六天六夜

1. 2006年4月19日：上班时间没到，座机电话响个不停

2006年4月19日，星期三。

我像往常一样，早上8时前到达办公室。办公室门还没打开，只听见座机电话铃声响个不停。上班时间没到，就有电话来？我内心有点不解。

我拿起座机，电话那头传来的声音，急促得几乎没有标点符号。主要内容是，所罗门岛国因总理选举产生两派分歧，反对派指责选举结果有鬼，要求重新举行选举。数百名示威者于18日在议会大厦、总理府和市中心商业区等地举行抗议活动，并且与维持治安的澳大利亚和新西兰警方发生激烈冲突。抗议活动在当天晚上演变成骚乱。唐人街的大部分建筑物在骚乱中被烧毁。许多华人商店被歹徒洗劫一空。近千名侨胞逃至当地警察局及教堂避难。

打电话给我的是旅居所罗门的开平籍侨胞邓祖安。他在所罗门经营服装百货店，前几天从所罗门回中国办货。他是昨晚深夜接到在所罗门的太太来电，才知道此事的。今天一大早便不断拨打我办公室的电话，直到我接电话为止。

我不认识邓祖安，不能肯定邓祖安所说的是否属实，担心有诈。一个陌生人来一个电话，说的又是海外发生的事情，上级也没有任何指示，我

完全可以回复：知道此事了，等待上级指示再处理。这样较为明哲保身。但转念一想，所罗门还没有与我们建交，又是远离大陆的岛国，要是我不及时跟进，怕会误了大事，令侨胞受苦。我宁可信其真，不可视其假。

我急急走出自己的办公室，往广东省海外交流协会秘书处走去，要林克风秘书长拿出《海交会成员通讯录》，查找海交会理事、所罗门中华总会名誉会长王家兴的手提电话号码。

从与王家兴通话开始，我意识到要办公室人员把所有通话都做好电话录音。

王家兴正在唐人街被火烧的现场。电话那头，王家兴对着我放声哭泣。

以下是我与所罗门中华总会名誉会长王家兴的通话录音（2006年4月19日上午8:45）：

吕：据所罗门的侨胞邓先生说所罗门发生骚乱，唐人街全部被抢光烧光，有此事吗？

王：我刚开车到唐人街看过，惨不忍睹，整个唐人街烧了八九成，夷为平地了，好惨啊！（王家兴泣不成声）

吕：我们会将情况报告国务院侨办。因为（房子）被烧的大部分是广东人，我希望通过你转达省侨办对（房子）被烧的那些人、对现在受到困扰的那些人表示慰问。

这事有可能导致像2000年那样，由我们派飞机去相邻国家把同胞接回来，这要等外交部决定了。

王：这次比2000年严重多了，上次只是抢东西，这次又抢又烧，几百人逃到警察局里避难了。

吕：你代表我们先向那些受难的人表示慰问，告诉他们，我已经知道情况，已经做好准备了，国家有什么行动，我们会马上接应的。希望他们不要参与有可能造成更大的暴乱的那些活动，首先要平静下来。

王：多谢！多谢吕主任！

吕：有事就打手机吧，我们有时不在办公室。我把我的手机和林克风的手机号码告诉你。

真奇怪，所罗门这个岛国，百多年前已经有广东人在此谋生，但现在却没有广东人的社团。而王家兴先生不是广东人，我们聘请他为广东海外交流协会的海外理事，在这次事件中便体现出其作用来了。

过往很长一段时间，我省各地的侨务机构，几乎只与本地乡亲联系，很少与非本地籍的侨胞来往。我任省侨办主任后，花大力气扭转这种状态。首先以改革海交会理事成分开始。从当年只有30多个全是广东人的海外理事，逐步发展到有各省籍侨胞参与的500多人的海外理事，王家兴便是这种理事之一。

王家兴证实所罗门唐人街被烧光的事实。但受害同胞的状况如何呢？我继续拨通邓祖安太太司徒女士的电话。邓太的电话号码是我在接邓祖安先生来电时向他要到的。邓太此时正与几百名侨胞在当地的一个警察局里避难。

以下是我与所罗门侨胞司徒女士的通话录音（2006年4月19日上午9:00）：

吕：邓太吗？我是中国广东省侨办吕伟雄，我想了解你们现在的情况。

司徒：我们现在所有的中国人都集中在警察局这里。

吕：有多少人？

司徒：大约有600人。

吕：情况怎么样？

司徒：全城都已封锁，不让人走动了，我们房子都烧光了，中国人都到警察局这里，但还有些人没能来。

吕：为什么？

司徒：有一些人联系不上。

吕：有没有人员伤亡？

司徒：暂时没有人员伤亡。但有几个人联系不到。

吕：听说他们（指所罗门当地搅事者）在另一个地方拆华人的房子？

司徒：现在已不只是拆房子了，是烧房子了。

吕：情况还在继续恶化？

司徒：继续恶化。

吕：当地政府有什么措施？

司徒：哪有措施？完全没有办法。

吕：你们全部都在警察局吗？

司徒：我们分散在两个警察局，还有部分人没有来。

吕：警察局现在有没有警察在？

司徒：有一些警察在这里。

吕：你们昨晚就在警察局过夜吗？

司徒：一部分在警察局，一部分在家里。

吕：财产如何？

司徒：所有财产全都没有了。

吕：我过两个小时再给你电话。请保持你的手机有充足电力。

司徒：好，我尽量保持手机有电。现在中国方面怎么样？

吕：我们会积极向上面反映的。

司徒：一有消息就给我们电话。我们全部中国人都在这里，没有办法了。

吕：你与大家说一下，广东家乡已知道这些情况了，正在向有关部门

十、所罗门撤侨的六天六夜

反映,请他们要自己注意保护自己。

司徒:警察局这里不安全,搅事者随时可以进来的。你们尽快联系国务院那边吧。我们这里什么都没有了,粮食也没有了,水也供应不上。

吕:请保持电话有电,我们保持联络。

司徒:好。

情况基本清楚后,我意识到要立即向国侨办汇报请示。大概9点30分,我拨通了国侨办国外司司长熊昌良办公室的电话。熊司长此时还不知道所罗门发生的事。他能听懂粤语,于是我把与王家兴及司徒女士通话的录音通过电话播放给熊司长听。熊司长听完后表示必须立即报告国侨办领导及报告外交部。

2006年4月,所罗门群岛侨胞在警察局避难

向熊司长电话汇报后,我立即成立一个应急事件策划小组。小组由我与秘书处处长林琳负责,先准备一个预案。我想,在上级没有明确指示前,先由少数人做一个预案,不必让所有人蜂拥而上,这样较为稳妥。

同时,我起草了《所罗门群岛发生骚乱,华侨华人安全受到威胁》的报告,紧急送至省政府及国侨办。

中午时分,主管侨务工作的常务副省长汤炳权在报告上批示:"伟雄同志:密切关注,妥善做好相关工作。"

接到省政府办公厅传来汤炳权常务副省长的指示后,我到饭堂打了午饭,拿回办公室,在办公桌前边吃边与王家兴通电话,了解唐人街被烧的原因。

下午上班时间一到,我立即把向王家兴了解到的情况向国侨办熊司长汇报,并通过熊司长了解我外交部的具体行动。

熊司长告诉我,已经向外交部报告了。虽然对所罗门唐人街火烧事态未明,外交部已通报巴布亚新几内亚、澳大利亚、新西兰等几个附近国家请求协助。并指示中国驻巴布亚新几内亚大使馆迅速派员赶往所罗门实地考察。但是,巴布亚新几内亚这个国家到所罗门的航班不是每天都有,再转别国航班进入所罗门更是不行,只能等两天后才能启程。

我再次起草紧急报告《所罗门群岛暴动引起华侨华人人心惶惶》,向国侨办及省政府报告。

傍晚4时半,我再次与所罗门王家兴通电话,知道澳大利亚、新西兰都派飞机和警察抵达所罗门,协助维持秩序。我想,这一定是我国外交部向这两国打招呼之后,这两个国家有所行动。

精神紧张地忙了一整天。到下班时间,我让同事们回家去,自己在办公室整理头绪。到目前为止,上级还没有任何明确指示,我心里还是不踏实。

平日,傍晚下班,如果没有接待任务,我会到市场买菜,回宿舍边煮吃的边看书读报。这个晚上,我完全没有这心思,在路边大排档吃了点粉面,便回到宿舍。

整个晚上,我都在用有短波功能的半导体收音机收听境外电台,希望能搜集到所罗门火烧唐人街进一步的消息。

大概在凌晨时分,境外电台播出一则消息,澳大利亚和新西兰这两个国家准备从所罗门撤侨。澳大利亚和新西兰在所罗门的公民,大部分都是我们的海外同胞,只不过他们移民澳大利亚或新西兰后入了籍,持澳大利亚或新西兰的护照,在所罗门谋生。

我分析，持澳大利亚和新西兰护照的海外同胞数目并不多，如果澳大利亚和新西兰政府只撤走这部分人，大部分不是持澳大利亚与新西兰护照的侨胞会产生更大的思想波动。

2. 2006年4月20日：所罗门侨胞情况持续恶化

20日早上一上班，我立即再与所罗门王家兴通电话。王家兴告诉我，昨夜又有一个华人街区遭抢劫，几家华人商铺被焚毁。在与司徒女士通话中，更使我体会到侨胞们的焦虑心情。

以下是我与所罗门侨胞司徒女士的通话录音（2006年4月20日上午10:35）：

吕：司徒女士吗？

司徒：Hello！

吕：我是省侨办的吕伟雄，想了解一下在警察所里的侨胞情况如何了？

司徒：每个人都很彷徨，全都坐在这里。刚才有消息说如果下午3:00新政府不下台，闹事者将第二次对付中国人。现在每个人在这里都感到害怕。

吕：在警察所里的侨胞生活怎么样？有没有水喝？有没有东西吃？

司徒：有水喝，吃饼干。红十字会也有送东西来。但大家很担心、很惊慌，因为很多人的商铺都被烧掉了，连家都没有了，连护照都没有了。

吕：连护照都没有了？

司徒：是啊，因为全部烧光了。

吕：侨胞有些什么想法呢？

司徒：个个都想尽量早点走。我们的东西全都被烧光了，没地方去，唯一只能回中国啦，我们希望国家能够帮助我们回到国内。

吕：我理解侨胞的心情。

司徒：你们有什么消息给我们？

吕：我们昨天已经上报国侨办了，国侨办也与外交部联系了。现在还不知道上面有什么新的精神。我们会将你的这个意见迅速反映给上面的。

司徒：因为澳大利亚和新西兰已经接了他们的人。

吕：接走没有？

司徒：接走了。那些澳大利亚人20日已经走掉了。现在剩下我们中国人不知道怎么样，国务院那边有没有什么措施帮一下我们呢？

吕：我们现在正在联系。

司徒：我们就是等消息了，又害怕，因为那里的会议还在开。好多新西兰、澳大利亚人已经走掉了。

吕：哦。

司徒：你们抓紧反映吧，要不我们遭殃了。

吕：好。

司徒：谢谢你！再见。

所罗门侨胞情况继续恶化，澳大利亚、新西兰已经撤侨，各地侨办不断来电反映家属呼声，传媒记者不断追问我们有何措施，可上级还是没有明确指示。我得再向国侨办熊昌良司长反映情况。

以下是我与所罗门马来西亚籍华人王先生通话录音（2006年4月20日下午2:45）：

王：Hello！

吕：王先生，我是中国广东省侨办的吕伟雄。

王：哦。

吕：我想了解你们现在的情况如何。

王：现在很恶劣。

吕：怎么恶劣？

王：现在那些店铺都烧光了。

吕：昨天烧的，是吗？

王：昨天烧，今天又烧，都烧光了。

吕：今天又烧了什么地方？

王：中心地带，都是华侨住的地方。

吕：烧的是店铺还是住宅？

王：大多数是店铺，住宅也慢慢开始了。吕先生啊，这里很恶劣，你要尽快安排人走啊，那些搞事者整天说要行动，烧房子等。

吕：哦。

王：吕先生啊，你们要尽快安排呀。

吕：好，我们会向上面反映的，好吗？

王：侨胞等你的消息。不能拖，到时发生大问题就麻烦啦。

吕：我们明白。

王：有什么消息，你 Call 我吧。

吕：好。

这位王先生的电话号码是王家兴先生告诉我的，他在警察局避难，也出来到街道上看形势了。

我与各方通话后，下午再起草了《华侨华人急盼尽快撤离所罗门群岛》的紧急报告，发至省政府及国侨办，目的是催促上级尽快有一个明确的指示。

广东省省长在我们这份紧急报告中批示："请省侨办将情况及时向国务院侨办汇报沟通。"这时候，省长也只能干着急，因为确实没有收到国家层面的任何明确指示。

4月20日，就是在这样焦虑中度过了。

晚上，我还是继续用收音机收听短波电台，希望捕捉到所罗门侨胞的最新消息。

3. 2006年4月21日：十多位亚洲脸孔的人强行爬上澳大利亚军机

4月21日凌晨3点，我通过半导体收音机收到一则短波消息：澳大利亚军用飞机在所罗门放下50名澳大利亚警察后，10多位亚洲脸孔的人，不顾劝阻，强行爬上了军机。这10多人都是想逃离所罗门，军机无奈，只有带着这10多人飞回澳大利亚。这10多人大多是妇女，还有一名几个月大的婴儿。

我猜测，这10多人应该是我们侨胞，而且应该都是广东籍的乡亲。

4月21日上班后的第一件事，便与中国驻澳大利亚悉尼总领事馆一位广东籍的领事陈浩琦联系。

陈浩琦告诉我，确实有10多名同胞从所罗门坐澳大利亚军机飞到澳大利亚布里斯班一个军用机场了。而我国刚刚在布里斯班设立了领事馆，事情由新领事馆负责，领事是刚到任的，叫刘菲。我向陈浩琦要了刘菲领事的电话号码，要与她通话。此时刘菲正赶往某军用机场的路上，电话信号非常差。我拨了一个多小时，才拨通刘菲的电话。刘菲告诉我，领事馆所有人都赶到某军用机场处理此事了。刘菲了解到，这10多人全是广东籍，但具体是广东哪里人，她也弄不明白。只是这些人都要求回中国。

针对这10多个侨胞如何回国及机票费用等问题，我和刘菲领事有不同意见。

刘菲要求我们找到这些侨胞的亲戚垫支机票钱，但此时连这些侨胞具体是广东哪里人都还不清楚，如何找到他们的亲人呢？再说这个方法"远

十、所罗门撤侨的六天六夜

水救不了近火"。

我向刘菲提出,我可以通过让与广东有联系的布里斯班侨团先垫支机票款,刘菲又坚决反对。

刘菲的意思是怕"台独"势力节外生枝趁机搞事,所以,不赞成我们与当地侨胞联系。刘菲从外交政治的观点看待此事,我从侨务侨情看待此事。各执一词,谁也说服不了谁。

我只好退一步,让刘菲把这10多人的名单传过来,好让我们联系家属垫支机票。她先是同意,后又推翻,连名单也不愿意传给省侨办,要我们与外交部领事司联系,说她"只听外交部的"。

我十分无奈,只好挂电话,转身立即与广东省外事办领事处詹处长求救。詹处长与我熟悉,答应马上联系。

省外办詹处长立即打电话给外交部领事司,领事司回复说会通知刘菲领事把名单传给我们。外交规则就是如此僵硬机械,电话绕着地球转了一圈才解决了名单问题。

此时,就回国机票款项一事,刘菲领事又来电说,10多名希望尽快回国的侨民不愿意签订还款协议。刘菲要求我询问南方航空公司能否提供免费机票。我想,由我们联系南方航空,也许会同意,但这要浪费多少时间呢?一件大事却被钱的问题纠缠着,我内心很不是味道。

澳大利亚政府为这10多个侨民提供了两天的住宿、食物、衣物及每人150元澳币的生活费。对比之下,我也觉得惭愧。我干脆在电话里给刘菲领事一个承诺,请领事馆先行垫支机票款,如果这些款项最后没有出处,就由省侨办负责。我做出这个承诺,是急着想让这些侨胞赶快回国。刘菲希望我写一个担保书,通过传真发给她。我立即答应了。

挂了电话,我立即用广东省人民政府侨务办公室的便笺,写了担保书,签上我的名字,用传真发到布里斯班领事馆。

我承诺省侨办愿意承担费用,但我明白真的要支付时,财务制度还是不允许从省侨办公款中支付的。但我也觉得在这些大事急事面前，不能纠缠在一个"钱"字上，应该"特事特办"。当然，在我的直觉里，这样的突发事件，政府总是有解决办法的。

4月21日中午11时30分，我把手写的担保书传真到中国驻布里斯班领事馆。

12时30分布里斯班领事馆便向省侨办发来明电《协助安排周风秀等旅所罗门群岛中国公民回国事》，明电中要求我们迅速核实名单中其中3个人的中国身份。这3人所有证件都在大火中烧掉了。按有关规定，需要国内公安部门证实其身份，我驻外使领馆才给予办理临时手续回国。

这3个人全部是广州市的，我电话与广州市侨办联系后，10分钟，广州方面便回复核实了，我立即又电告了刘菲领事。此类小事，要是在平常，也许要好几天才能办完。这次，因为我们事前已经要求地方侨务部门做好有关准备，严阵以待，事情就变得相当快捷了。

落实好乘澳大利亚军机飞到澳大利亚的10多位中国公民回国手续的各种事务后，已经是21日下午了。从整个事态的进展，我预料我国政府会采取措施跨国接侨。我们自己必须未雨绸缪，准备大规模的接应工作。

当天下午，省侨办正式成立所罗门事件应急小组，由我担任组长，陈仰豪副主任担任副组长，秘书处、外联处等相关处室领导任成员。指定专人负责联系广州、江门等市的侨务部门。机要室、秘书处等部门派人二十四小时值班，并向国侨办、省政府等发出《省侨办积极协助抵澳所国侨胞尽早返乡》的紧急报告。

与此同时，省侨办向广州市、江门市侨务部门下发了《关于做好所罗门群岛骚乱涉侨应急工作的通知》，要求两市做好接侨准备工作。

21日深夜，省政府机要室已经收到驻布里斯班领事馆明电传真《13名旅所罗门群岛中国公民回国行程事项》，明确了首批侨胞返国的行程及时间。这批人将先从布里斯班飞抵悉尼，再从悉尼乘坐中国民航航班到广州。

4. 2006 年 4 月 22 日：国家决定派飞机从巴布亚新几内亚接所罗门侨胞回国

22 日是星期六，省侨办所有人员没有休息，照常上班，严阵以待。

刚上班，接到省政府转来外交部的电报，国家决定派飞机从巴布亚新几内亚接所罗门侨胞回国。

省政府转来的外交部电报中，有我省三位领导的批示。当时主管侨务工作的常务副省长汤炳权批示："此事我已要求省政府办公厅、省侨办提前做好相应预案，请××、伟雄、子强同志继续跟进落实，务求把接侨工作做实、做细、做好。"

时任省长批示："认真准备，妥善做好接待工作。"

时任中共中央政治局委员、广东省委书记批示："按外交部国侨办有关指示精神，认真做好撤侨、接侨、安侨各项工作。"

因为所罗门的机场降落不了大型飞机，而巴布亚新几内亚离所罗门较近，必须租用小型飞机飞到所罗门首都霍尼亚拉把侨胞从所罗门接到巴布亚新几内亚，再从巴布亚新几内亚乘我国的大型包机飞回中国广州。

我国驻巴布亚新几内亚大使馆接到撤侨决定后，大使魏瑞兴随即打电话给正在家乡度周末的巴布亚新几内亚总理索马雷，并紧急约见该国相关官员，通报中国政府撤侨决定，请求给予协助。

索马雷总理中断在家乡的休假，赶回办公地，并立即成立包括总理府副秘书长、外交部副部长和机场负责人在内的特别小组，协助中方撤侨。

有一个细节是很感动我们的：中国侨胞从所罗门进入巴布亚新几内亚必须获得巴布亚新几内亚的签证，按巴布亚新几内亚当时的办证规定，短时间内根本无法完成。巴布亚新几内亚总理索马雷破天荒地指示巴布亚新几内亚驻所罗门大使馆，所有人员停止休假，到中国侨胞的避难处特事特办为中国侨胞办理签证手续。

巴布亚新几内亚作为一个小国，飞机数量有限，加上是周末，派飞机前往所罗门接侨只能压缩原有航班，腾出飞机让中国大使馆租用，飞往所罗门。

中国大使馆租用的四架飞机先后从所罗门接回了312名我侨胞到巴布亚新几内亚。侨胞抵达巴布亚新几内亚机场时，巴国警方还出动警车护送侨胞到驻地。

通过这个过程中，我们不但看到了大使馆的努力，更感受到了巴布亚新几内亚政府对待中国的友好态度。

4月22日这一天，实在是忙得不可开交。在国外，中国驻澳大利亚布里斯班领事馆要把乘坐澳大利亚军机的10多名侨胞从布里斯班送到悉尼，准备坐中国民航回国。在所罗门避难的几百名侨胞开始在中国驻巴布亚新几内亚使馆人员及所罗门国热心侨领的安排下先后分乘四架飞机飞到巴国。在国内，我们从早上接到省政府转来的有关我国将派包机赴巴布亚新几内亚接侨的外交部电报及广东省各级领导批示后，便立即与省外事办公室、口岸办公室、公安厅、民政厅、海关广东分署、广州边检站、南方航空公司、广州机场及广州市侨办、江门市侨办协调几百名侨胞入境落地等问题。这些侨胞中，由于许多人的护照证件在大火中被烧毁，故需逐一由在所罗门工作的巴布亚新几内亚大使馆人员向我们省侨办送来名单，又由省侨办向地方侨务部门求证，地方侨务部门又再向地方公安部门求证。这样的程序在国内与境外之间反复来回，手续非常繁杂且不容疏漏。

像打仗一样，忙了一整天后，在下班前省侨办向有关部门及领导发出了《省、市侨办已做好准备协助首批回国所罗门侨胞返乡》的侨务信息。

5. 2006年4月23日：我们只是接13位返国侨胞，可现场来了近百名记者

4月23日比22日更忙了。

十、所罗门撤侨的六天六夜

一大早收到省政府转来电报：中央将派出由外交部、公安部、国侨办、国务院港澳办组成的工作组赴广东协助接侨工作。

电报上有常务副省长汤炳权的批示："请××同志（时任省政府副秘书长）在中央工作组的指导下，抓紧研究接侨、安侨方案并报省政府。"

上午，该省政府副秘书长在省政府召集侨办、外办、公安厅、民政厅、海关广东分署、广州边检总站、南方航空集团、省机场集团等有关单位和广州、江门市政府有关负责人开会，对接侨、安侨工作做了研究和部署。会上，决定成立"省政府接侨工作协调小组"，由我担任组长，省外办副主任傅朗任副组长。

常理上，一个国家从别的国家撤回自己的侨民，属于外交层面的事情，中央工作组也是由外交部牵头的，而广东的协调小组却是由省侨办牵头，这似乎不合常理，但现实只能这样。

因为此事从一开始便由省侨办掌控，再者侨民回到国内，许许多多的具体事情都要用国家侨务政策去指导。所以连我自己也认为由我任这个协调组长是从实际出发的。实际上到了此时此刻，要完成这个任务，各有关部门要落实本部门的职责，也必须在省侨办的统筹下去完成。

这一天，为了核实几百名侨胞的真实身份，省侨办的电话、传真忙个不停，除了要不断与巴布亚新几内亚大使馆密集通话外，还要不断把名单、资料传送到地方侨务部门核实，核实之后又要通过省侨办回复驻巴布亚新几内亚大使馆。

与此同时，10多名已经在澳大利亚的所罗门侨胞，当天下午从悉尼飞抵广州，中外各类大小传媒又极其关注这一事件，不断来电询问情况，了解具体宣传口径，可上级对事件的宣传口径还没有任何指示。我们的工作规矩是"外事无小事"，绝不能掉以轻心，于是在通告省委宣传部后，我们主动以省侨办名义向各新闻媒体发出了《关于所罗门群岛侨胞回国接侨新闻报道指引的函》。

用现在的观点来看,在没有上级任何指示之前,省侨办向传媒发出这样的指引,往好了说是敢于担当,往坏了说是自作主张,如果这个指引与国家"精神"有抵触的话,将担负起很多责任。尽管有如此风险,我们评估后,还是义无反顾地发出了指引,这样的义无反顾,来自我们对自己工作的自信,这样的自信源自我们的责任和担当。

按工作安排,下午3时省侨办和省侨联有关工作人员赶赴白云国际机场,准备接应从悉尼飞抵广州的13名返国侨胞。

我们只是接13位返国侨胞,可现场却来了近百名各类记者。记者的数量已经多到影响机场的正常秩序了。各路不请自来的记者蜂拥而至,都挤占在接机大堂的通道上,令场面有点混乱。这始料不及的场面,让我感到责任重大了。更令人忧虑的是,此时此刻中央工作组还没赶到,上级还没有报道的指引。我真的担心各类媒体的报道会出现负面的消息。

事情到了这般田地,担心也是无济于事的,我想不如主动向记者们做个正面宣传。于是,我让工作人员把近百名记者招呼到机场外面的草坪上,用手提喇叭向记者们讲述事件的背景,解释了事件的性质以及侨务的若干政策。现场解答记者的提问,我向记者们说明:这次不是所罗门国家"排华";回来的侨胞也不属于"归侨",他们不是回国定居,待所罗门局势稳定后还将回到居住国谋生;这些人在国内大都有亲人或家庭,无须政府统一安置。

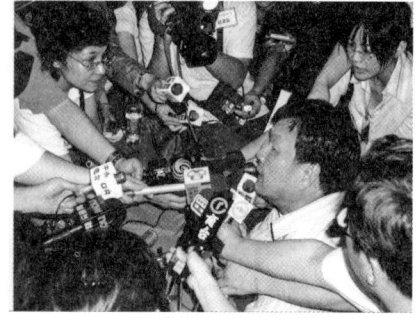

2006年4月23日,采访记者挤满机场大堂,作者向记者说明情况

十、所罗门撤侨的六天六夜

我觉得在这紧急情形下,我必须决断地这样做。记者们都赶来了,你能回避吗?事后证明,我这个举动是有必要且及时的。正是这个举动,使整个事件的新闻报道十分成功,如同向广大新闻记者上了一堂侨务知识、侨务政策课。

18时22分,首批13名所罗门侨胞抵达广州白云国际机场。13名侨胞中,男性3人,女性10人,4人原籍广州,9人原籍江门,年龄最大的47岁,最小的为5个月大的男婴。

2006年4月23日,在广州白云国际机场接13位侨胞返国的情形

急着抢镜头的记者把通道全都占满了,我和工作人员全都成了秩序维护员,提着行李领着10多位侨胞冲出记者的重围。

原先安排了一个迎接仪式的地点也被过多的记者占据了,原本准备送给两位侨胞小朋友的两只小熊猫玩具,也在拥挤忙乱中丢失了一只。我们只好转到机场的金龙酒家边吃边座谈了。

以下是我在白云机场餐厅招待田穗珠等13名侨胞的录音（2006年4月23日晚上8:00）：

吕：大家已经很累了，都坐下吧，马上开饭！

田：说实话，去那个"难民营"，吃饼干。那里只是用铁丝网围住，如果当地人进一步进攻的话，我们手无寸铁……澳大利亚兵这么高大的人，都被打伤几十个，住在医院里。

吕：已经入了当地的"难民营"啦？

田：是啊。

吕：再逃出来呀？

田：当地的红十字会安排我们坐军机走的。当时安排我们9个大人、2个小孩儿。谢谢领导关心。我们能够安全回来，全靠党和政府，还有你们的工作人员全力地支持我们。

吕：领导都有专门的批示，要我们处理好这件事。你在那边有商铺也烧啦？是餐厅还是什么？

田：餐厅、杂货铺都有。

吕：这13个人有几个店铺给烧啦？

田：全部都是。

吕：（问其他侨胞）你们的店铺都烧啦？你的也是？你的店铺是做什么的？

侨胞：卖衣服。

吕：你去了多久？

侨胞：两年多。

侨胞：如果不是广东省肯担保，我们都不知道还要在外国待多久。

侨胞：我们没衣服穿，谢谢他们给我们买衣服的钱。

吕：那是澳大利亚政府给的？

田：不是，是中国政府给的，这件衣服很有纪念价值，"温暖牌"。澳大利亚很凉，广东很热，你叫我换，我都不换，一直穿着。

吕：哦。

田：衷心感谢祖国。如果中国与那里建交的话，就不会有这么多麻烦。

吕：田小姐，你留一个联络方法给我，我们有事再与你联络，我叫我们的处长登记一下。

田：我的手机是×××。

吕：（问侨胞李玉兰）这个小朋友是五个月大？

李玉兰：五个半月。

吕：五个半月。（问侨胞胡美梨）那个小朋友是两岁吗？

胡美梨：四岁。

吕：四岁。就两个小朋友。

田：我们真是很幸运，这么多人，我们先跑出来了。

吕：好，大家吃东西啊。开心点了，回到这里，一切平安了。今天因为记者太多了，挤得我们没办法。本来有一个欢迎仪式，要送花给你们的，结果搞不成。（对两个小朋友说）还有两个熊猫玩具，一个送给你，一个送给他，但其中一只不知道哪去了，还是今天专门去买的。

田：多谢你们！这么好的安排。我们肚子饿，你们给东西我们吃；我们冷，你们就给衣服我们穿。好像父母一样。

吕：是中国领事馆给你们衣服的吗？

田：在悉尼那时，他们给钱我们买，因为悉尼的气温稍微偏低。我们就买了这些衣服了。

吕：哦。

田：各位姐妹们，我们一致举杯，感谢领导！

吕：好！欢迎你们安全回来！

众侨胞：多谢领导！这么多领导来关心我们！

晚饭后,由广州市及江门市侨办派车把 13 名侨胞送回每个人的家中。有记者还坚持一起跟车前往各人家中跟踪采访。我们也一直电话跟进每一位侨胞回到家中,见到家人为止。

2006 年 4 月 23 日,作者(前左三)与十多位回国侨胞合照

当晚 11 时,由时任外交部领事司副司长朱桃英任联合工作组组长的中央工作组飞抵广州。我们就在机场立即向工作组汇报整个工作进程及明后天的工作计划。就在这个汇报会上,形成了《广东省政府工作组 4 月 24 日—25 日接侨工作的具体实施方案》。

24 日凌晨,我们把昨晚 13 位侨胞平安到家的情况用《侨务信息》向省政府及国侨办报告,同时,也向中国驻布里斯班领事馆发了电报。

6. 2006 年 4 月 24 日、4 月 25 日:南航包机 24 日下午 5 时 30 分从巴布亚新几内亚莫尔兹比港机场起飞

包机于 25 日 0 时 29 分安全抵达广州白云国际机场。

24 日上午 8 时 30 分,省侨办所有人员集中到省侨办礼堂,作迎接第二批返国侨胞的最后总动员。为避免出现如前一晚记者蜂拥的混乱场面,我们决定设立记者采访专区,并指定林琳与黎静两位处长负责。还特别与巴布亚新几内亚大使馆王岗主任商量,在返国侨胞中,挑选几位对事件知

情的、在事件中受害严重的、身份不同的侨胞接受记者采访。

整个上午,省侨办与巴布亚新几内亚大使馆,省侨办与广州、江门等侨务部门,广州、江门侨务部门与该市公安部门之间的电报电话,犹如织布的穿梭机,都在围绕弄清300多名返国侨胞的准确籍贯和正确身份而不停沟通联系。

要知道这300多人都是在发生大火的情况下逃离火海的,相当部分人身上没有任何身份证明文件,而我们国家规定必须凭有效身份证明文件才准予入境。再者,这些侨胞从所罗门分四架飞机飞抵巴布亚新几内亚时,组织者只着重尽快让侨胞离开这危险之地,当侨胞全部撤离到巴布亚新几内亚之后,又必须立即考虑安排他们回国的事宜,此时必须立即着手弄清他们每个人的真实身份。这些繁杂而细致的核实工作,必须在飞机从巴国起飞后至白云国际机场降落前全部完成。而要完成这些工作,又必须在跨国、跨部门且互不见面的情况下完成。

巴布亚新几内亚大使馆工作人员把300多人的个人资料逐个登记完成后,分四次电传至省侨办,我们又立即按地籍分传至各地侨办,各地侨办又立即分传至县侨办,各县侨办立即传至当地公安部门,由公安部门核实并出具证明,再把证明在传真线上原路返回,集中到省侨办,再回复我驻巴布亚新几内亚大使馆。300多人中,有香港人、外省人,也要做同样的处理。

一直忙到下午3时。按计划我与具体工作人员进入广州白云国际机场,对若干事项做最后的检查落实。

晚饭在机场吃盒饭。之后,省公安厅、外事办、口岸办、民政厅、海关广东分署、广州边检站、南方航空集团、省机场集团等有关部门具体工作人员全部就位待命。紧接着,广州、江门相关市、县的接侨工作人员及汽车也齐集机场。20多部接侨汽车按指定区域停放。

晚上10时过后,中央联合工作组有关领导、常务副省长汤炳权、省有关部门领导及香港特别行政区行政官员全部守候在机场,迎接返国侨胞。

为了节省返国侨胞到达广州白云国际机场办理入境手续的时间,我们与边检部门事先协商好,把入境申请表交由接侨的南方航空公司,拜托他们在飞机上协助填写。南方航空公司比我们想得更周到,他们为侨胞们准备好了每人一面小的中华人民共和国国旗。

尽管我们反复检查各项工作,希望整个接侨工作安排得天衣无缝,结果还是忙中有错,出现了一大疏漏。当满载着300多名返国侨胞的南航飞机还有一小时便抵达时,驻机场卫生检疫部门负责人来到我面前,请示有什么需要该部门协助的?此时,我才醒悟到侨胞入境还需要办理卫生检疫手续,而这手续事前在巴布亚新几内亚并没有办理,但如果要对300多名侨胞在入境时做一次身体检查,实在是毫不现实。

2006年4月25日,各市接侨队伍在白云机场齐集等候

对此疏忽，我当面向卫生检疫部门负责人做了检讨。经协商及请示中央联合工作组后，决定特事特办，由卫生检疫部门现场对每位同胞进行简单问询后，放行入境，再由各市卫生部门负责事后跟进，并由省侨办收集情况向省卫生检疫部门报告。

南方航空公司接受了派机接侨任务后，调派了最先进的波音客机、技术最精湛的飞行机组执行任务。南航包机CZ556是在中国时间24日下午5时30分从巴布亚新几内亚莫尔兹比港起飞，于25日0时29分安全抵达广州白云国际机场。

包机抵达后，负责安排记者采访的林琳、黎静两位处长先上机，把6位准备接受记者采访的侨胞引带到记者采访区。

随即，我陪同常务副省长汤炳权、中央联合工作组外交部领事司副司长朱桃英、省外事办副主任傅朗等各部门领导登上该机，欢迎侨胞返回祖国。

我用飞机上的报话器，主持了一个简单的欢迎仪式。汤炳权常务副省长和朱桃英副司长做了简单的欢迎词后，300多名同胞在南方航空地勤人员的引导下，有序地进入专区办理入境手续。

乘包机回国的共有323名人员，广东籍271人，外省籍21人，香港特别行政区31人，男性165人，女性158人。年龄最大者89岁，这次是一家三代一起回来，年龄最小者为出生才14天的女婴。

省直各部门高度重视这次接侨：南方航空公司派出了50多名地面服务保障人员，广州边检总站和白云机场边检站调配了108名干警，站领导亲自到现场指挥，开放了全部22条通道，使侨胞快速入境，省公安厅副厅长罗娟还到现场指挥协调，为45名在大火中失去了证件的侨胞现场办理了出入境证件。

随后省侨办、省侨联及各市县侨务部门人员负责引导已办好入境手续的侨胞，分乘各路汽车回家。其中香港同胞也由省侨办派专车送往入住花都三峰酒店。第二天，由香港特区政府人员陪同在午饭后经深圳皇岗口岸返港。香港同胞获特区政府每人8000港元的紧急援助。

原籍地较远的外省籍侨胞也先安排入住机场酒店，天亮后再由省侨办资助购买长途车票，并送给每人300元零花钱。

25日早上7时左右，广州及江门籍的返国侨胞全部抵达家中与亲人团聚。

25日早晨，省侨办专发电报至驻巴布亚新几内亚大使馆，告知侨胞平安归家，感谢他们的辛勤工作。

7. 受困侨胞几经波折终于回到祖国，但侨务部门还有许多具体事宜要跟进落实

受困侨胞几经波折回到祖国，回到自己的家。但是，侨务部门还有很多具体事情要跟进落实，为侨胞服务的工作还没有结束。

4月27日早上，我又专程到江门市与江门市政府副市长一起到开平，召开返国侨胞的座谈会，了解他们希望解决的具体问题。座谈会上，侨胞们集中反映了三个问题。

第一，子女在国内读书的待遇问题。返国侨胞中有众多人的子女本来都跟随父母在所罗门读书、生活，这次事件后，大都计划先留在国内读书，而当时是学期中间，涉及插班、学费等问题，需要政府协助解决。

第二，在大火中失去证件的侨胞，希望尽快能把证件补办。

第三，大火烧掉了谋生的店铺，对恢复经营缺乏资金的侨胞，希望政府能出政策协助贷款重建店铺。

4月29日，我以省政府接侨工作协调小组组长的名义，组织公安厅、民政厅、教育厅等部门及广州、江门侨务部门领导召开协调会，经讨论形成了解决上述问题的指导性意见。

侨胞们提出来的问题，孩子读书、证件补办都容易解决，难的是如何

让他们有经济力量重建店铺。

从政策上看，政府不可能直接拨款解决他们这个困难，这部分侨胞原本都是生意人，如今只是一时受难受困，应该想出让他们自力更生解决困难的办法。

我当时提出，侨胞们在国内大都有房产，可以用房产向银行抵押，贷款后到所罗门发展。这个想法是好的，但实施起来有困难，按国内金融外汇政策，就算贷到款钱也带不出境。还是生意人有做生意的办法，他们认为只要用房产能抵押贷款，款到后采购商品，再运到所罗门出售，这样钱就已经在境外了。据我所知，后来大部分侨胞都是用这个变通办法解决困难的。

8. 外交部专电盛赞广东省政府"圆满完成了任务"

这次广东接侨工作，外交部十分满意。接侨工作刚结束，外交部专门向省政府发来感谢电，盛赞广东省政府"高度重视所罗门撤回侨胞的接机和临时安置工作，准备充分，组织有序，措施到位，安置妥善，圆满完成了任务"。

省长也在省侨办《关于所罗门侨胞回国接待工作情况总结报告》上批示："此事办得好，应对及时，准备充分，接侨周密，效果良好，应予表扬。"

常务副省长汤炳权也在报告上批示："接侨工作任务完成得很出色！通过你们的努力，赢得了侨心，树立了我国、我省良好的国际形象。感谢广州、江门市政府、各有关部门以及所有为此做出努力的同志们！"

中国在所罗门跨国撤侨，国内境外媒体做了大量跟踪报道，从大量报道中，我们看到了对国家把华侨看作国家利益的赞许。如《南方都市报》的标题是《海外华人也是一种国家利益》，《环球时报》评论标题是《撤侨背后的国家力量和责任感》，《人民日报》海外版的评论标题是《撤侨行动中的国家关怀》,《国际先驱导报》的标题是《中国领事出现新的所罗门模式》。

我觉得,所罗门跨国撤侨事件之后,我国的国家形象在外交层面上有了一个很好的提升,尤其是国家对海外侨胞情况的关注,成为我国驻外使领馆工作的一个新的关注点。

有一个小插曲,还得交代一下。我写给布里斯班领事馆的担保书,又是如何了结的呢?在完成撤侨工作的十来天后,布里斯班总领事馆发来函件,要求支付第一批回国侨胞的机票款项。可在他们催收款项前两天,外交部已经发了文件,明确整个撤侨费用全部由国家财政负担。我想,刘菲领事也许还没看到此文件,于是我回复她按外交部文件执行。

其实,在写这份担保书时,我直觉撤侨费用国家会承担的,但在那个节骨眼儿上,我没有时间也没有精力去与刘菲领事为这一小事争辩,你要我写担保,写就写吧!要是在年轻时碰到这种事,我一定要争个面红耳赤,水落石出。如今经历多了,懂得许多时候要办成一件事,先做点妥协是成功的必要因素。

9. 我的几点体会

所罗门撤侨后不久,国务院侨办以"海外侨务应急"为主题举办了一期培训班,培训班的学员除各省侨办领导外,还有一些驻外使领馆工作人员及海外华社负责人。国侨办指定我以所罗门接侨为例,谈谈海外侨务应急事务。

我在培训班上谈了几点体会。

第一,要有极其高度的责任感。

所罗门唐人街被烧,给我来电话的是陌生人。这消息不是来自上级,也不是正常途径,在这万花筒般的社会很难确定这一消息的真假。再说,就职责范围来说,在国外火烧唐人街是属于外交事件,从职责上看,我完全可以抱着"知道此事了，等待上级明确指示吧"的态度，也许，这是最明哲保身的办法。但是，侨务责任感驱使我必须弄清事情的真相。我不及时了解，也许误了大事，侨胞将要受苦。

第二，准确弄清事件实情，客观评价事件的性质，迅速向上级报告。为了让上级领导更真实了解实情，我把与所罗门侨胞的通话录音整理成文字一起报送。

第三，处理突发事件要敢于打破常规。

按常规我接电话后，可以安排办公室同事去了解情况向我汇报，可以由外联处提出具体方案后我再做安排。可是，往往许多急、难、险的突发事件，就是不能按常规处理，更不能假手于人，我必须事事经过自己了解，以掌握事态的真实面目。比如，向中国驻布里斯班领事馆发出担保书，也是破了常规的。

十一、"怨侨"事件是谁惹的祸?

紧张的所罗门接侨工作完成了。侨胞们又陆续回到所罗门重新创业谋生。我开始冷静地思考所罗门唐人街被烧的深层次原因。

我想,所罗门首都霍尼亚拉,这个弹丸之地,是什么原因吸引这么多中国人在此谋生?大多数的谋生者都是广东五邑人,这又是什么原因?有什么原因导致当地人突然放火烧掉了唐人街?侨胞回去所罗门后,生意如何重新振作呢?就算唐人街重建起来,会不会过几年又被再次烧掉呢?

一个又一个问号,不断在我脑海翻滚着冒出来。

我觉得我应该亲自到所罗门做一次侨情调研,实地探个究竟。

1. 为了踏足所罗门,我们打了个"擦边球"

像我这样身份的人,如何踏足所罗门也是一件头痛事。那时,中国与所罗门仍未建交,持有中华人民共和国公务护照无法获得签证,而我们的侨情调研显然属于公务活动。

在那个年代,侨务工作在观念上还有不少束缚,如未建交国家被看成侨务工作的"敏感国家",这些国家的侨团又大都被看作"亲台社团"。可我却认为,新形势下的侨务工作一定要破除掉"敏感国家"不敢碰的保守观念。

于是,2006年6月22日下午,我带上省侨办处长郑建民"特事特办",

经澳大利亚进入所罗门首都霍尼亚拉。

2. 所罗门首都霍尼亚拉的第一印象

所罗门机场很简陋。出机场后,没有机场大道,汽车在一条沙石小路上行进,路两旁没有行人道。却是在山脚下,参差不齐地搭满了破旧的铁皮屋。这破旧的铁皮屋,全是用被遗弃的废料,又被居住者捡回来搭建而成的。

天色接近傍晚,我们在路边一间简陋的小旅馆安顿下来,便急急出门了解周边的环境。

霍尼亚拉是所罗门的首都。转了一圈后,我心里暗想,这个地方还不能算是城市,因为几乎没有城市基础设施,道路没有红绿灯,更找不到人行横道。看不见高楼大厦,有一座四层高的商厦算是这里的商业中心,里面有银行、保险公司、外国人的公司、医疗机构等。

顺着此商厦往地势低的地方望去,用各种本来不是建筑材料的废旧材料,各自为政搭建起来的构筑物却一间接一间地挤在一起,与四层商厦对比,这一带区域人如潮涌、摩肩接踵,却又来去匆匆,这里应该是普通百姓生活的地方。

身处此情景,我们明白了,散居在南太平洋众多岛屿上的50万所罗门群岛人,他们的油盐酱醋茶,一切生活必需品,大都要到霍尼亚拉采购。于是,我们也明白,这一弹丸之地吸引如此多侨胞在此处开店经营的个中原因。

3. 白天"站谈会",晚上座谈会

第二天,我们便开始紧张地调研走访。

这次侨情调研与过往不同。过往,我们每天见什么人都是有计划、有预约的。在所罗门,我们只有"现炒现卖",遇见谁就抓住机会与谁了解。

白天，我们开的全是"站谈会"，到一个一个门店去，站着与开店者谈话。谈上几句，有生意来了他们就停下来应付客人，做完一单生意又继续和我们交谈。

2006年6月，作者在所罗门群岛与侨胞"站谈"

侨胞们在此处经营的全是从中国来的各种食物、衣物及日用品，且多数店铺都是简陋的铁皮屋，楼下是店铺，楼上则是住家。白天，你根本找不到一个闲人与你谈话。晚上八九点，生意做完他们就关门做晚饭。吃过晚饭后，我们才聚集在某一侨胞店铺的阁楼居所开座谈会。

整整五个日夜，白天不断开"站谈会"，晚上连续开座谈会，见了不少在所罗门谋生的各种脸谱的中国人，有老实巴交被欺负的小夫妻，有刁蛮霸道的黑心小老板，有被火烧掉店铺的重新开业者，也有火烧唐人街的始作俑者，有满腹诡计的所谓"聪明人"，也有抱打不平的"大英雄"。

十一、"怨侨"事件是谁惹的祸?

2006年6月,作者与所罗门群岛侨胞开座谈会

这群人中,有从中国来的,也有从马来西亚及澳大利亚、新西兰等地过来的。从中国来的,绝大多数是广东省江门市五邑地区的青年人,而这些人中相当部分都是"洗脚上田"的农村人,他们大都在经营小商店,所经营的货品主要也是供应给当地岛国普通百姓的日常用品,属于"三餐稳定、发财无份"的情形。从香港来的中国籍人不多,因他们比从内地来的人有较雄厚资本及谋生经验,因而比内地来的稍胜一筹,经营本地海产加工运回香港销售。而从澳大利亚、新西兰来的华人又比中国香港来的更胜一筹,他们大都在澳大利亚、新西兰等地有了相当基础后,转到所罗门群岛来发展,生意大、基础牢。从马来西亚来的华人,主要从事木材生意,把山上的大树砍下运到亚洲各处出售。尽管这个岛国早在一百多年前便有广东人来谋生,可当时,我们却找不到广东人的社团,但在两处华人墓地里,我却见到许多墓碑刻着的祖籍地都是广东,且大量都是广东五邑地区的。

除了见中国人外,我们通过关系,与所罗门群岛政府一位副总理有过一次深入的交谈。该副总理本来是答应我们到总理府谈的,后来也许是他觉得有所不便,便把谈话地点改到自己家里。那天,副总理特意穿上印有"我到了中国万里长城"字样的衣服来接待我们。他对中国很友好,更希望尽快能与中国建交。他对侨胞们的遭遇也表示同情。

2006年6月,作者在所罗门群岛华人墓地用小型摄录机拍摄碑文

2006年6月,作者在调研时与所罗门群岛副总理座谈

4. 我要用心写好这个调研报告

五天来,通过在所罗门的实地考察及多方接触,让我对所罗门唐人街被烧的背景有了更深入的认知和反省。回国后,我让同事把我带回的所罗门出版的报纸有关中国人的报道做了翻译,联想到世界各地所出现的"怨侨"事件,我的脑海更清醒了。我决定,用调研过程所形成的观点,潜心写好这个调研报告。我明白,这个报告将要"冒犯"传统的狭隘观念,将要冒舆论的风险。

调研报告经过反复修改后,题目定为《"怨侨"事件是谁惹的祸?——从所罗门唐人街被烧说起》。这个调研报告,我对自己所表达的观点是有充分信心的,但也有点儿担心侨胞们接受不了。于是,我首先在广东省海外交流协会理事大会上,以这份调研报告的观点为基调做了一次发言,目的是在众多海外理事面前讲一个突破传统侨务观念的课题,试探一下各位的心理风向。没想到,我的发言多次被掌声打断,海外理事们都说我的报告说出了他们心里早就想说而不敢说的话。

附录一

作者调研报告《"怨侨"事件是谁惹的祸?
——从所罗门唐人街被烧说起》

人们所料不及,我国历史上的一次跨国空中撤侨发生在小小的太平洋岛国——所罗门群岛。

4·18事件

2006年4月18日,所罗门当地时间下午3时,由于对总理选举不满,所罗门首都霍尼亚拉市数百名民众聚集在议会大厦,举行示威抗议活动,随后演变成严重的骚乱……

数百名"暴徒"闯进唐人街,哄抢货物、焚毁商铺、火烧住宅。骚乱持续了两天,几十家华侨华人商铺被焚烧。

事件发生后10小时(北京时间4月19日8时25分),广东省侨办接到所罗门侨胞的求救电话。经向当地有关人士了解后,证实所罗门侨胞在骚乱中损失惨重,便迅速以电话形式向省政府和国侨办报告。

中国政府此次撤侨接侨、安侨迅速及时,措施极为周密,整个行动非常利索。中国政府为海外侨胞临危解困、雪中送炭的举措,尤其是胡锦涛主席、温家宝总理等国家领导人亲自过问,引起世界各国瞩目,更令侨胞深受感动和赞誉。所罗门"撤侨"宣示了中国政府保护华侨在海外生命财产利益的意识进一步提升,彰显了中国政府的自信和实力。

私访所罗门

撤侨之后,广东省侨办派员到与中国台湾"建交"的所罗门做了五天的侨情调研。时间虽短，感触极多。种种现象让我们感到，用一般的眼光看待所罗门唐人街被焚烧显然是不够的。把所罗门唐人街被焚烧和近年海外许多"怨侨"事件的产生联系起来看，更促使我们侨务工作者深深地反思……

华人华侨在所罗门的历史可以追溯到19世纪末20世纪初。据称，一百多年前首批开平等地的华人抵达所罗门群岛。之后，他们陆续带来乡亲安营扎寨。20世纪，所罗门的华人通用语言是"四邑话"。

第二次世界大战，旅居在所罗门几十年的几百名侨胞纷纷离去，"二战"结束后又陆续聚回。当时的英国政府把回来的华人安排住在美国的旧兵营，逐渐发展成现在的唐人街。1978年，所罗门独立，又有几百名生活在所罗门几十年的、有一定经济实力的同胞离去，到中国改革开放放宽出境政策后，近十多年来又有近1000名广东新侨陆续到达。

落后，是所罗门吸引新侨的重要因素

然而，4·18事件硝烟未散，伤心的眼泪还未拭干，大部分逃离者又纷纷回到这个经济欠发达的所罗门群岛，继续他们艰难的事业。这个落后的岛国为什么对身处珠三角发达地区的人有如此吸引力呢？

（一）弹丸之地，商家必争。分布在许多岛屿上的50万所罗门人，几乎日常的所有生活用品，都必须由首都霍尼亚拉这弹丸之地供应。外岛严格控制华人做生意，于是华商都集中在首都，这弹丸之地成了50万人生活用品的供应批发中心，更成了各国大使馆官员、联合国维和部队、马来西亚伐木华人的高级消遣地了。当然，更是当地人"打工搵食"的"天堂"。

（二）移民所罗门"只要勤力，不需学历"。所国对进入本国移民看上去十分严，十年居住方可入籍，但实际门槛极低，只要办了手续进得去，几乎都可以留下来，而且对学历没有任何要求。

（三）低收入的所罗门人需要大量低端的中国商品，而低端的中国商品，正适合这一类人群去经销。此外，相当部分中国香港移民也爱上此地无须激烈竞争而又可以休闲地生活的氛围。

反思"怨侨"现象

是福不是祸，是祸躲不过。从所罗门唐人街被烧联想到近两年在西班牙、菲律宾、法国、阿富汗等地出现的当地人与华侨华人产生的各种"摩擦"而形成的"怨侨"现象，我们真的要反省一下，这是谁惹的祸！

（一）世界进入华侨华人与当地人利益冲突的多发期、凸显期。随着新移民的增多，随之而来的是中国商品及中国人的谋生领域在世界各地的增多，谋生手段多样化，华侨华人与世界各族群因利益和生存空间而产生的摩擦必然会增多。这毕竟是利益格局的重大调整和重新"洗牌"，利益格局的变动，使中国人用自己的劳动获取世界上更多的自然资源的同时，也引发某些国家利益受损者产生疑心、忌妒和怨恨。这是中国人融入世界过程中必然出现的矛盾，绕是绕不过去的。

利益矛盾冲突是社会一切冲突的最终根源，利益协调是人类社会和谐发展的基础，人类社会就是在利益冲突的不断协调中发展进步的。对这种经济利益的摩擦，要以平常心对待，要低调处理，绝不能政治化，更不能单用民族眼光去看待，单从民族的眼光去看待这些问题并采取不切实际的做法将会损害华人根本的利益。

华侨华人与当地人的利益冲突绝非一朝一夕、一省一市所能解决的问题。但是，在跨国移民活动成为一种潮流的大背景下，中国人走向世界是必然的，而且这走向世界的路还有很长很长，如果不注意处理这些矛盾，今后，像所罗门唐人街被烧的悲剧还会出现。侨务工作者必须有足够的思想认识，把握转型期海外利益分化和矛盾冲突的新变化，研究构建有利于中国和平崛起的海外侨务新战略。我们已经面临着这样一个新任务，华侨华人与当地人的利益冲突处于多发期、凸显期，这是我们必须面对的现实。

（二）要关注华侨华人在世界各地"人数增多""威信下降"的问题。当一个中国人走出国门移民到另一个国家，他的行为已经不单单是个人行为，而多少有些民族形象的体现了。

在世界的许多地方，尤其是在欠发达的国家，相当数量的新侨涌入，超过了当地人的承受能力。加上一些人又用不道德的手段去赚取财富，威信丧失、荣辱颠倒。这些有损国格和国人形象的丑陋现象在海外不断出现，将使得世界各国人民心目中原先良好的中国人和中国货形象变得越来越负面。许多老侨对这种同胞"人数增多，威信下降"的现象深感忧虑。我们这几年出国去搞侨情调研，亲耳听到过老侨们谈起这种忧虑，说中国新侨不遵守当地法律、民俗等问题。现在的确是出现了一个我们中国人在国外"人数增多，威信下降"的问题，这是一个不能不引起我们重视的问题。

（三）加强自我保护的意识。海外新华侨华人所面临最重要的事情可能不是防范当地人对华人的损害，而更可能是克服自身的不自律、不道德、不守法及自己族群的不和谐，努力建设和谐的族群生态。

表面上看，所罗门华人最需要解决的是重建唐人街，尽早复业谋生，这是必要的。但往本质上想，所罗门华人最需要的是调整与当地族裔的关系，改变固有的不良习惯，提高自身综合素质，融入当地风俗，尊重当地宗教，接受当地游戏规则，恪守商业操守，克服"过客"意识，培养家园情怀，热心当地公益，回馈当地民众，一句话，真正把自己作为当地公民的一分子。

（四）作为一个负责任的大国，我们在海外的一切所作所为都要体现一个和平的负责任的国家形象。因此，有关部门对广东省某些地区过度集中移民到某国去的现象进行适当的约束是完全必要的，必须继续坚持。我们赞成和允许移民，但并非不问条件。商品出口有质量标准，人的移民是否也有一个质量标准呢？我们的商品除了有准入标准外，出口时还有一个准出的标准，我们的移民也应该有这样的一个标准。这个标准不是指数量、尺寸、重量那些，而是指如何才能均衡，如何才能使我们国家在海外保持一个正面的形象，如何才能起到优化海外华人人口结构的作用。

（五）历史和现实都告诫我们，"融入当地"是华侨华人在海外生存发展的核心使命和永恒主题。华侨华人融入当地，要强调认同当地的文化、熟悉当地的历史、认识当地的宗教、尊重当地的风俗等，要与住在国的前途命运融为一体，要认识自己的利益与当地人的利益不可分割和相互依存，把自己的事业与住在国连在一起，把自己的利益与住在国人民的利益连在一起。

（六）在世界大家庭里，尤其是中国政府提出和谐世界的概念以来，侨务工作的概念也要扩大，不能只用民族感情来做侨务工作，应该用"世界和谐"这样一种大的眼光来考虑侨务工作。我们无论从国家的长远利益还是从华侨华人根本利益上看，应教育侨胞"爱住在国，以住在国为家，与住在国人民融洽相处"。对新华侨而言，强调学好当地文化、语言，了解当地国家历史，更是十分重要迫切的。在和谐世界的战略中，中国要学会如何与世界相处，中国人更要学会与不同文化、不同宗教的各族群友好相处，因为我们既是中国人，也是地球大家庭的成员。这也是我们面临的新任务。

（七）生活在中国以外的侨胞，应该具备什么样的道德观呢？而这种道德观又应该由谁提出来，谁去推动形成呢？这些看来都是必须研究的课题。那么，他们不在中国怎么教育呢？其实，不在中国，同样可以教育，我们有那么多的海外媒体、海外社团，我们可以树立一些有中华民族传统美德的榜样。教育是做得到的，问题是我们想到没有？有没有一些切实可行的措施？

（八）"撤侨"是一剂有副作用的止痛剂，不到万不得已，不应服用。从长远的观点看，我们应该研究的不是撤侨的应急方案，而是研究防止出现撤侨的长治久安方案。从所罗门开始到东帝汶，从黎巴嫩到汤加，去年一连四次"撤侨"！如果我们能用"撤侨"的经费去培养新侨的素质，用接侨的措施和热情去推进新侨出国前的管理和服务，那么，"撤侨"的事情就肯定不会经常出现了。

（九）要进一步丰富"三新"战略。我们要树立科学发展观，进一步丰富广东省侨办曾提出"三新"战略的内涵，针对工作对象应注重开展培育、培养工作。

所罗门事件引发出很多需要我们思考的地方，上述观点不一定完全正确，我们只是把在调研中产生的一些深层次的想法提出来，以期引起大家思考和研究。

5. 来自所罗门的一封回信

参加广东省海外交流协会理事大会的所罗门理事，带着我们的调研报告回到所罗门，交给了所罗门中华总会干事黄月桂。黄月桂回了一信给省侨办干部侯瑜。

附录二

所罗门中华总会干事黄月桂给省侨办侯瑜的信

广东省侨办侯瑜小姐：

你好！

有幸参加节庆的侨胞回来后，都很开心地告诉我们，这次行程如何见多识广，如何体验到祖国的大国风范，嗯！真希望明年我会有机会参加（如果可以放下繁忙的工作），当然也要得到贵会的垂注才行呢！

手头有一份吕伟雄主任撰写的文章（《"怨侨"事件是谁惹的祸——从所罗门唐人街被烧说起》），写得真好，不，实在是太、太好了，简直是说出了我（深信这不单是我的想法，但我不能代表他人）想说而又不够分量，不够信服力去说的话。如果能印成小书在这里分发给每一个中国人（包括中国内地及港台地区、马来西亚、本地土生华人，甚或其他地区的侨胞）只要看得懂汉字的，都应该一看。这不单是所罗门的事，乃是全球

十一、"怨侨"事件是谁惹的祸？

定居海外华人的事，我们大家都应该反思的，应该无时无刻，在翻阅，在检讨，反思咱们，身为泱泱大国"中国"之子民，应如何去做好一个（在异国生活）中国人，才不致辱没了堂堂上国之名。请代为向吕主任做出这样一个请求，编印成小书（可以随身携带，方便翻阅，收藏）。在所罗门，就算我不是中华总会的秘书，也当义不容辞地将之分发给所有华人。以贵办的办事能力相信绝不是问题，只是贵办是否也认同有这个需要罢了！这个不单是我个人的请求，也是每一个想挽救中国人声望的侨胞之心愿，身为中华总会的干事（为了自家的无能、无助而感到懊恼）希望贵办能施以援手！无论如何，希望能早日收到佳音！

此祝

贵办各员，工作愉快！新年进步！身体健康！

为了满足黄月桂的请求，我们真的编印了500本调研报告小册子，送到所罗门侨胞手上。

2006年6月，作者在所罗门群岛与侨胞黄月桂"站谈会"

6. 调研报告得到国侨办领导的重视

国务院侨务办公室办有两份刊物。一份是《侨情》，专门刊登供国家机关各部门及省级侨务部门参阅的文章和出自国侨办各司局有关侨务工作发展动态及观点。另一份是《侨务工作研究》(双月刊),多是反映各地侨务工作的情况,文章大多由各地方侨办提供。两份刊物的质量都很高。地方侨务部门的文章能刊载到这两份刊物上,也算是凤毛麟角。可我们这份调研报告破天荒被刊载了。2007年第1期《侨情》全文刊登了《"怨侨"事件是谁惹的祸?——从所罗门唐人街被烧说起》调研报告。紧接着2007年第2期《侨务工作研究》同样全文刊登了这份调研报告。国务院侨办在两份刊物上先后刊载我们的调研报告,说明我们的调研报告揭示了侨务工作在那个时期的新认识新观点。有好几位外省的侨务领导还专门来电,支持我们调研报告的观点。

  2007年6月,第四届世界华侨华人社团联谊大会在北京举行,国务院侨办副主任让我在大会上发言,主要是阐述调研报告的基本观点。可他又担心这些观点能否被来自世界各地的侨领们接受,所以特意把我的发言安排在七位发言者中的最后一位。本来,大会对每位发言人的发言时间限制在7分钟内,可我的发言持续了20分钟,原因是我发言期间台下掌声不断,副主任情绪也不断高涨,特许让我把话说完。我的发言题目是"对海外'怨侨'现象的反思"。当我发言结束时,许多与会者涌上台来与我握手,或递条子表示赞同我的观点。此时,副主任把嘴巴对准麦克风大声表示,对待海外侨胞,"我们是爱之深,责之切""接侨是成功的,但也是我们侨务的失败,只有侨胞在当地安居乐业才是真正的成功"。

附录三

广东侨网报道:《吕伟雄在世界华侨华人社团大会上的发言反响热烈》

  广东侨网讯 20日下午,广东省侨办吕伟雄书记在"第四届世界华侨华人社团联谊大会"上做了《对海外"怨侨"现象的反思》的发言。吕书记从近年来所罗门群岛、西班牙、法国、意大利等地发生华侨华人商店、仓库被烧或华侨华人与当地警察、其他族群发生冲突等事件,结合他本人

十一、"怨侨"事件是谁惹的祸？

亲自参与"接侨"以及到所罗门等地实地调研的体会，探究"怨侨"现象的深层次根源。

2007年6月20日，作者在第四届世界华侨华人社团联谊大会上发言谈海外"怨侨"问题

吕伟雄认为，世界进入华侨华人与当地人利益冲突的多发期，要用冷静平常的心态看待中国人移民及其所带来的问题，要从提升中国软实力的高度关注华侨华人在世界各地"数量增多""诚信下降"和"中国威望"与"中国人威信"不协调的问题。他提出要特别关注移民短时间过度集中于某一区域的问题，认为华侨华人加强自我保护的意识，努力"融入当地"、建设和谐的族群生态等是海外华侨华人生存发展的永恒主题。他还提出要把爱祖籍国和爱住在国有机地结合起来，并认为"撤侨"并非上策，而是万不得已才采取的措施。

吕伟雄书记的发言观点鲜明新颖，有很多独到的见解，得到与会者的强烈共鸣，会场多次响起掌声，发言结束时更是掌声热烈。有不少人还拿着发言集请他签名。

作者：郑建民、黎静　稿源：广东侨网

国侨办主任李海峰在大会总结时结合我的发言，特别指出："我们希望侨胞们能遵守住在国法律，尊重当地社会、民族、习俗，在维护自身合法权益的同时，关注环境保护，积极回馈社会，充分照顾到其他社会族群的利益，并与败坏侨胞声誉、损害侨胞形象的行动作斗争，努力树立中国侨民的良好形象。希望侨胞们走出唐人街，进一步融入当地主流社会，积极参与当地社会事务，努力增进理解，化解隔阂。"

领导们的这些指示，在我看来，都一一回应了我们在所罗门调研报告中所提到的观点和看法。

十二、建立健全华侨港澳同胞捐赠项目的监管制度

2005年开始,省侨办围绕管好用好华侨港澳同胞捐赠公益事业项目,做了两件有历史影响的大事。

一是起草并推动省政府下发了《广东省华侨捐赠公益事业项目监督管理办法》。这个文件弥补了侨捐项目监管制度建设的空白,对捐赠资产使用的管理与监督,对受赠单位的责任与义务,对捐赠人监督的权利,对侨务部门管理与监督侨捐项目的职能进行了规范与细化。

二是省侨办根据省政府这个文件,下发了《关于在全省建立华侨港澳同胞捐赠公益事业项目监督管理制度的意见》,决定从2006年起,用两年时间完成全省各地海外侨胞港澳同胞捐赠项目的普查确认工作,建立和完善各项监督管理制度。要求做到底子清,即掌握本辖区海外捐赠项目的情况;档案齐,即健全捐赠项目的文字档案,建立全省联网的电子档案资料库;责任明,即明确侨务部门、政府相关部门、受赠单位及其主管部门对捐赠项目监督和管理的职责;制度完备,即制定和完善使用、管理和维护捐赠项目的制度,建立各项监管制度;监管到位,即监管工作规范化、制度化,监管措施落实到位。

两份文件的出台并得以贯彻,标志着我省侨捐项目的管理从过去的侧重受赠过程的管理,提升到注重侨捐项目使用过程的管理与监督。这是历史的进步!

国务院侨办对广东的这一做法十分肯定,在《侨务工作研究》《侨情》两个刊物中对这一工作都做了详细的介绍。

回顾这一工作,从调研到形成文件,建立落实制度,我是花了不少心血的。这一制度,从无到有,在改革开放的广东侨务历史中,也是一张亮丽的名片。正是这项制度的建立,才使监督和管理侨捐项目有法可依;也正是这项制度的建立,纠正和防止了侨捐项目被破坏,成了侨务工作在改革开放过程中广东先行一步的典范。

1. 侨捐项目:一座辉煌闪耀的历史丰碑

海外侨胞素有爱国爱乡、支持国家建设、捐办公益事业的传统美德,他们身居海外,心系故土,时刻盼望国家富强,民族振兴,盼望家乡人民安居乐业。

我们不妨简单回顾一下我省侨捐项目的历史。

早在1871年,容闳先生捐500两白银在家乡建起了学校。也是在19世纪末,台山籍的海外侨胞曾捐资在北京天安门附近购置房产,专门提供给上京考试的四邑子弟住宿生活之用。到1949年中华人民共和国成立前夕,台山县内已经有华侨捐赠的中小学校90多所,桥梁15座。鹤山一中、新会华侨中学、广州培正中学等,都是侨胞们在中华人民共和国成立前捐建的。

1949年10月1日,中华人民共和国成立,中华民族开始了历史新纪元,侨胞爱国爱乡、支援国家建设热情高涨。从1950年至1965年,广东各地由侨胞捐建的中小学校数量骤增。侨胞及其在国内的亲属也投身到祖国建设中来,捐款购买拖拉机等大型生产工具,掀起社会主义建设高潮。

改革开放重新激发了广大侨胞港澳同胞爱国爱乡的热情。侨胞纷纷捐款兴办公益事业,一时间,侨胞港澳同胞捐款热潮如同井喷。李嘉诚捐建汕头大学;曾宪梓、田家炳、熊德勋等捐建梅州嘉应学院;旅居美国、加拿大和中国港澳地区的江门五邑乡亲捐建五邑大学；吴桂显、苏东霖等捐建韶关学院；霍英东捐建番禺洛溪大桥及广东省英东心脏中心；曾宪梓捐数亿元在广东、北京、辽宁等地兴办公益事业；石景宜向全国32个省、140多个城市、500个单位赠送价值超过3亿港元的珍贵图书。仅新会区，华侨港澳同胞捐建并以捐建者名字命名的大桥就有18座之多，如黄克兢大桥、李文达大桥、黄宣充大桥、慈母黄张见纪念大桥等。广东著名的古建筑、清代四大名园之一的佛山梁园，是美籍华人，著名记者、时事评论家梁厚甫的家族财产，1988年，梁先生与梁氏族人一道把该园的所有权捐送给佛山市人民政府。

从1978年到2005年，我省接受侨胞捐赠的总数计有360亿元人民币，占全国的70%。侨胞捐建的道路、桥梁、学校、医院、图书馆、体育馆等项目逾2.4万个；建立各种公益事业基金会近3000个；新建扩建中小学校近2万间，占全省中小学校总数的60%。1998年，我省评选的十佳人民医院和百佳人民卫生院中，80%是侨胞港澳同胞捐赠的。

从这些历史记录中，可以体现侨捐项目在广东的重要性。可以说，侨捐项目是一座辉煌闪耀的历史丰碑。正因如此，"侨胞热心捐办公益事业"曾经被评为广东省改革开放的十件大事之一。

为什么改革开放期间侨胞捐赠会出现井喷现象呢？我分析了一下，有两个主要原因。第一个原因是改革开放激发了华侨港澳同胞爱国爱乡的热情。这是一个很重要的因素。长久以来，华侨华人爱国爱乡的情怀一直要表达而没有一个合适的机会，改革开放有了机会，他们的情感释放就更为厉害了。第二个原因是改革开放时期国家制定了一些特殊政策，例如允许国内接受侨胞捐赠物资的单位，把物资变卖后将资金作为捐款，这一政策鼓励了很多侨胞参与捐赠。如番禺的洛溪大桥就是当年霍英东先生捐赠300台面包车给番禺，而番禺转卖了面包车后把款项用于兴建洛溪大桥。转卖汽车所得款项当然远远大于霍先生购买车辆的款项。当时，社会上某些人也在利用这个优惠政策,以侨捐的名义倒卖进口汽车及各种生产工具从中牟利,而侨务部门在辨别真捐赠与假捐赠上也花费了很大精力。

2. 侵害侨胞利益的现象露头了

随着形势的发展,社会上各方面的利益之争,政府各部门认识观念的差异,导致侵害侨胞利益的现象渐露端倪。2001年,省内两个部门的工作部署,直接影响了侨捐社会公益事业的健康发展。一个是当时教育系统有一个大的行动,要求较小规模的小学向中心小学合并,这触及我省18000多所侨捐小学的生存;另一个是受金融风暴的影响。自1999年年底开始,各市信托机构和信用合作社陆续停业整顿,部分由海外侨胞和港澳同胞捐赠的款项以受赠单位的名义存入这些金融信托机构,而金融机构把这些存款视为单位存款而冻结,长期不予兑付。

3. 这个工作缺位,必须填补

这两件事发生在我进入"侨家大院"前后。而这两个动作,单从教育部门和金融部门的工作考虑也许是需要的,可是从党和国家的侨务政策考虑,如处理不当,将构成对侨胞利益的侵害。

改革开放早期的侨捐教育项目大都是从本村的需要出发,建自己村的学校,为自己的村民服务。到了一定时期,进行教育改革,觉得这样已不能适应目前教育的需要。需要集中搞大的中心小学,在这个过程当中,撤并了大量的规模较小的侨捐学校,有的侨捐学校校舍成了牛棚、猪舍,有的甚至被荒废,这种现状大大伤了捐赠者的心。另外,当时很多侨胞捐赠的教育基金大都存放于当地的金融机构,例如华侨有时会捐赠汽车回来,将汽车售卖后变成了现金,存入当地金融机构,用于支持自己村学校的建设。但金融风暴之后,一项大的政策将所有这类基金都冻结了。站在侨务工作的立场上看,这些都是侵害侨胞利益的问题。

为了维护侨胞的利益，省侨办于2001年3月向省政府提交《关于公益性捐款受金融事件影响的情况报告》，建议省政府关注侨胞公益性存款的兑付问题。同时，省侨办也于2001年11月与省教育厅联合发布《关于涉侨学校实施中小学布局调整的意见》，提出具体措施，要求各地在开展中小学布局调整工作中必须注意兼顾把握和处理好涉及侨胞捐建项目的问题。

尽管这两个报告我们都是倾注了心血，但问题实际上并没有得到很好地解决，结果当然伤了捐赠者的心。

4. 制定对华侨捐赠项目监督管理办法

为此，我们着手研究出台侨捐项目的监督管理办法。从2004年下半年开始，我们用三四个月的时间开展调查研究。之后，我执笔起草了管理办法。为征求各方意见，我们跑遍了全省侨捐项目重点地区，主要是珠三角周边市县。文稿几经修改，经省政府批准，发布了《广东省华侨捐赠公益事业项目监督管理办法》。

附录一

广东省华侨捐赠公益事业项目监督管理办法

第一章 总 则

第一条 为加强我省华侨捐赠公益事业项目（以下简称华侨捐赠项目）的监督和管理，维护捐赠人、受赠单位和受益人的合法权益，促进公益事业的发展，根据《中华人民共和国公益事业捐赠法》和《广东省华侨捐赠兴办公益事业管理条例》，结合本省实际，制定本办法。

第二条 本办法所称华侨捐赠项目，是指在广东省行政区域内，由华侨捐资兴办或由华侨发起捐赠兴建的公益项目。

华侨捐赠项目由县级以上侨务行政主管部门核定，经同级人民政府确认后公布。

第三条　华侨捐赠项目形成的资产权益受国家法律保护，任何单位和个人不得侵占、挪用和损毁。

第二章　受赠单位责任与义务

第四条　华侨捐赠项目的使用、管理和维护实行受赠单位及其上级主管部门共同负责、以受赠单位为主的原则。经各级人民政府确认的华侨捐赠项目，受赠单位应按照本办法规定实施管理和维修保养，受赠单位的主管部门负责对华侨捐赠项目的使用和管理进行监督和检查。

第五条　华侨捐赠财产兴办公益事业工程项目，受赠单位应与捐赠人就工程项目的资金筹措、工程建设、日常管理和用途定位做出书面约定。受赠单位接受捐赠后，应当向捐赠人出具合法、有效的收据，将受赠的款物造册登记，并在接受捐赠之日起一个月内报其上级主管部门和所在县（市、区）侨务行政主管部门备案。

捐建工程竣工后，受赠单位应当将工程建设、款物使用和工程验收情况向捐赠人通报，同时向所在县（市、区）侨务行政主管部门申报确认。

第六条　受赠单位应当按照捐赠协议落实公益项目的配套资金、配套设备及管理事宜，并按照"谁受赠，谁负责"的原则，建立捐赠财产使用、管理和维护制度。

受赠单位应当就华侨捐赠项目的使用管理做出承诺，与所在县（市、区）侨务行政主管部门签订《华侨捐赠项目使用责任书》。受赠单位责任人如有变动，应及时与侨务行政主管部门重新签订责任书。

第七条　受赠单位应当定期对捐赠款物、工程项目的使用情况进行检查，每年度就受赠财产的使用、管理情况和取得的效益向捐赠人通报一次，同时报告当地侨务行政主管部门，接受监督。侨务行政主管部门有权直接或者委托受赠单位主管部门对在建或已竣工的华侨捐赠项目进行检查，必要时，可以提请审计部门对其财务进行审计。

第八条　华侨捐赠项目形成的资产，除捐赠时有明确约定外，不得将其作为国有或集体资产进行产权转让或抵押，不得改变华侨捐赠项目的非营利性质和公益事业用途。

因城乡建设规划或体制改革等特殊情况确需改变用途的华侨捐赠项目，应在确保华侨捐赠财产的非营利性质和公益事业用途不变的前提下，由受赠单位提出具体的处理方案，经受赠单位主管部门和捐赠人同意后按规定办理报批手续。

第九条　对因不可抗力因素毁坏或已超过使用期限拟报废的华侨捐赠项目，应经社会专业鉴证机构及行业主管机构出具意见，报侨务行政主管部门备案后办理注销登记。受赠单位应及时将报废项目的处理意见通报捐赠人。

第三章　捐赠人权利

第十条　捐赠人对其捐赠财产的管理和使用有检查监督的权利。公民、捐赠人或有关单位对违背捐赠人意愿或违法使用华侨捐赠项目的行为有劝阻、检举和控告的权利。

第十一条　捐赠人有权查询捐赠财产的使用、管理情况，并提出意见和建议。对于捐赠人的查询，受赠单位应如实答复。捐赠人对捐赠项目的建设、使用、管理和维修保养等方面提出的合理意见，应得到受赠单位的重视和采纳。

捐赠人有权直接或者委托侨务行政主管部门及受赠单位主管部门对华侨捐赠项目进行检查，或委托审计部门进行审计。

第十二条　对违反捐赠人的捐赠意愿和捐赠协议的行为，捐赠人有权质询和投诉，侨务行政主管部门和受赠单位主管部门应认真进行调查处理。

第四章　管理与监督

第十三条　县级以上人民政府侨务行政主管部门是华侨捐赠工作的行

政主管部门，负责对华侨捐赠项目实施管理和监督。各级人民政府有关部门应当按照各自职责，协助做好华侨捐赠项目的管理工作。

第十四条　县级以上人民政府侨务行政主管部门应对本行政区域内的华侨捐赠项目进行调查、核定、登记、编号，并建立档案，设立标牌。标牌内容应包括：华侨捐赠项目编号、名称、建设时间、捐资数额、捐赠人名称、投诉电话、挂牌单位和日期等。华侨捐资额 500 万元人民币以上的项目经当地县（市、区）人民政府确认后报所在地级以上市侨务行政主管部门备案；华侨捐资额 1000 万元人民币以上的项目经当地县（市、区）人民政府确认后由所在地级以上市侨务行政主管部门报省侨务行政主管部门备案。

第十五条　各级侨务行政主管部门应建立健全华侨捐赠项目监督管理工作制度，定期对华侨捐赠项目的使用、管理、维护情况进行检查和指导，督促受赠单位管好用好华侨捐赠项目，落实华侨捐赠项目管理保护的责任单位和责任人，并定期收集分析华侨捐赠动态及捐赠财产的使用管理情况，及时向同级人民政府和上级侨务行政主管部门报告。

第十六条　侨务行政主管部门对华侨捐赠项目的管理和监督实行属地管理，分级负责的原则。为加强对重点华侨捐赠项目的保护，捐资额在 500 万元人民币以上的项目由地级以上市侨务行政部门定期检查，捐资额在 1000 万元人民币以上的项目由省侨务行政主管部门定期检查。

对因特殊情况拟调整或改变用途的华侨捐赠项目，捐资额在 500 万元人民币以上的，须经地级以上市侨务行政主管部门审核，报同级人民政府批准；捐资额在 1000 万元人民币以上的，须经省侨务行政主管部门审核后报省人民政府批准。

对拟报废的华侨捐赠项目，捐赠额在 500 万元人民币以上的，报地级以上市侨务行政主管部门备案；捐赠额在 1000 万元人民币以上的，报省侨务行政主管部门备案。

十二、建立健全华侨港澳同胞捐赠项目的监管制度

第五章　附　则

第十七条　在广东省行政区域内，港澳同胞、海外人士及其社会团体、投资企业捐赠公益事业项目的管理，参照本办法执行。

第十八条　本办法由省侨务行政主管部门负责解释。

第十九条　本办法自印发之日起施行。

这个监督管理办法从三个方面做出明确的规定。

首先，明确捐赠人对捐赠财物的使用及管理有监督检查的权利。

管理办法中第一条，就是明确捐赠人对捐赠财物有监督管理的权利，对有关单位、有关人员违背捐赠人意愿，违规使用华侨捐赠项目的行为有劝阻、检举和控告的权利，规定了捐赠人有权自行或者委托侨务部门对侨捐项目进行检查，甚至委托审计部门进行审计。

为何要专门列出这一条呢？如果捐赠人对捐赠项目的使用有疑问，可以委托侨务行政部门或者直接委托政府的审计部门对侨捐项目的使用进行审计。这一条改变了捐赠人只有捐赠的义务，没有管理的权利的现状，对受赠单位无序使用捐赠项目或者受赠后不重视捐赠项目管理的行为加以约束。

其次，强调了受赠单位的权利和义务。

过往捐赠物资或资金如何使用，责任是不明确的。我们明确了捐赠项目的管理、使用和维护由受赠单位及其上级主管部门共同负责，以受赠单位为主的原则。要求受赠单位与捐赠人就捐赠项目的使用、捐赠项目的建设、管理，用途要做出约定，这些约定要在协议中注明，要向捐赠人提供合法的受赠收据。并且规定了受赠单位要和行政主管部门签订《华侨捐赠项目使用责任书》，每个年度都要将受赠财物的管理、使用及取得的效益向捐赠人通报一次，同时规定了华侨捐赠的项目不得作为国有资产或者集体财产进行转让或者抵押，也不能改变华侨捐赠项目非营利的性质及公益

性用途。因为在研究这个管理办法时,已经遇到好几个案例,例如将一整栋华侨捐赠的大厦变作国有资产或者变成某些地方的集体财产,用来向银行抵押,甚至变卖,变卖后的资金用在其他用途。

我们提出一个新的观点——华侨捐赠的项目既不是国有资产,也不是集体财产,而是社会公共财产。我们必须强调这一点,因为某些地方政府抵押侨捐项目给银行拿贷款,当无法归还贷款时银行就把侨捐项目变卖去抵债,实际上就是把侨捐项目变相吞食了。规定这一条,就杜绝了受赠方或者主管部门因为某些原因或者某些利益去变卖侨捐项目的现象。

最后,明确了行政管理部门的职权和责任。

明确县级以上侨务行政部门是侨捐项目行政主管部门,负责对华侨捐赠项目实施管理和监督。以前,县级以上侨务部门是有接受捐赠和办理接受捐赠手续的职责,但是侨捐项目的使用是否由他们来管理和监督,并没有明确规定。明确了侨务部门这一职权,就杜绝了其他政府部门、社会组织和个人的侵权行为,防止多头管理。同时,更明确了县级以上侨务部门对侨捐项目管理是他们日常的工作和责任,必须对自己管辖区内的侨捐项目进行登记、编号、建立档案、设立标牌,定期对侨捐项目的使用、管理和维护进行检查和指导,督促受赠单位管好用好侨捐项目。

《广东省华侨捐赠公益事业项目监督管理办法》成为全国首个以政府名义制定的对华侨捐赠项目进行监督和管理的管理办法。

5. 虚事实做,让监督管理侨捐项目成为各级侨办的工作职责

我意识到,单有一个管理办法还是不行,还需要在全省上下建立一个侨捐项目监督管理的制度。要把监管侨捐项目成为侨务部门的日常工作,而不是像之前收到捐款建成项目,日后的事情就与侨务部门无关了。

我感到,许多事情办不好,不是因为没有政策、计划、办法,而是因为没有把政策办法化为具体行动,并持之以恒贯彻执行。我决心要让全省

各级侨务部门从管理办法的落地实施开始虚事实做,形成自上而下的侨捐项目监督管理制度,成为一项各级侨办的工作职责。

我深深知道,这是一项难度极大的开拓性工作,但我感到这个任务我不努力去完成,对不起自己的岗位,更不是我的性格,我必须迎难而上。

附录二

省侨办秘书处 2005 年 8 月 18 日
《关于侨捐项目监督管理的工作纪要》

8月15日上午,吕伟雄主任主持召开会议,研究侨捐项目监督管理工作。现纪要如下。

一、做好侨捐项目监督管理工作的重要意义。吕主任指出,加强侨捐项目监督管理工作,是我省新形势下国内侨务工作一项重要的、长期的任务,是推动我省侨务工作进一步由虚转实的关键举措。我们一定要扎扎实实抓好此项工作,明确目标和任务,分阶段、分步骤,用两年的时间推动全省做好侨捐项目监督管理工作。

二、设立专门机构开展监管工作。会议研究决定,为切实抓好《广东省华侨捐赠公益事业项目监督管理办法》(以下简称《办法》)的贯彻落实工作,省侨办成立"侨捐项目监督管理工作领导小组",吕伟雄同志任组长,朱尔武同志任副组长,侨政处全体人员,监察室黄荣森,机关党委董华民、黄苏海参加,下设办公室,肖锡权同志任办公室主任,董华民、黄荣森同志任办公室副主任。

三、研究制定监管具体方案。会议讨论研究了侨政处草拟的《办法》的落实方案,并提出了具体的修改意见,明确了开展监管工作的指导思想、任务和目标、工作步骤、确认依据、检查标准等,通过这个方案建立一项长期的工作制度,务求使该文件收到以下几方面效果:1.建立并明确侨务部门的监管职责,因没有监管而引发问题的要追究相关责任。2.让捐赠人感到光荣、感到放心，自愿通过侨务部门进行捐赠或主动向侨务部门备案。3.使受赠单位了解到接受捐赠所应承担的社会责任。4.让社会公众知道侨捐项目是受相关法规、制度保护的。方案修订稿出来后，要广泛征求各地侨务部门的意见，使之更完善。

四、侨捐项目的确认原则。不能单从经济的角度考虑，而应从政治高度来认识侨捐项目确认问题，遵照"确认从宽"的原则，争取对更多的侨捐项目进行确认。

五、各种监管证书和匾牌的制作。确认书、责任书、承诺书的文本格式以及侨捐项目牌匾的样式要全省统一，由省侨办统一制作，统一编号。

我先组织一个工作小组，自己任组长。专门从外联处把朱江处长调到侨政处。朱江这个人说话很少，做事很实，我就是用他这个优点。确定侨捐项目的管理监督职能就放在侨政处。接着，我和朱江两人作为起草人到各地听取意见。以江门市这个重点侨乡作为试点，摸索具体做法。把江门市作为建立侨捐监管工作制度的试点是基于以下几点理由：其一，江门侨捐项目数量多，大约占了全省总数的七分之一；其二，江门侨捐项目种类多，学校、医院、桥梁、基金各类捐赠项目都有；其三，江门开展侨捐项目管理工作基础扎实，经验丰富。

在抓好江门试点工作的同时，发动全省侨务部门共同努力，摸清了全省改革开放以来接受侨捐项目的具体情况。按当时的不完全统计，我省接受侨捐1000万元人民币以上的镇（街）有223个，接受3000万元人民币以上的镇（街）有109个，接受5000万元人民币以上的镇（街）有69个，接受1亿元人民币以上的镇（街）有26个。而地级市接受5000万元人民币以上的侨捐项目的排序为江门25个，佛山12个，汕头11个，中山6个，广州4个，梅州4个，潮州4个，东莞2个，深圳1个。

在广泛调查研究及在江门试点的基础上，省侨办于2005年11月正式下发《关于在全省建立华侨港澳同胞捐赠公益事业项目监督管理制度的意见》，开始推动全省建立侨捐监管制度的工作。

附录三

《广东省侨办关于在全省建立华侨港澳同胞捐赠公益事业项目管理制度的意见》（部分摘录）

各市、县（区）侨办（外事侨务局）：

我省是全国主要侨乡，海外侨胞众多是我省的独特优势。改革开放以来，海外侨胞、港澳同胞积极支持我省的现代化建设，在我省捐款赠物兴办公益福利事业折合人民币350亿元，占全国侨捐总数的70%；捐建道路、桥梁、学校、医院、图书馆、体育馆等逾24000项，建立各类公益事业基金会近3000个，对我省经济社会的发展起到了巨大的推动作用。侨捐项目是海外侨胞、港澳同胞爱国爱乡的历史丰碑，是我省调动海内外积极因素进行改革开放和现代化建设的重要成果。在新形势下，随着改革的深入，社会主义市场经济体制的建立，一些地方和单位忽视了对侨捐项目的管理维护，出现了违反侨捐法规，损害捐赠人权益，侨捐资产流失的现象，伤害了捐赠人的感情，影响了侨捐项目作用的发挥，不利于我省经济的发展和建设和谐社会。

为贯彻落实省政府办公厅颁布的《广东省华侨捐赠公益事业项目监督管理办法》（以下简称《办法》），做好对侨捐项目的监督和管理，有必要在全省建立侨捐项目（包括建筑物、构筑物、设备、基金、文物、图书及其他，下同）监督管理制度，为此提出如下意见。

一、建立侨捐项目监督管理制度的重要性

（一）建立侨捐项目监督管理制度是建设经济强省、文化大省的需要。侨捐项目是社会公共财产的重要组成部分，是我省建设经济强省、文化大省的重要物质、文化基础。把侨捐项目管理好、维护好，不仅有利于充分发挥其作用为建设经济强省、文化大省服务，而且有利于进一步激发广大海外侨胞、港澳同胞关心、支持我省现代化建设的积极性，为建设富裕、安康的广东做出新贡献。

（二）建立侨捐项目监督管理制度是弘扬民族精神、华侨文化的需要。侨捐项目凝聚了海外侨胞、港澳同胞恋祖爱乡、造福桑梓的精神；体现了华侨文化的特质，是开展爱国主义教育、侨情教育和弘扬民族精神的生动教材。把侨捐项目维护好、发展好，对弘扬民族精神、发展华侨文化有着重要的意义。

（三）建立侨捐项目监督管理制度是落实侨务工作宗旨的需要。贯彻落实"以人为本，为侨服务"侨务工作的宗旨，就要坚决贯彻国家的侨务工作方针政策和法规，始终把维护海外侨胞和归侨侨眷的根本利益作为侨务工作的出发点和落脚点，把他们的积极性培育好、保护好、发展好。建立侨捐项目监督管理制度，保护华侨港澳同胞捐赠人的合法权益，是坚持侨务工作宗旨、依法护侨的重要管理措施落实到位。

二、建立侨捐项目监督管理制度的工作步骤

（一）发动。发动是提高全社会对侨捐项目监督管理工作的认识，建立侨捐项目监督管理制度的一项重要工作。市、县（区）应上下联动扎实抓好发动工作，策划有一定社会影响的宣传活动，一般2个月内完成该步骤。

1. 广泛宣传。利用电视、报纸、广播、网络等媒体和侨务宣传阵地，采取学习辅导、专家访谈、法律咨询、专题报道等形式，大力宣传华侨、港澳同胞捐赠兴办公益事业支持家乡建设的贡献，侨捐项目的经济和社会效益，以及涉侨捐赠管理法规，努力提高全社会保护侨捐项目的法律意识，营造有利于开展监管工作的社会氛围。

2. 重点发动。主要是办好侨务干部学习班、"五侨"部门座谈会、捐赠人代表座谈会、受赠单位及其业务主管部门座谈会、政府相关部门座谈会，使他们了解有关政策法规，明确职责要求，结合实际制订切实可行的工作细则，主动做好或支持、配合做好侨捐项目的监管工作。

（二）普查。普查是摸清全省侨捐情况的一项基础工作。各县（区）按以下步骤在6个月内完成普查工作。

1. 公告。将开展华侨、港澳同胞捐赠兴办公益事业情况调查和建立侨捐项目监管制度的有关事项告知公众。

2. 自报。广泛发动受赠单位、捐赠人填报《华侨、港澳同胞捐赠兴办公益事业情况登记表》，对受赠单位应规定上报时间。

3. 核查。以县（区）为单位对本辖区内华侨、港澳同胞捐赠兴办公益事业情况进行全面核查统计。

4. 建档。以县（区）为单位按统一标准将侨捐项目资料录入电子档案数据库。

5. 公示。将普查结果向社会公示。

6. 查漏补缺。对审批手续不完备的项目，受赠单位要向政府主管部门补报，政府主管部门应予补办；对由于客观原因不能完成审批手续的项目，要书面说明情况，存入档案。

（三）确认。确认是对由华侨港澳同胞捐资兴办或发起捐赠兴建的公益项目的确认，确认是建立侨捐项目监管制度的重要步骤。各县（区）应在3个月内完成确认工作。

1. 原则。

（1）按照先易后难、先近后远、先大后小、先实物后基金的顺序进行确认，重点做好1978年以来侨捐项目的确认工作。

（2）可对独立的单个捐赠项目进行确认，也可对整体项目（如某所学校、医院）进行确认。

2. 范围

（1）以每一个项目金额（含捐赠物折款，下同）10万元人民币作为确认起点（各地也可结合当地实际情况在10万元人民币以内确定确认起点）。

（2）捐赠金额占项目总投资额（政府无偿划拨或受赠单位原有用地的地价不计入项目总投资额）25%以上的项目。

（3）捐赠金额虽不到总投资额的25%，但已用华侨、港澳同胞个人名义或团体名称命名，并已报主管部门备案的项目。

3. 程序

由受赠单位填写《华侨港澳同胞捐赠兴办公益事业项目确认呈报表》，持有效证明（如因客观原因不能提供有效证明的，须附捐赠项目及接受捐赠情况的书面报告），向项目所在地县级侨务部门呈报，侨务部门审核并报同级人民政府批准后，向受赠单位颁发《广东省华侨捐赠兴办公益项目确认证书》。

4. 要求

（1）对华侨、港澳同胞的捐赠金额应进行认定，既可以认定华侨、港澳同胞个人（家族）、侨团在单个项目中的捐赠金额，也可以认定其在本辖区内的捐赠总额。认定程序为捐赠人（或其委托人）、受赠单位持有效证明，向项目所在地县级侨务部门呈报，侨务部门审核后颁发《捐赠证书》。侨务部门也可根据普查登记的结果和档案资料，向捐赠人颁发《捐赠证书》。

（2）确认工作要与设立标牌、签订责任书同时进行。凡确认为侨捐项目的，侨务部门要编号，录入电子档案资料库，并设立标牌。受赠单位要与侨务部门签订责任书。标牌、责任书由省侨办统一制作。

（四）验收。省侨办将制订侨捐项目监督管理工作检查验收细则，对此项工作进行全面验收。省、地级以上市侨务部门分别验收下一级侨务部门的侨捐项目监管工作，县级侨务部门验收受赠单位的侨捐项目管理工作。

三、建立侨捐项目监督管理制度

（一）改变用途报批制度。侨捐项目形成的资产，除捐赠时有明确约定外，不得作为国有或集体资产进行产权转让或抵押，不得改变侨捐项目的非营利性质和公益事业用途。因城乡规划或体制改革等原因确需改变用途的，相关责任单位应提出处理方案，按规定办理报批手续。

（二）受赠单位问责制度。受赠单位是侨捐项目的永久责任单位，对侨捐项目的建设、管理、使用、维修、保养负有全面责任，应与所在地县级侨务部门签订《华侨捐赠项目使用责任书》，应建立与捐赠人联系的制度。在规划建设时，应就项目建设的有关问题主动向捐赠人和侨务部门汇报，征询意见；项目建成使用后，应建立管理、使用、维护制度。对管理不到位、制度不完善的，侨务部门应协同其主管部门督促整改；对因管理不善，致使侨捐资产造成重大损失的，应提请有关部门依法追究其责任。

（三）审核备案制度。受赠单位应将侨捐款物造册登记，并在接受捐赠之日起一个月内报所在地县级侨务部门备案。侨捐工程竣工后，应及时向所在地县级侨务部门申报确认。对因特殊情况拟调整、报废的项目，责任单位应报侨务部门审核和备案。

（四）信息化管理制度。组织建立全省侨捐项目管理信息系统，实现侨捐项目管理的数据化和网络化。各地对本辖区接受侨捐款物情况进行统计，对侨捐项目要规范编号，及时输入侨捐项目信息管理系统。要及时收集分析侨捐动态和捐赠资产的使用情况，通过信息管理系统上报。

（五）年度检查制度。受赠单位应自觉接受侨务部门的检查，定期向侨务部门汇报受赠财产的使用、管理、维护情况。各级侨务部门每年应定期对侨捐项目管理工作进行年度检查。对管理混乱且存有违法、违纪、违规行为的受赠单位，侨务部门应协同其主管部门督促整改，必要时提请审计部门进行审计。

（六）公示制度。各地要将侨捐项目的有关情况向社会公示，增加项目管理的透明度，接受社会和舆论的监督。

四、建立侨捐项目监督管理制度的措施

（一）加强组织领导，成立专门机构。各级侨务部门要把贯彻落实《办法》，建立侨捐项目监管制度列入重要议事日程，争取党委和政府的重视和支持，根据省的总体部署，结合当地实际，制订工作计划。要加强组织领导，成立领导小组，建立专责工作机构，配备专门人员，配置建立电子工作平台所必要的设备。

（二）整合力量，加强协调。各级侨务部门要调动和整合"五侨"力量，加强与有关部门特别是教育、卫生、民政等部门的协调沟通，争取社会各界的支持，推动侨捐项目监管工作的顺利进行。

（三）加大督办和执法检查力度。县（市、区）侨务部门在建立侨捐项目监管制度中遇到难以解决的阻力，要及时向上一级侨务部门报告，上一级侨务部门要加大督办力度，对严重违反华侨捐赠法律法规的项目要提请审计部门审计，向监察部门通报。

（四）重点指导，以点带面。省侨办对侨捐项目较多的江门市进行重点指导，各级侨务部门应在条件相对成熟，工作基础较好的行政区域建立示范点，总结成功经验，发挥带动作用，推动工作的全面进行。

（五）开展评比和表彰。省侨办将对侨捐项目监管工作开展评比和表彰活动，对开展侨捐项目监管工作的先进单位和个人进行表彰，同时对工作不积极、监管不力的单位与人员给予通报批评。

广东省人民政府侨务办公室
2005年11月1日

6. 召开了两次具有历史意义的会议

围绕建立侨捐项目监督管理制度这一工作，我们召开了两个历史性的大会。

十二、建立健全华侨港澳同胞捐赠项目的监管制度

第一个历史性大会是广州市的大会，省侨办和广州市政府在中山大学联合召开。为什么？因为要建立监管制度，广州市有两个特点或者说是难点。第一个特点是在广州市范围的捐赠项目数量已经是全省的一个大头，大概是25亿元，加上省属有关单位超过20亿元，如中山大学、中山医科大学等，也就是说在广州地区的侨捐项目超过40亿元，而且全部都是响当当的大项目。第二个特点，这个管理制度在行政上实行属地管理。也就是说，广州市侨办有把整个广州市区域里的侨捐项目管理起来的职责。这是一个很大的改变，这种状况不改变，侨捐项目管理制度就落实不了。所以要在广州市召开这个大会，这个大会召开后各个市都要跟着制度走，如江门五邑大学等一些大的省属项目都有侨捐，都要由江门市侨办来管理。

广州市的大会，我们把很多部门的领导都请来参加，如省人大、省政府、省政协、市政府有关部门、中央驻穗的有关部门、广州市各区县的有关部门负责人，大专院校的校长，卫生厅、教育厅的厅长（卫生和教育两个部门是受捐项目的大头）。这次会议的特别之处是还邀请了所有主要的传媒参加，新华社广东分社、人民日报社华南分社、中新社广东分社、南方日报社、羊城晚报社、广州日报社、南方都市报社、新快报社、信息时报社、南方电视台、广州电视台、中央电视台第四频道全部都邀请过来参加会议，就是要造势，要扭转一种局面，让全社会共同来关心侨捐项目，共同来支持侨捐项目监管制度的落实。当时，广州市的大会开得相当成功，不过为了这次成功我们也准备很长的时间，为筹备这次大会也花了大力气。

接着我们在潮州和江门召开第二个历史性的会议——全省侨捐项目监管工作会议。会议从潮州开始，江门结束。在会上我做了一个发言，用大量的例子去特别阐述了建立侨捐项目监管制度的重要意义。以下是我当时讲话的部分内容。

一、侨捐项目不仅是巨大的物质财富，更是无价的精神财富。

对侨捐项目，我们管理的是一种物质，我们发扬、培育、保护的是一种精神。我省原来是落后的农业省，改革开放以来，侨胞捐资建路、建医院、建学校、捐生产资料支持生产。整个珠江三角洲很多桥梁都是改革开放时华侨捐建的。我记得我在基层工作的时候，公社要开庆祝大会，但大鼓在雨中给敲破了。我是公社的文艺宣传队队长，要连夜到广州换一个新鼓。我从中山骑自行车到广州换锣鼓，从晚上10点30分骑到天亮才到广州。什么原因？就是交通落后，因为要过七八个渡口。但是现在，我们从潮州开完会吃完晚饭，坐飞机到广州，从广州机场来到江门，还可以吃夜宵，几个小时就完成了。这是多么大的变化！这是经济的基础，是财富的力量。所以广东原省委书记说：广东的改革开放，华侨华人功不可没。这既是从经济上说，也是从精神上说的。主管侨务的汤炳权常务副省长不断地教育我们：要饮水思源，要致富思源。广东现在富裕了，但不能忘记华侨华人捐赠、投资建设广东的贡献。我们在番禺区检查侨捐监管工作的时候，番禺区的一位区长说：渴时一滴如甘露。就是说在你困难的时候，一滴水也是甘露。所以从经济上说，华侨捐赠是我们广东经济发展的助跑器。没有侨捐，广东能那么快起步吗？当然，这需要中央的政策，这个政策也需要华侨华人的捐赠才能够实现。我们现在不单单说"滴水之恩，涌泉相报"，我们要建立侨捐项目监管制度，就是让这一滴一滴的水能汇成大江大河，永不干涸。

从侨捐监管制度的建立来说，我们不仅要看重侨捐的物质力量，更要看到其精神力量。这种精神正是我们中华民族的骄傲。中山大学校长说，解囊相助已经远远不能形容华侨华人的捐赠了，应该是一种倾情奉献。有一位香港侨胞，年纪很大了，还通过买股票赚钱来捐赠，这真是倾情奉献。中山市的荣誉市民余金晃先生是卖豆腐起家的，他也不断地给家乡捐钱。祖籍潮州的陈伟南先生在香港只是中等收入的人，但是他认为人生的

十二、建立健全华侨港澳同胞捐赠项目的监管制度

价值在于奉献，所以一捐再捐。日本华侨吴桂显先生，把位于日本银座的商铺卖掉，一半交税后，其他的全部捐给中山市建立孙文学院。各地的经验介绍中也讲到很多这样的例子。这说明华侨华人捐赠的不仅是经济上的几百亿元，精神上的力量才是更重要的。我们必须重视华侨华人捐赠的这种精神。我们只有把监管制度落实了，坚持了，才能保护好、培育好、发扬好这种精神，这种热情才不会冷却。我们不能只看到捐赠的数字，要看到里面包含的精神。如果不建立制度，这种精神就要流失。我举两个例子。在改革开放初期，一个东南亚华侨在他的家乡，一个贫困山区捐了3000万元办中学，因为我们监管制度还不完善，或因为后来人不知道前面的情况，在修路时把校门改了，封了，结果伤了侨胞的心。他说永远都不会再回家乡。大家看，制度不建立，这种精神就发扬不了。另外一个例子是，陈伟南先生起初捐400万元建宝山中学，到目前捐给宝山中学已经超过4000万元，他的捐赠总额也超过1亿元。我们侨务部门评价说，他的身家和捐赠是不成比例的，他的钱基本都捐出去了。陈伟南先生讲得很令人感动，他只有一个儿子，但他说：我有三个"儿子"，一个儿子会赚钱，两个"儿子"会用钱，但是用得很开心，我愿意用。其实他那两个用钱的"儿子"就是宝山中学和三饶卫生院，因为当地把项目管理得好，所以使他一捐再捐。这与那些捐了一次，永远不再来是很不一样的。不要仅仅把华侨捐赠看成物质的东西，而更要看成精神的东西。

二、华侨捐赠不仅是侨胞爱国爱乡的体现，更是建设慈善文化、弘扬民族精神不可替代的力量。

我们总说华侨捐赠是侨胞爱国爱乡的体现，但是从目前的情况来看，它更是我们国家建设慈善文化、弘扬民族精神不可替代的力量。华侨捐赠已经成为我国社会慈善事业的顶梁柱，成为建设慈善文化、弘扬民族精神不可替代的力量，这个方面很多人还没有认识到，或者没有注意到。建设和谐社会有必要发展慈善事业。中国从不缺少善良慷慨的人，但是缺少一

种很好的捐款、用款的监管机制,缺少让善良慷慨的人愿意捐赠的机制,因此许多捐赠的热情就这样减退了。为什么中国有捐款意愿的人不少,但实际捐款者比例较低呢?是这些人不愿意捐款吗?其实不是的。他们是怕捐赠的钱没有制度来保障。我们不应就侨捐而论侨捐,我们要以建立侨捐项目监管制度为切入点,撑起整个社会公益事业的顶梁柱,推动公益事业制度的完善,从而达到建设和谐社会的目的。

三、建立侨捐项目监管制度,不仅是防止社会公共财产的流失,更是防止中华民族慈善精神的流失。

首先我要说说社会公共财产这个概念。有些人以为侨胞捐赠给了谁,财产就是谁的,或者认为侨捐财产是国家财产而划到国有资产管理局去,甚至有些把侨捐项目抵押给银行贷款做生意,生意失败后侨捐项目被银行收去了,这些做法都是错误的。《中华人民共和国公益事业捐赠法》规定,侨捐项目及其增值是社会公共财产。社会公共财产既不是国有资产,也不是集体财产,更不是小团体的财产。西方国家在慈善公益事业方面的制度是很健全的,国家、政府没有动用社会公共财产的权利。但是我们一些政府官员往往认为,捐赠了就是我的,我怎样使用都没关系。如有些把侨捐项目划到国资局去,有些侨捐基金变成政府的教育基金,这怎么行呢?我们建立侨捐项目监管制度,就是要使华侨捐赠的每一分钱都要最大限度地增进社会的利益。

我们不仅要注意防止侨捐资产在经济方面的流失,更要注意精神方面的损失。从精神上看,"爱心"不但可以挽救经济困难的人,更可以挽救一些行将堕落的灵魂。前几天报纸上报道过,6月27日,高考上线的绍兴女孩儿刘楚楚被小偷偷走了1万元,这些钱,是几位"老八路爷爷"捐给她的助学金。小偷看了包内"老八路爷爷"写给楚楚的信件后,良心发现,设法把1万元还给楚楚,还附了一封"忏悔信"。他写道:"我干出了天下最恶毒的事情。当我看到老八路爷爷写给你的信,我哭了,现在我把钱还给你，你放心地上大学吧。"大家可以看到，爱心不但可以资助贫困，还可以挽救小偷。如果小偷没有看到"老八路爷爷"表示爱心的信，他怎么会迷途知返把钱还回去？而钱没有还回去，少女读不了大学，小偷真正成了小偷。而正是"爱心"，使少女读书的愿望得以实现，又挽救了小偷。如果没有"老八路爷爷"这份爱心，少女的大学美梦会破灭，小偷会进监狱，捐赠人的愿望也实现不了。华侨华人捐赠的爱心不仅在于经济的作用，而且这种精神可以弥补很多缺陷的心灵。所以建立好侨捐项目监管制度，就是要实现侨胞的爱心，防止我们中华民族精神和传统美德的流失。

四、建立侨捐项目监管制度，不仅是维护侨益，也是维护政府职能的权威，更是维护社会公共利益的神圣。

侨捐项目体现了侨胞的利益，建立侨捐项目监管制度，将使侨胞的利益得到有力的保障，这一点大家都很明确。但我们深入分析，建立制度更是维护政府职能部门的权威。1997年的《广东省华侨捐赠兴办公益事业管理条例》第四条规定：县级以上人民政府侨务工作行政主管部门负责对华侨捐赠事务实施管理和监督。但我们侨务部门长期以来多是注意动员和接受捐赠，却没有或很少实施管理和监督。这在某种程度上是行政"缺位"了。我们提出建立侨捐项目监管制度提得太迟了，如果早10年提出建立侨捐项目监管制度，可能广东的华侨捐款不止360亿元。越早管理和监督，越能够凝聚侨心。但另外一些行政部门，却不知道侨办有这一职能，或者接受捐赠后不向侨务部门报告，于是这些部门"越位"了。我们"缺位"，人家就"越位"了；如果我们不"缺位"，人家就不会"越位"。如在教育部门调整教育布局时，原来一些低层次的侨捐学校被撤并空置。江门市准备出台一个文件，空置的侨捐学校如何处理，如何监管，在讨论的时候出现了分歧，是教育部门说了算，还是侨务部门说了算。从行政法规来说，应该是侨务部门说了算。捐赠条例明确规定由侨务部门监督管理。但教育部门可能从教育部门的利益出发认为应该是教育部门管理，后来我提议可以提交江门市侨捐项目监督管理领导小组去讨论明确。我们现在要建立监管制度，就是要树立职能部门的权威。我们要努力建立好侨务部门的工作平台，只有建立好平台，才能形成和侨胞联系的纽带。所以建立侨捐项目监管制度不只是维护侨益，更是维护我们侨务部门政府职能的权威，更是维护社会公共利益的神圣。我们要明确侨务部门在建立侨捐项目监管制度中的重要性，认识要提高到这样的高度，这样我们才有工作的积极性，才有满腔的热情去做好这方面的工作。

我在讲话中，还特别指出了某些方面需要继续探索和研究的问题：一是公益事业和企业混合在一起的。如番禺的宝墨园，侨捐财产和国营财产混在一起，我们处理时，既不能让公益事业受损，也不能让企业资产受损。二是既是捐赠者又是受赠者的现象。如侨胞在海外以团体的名义捐赠到国内，在国内又由这些人成立机构来接受捐赠，这也需要好好研究。因为我们一确认为公益事业，便定性为社会公共财产。三是要防止侨胞捐赠的公益财产潜形转移，如"非典"期间，有侨胞捐赠500万元购买救护车送给各医院，而患者使用救护车时是要付钱的，患者付的钱医院是怎样用的？如果没有明确监管，10年以后，这500万元的侨捐资产就可能转到某些企业或小团体那里了。四是要防止捐赠项目的公益浪费，注意引导捐赠方向。早期所捐的低层次小学，因教育结构的调整，形成大量空置，这实在是一个社会教训，而如今在山区还不断捐建"希望小学"，应引起我们的考虑，否则，现在是"希望小学"，以后会变成"失望小学"。

召开了潮州和江门的大会后，全省各地开始建立侨捐项目监管制度，当时，我们要求只要有5000万元以上捐款的地方都要设立计算机网络，做到全省联网。全省5000万元以上侨捐项目的单位有100多个。那时候计算机还不普及，属于比较贵重的办公用品，许多基层单位承担不起。为了落实具体措施，我咬着牙从省侨办的经费中挤出300多万元购买了计算机,下拨至各基层单位,成为管理华侨捐赠项目的专门用机。从机关经费中拿出 300 多万元支持基层单位,现在看来是"小菜一碟",但在当时,也是够大方的了。"舍不得孩子套不住狼",这些款项是一定要开支的,当时,我没有考虑有没有不同意见,总之坚持要这样做,反正我是一心要把事情做成功。

7. 支持香港同胞用法律保护自己的权益

在全省落实侨捐项目监管制度工作开始时,发生了这样一件事。时年 77 岁的香港同胞邓纪蓁先生直接到省侨办上访,反映他父亲在抗战时期捐赠家乡建设的小学,到了 1986 年邓纪蓁先生继续捐款 82 万元来扩建学校,扩建之后学校面积增加了 200 平方米,还增加了 200 米的跑道,种植了 1500 棵树。邓纪蓁先生一直担任这家学校的校董会董事长,但是到了 2005 年因为教育调整,并校,学校空置,村里擅自把学校租给了私人办学,每年收取租金 3 万元,租期 20 年。邓纪蓁先生知道后觉得不妥,与村里多次协商不成,也向当地侨办反映情况依然得不到解决,于是邓纪蓁向法院起诉,先去三水区人民法院告芦苞镇政府违法行政,要求撤销村委会的租赁合同,恢复学校的公益性质。他提交诉讼后就到省侨办上访说明这事。

这是我省建立侨捐项目监督管理制度后因侨捐资产项目被改变用途第一个告上法庭的案例。我为这位 77 岁的老人敢于拿起法律武器维护自身权益而高兴。过去,有很多侨捐项目被违规改变用途,捐赠人都无可奈何,碍于乡亲情面等种种因素,也不敢或者不肯使用法律武器上诉。这次很难得,邓先生敢于拿起法律的武器来告芦苞镇政府。我觉得舍得捐款的人很多,但是敢于拿起法律武器来维护自己捐款利益的人很少。这种精神感动了我,我支持他要用法律来保障自己的权益。

许多事情,就是"好事多磨"。由于各方利益之争,此事一直从三水区人民法院告到佛山市中级人民法院。我们也不断奉陪、跟进，不断和各方面联系，包括和法院联系，和行政部门联系，和捐赠人联系，和受赠单位联系，就是要维护侨捐法律法规的严肃性。

当时，法院也有点难以判决。因为村里已经签订了租赁协议，如果判撤销这个租赁协议，村里面就要赔偿损失，村里也没有钱做赔偿，而学校也已经招收了不少学生，撤销协议学生读书又成问题。佛山市中级人民法院来人征求省侨办意见，我向来人表明解决问题的原则：要维护侨捐法律法规的尊严，严格依法依规进行处理；维护好捐赠人的权益，争取捐赠人的谅解和支持；确保白土小学租金收益用于公益用途。

在佛山市中级人民法院的调解下，各方达成了协议。这个学校的全部租金（20年）按照原来捐赠人的原意，由捐赠人监督用于村里本土孩子读书用。当年的《南方日报》还不断跟踪报道了这件事的前后发展。

附录四

《侨捐小学变私校，捐资人告上法庭》

(《南方日报》，2006年10月28日)

省侨办主任吕伟雄：支持香港同胞维护侨捐权益

时政视点

20年前，香港同胞邓纪綦先生捐资82万元，在家乡三水区建设公益小学的教室和体育设施等。然而今年4月，他发现学校被所在的村委会擅自租给了私人办学。邓先生知道后十分不满，在与当地政府及承租人的再三协调无果的情况下，他向法院状告镇政府等，指其违法行政，要求撤销村委会的租赁合同，恢复学校的公益性质。这是我省自去年建立侨捐项目监管制度以来，侨捐资产项目因被改变用途处理而进入法庭审理的第一案。

昨天，省侨办主任吕伟雄亲自与邓先生就此事进行磋商，表示一方面

十二、建立健全华侨港澳同胞捐赠项目的监管制度

支持邓先生用法律手段维护正当权益,一方面希望有关各方解决问题要合情合理合法。

侨捐小学校舍转租私人办学

邓纪蓁先生多年来热心支持广东公益事业,在佛山和韶关等地陆续捐了数百万元,用于建设学校,因而成为这两地的荣誉市民。77岁高龄的邓先生昨天告诉笔者,三水区芦苞镇白土小学的前身是白土国民学校,是抗战前由其父亲、旅港同胞邓俾云回乡兴办。1986年,邓纪蓁先生回乡时见该校已经残旧,而且教学楼及运动场地不足,就决定捐款82万元筹建新楼。改建后的白土小学建筑面积达1600平方米,还兴建了200米的跑道,并种植了1500棵树。此后,邓纪蓁一直担任白土小学的校董会董事长。

去年,因为白土小学合并到中心小学,校舍空置下来。今年4月,学校所在地的四合村村委会在未征求捐赠人意见情况下,将该校以每年3万元的租金租给陈某办学,租期从2006年9月1日开始计算,20年不变。后来,邓先生知道后向区外事侨务局反映此事,并与芦苞镇政府展开交涉。但今年5月16日,承租方不顾校长劝阻,带领大队施工人员进驻,封锁足球场及田径体育设施,开始掘地建房。邓先生无奈之下,只得将芦苞镇政府告上三水区人民法院,指其违法行政。该案在今年9月开庭,至今仍在审理当中。

"第一案"引起三级侨办关注

这是自去年我省建立侨捐项目监管制度以来,侨捐资产项目因被改变用途处理而进入法庭审理的第一案,这一事件也引起美国、加拿大华人媒体的报道。广东省、佛山市的侨办和三水区政府对此高度重视,进行认真地协调处理。

省侨办吕伟雄主任了解到该案情后,指示侨务部门主动介入,既要维护侨捐法律法规的尊严,树立侨捐项目监管制度和侨务部门的威信,又要实事求是,根据当地实际,进行妥善处理。

根据《中华人民共和国公益事业捐赠法》，侨捐财产及其增值属于社会公共财产。另外，《广东省华侨捐赠公益事业项目监督管理办法》也明确规定："华侨捐赠项目形成的资产，除捐赠时有明确约定外，不得将其作为国有或集体资产进行产权转让或抵押，不得改变华侨捐赠项目的非营利性质和公益事业用途。"因此，省侨办认为，白土小学所接受的侨捐财产是社会公共财产，不是国有或集体资产，任何单位未征得捐赠人同意，未经县、区侨务部门和政府审批都无权处置。因此，四合村村委会不拥有白土小学侨捐财产的产权，其擅自将该校出租给私人办学是违反了有关侨捐法律法规的，该出租合同是没有法律效力的。而且，白土小学原先是公益性质的镇办小学，芦苞镇政府对该校侨捐资产负有依法管理的责任，而镇政府却在承租人申请办学书上签署"同意开办"的批示，其行政行为与有关法规相悖。

本报记者　林亚茗　徐　林
通讯员　段　燕　沈卫红

记者手记：乱用侨资很伤侨心

林亚茗

广东是全国第一大侨乡，众多的海外侨胞、港澳同胞爱国爱乡、热心公益的精神是我省一大宝贵财富。自改革开放以来他们在我省捐款赠物总额折合人民币达360亿元，兴办公益事业项目3万多宗，占全国侨捐总数的70％。其中，全省六成的中小学校、五分之一的桥梁都倾注了他们的心血。

今年夏天广东遭遇水灾，侨胞和港澳同胞捐赠1.1亿元。这当中，有的人是在重病中捐出最后一分情，才安然辞世，这种拳拳赤子心，可感动天地。

然而，并非人人都能体会到这种情义的分量。一些地方和单位出现了违背捐赠人意愿、改变公益用途的事情。而某些领导干部，在动员捐助时积极热情，而管理却漫不经心。一些乡镇的侨捐学校因布局调整而空置，

十二、建立健全华侨港澳同胞捐赠项目的监管制度

就被随意出租、转让；或者侨捐的公益医院转制给了个人。这些导致侨捐资产流失的情况，严重伤害了捐赠人的感情和积极性。

这些问题引起了省政府和侨务部门的关注。省政府去年出台了《广东省华侨捐赠公益事业项目监督管理办法》，促进华侨捐赠公益事业项目监督管理的规范化。明确规定在未取得捐赠人同意的情况下，不得擅自改变捐赠项目的性质、用途和受益对象，以及如何捐赠、使用、维护、管理的一整套实施措施，包括如何查处各种侵犯、损害侨捐项目的行为。

白土小学一案是一起典型案例。如今公益项目被转变性质的事情已经发生，甚至闹上了法庭，但如果被告的一方能因此提高对侨捐项目的认识，通过与捐赠方和承租方真诚协商，达到一个合情合理又合法的解决办法，也许不但皆大欢喜，而且能够对因乡镇学校兼并而出现的新问题，找到一个新的出路。我们期待着能这样。

附录五

《侨捐学校百万租金"吐"出做公益》

(《南方日报》，2007年8月7日)

三水侨捐白土小学被擅自出租，捐资人怒告当地政府，引出我省首例侨捐纠纷案。

独家新闻

本报讯（记者／林亚茗 徐林 通讯员／沈卫红 段燕）去年10月28日，本报报道了侨捐项目——佛山市三水区芦苞镇白土小学使用纠纷案的情况（详见本报2006年10月28日04版），引起境内外广泛关注。

昨天，笔者从省侨办了解到：在省侨办、佛山市及三水区政府的高度重视下，这起我省首例捐赠人提起法律诉讼的侨捐项目已得到妥善地协商解决。近日，原学校捐赠人邓纪蒸先生与承租方和芦苞镇白土联社签订了有关协议：该联社贫困村民及学生将在学校出租的20年期间，可享受到

110万元扶贫助学款。

"第一案"引起侨办高度关注

此案是我省自去年建立侨捐项目监管制度以来,侨捐资产项目因被改变用途处理而进入法庭审理的第一案。官司从三水区法院一直打到了佛山市中院。此事引起省侨办的高度关注,该办领导多次走访有关各方,了解真实情况,并协同佛山市、三水区的政府及外侨局进行调处。他们提出了解决问题的原则:要维护侨捐法律法规的尊严,严格依法依规进行处理;维护好捐赠人的权益,争取捐赠人的谅解和支持;保证白土小学租金收益的公益用途。

调解成功,租金将变助学款

到上个月,这起案件终于有了调解结果:当事各方将成立租金管理小组,由捐赠人邓纪蓁先生担任组长,以保证合理使用白土小学的租金和其公益用途。白土联社辖区内的困难村民及白土籍的困难学生将在白土小学出租的20年期间,享受到租金管理小组分派的110万元扶贫助学款。而且,该校校舍的租金使用情况,将每半年一次张贴公告,以及时得到村民的监督。

省侨办主任吴锐成指出,白土小学一案是一起典型事件。一些地方不严格管理侨捐项目,随意改变侨捐项目的公益性质,会严重伤害到海外侨胞、港澳同胞支持我省公益事业的积极性。如今,经过各方的真诚协商,达到一个合情合理又合法的解决办法。这显示出我省所建立的侨捐项目监管制度,在保护捐赠人权益、发挥侨捐公益用途、建设和谐社会等方面初见成效。

8. 对侨捐项目的保护,必须年年讲,月月讲,天天讲

侨捐项目被侵蚀,必须引起社会重视。这是关乎中华民族的优良传统能否得到发扬和继承的大事。侨捐项目被侵蚀,往往还不单是经济利益,还有行政行为。许多时候,领导干部政绩观作祟,往往是"新官不理旧

事"，后人不守前人的规矩，后人不承担前人的承诺。这种事情经常会发生，这种痛楚还在延续。现实中，不要以为制定了文件，建立了制度，问题就可以彻底解决了。对侨捐项目的使用、监督和管理，必须年年讲，月月讲，天天讲。不断与各种背离原则、违背捐赠人意愿的现象做斗争。

在全国重点侨乡中山市中心的兴中道上，有霍英东先生捐资兴建的兴中体育场，蔡继有先生捐建的科学馆，陈世贤先生参与捐资的中山图书馆。可科学馆和图书馆这两个体现改革开放中侨胞们爱乡情怀的侨捐项目，使用不到20年便被遗憾地拆掉了。

这让中山侨务工作者吸取了教训。最近，面对中山市的侨捐项目中山颐老院的处置问题，中山侨务工作者聪明了，预先向市领导打了几次"侨"针，向领导灌输侨务意识，让他们懂得侨捐项目的特殊性，不要再次失误。

中山颐老院是香港社团及众多侨胞在改革开放初期分别捐赠的。其占地几十亩，因时代久远，已适应不了需要，几年前搬迁到了紫马岭公园。颐老院原址成为房地产商眼中的"肥肉"，都虎视眈眈瞄着这块地。中山侨务部门也不断发出信号：不要在侨捐项目上打房地产的主意。一场侨捐项目保卫战持久地进行着。后来，某教育机构要把这块地用来与外国教育机构合作办学校，领导也同意了，召集有关部门开会落实办手续。中山侨务部门上次吃了"亏"，此项审慎应对，专门来找我商量对策，我认为千万不可重蹈覆辙，于是专门写了一份建议给中山市领导，直接表明自己的态度。

附录六

2018年7月1日，作者写给中山市领导的建议
《关于中山颐老院原址使用的建议函》

市政府同意电子科技大学中山学院把颐老院原址用作"中德合作办

校"用地。规划部门也跟着这个指引,把颐老院原址用"控规"手段,定为"教育科研用地"。

对这个安排,我本人明确表示不赞成。

我的意见如下。

一、颐老院附近方圆近10平方公里,已是熟透了的建成区。已经形成了密集的居住区(柏苑、松苑、竹苑、骏景、盛景、奕翠园、水云轩,香格里拉酒店原址也在兴建大型高层住宅,再往南看,盛景尚峰一带更已成为金融商业区),起湾道更是日渐成为交通拥堵的主干道。此处一带人口密度、交通流量本来已经超负荷了。从城市空间布局发展考虑,此处不适合用作人口密度极高的教育用地。从大学所需的安静环境考虑,此处更是不适合的。

二、颐老院是我市开放改革的标志性项目,它深深地雕刻着那个激情燃烧的年代前辈人奋斗的印记,已经成了中山改革开放中城市发展的历史记忆。在改革开放再出发的今天,我们应该用这前人光荣的历史去推动当今时代的前进,而不应该让眼前的、局部的利益去侵害或改变历史的光芒。

三、颐老院是侨捐项目。众多的侨捐项目,成为铸造中山全国著名侨乡的骨干因素,是上百万海外侨胞热爱家乡的心血体现。而近年来,中山市许多侨捐项目被荒废(分布于各乡村的侨捐学校等)、被拆迁(科学馆、图书馆)、被移作他用(位于起湾道的东区医院),已经深深地伤害了侨心,这次,又往颐老院这个经典的侨捐项目"开刀",这无疑是往这个伤口再撒一把盐。

四、若干年前,占用紫马岭生态公园部分面积兴建新的颐老院时,领导人曾承诺原颐老院会改作公益性公园,以补偿占用紫马岭公园的公益性功能面积,满足此处密集居住区居民的生活需要。若此地改作非公益用途(与德方合作办学的商业属性存疑),政府信誉将会在市民心中下降几个等级。

五、中山城市发展的指导思想之一是"城乡一体化"。一些大型建设项目不应只把眼光放在中心城区，而应全市统筹考虑。长远考虑为何不在东部组团如翠亨、南朗、民众等地规划一片合作办学，这也是产业而且利在千秋。

退休人员：吕伟雄

2018.7.1 晨

焦市长接受了我和各方的意见，收回成命，要学校重新另外选址。后来，市政府决定把原来颐老院旧址改造建设成华侨公园。我还和有关人员专门到颐老院旧址做了研究，专门向市领导提出了几点建议。

附录七

关于建设中山市华侨公园的几点建议

2019年3月28日，广东省侨办原主任吕伟雄，中山市政协原副主席韩泽生，市民政局原局长韩锡江，市委统战部副部长、市侨务局局长谭文辉，以及市委统战部侨务科、市民政局福利科有关负责人相约前往颐老院旧址，就建设中山市华侨公园一事实地考察并展开现场交流。现把交流情况汇总如下。

与会者对市委、市政府将颐老院旧址改建成中山市华侨公园这一决定给予高度赞扬，一致认为：不能单从市政建设这个角度去理解市委、市政府这一决定，要从改革开放再出发这一时代要求的政治站位上看市委、市政府这一决定。建设华侨公园，是中山改革开放再出发这一历史进程中的一件历史性大事。这体现了市委、市政府遵从改革开放再出发的时代要求，接中山历史人文地气，听中山海内外民众心声，办有新时代气息的民生实事。

经当天实地考察，考察者感觉颐老院旧址建筑风格有时代印记，建筑质量甚佳，而许多建筑材料是中山那个时代的地方产品，园内绿化树种大都是地方树种，且处处大树参天，是中心市区的"天然森林"。颐老院旧址，处处体现了浓厚的中山人文文化气息，一砖一瓦都承载着改革开放以来中山海内外民众的赤子之心，一草一木都印记着中山大地从贫穷走向富康的光荣且曲折的进程。

考察组提出如下建议：

1. 在颐老院旧址建造华侨公园，这是一项精神文化建设工程，而不是市政物质建设工程。其核心指导思想应该是造就中山历史华侨文化，而不是建筑物的折旧建新。这一点，务必明确。

2. 应保留园内大部分建筑物，在不破坏其历史原貌的原则下做适当修缮。颐老院内主体建筑、亭台楼阁是侨捐项目，部分附属建筑由当时市内各部分干部职工捐资建成，全都有时代精神印记，且建筑质量上乘，无须推倒原有建筑物重建，以免失去时代印记及地方建筑风格。

3. 园内绿化多为具有本土特色的树种，是侨胞和市民的集体记忆和情感所在，应尽可能保留，对其修剪固稳，无须进行大规模迁移。

4. 颐老院主楼可考虑用作改革开放或侨捐项目纪念展馆，展示中山改革开放以来的社会经济发展与海内外侨胞做出的贡献。

5. 园内靠近起湾道的原有宿舍楼，可考虑用于华侨港澳同胞新生代的乡情侨情培育基地。

6. 华侨公园的设计方案应广泛听取市民与侨胞的意见。可成立有多方人士参与的筹委会，集思广益，尽可能让熟悉地域文化、了解岭南风格的当地设计师参与，以免水土不服。

7. 颐老院作为我市标志性的侨捐项目，多次迎来党和国家领导人以及重要外宾的实地考察，是我市除了中山温泉外另一个见证历史的重要地标，是中山人民心与侨心的体现，改建不必急于短期内完成。可以采取逐步开放的方式，考虑加入华侨名人馆、雕像园、华侨海外奋斗历程现场还原等因素。考虑到颐老院是服务老人的地方，为展现中山的孝道精神，还可考虑设置敬老档案馆，展示历年来关爱老人的事件或举措。

8.颐老院的建设是全民参与的，改建成华侨公园也可发动市民群众加入（如清理垃圾等），提倡并弘扬人人共建的精神。

（此几点建议由当天参与者提出，统战部侨务科整理）

新一轮党政机构改革后，侨办并入统战部。侨捐项目的监督管理制度如何坚持下去，我想这将是海外侨胞十分关注的一件大事。

十三、"侨心居"成了侨捐慈善项目的好形式

韶关,我是比较熟悉的。担任省旅游局局长时,为推动"广东人游广东",促进山区旅游业发展,我率领一群旅游界领导及新闻媒体人员,来了一次"穿越乳源大峡谷"的壮举;邀请时任省长朱森林多次领队前往考察韶关旅游,之后,又组织了省人大省政协专题考察韶关旅游。

1. 12年后,重访韶关"侨心居"

2006年7月,韶关发生历史上最大的洪涝灾害。为了灾区赈灾重建,我又一次踏进这里的山山水水,并在此创造出"侨心居"这样的一种公益捐款模式。

事情过去12年后,到了2018年,我再次约了几个好友,重访"侨心居"捐款模式的发源地——韶关乳源瑶族自治县桂头镇。

我联系到当年负责"侨心居"工作的副县长朱均玉(此时她已经转到县人大常委会任副主任了),再由她联系上桂头村的村骨干。几个朋友乘坐一辆汽车,直奔桂头镇。这次重访桂头镇,我在社交平台发了短文《"侨心"还有吗?》。

十三、"侨心居"成了侨捐慈善项目的好形式

> **吕伟雄**
>
> "侨心"还有吗?
>
> 12年前,为支助受灾群众重建家园,省侨办用侨胞信得过的捐款模式发动海外侨胞捐款共计2380万元,在灾区建设了3120户"侨心居"。之后,汶川地震后,广东侨办也用同样的办法让海外侨胞在地震灾区重建了许多"侨心居"。
>
> 12年后,我有机会重访乳源瑶族自治县桂头镇,看看众多"侨心居"如今如何了。
>
> 还好,情况只是让我有点不安,而没有让我失望。
>
> 有灾民富裕了,重修"侨心居",甚至建成三层小楼了,可喜的是他们懂得感恩,还把"侨心居"的牌子牢牢地保留在墙上。当然,也有许多"侨心居"的牌子不知去向了。村头的纪念碑也缺少保护,显得残缺不全了。这是令我内心不安的原因。
>
> 看来,有必要建议省侨办来一次全面检查"侨心居"的现状情况,然后,发动各地来一次保育"侨心居"的不忘初心感恩的实际行动。让侨胞的慈善精神得以发扬和传承。

2018年8月27日,作者在社交平台发布短文《"侨心"还有吗?》

2. 省政府同意发动海外侨胞支持灾民重建家园

常务副省长汤炳权在电话中回复我,省政府同意省侨办的请示,省侨办可以发动海外侨胞支持灾区重建家园。我当即召开省侨办党组会,强调省侨办应该在救灾中有所作为,发挥省侨办对外联系的优势,组织协助海外侨胞港澳同胞支持我省救灾。

党组会议后,省侨办成立了专门工作小组,由我任组长,副主任林琳任副组长,负责这次救灾工作。

由省侨办直接动员海外侨胞、港澳同胞参与我省救灾,至少是改革开放以来的第一次。

省侨办是政府部门,从这个角度考虑,不宜直接出面去动员捐款。但从省侨办联系海外侨胞广泛,从救灾救难的当前实际,省侨办应该义不容辞。在这两难之中,我们选择工作的方式方法,决定分为五种形式来与海外侨胞联系:其一,以省侨办的名义发一份灾情通报给世界各地的社团。政府有责任向侨胞通报灾情,但不提任何要求,此事由外联处负责。其二,向海外华文媒体发一份广东遭受突发自然灾害的通报,让世界各地的

侨胞及时知晓这件事，此事由秘书处新闻组负责。其三，以省海外交流协会的名义发出一份倡议书，因为省海外交流协会有几百个成员，属于群众团体，应该发动会员支持灾区重建。此事由海交会秘书处负责。其四，以省侨办的名义，发一倡议给省属的侨资企业，呼吁他们有钱出钱有力出力支持灾区建设。此事由经科处负责。其五，向各地级市侨务部门下发通知，要求他们以适当的方式向侨胞通报灾情。此事由秘书处负责。

那个时候，省侨办机关只有一台传真机，通信设备也不如当今先进方便。五个处室同时往外发送文件，只有一台传真机，确实难以适应。我破例同意一次性购买五台传真机，每个处室一部，夜以继日，向海外一个又一个社团、传媒发送消息。

3. 大胆革除捐款的繁杂环节

消息发出去后，在海外侨胞、港澳同胞中产生了强烈的反响。首先是华文媒体的表现十分积极，《星岛日报》全球各大洲地方版，美国《美中信使报》《侨报》《明侨体育》，加拿大《环球侨报》，匈牙利《新导报》，巴西《南美侨报》，巴拿马《拉美快报》，秘鲁《秘鲁报》，意大利《侨报》，南非《非洲时报》《华侨新闻报》《南非华人报》，马来西亚《中国报》等华文报纸及网站，都登载了省侨办编写的《广东近期严重洪涝灾情的通报》，一些报刊还登载了社团的捐款倡议书。港澳同胞也热烈响应，澳门特别行政区立法议员冯志强是省海交会的海外理事，在接到我们海交会倡议书前半小时，签发了一张200万港元的支票，捐给广东省红十字会支持灾区。收到省海交会的传真后，他给我打电话说："吕主任，半小时前我刚捐了200万港元，收到你们的传真，我再捐款50万港元。"电话里我向他表示感谢，并说要到澳门专门搞一个捐款仪式。他听说要搞一个捐款仪式，又决定把捐款额升至100万港元。当时，100万元港元是最大的一笔捐款额，我告诉他，此事我要报告给省委、省政府。听我这么一说，他

十三、"侨心居"成了侨捐慈善项目的好形式

回复说:"你要报告省委、省政府,我捐 100 万港元太少了,我决定捐 300 万港元。"加上他捐至省红十字会的,他一人捐款支持灾区 500 万港元。他的善举深深感动了我,我真的与广州市侨务干部一起赶赴澳门,举办了一个简单的仪式,接受他的捐款。香港榄镇同乡会监事长黄池兴,已经是癌症晚期,在生命垂危的最后一刻,他签发了一张 10 万元支票支持灾区重建家园,第二天就离世了。更难能可贵的是印尼苏北地区的华社,当韶关遭遇洪涝灾害时,印尼苏北地区也受到洪灾。我曾专门致电印尼苏北侨社首领,希望他们集中力量自救,不要动员为韶关洪灾捐款。但是,苏北地区的侨胞们感恩于广东侨办多年来支持他们的华文教育及推动苏北省与广东省结对为友好城市,还是踊跃筹集了 25 万元人民币支持广东家乡救灾。

2006 年 7 月,作者在澳门接受 300 万元港币捐款

侨胞们捐款热情一浪高过一浪,可一些具体难题也摆在我们面前。海外侨胞捐款都是小额的多,而按当时的规定,侨胞的捐款又必须由省慈善总会接受,不少侨胞甚至把信寄到省侨办来,信内夹上 100～200 美元钞票,以表心意。也有侨胞回到广州后,直接打车到省侨办来捐 200 美元。每次这样的事情发生,都要由省侨办派员带侨胞到省慈善总会捐款。这个繁杂环节让很多热心侨胞捐不了款。我本人是省慈善总会的常务理事,我觉得要改革这种不方便热心侨胞捐款的手续。我向省慈善总会建议,由省

侨办选择海外一批有诚信、组织严密的社团代理收集捐款,然后集中寄汇省慈善总会。这个做法相得益彰,一来让捐款的侨胞能实现捐款的愿望,二来让捐款的过程增强了社团的影响力,海外的侨胞都知道这个社团是获得省侨办认可的,不会有问题。当然我们在发出委托书之前也会对这个社团进行评估,确认资格,要求受委托的社团要将捐款人一一登记,由省侨办向每一位捐款人发感谢信,而大额捐款我们则请省政府发感谢信。步步高集团董事长段永平一声不响便向省政府捐赠了100万美元。当时段先生也许还不算太出名,省政府办公厅向我了解段永平这位海外的慷慨捐款人。段永平先生早年在中山创业时,我们有过交往,我是认识的。省政府接受了这笔捐款直接给他发了一封感谢信。其他小额的捐款就由省侨办设一个专门小组向省慈善总会核实好每一笔捐款,把捐款收据连同感谢信邮寄给每一位捐款人。

附录一

2006年7月27日省侨办工作会议纪要
《关于委托海外社团代收救灾捐款工作》

海外侨胞、港澳同胞对我省受热带风暴"碧利斯"影响而引发的灾情高度关注,纷纷表示要为救灾尽一分绵力。但侨胞反映,从海外直接向广东省慈善总会汇款比较麻烦,且汇费不低。为帮助侨胞实现捐助灾区的心愿,经我办与广东省慈善总会商定,由我办委托一些在当地有诚信、影响大的海外华人社团代为接收侨胞们的零散捐款,再集中汇寄给广东省慈善总会。为切实做好这项工作,7月25日上午,吕伟雄主任主持召开会议做了工作部署,现纪要如下。

一、要协助捐款而不是发动捐款,要注重心意而不看重数额

这次协助海外侨胞、港澳同胞捐款,我们要尝试新的做法,只向侨胞们通报灾情、传达信息,不动员、不号召捐款;要钱不是最终目的,而是

要通过这项工作广泛凝聚侨心，营造海外侨务工作的良好氛围。因此，不论侨胞、港澳同胞的捐款数额多少，都要尽力帮助他们实现心愿。

二、挑选有诚信、影响大的社团及个人代收捐款

由外联处筛选社团名单，省海交会筛选个人名单，再由与这些社团和个人联系较密切的人员打电话进行联系，征询他们是否同意协助代收捐款。根据外联处筛选的名单，分工如下：郑建民负责日本，李世康、侯瑜负责马来西亚和新加坡，沈卫红负责加拿大，黄林炎负责英国，冯子源负责墨西哥，陈雪婷负责泰国和菲律宾，段燕负责美国，马碧雯负责澳大利亚、新西兰和我国香港特别行政区，杨圣祺负责法国，陈金流负责南非。征询工作争取25日完成。

经征询同意代收捐款的，向他们寄发委托函，请他们提供会所地址、捐款账户、联系人、联系电话、传真等信息，同时，物色一些海外华文媒体，公布接收捐款社团和个人名单及账户等相关信息。

有关社团和个人的回复确认书、接收捐款等情况要及时转交秘书处信息组，以便汇总公布。

附录二

2006年7月31日省侨办工作会议纪要
《要做好侨胞港澳同胞捐助灾区的后续跟进工作》

我省发生严重洪涝灾情后，我办及时向海外侨胞、港澳同胞通报灾情，协助他们向灾区捐款捐物，取得了显著成效。为进一步做好协助侨胞、港澳同胞捐助灾区工作，7月27日下午，吕伟雄主任主持召开会议，部署了相关工作。现纪要如下。

一、要以高度的责任感做好捐助后续跟进工作

海外侨胞、港澳同胞的捐款捐物，不论多少，都充分体现了他们情系家乡、支持祖国建设的深情厚谊，因此，一定要尽最大努力落实好每一

笔捐助，要以高度的责任感做好每一笔捐助的后续跟进工作，以免伤了侨心、失了诚信。

二、成立工作小组开展相关工作

会议成立了由侯碧红、黄林炎、王筱玲、王奕华、陈金流5人组成的工作小组开展捐助后续跟进工作。侯碧红为小组负责人，黄林炎负责与省海交会顾问、理事联络，王筱玲负责与省慈善总会联络，王奕华负责与华人社团联络，陈金流负责资料收集、整理工作。小组的主要工作任务包括：

（一）及时落实每一笔捐助。

（二）及时向捐助了灾区的侨胞、港澳同胞、侨资企业等寄发感谢信和捐助收据。每一笔捐助不论多少，都要有省慈善总会开具收据，连同我办的感谢信通过快递尽快寄给捐助人（单位）。这项工作一定要抓好抓细，一件不漏，一人不漏。每一份捐赠收据都要复印存档。

（三）做好捐助数据的统计和资料收集。不论捐助是否经过我办，只要是我们发出的信息引起或我办给予了协助的，都要登记和统计；要注意收集海外侨胞、港澳同胞捐助家乡过程中的感人事迹。统计数字和有关资料要及时送交秘书处信息组，由信息组及时发布；日后还要在《南方日报》上刊登专版，对侨胞、港澳同胞的善举进行宣传报道。

参会人员：吕伟雄、侯碧红、黄林炎、王筱玲、王奕华、陈金流

记录整理：陈金流

4. 大胆向省委、省政府申请表扬

从7月24日发出倡议书到8月4日，这十天之内海外侨胞的捐款总额已经达到了4800万元人民币，其中2500万元是通过省侨办的渠道由22个国家和地区募捐来的。8月4日当天，我签发了《关于海内外侨界支持我省救灾赈灾情况的报告》。

附录三

省侨办致省委、省政府
《关于海内外侨界支持我省救灾赈灾情况的报告》

省委、省政府：

今年7月我省发生严重洪涝灾害后，省侨办十分关注灾情和关心灾区救灾重建工作，积极贯彻落实省委、省政府关于做好支持受灾地区救灾复产工作的重要指示精神，发挥侨务优势，采取有效措施，广泛动员海内外侨界力量救灾赈灾，并以此为契机，大力做好传扬乡情、凝聚侨心工作，取得了积极的成效。

一、发挥侨务优势，积极动员海内外侨界力量援助灾区

（一）办领导高度重视，及时部署工作

省侨办领导十分重视支持做好抗灾救灾工作。7月20日上午，我办吕伟雄主任参加全省第五期领导干部党纪政纪法纪教育培训班，在听取中共中央政治局委员、省委书记对粤北灾情的介绍和有关开展救灾工作的重要指示后，立即打电话回办公室，指示有关人员认真研究措施，尽快采取行动发动海外侨胞、港澳同胞支援灾区开展救灾赈灾工作。当天下午，我办召开党组会议，就如何紧急行动起来支持灾区抗灾救灾进行研究部署，制定了多项紧急措施。此后，吕伟雄主任又多次主持召开会议，及时研究解决工作中遇到的问题，就进一步做好工作进行部署安排。吕伟雄主任等办领导还亲自做工作，如经吕伟雄主任做工作，广东省海外交流协会理事、澳门立法会议员冯志强先生在已经通过澳门红十字会向灾区捐助200万港元的基础上，通过省海交会再次向灾区捐出300万港元，吕伟雄主任到澳门举办仪式接受了捐款。

（二）紧急通报灾情，争取海外侨胞、港澳同胞的支持

根据海外侨胞、港澳同胞关注广东灾情而又缺乏渠道全面了解灾情

进展等情况，7月21日，省侨办编写了《广东近期严重洪涝灾情的通报》（以下简称《通报》），并安排人员连夜加班通过传真、电子邮件、"广东侨务信息站"等方式和渠道，发送给600多个海外华侨华人、港澳同胞社团、140多家重点侨资企业、52家海外华文媒体，向海外侨胞、港澳同胞通报我省灾情和开展救灾工作的情况，提供广东省慈善总会捐款账号等重要信息。省侨办还以广东省海外交流协会的名义，向该会400多名海外顾问、理事发出了《关于为广东灾区奉献爱心的倡议书》（以下简称《倡议书》），动员他们为灾区救灾重建贡献力量。"广东侨网"开辟了抗灾救灾专题，及时报道灾区救灾赈灾进展情况和海内外捐助灾区情况。省侨联也向海外侨胞、港澳同胞发出了捐助倡议。

省侨办还向各地级以上市侨办（外事侨务局）发出通知，要求各地通过适当的方式向海外乡亲通报家乡灾情，争取他们对救灾赈灾工作的支持。截至目前，广州、韶关、中山、湛江、茂名、梅州、潮州等多个地方的侨务部门都采取了措施向海外乡亲通报灾情，取得了很好的效果。

（三）大力为侨胞、港澳同胞捐助灾区提供协助

省侨办把这次工作作为凝聚侨心、拓展海外侨务工作的重要契机，将工作的着眼点放在"广泛动员和大力协助"上，尽量使更多的侨胞、港澳同胞了解到有关信息并主动捐助灾区，而且不论捐助数额大小，都要做好服务工作，提供必要协助。发出《通报》和《倡议书》后，省侨办继续通过各种途径及时向侨胞、港澳同胞通报灾情和救灾赈灾工作进展情况，为他们提供信息协助，并积极采取有效措施，协助解决他们向灾区捐助时遇到的问题。当了解到从海外直接向省慈善总会指定账户汇寄捐款不太方便且要收取手续费，不利于部分经济能力有限的侨胞、港澳同胞实现爱心，省侨办立即与省慈善总会商讨解决办法，决定由省侨办委托一批有诚信、影响大的海外华人社团代为接收侨胞、港澳同胞的零散捐款，集中后再汇寄给省慈善总会。这个办法帮助更多的侨胞、港澳同胞实现了捐助灾区、

十三、"侨心居"成了侨捐慈善项目的好形式

奉献爱心的愿望,受到海外各界的赞赏。省侨办还成立了工作小组开展捐助后续跟进工作,向省慈善总会落实好每一笔捐助并开具收据,连同感谢信以快递的形式邮寄给每一位捐赠人。

此外,全省侨务干部还自觉行动起来向灾区捐款捐物。省侨办主任吕伟雄带头捐款3000元,省侨办全体在职干部职工和离退休干部共捐款4.086万元,并捐赠了一批衣物。韶关等受灾地区的侨务干部还积极投入抢险救灾工作中。韶关市外事侨务局副局长韩立恩奋力抢救12名受洪水围困的群众,被锈蚀铁条划伤导致破伤风要入院动手术。该局全体干部职工还参与了清除街道淤泥等救灾工作。

二、海外华社掀起一股关注广东、捐助灾区的热潮

海外侨胞、港澳同胞十分关切广东这场突如其来的洪涝灾害,尤其是看到省侨办发出的《通报》和《倡议书》后,对灾情更是感同身受,纷纷立即采取行动,或身体力行捐款捐物援助灾区,或采取措施动员华社各界捐助灾区。海外华社形成了一股关注广东、捐助灾区的热潮。

(一)华社各界高度评价我省抗灾救灾工作

不少侨胞、港澳同胞来电来函省侨办,对灾情表示深切关注,对受灾群众表示慰问,对省侨办及时提供灾情信息表示感谢。他们对党中央、国务院和省委、省政府及时部署开展抗灾救灾工作,使灾区生命财产损失降到最低,灾民生活及时得到妥善安排表示高度赞赏。泰国中华总商会在来信中表示,"广东省有关领导,急不容缓策令各部级单位开展救灾防洪工作之为政精神,深得海外华侨华人之赞扬"。巴拿马中华总会也表示,"(灾区人民)在各级政府的领导下万众一心,众志成城,奋起抗灾、救灾、恢复家园进行了艰苦卓绝的工作,你们战天斗地,决不低头的大无畏精神,令我们无限之敬佩。"

(二)海外华文媒体跟进报道灾情和救灾赈灾情况

《星岛日报》全球各大洲地方版,美国《明桥体育》《美中信使报》

《侨报》,加拿大《环球华报》,匈牙利《新导报》,巴西《南美侨报》,巴拿马《拉美快报》,秘鲁《秘鲁通》,意大利《侨报》,南非《非洲时报》《华侨新闻报》《南非华人报》,马来西亚《中国报》等众多华文报纸及其下属网站转载了《通报》,并不断跟进报道灾情和救灾赈灾进展情况。一些报纸还配合当地华人社团发布了捐款倡议书,公布了捐款渠道。海外华文媒体的报道,对海外侨胞了解我省灾情及救灾工作情况,捐款支持我省救灾工作起到了积极作用。

(三)集腋成裘,华社各界积极行动起来捐助灾区

有关社团和侨领收到《通报》后,想方设法将灾情转告给华社各界,并采取措施,广泛发动他们捐助灾区。墨西哥中华会馆、巴拿马中华总会、香港广东社团总会等第一时间召开社团领导会议,通报灾情,商讨如何发动会员筹募善款,与会代表还现场捐了款。墨西哥蒂华纳华侨协会、美国华商总会、哥斯达黎加侨领李志辉等筹办了各种募捐活动。马来西亚广东会馆联合会、南非粤港澳总商会、巴拿马中华总会等爽快地接受了省侨办关于代收侨胞零散捐款的委托,并第一时间在当地华文报纸上发布了灾情通报和捐款倡议,公布了代收捐款账户信息。广东省海外交流协会理事、英国华人社团联合会秘书长郑健文因病住院但依然牵挂着家乡灾情,在进入手术室接受手术前一小时还在与当地侨领和省海交会商讨捐款赈灾事。省海交会理事、南非侨领李凤光经过十几个小时的旅程从南非抵达广州的第一件事就是将捐款送到省侨办。更难能可贵的是,近年来深受自然灾害困扰的印尼苏北地区华社,依然十分关注广东灾情,在当地灾后重建任务仍然比较重的情况下,仍以苏北华社赈灾委员会的名义捐赠了25万元人民币支援广东灾区。一些非粤籍乡亲同样对广东灾情和灾民生活牵肠挂肚,意大利罗马浙江华侨华人联谊会、意大利青田同乡总会、罗马温州工商总会、意大利上海联谊总会等非粤籍社团自觉发起了募捐活动向广东灾区捐款。在粤华商、侨资企业也加入捐助灾区队伍,其中深圳市侨商国

际联合会迄今已捐赠了803万元。

据我办掌握的情况统计,截至8月4日上午,海外侨胞、港澳同胞共向灾区捐款折合人民币超过4800万元,其中经过侨务部门联系的捐款超过2500万元,捐款者涉及马来西亚、新加坡、日本、泰国、印尼、菲律宾、美国、加拿大、意大利、德国、法国、英国、墨西哥、尼加拉瓜、巴拿马、委内瑞拉、智利、巴拉圭、澳大利亚、南非以及中国香港、中国澳门等22个国家和地区。这些捐款,除一些富商巨贾的大笔捐款外,还包含了许许多多普通侨胞、港澳同胞的小笔捐赠,真正体现了"一方有难,八方支援""血浓于水,桑梓情深"的中华民族优良传统。

目前,海外侨胞、港澳同胞的捐助热情正不断高涨,很多地方的筹款募捐活动正在筹备或开展之中,捐款情况正源源不断地通报到省侨办,捐款数额预计将不断上升。省侨办将积极与海外侨胞、港澳同胞及其社团保持联系,继续为他们捐助灾区做好各项服务和协助工作。

专此报告,请审阅。

2006年8月4日

8月8日,省委办公厅转来了时任省委书记8月7日在我们的报告上的批示:省侨办动员各方面的力量支援灾区,应当表扬,对海外华侨华人对我省灾区的关心和捐助,请省侨办以适当的方式代表省委、省政府致谢!

时任省委书记的批示是对海内外侨胞热情的肯定,也是对我们侨务工作者的极大鼓舞。我们迅速将时任省委书记的批示向各级侨务部门传达,也向世界各华人社团通报。

可就在我们热情高涨之时,泼过来了一盆冷水。8月20日,省委办公厅、省政府办公厅联合发出《关于评选表彰抗洪抢险救灾先进集体和先进个人的通知》。该通知列出了表彰规模和名额分配。名额分配表上,全省侨务系统连一个名额也没有。

时任省委书记批示要表扬省侨办，可表彰名额全省侨务系统却连一个也没有。负责发捐款收据的慈善总会榜上有名，而干实事、埋头苦干去筹款的侨务系统却榜上无名。这冰火两重天反差太大了，我百感交集，"功不可没"这句话，经常出现在领导赞扬侨胞贡献时的讲稿上，可往往到了实际工作，侨胞的贡献，侨务部门的努力，又被"忽略不计"了。

我决意要创造省侨办有史以来的第一次：向省委、省政府申请表扬。我当即签发了报送省委办公厅、省政府办公厅的《关于建议增加省侨办或省海外交流会为抗洪抢险救灾先进集体的请示》。在该请示中，我们列出了侨胞捐款的具体成绩，并着重指出："这次全省表彰抗洪抢险救灾先进集体，侨办系统（省海交会）是否评上先进集体，主要不是侨办系统的名誉得失问题，而是关系到对海外侨胞、港澳同胞支援我省抗灾重建工作所做的努力的评价问题。关系到进一步动员侨办、港澳同胞力量，支持我省救灾重建工作的开展"，并明确地向省委办公厅、省政府办公厅提出："增加一个抗洪抢险救灾先进集体指标给我省侨办系统。"

我平生以来第一次申请表扬的报告上报后，第二天省委办公厅就派人来到省侨办做自我检讨了。他们说对不起，他们对情况不够了解，分配名额的时候太过匆忙，考虑不周，省侨办系统是应该受到表彰的。

2006年9月，省侨办获省委、省政府颁发"广东省抗洪救灾模范集体"奖牌

为了侨胞的荣誉，我们的确要当仁不让，该出手时就出手。我的同事从表彰大会上领到了这个奖牌后对我调侃说："你真够胆儿，敢向省委、省政府，向上级争名夺利。"我也调侃地回答说："申请表扬比接受批评更难。接受批评点头认错即可，申请表扬一定要有底气！"

5. "侨心居"诞生了

奖牌领回来了，又一个构想也在我的脑海里浮现：侨胞一笔又一笔的捐款，不断地由我们转交慈善总会。但是资金捐到了慈善总会之后，如何使用？侨胞不知情，难以体现捐款人的意愿。此时，灾区各方也不断来电话要求下拨侨胞捐款，但如何使用却又没有明确安排。联系到过往工作的一些经历，侨胞的很多捐款，使用的时候很不严谨和不透明，常常令侨胞怨言不断。这种现象让我感到，此时此刻，侨务部门不但要协助侨胞捐款救灾，更大的责任是要千方百计保证侨胞善款一分一厘都用到灾民身上。

如何把侨胞的捐款落到实处，让捐款人放心，受助人受惠，让捐款侨胞与受助灾民之间有互相认识的机会，从而让点滴捐款产生出慈善的"蝴蝶效应"来，这成了我们必须考虑的迫切问题。

根据时任省委书记提出要集中力量解决灾民的居住问题的指示，我在省侨办党组会议上提出，鉴于现在有6万多家庭房屋被冲毁，这些灾民大部分都在韶关，我们是否应该将侨胞的捐款集中用于重灾区灾民家园重建？这个提议获得班子成员的一致赞成。会上，大家把这个设想叫作"侨心居"捐款计划。

为了把这个计划切合实际，我和林琳副主任一起到韶关乐昌、乳源实地了解灾情，与当地干部、灾民共商"侨心居"捐款计划的细节条件。

按当时当地的实情，我们计算一间80平方米的房屋，打两层地基先建一层，每户约需2.8万元。省、市、县各级政府补助1万元，"全倒户"自筹1万元，还缺口约8000元。这8000元由侨胞负责捐助。一句话：侨胞只要捐出善款8000元，就可以帮助一户灾民重建新居。这个构想与省慈善总会取得共识后，得到主管侨务工作的常务副省长汤炳权的赞同。

附录四

2006年8月29日省侨办工作会议纪要
《关于兴建"侨心居"等问题》

8月24日，吕伟雄主任、林琳副主任等就"侨心居"工程与省民政厅厅长、省慈善总会会长杨华维进行了商讨，省民政厅、省慈善总会对我办利用海外侨胞、港澳同胞捐款兴建"侨心居"的计划表示赞同，并就有关工作提出了意见和建议。商谈中，省民政厅还透露了将于今年底举办"广东省慈善大会"等信息。为尽快实施做好"侨心居"工程，并借助"广东省慈善大会"做好相关工作，8月25日上午，吕伟雄主任主持召开会议，就有关工作进行了部署安排。现纪要如下。

一、继续动员侨胞、港澳同胞参与建设"侨心居"

（一）兴建"侨心居"具有重要的意义

兴建"侨心居"，是贯彻落实省委、省政府关于务必在明年元旦前让住房全倒塌的灾民住进新居的要求，把海内外侨界捐赠落到实处、发挥实效，通过捐款搭建侨务工作新平台，提高侨务工作社会能见度和影响力的重要举措。因此，要高度重视和大力实施做好"侨心居"工程，既要坚持以我为主，即"侨心居"的选点、规划和工程款的划拨、使用等工作我办要牵头做好，又要充分发挥地方侨务部门的积极性，把物色援建对象、组织施工、工程监督、与地方有关部门的协调沟通等具体工作，交由地方侨务部门负责，上下联动、密切配合把相关工作做好。要通过协助侨胞捐款，搭建今后工作的平台，把侨务工作的社会能见度变成社会影响度。

（二）捐款的募集和使用

兴建"侨心居"，既要利用已募集到的捐款，也要以此名义继续发动捐款,并将这些捐款连同尚未汇入省慈善总会账户的捐款全部用于兴建"侨心居",扩大"侨心居"规模。一方面,按照与省慈善总会商定的方案,从韶关、梅州、茂名、清远、潮州5个重灾区中各选择3条全倒塌的自然村,从已汇入省慈善总会账户的捐款中拿出450万元,每条村补助30万元,每户灾民补助5000～8000元兴建"侨心居"。另一方面,以兴建"侨心居"的名义继续发动海外侨胞、港澳同胞捐款。为减少中间环节,今后由我办发起募集的捐款汇入我办广东省华侨华人投诉咨询服务中心"光明之行"项目账户,全部用于兴建"侨心居"。

(三)近期几项工作

1.尽快向韶关、梅州、茂名、清远、潮州五市外事侨务局通报"侨心居"计划,通知他们开展"侨心居"选点、规划等准备工作。

2.向海外侨胞、港澳同胞和侨资企业通报"侨心居"计划,强调5000～8000元即可帮助一户灾民重建住房。考虑到工作的可操作性,将工作的重点放在港澳地区和侨资企业。

3.对已开展了募捐活动但尚未汇出捐款的华人社团和个人,除了通报"侨心居"计划,还要就接收捐款账户调整等有关问题做出说明和解释以免产生误解,并提供投诉中心"光明之行"项目账户信息。部分重点社团和个人由吕主任亲自打电话做工作。

4.为提高下阶段筹款活动效果,广泛推动"侨心居"计划,近期策划组织有捐赠意向的港澳社团和侨资企业负责人到房屋全倒塌情况比较严重的自然村实地察看灾情,了解兴建"侨心居"的必要性和可行性,推动他们为兴建"侨心居"踊跃捐款。

此项工作,善款的继续筹集和联系落实等工作由原有的工作小组继续负责,与有关地方联系落实"侨心居"工程的具体实施事宜由老干处负责。侨政处也要指定一人参与这项工作。

二、借助"广东省慈善大会"表彰海外侨胞、港澳同胞慈善人物

"广东省慈善大会"由省民政厅、省慈善总会主办,预计在年底召开,具体时间未定,会议已报省政府但未批复。改革开放以来,我省慈善捐赠者的主体是海外侨胞、港澳同胞,因此,这次举办全省慈善大会,我办积极参与,一方面要适当提供侨胞、港澳同胞捐赠情况,引起大会和有关方面对侨胞、港澳同胞捐赠的重视,另一方面要借助大会,加强对侨捐项目监管工作的宣传,并争取在大会上对捐赠广东公益事业作出突出贡献的海外侨胞、港澳同胞进行表彰。

侨政处要把这项工作作为大事来抓,尽快与省民政厅和省慈善总会取得联系,了解大会筹备情况,密切关注大会进展,争取在大会议程中加入涉侨相关内容。

参会人员:吕伟雄、林　琳、朱　江、侯碧红

记录整理:陈金流

我们首先把五个灾区负责人与五个侨区侨务负责人召集到省侨办协商。五个灾区是韶关、梅州、汕头、清远、河源,五个侨区是广州、深圳、江门、东莞、中山等。两方面工作都要开展,灾区要回去对受灾"全倒户"做好摸查登记工作,侨区方面就用这个方案协助海外侨胞来认捐"侨心居"。

2006年9月,作者(左)在"侨心居"工程现场实地考察

十三、"侨心居"成了侨捐慈善项目的好形式

这个"两区"会议后的一个星期,首先有一位84岁高龄的东莞籍港商慈善家觉得我们这种捐款方式正合心意,马上就认捐309万元人民币为309户"全倒户"重建家园。这309万元捐给了韶关的乳源、曲江、乐昌等8条重灾村309户灾民。为此省侨办与韶关市政府专门举办了一个捐赠仪式。接着,南非粤港澳总商会在前一个普遍发动的阶段已经筹措了20多万兰特(南非货币)捐回来,本想召开一个总结会表扬捐款人的,会前,又收到了省侨办发来的"欢迎参与帮助灾区人民重建家园的建设'侨心居'计划"倡议书,于是总结会就变成了建设"侨心居"认捐会,现场再筹了20多万兰特,兑换成人民币超过100万元。

从9月1日我们启动"侨心居"计划起,20天的时间里,海内外侨胞捐款踊跃。9月21日,省侨办便在二楼礼堂举行第一批"侨心居"的集体签约仪式。签约仪式规模很大,由加拿大社区发展促进会、南非粤港澳总商会、秘鲁中华通惠总局、香港广东社团总会、委内瑞拉华侨华人联合会、香港道德会、香港中山社团联合会、香港榄镇同乡会、中山金鹰皇制衣有限公司、中山高雅线圈制品有限公司等一大批捐建"侨心居"的社团代表,与对口帮扶的重灾区韶关武江区、乐昌市、曲江区、浈江区、乳源瑶族自治县、始兴县、清远市、连州市、潮州市、饶平县等受赠地方政府签订建设"侨心居"协议。这是继9月8日香港黄锦辉先生与韶关市政府签约捐助重建家园以来举行的一次大规模捐建"侨心居"签约仪式。两次签约共计捐款1610.4万元人民币,资助32条自然村2188户灾民。签约仪式后,我们专门研究了"侨心居"工程的落实措施。

附录五

2006年9月28日省侨办工作会议纪要
《关于"侨心居"工程的跟进落实工作》

9月21日,海外侨胞、港澳同胞捐赠灾民建设"侨心居"签约仪式在

我办成功举行，加拿大社区发展促进会等社团、个人、侨资企业与韶关、清远、潮州等受赠地县级政府签订了捐助协议，共利用1610.4万元捐款资助32条村2188户灾民重建住房。为进一步实施好"侨心居"计划，跟进落实好"侨心居"建设，并为第二批"侨心居"签约做好准备，9月22日和26日，吕伟雄主任先后召集有关同志开会，就有关问题进行了研究部署。现纪要如下。

一、要通过实施"侨心居"计划打造落实和监管侨界捐赠的新路子

实施"侨心居"计划，对侨捐工作是一种创新、一种改革，也是推动慈善事业改革、创新的一种尝试。这项计划的实施，看似简单，实际上也是有风险的，省侨办作为计划的发起者，责任重大，如不能全力做好，会产生很多问题。因此，我们一定要不怕麻烦，主动、细致地开展工作。一方面，要监督用好捐款，确保"侨心居"建设捐款专款专用，每一分钱都落实到帮助灾民重建住房上，汇入省侨办指定账户的捐款，要绝对做到每一分钱都用在捐赠项目上，即使是接待捐款人考察、召开相关会议等，也不能挪用捐款。另一方面，要推动"侨心居"成为侨胞、港澳同胞和灾民联系的纽带，要把受赠灾户的名册、资料送到捐赠人手上，让捐赠人清楚知道自己的捐款是如何使用的，落到了哪些灾民手上。

实施"侨心居"计划，是推动侨捐项目监管工作，打造落实和监管侨界捐赠新路子的良好机遇。我们要把握机遇，大胆推进开展侨界慈善公益事业方式方法的改革和创新，试验出一条让捐赠人、受赠人、社会和侨务部门都放心和满意的新路子。

二、成立"侨心居"工程临时领导小组

为加强对实施"侨心居"工程的指导和监督，推进"侨心居"建设顺利开展，省侨办成立"侨心居"工程临时领导小组，吕伟雄主任任组长，林琳副主任任副组长，成员包括本办干部、有关市政府领导、外事侨务局

局长。领导小组的主要任务是监督和落实"侨心居"工程按照协议和计划实施,协调各方处理"侨心居"工程实施过程中遇到的各种问题。下设3个工作组。

(一)工程组

董华民负责,省侨办王筱玲、钟纲及有关受赠县(市、区)、镇、村各一名负责人参加。

主要任务是:1.了解有关地方对捐款的落实情况;2.检查督促"侨心居"建设进展情况,发现情况及时上报及协调解决;3.联系制作"侨心居"标志,以及在实施"侨心居"工程的村庄刻碑纪念事宜。

(二)资金组

肖锡权负责,侯碧红、宋书民、陈金流为成员。

主要任务是负责与捐赠人联系,落实捐赠款项及时到账;对汇入我办指定账户的捐款进行登记,并按照签订的协议及时划拨到受赠地;捐款由捐款人直接汇到受赠地的,也要掌握情况,做好协调工作,并请捐款人把汇票复印件寄来。

(三)宣传组

沈卫红负责。

主要负责对"侨心居"建设实施情况进行宣传报道,如组织记者采访报道"侨心居"建设进展情况、捐款使用落实情况等。

三、近期几项工作

(一)起草关于加强对"侨心居"建设捐款使用情况进行监督,保证捐款按照协议要求全部用于兴建"侨心居"的通知,发到有关地市侨务部门。(由秘书处负责)

(二)与捐款人密切联系,确保捐款尽快到位;已签订捐助协议而尚未把钱汇来的,捐款一般不再汇入我办指定账户,而直接汇入协议所列地方账户,由接收单位开具收据。(由资金组负责)

（三）研究制订切实可行的制度，把捐款按照协议要求划拨至受赠地。

（四）尽快向捐赠人提供受赠灾户资料，研究措施促进捐赠人和受赠人的联系，使双方均明确捐款的去向及建立长久的联系。（由工程组负责）

（五）着手准备第二批"侨心居"签约仪式。一方面尽快与省慈善总会商议如何利用已汇入该会账户的海内外侨界捐款用于"侨心居"建设，研究落实受赠对象。另一方面对已汇入投诉中心账户但未在首批签约之列的捐款，要研究落实好如何使用。

（六）为减轻灾区负担，一般不再主动组织捐赠人考察灾区和"侨心居"兴建点，如捐赠人主动提出，再作安排。

参会人员：

9月22日会议：吕伟雄、林　琳、吴晓生、沈卫红、侯碧红、王筱玲

9月26日会议：吕伟雄、林　琳、吴晓生

记录整理：陈金流

第二批的签约仪式在11月20日举行。由来自德国、法国、毛里求斯、厄瓜多尔、中国香港等国家和地区的同胞捐款，帮助梅州、河源、清远、潮州等共691户灾民建设"侨心居"。

十三、"侨心居"成了侨捐慈善项目的好形式

各社团捐赠现场及《人民日报》相关报道

6. 专款专用，必须小题大做

在组织实施"侨心居"项目建设过程中，我们必须向在用款上的不良倾向做斗争，确保捐款用到灾民的重建家园上。这种斗争，显得有点针锋相对，步步为营，稍有疏忽，侨胞的捐款就会偏离初心。为确保"侨心居"捐款的专款专用，省侨办与灾区市、县委联合成立"侨心居"工程临时领导小组，省侨办由我任组长，各个市的副市长任副组长，例如面对韶关，就是韶关市的副市长做副组长。有"侨心居"建设项目的所在县的副县长作为责任人，要保证侨胞所捐"侨心居"捐款全部用于"侨心居"的建设上。也许有人觉得我们成立临时领导小组和明确责任人有点小题大做，可在救灾情形下，我们就是发现一些镇的领导企图把"侨心居"的专项款用去修路、建桥。面对这种情况，我们必须小题大做，否则对不起捐款人及灾民。

附录六

2006年12月11日省侨办工作会议纪要
《研究部署"侨心居"工程下阶段工作》

12月7日，吕伟雄主任主持召开会议，研究部署"侨心居"工作。林琳副主任、董华民处长分别汇报了前段"侨心居"工作进展及存在的问题等情况，吕主任对下阶段进一步做好"侨心居"工作做了部署。纪要如下。

一、"侨心居"建设进展情况

截至目前，经我办联系、已签订建设"侨心居"协议书的"侨心村"共44条，加上利用进入省慈善总会账户的侨胞捐款资助的散户，受资助建设"侨心居"的"全倒户"2662户，累计安排海外侨胞捐款1762.4万元。

十三、"侨心居"成了侨捐慈善项目的好形式

前段时间,"侨心居"工程组先后赴35条"侨心村"对工程进度、捐款使用落实、开展"侨心居"工程宣传工作等情况进行了检查。林琳副主任到韶关市4个县(区)8条签约村11个点进行检查。目前,许多"侨心村"已初具规模,一些村已进入后期装修阶段,预计大部分"全倒户"可以在元旦前住进新居。

在检查中发现,"侨心居"建设过程中仍然存在不少亟待解决的问题,主要有:(一)工程未能顺利开展,个别"侨心村"因建房用地存在纠纷等原因至今仍未开工建设。(二)由于实行统规统建,部分地方把"侨心居"捐款与政府拨款捆绑使用,直接划拨给施工队,把捐款用于基础设施建设,而没有按照我办要求直接到户,用于住房重建。(三)个别"侨心村"由于政府规划与村民意愿不一致,以及村民关系不和谐等,无法集中建设,最终分为2个或以上的建设点。(四)一些地方怕麻烦,对"侨心居"宣传不到位,多数村民对"侨心居"工程和捐款使用情况等了解不足。(五)上下沟通渠道不畅,部分地方对建设"侨心居"过程中出现的问题未能及时主动向我办反映。

二、下阶段工作部署

针对"侨心居"建设中出现的问题,为进一步加强"侨心居"工作,推动"侨心居"工程顺利实施,会议就有关问题进行了研究和部署:

(一)派出工作组常驻韶关,以韶关为基地,兼顾其他地方,加强对"侨心居"建设的督促检查,及时反映和处理建设过程中出现的问题,确保"侨心居"工程顺利实施。工作组由省侨办董华民、秦天2人和韶关市外事侨务局2人组成,董华民为负责人;工作组在韶关常驻3至6个月,租屋(三房一厅)住,雇工人负责清洁卫生和做饭,并由我办派出一名司机和一辆工作车随同驻韶关,以方便工作。

(二)加强对捐款使用的监督,划拨的每一笔捐款均要直接到受赠灾民账户,每户受赠灾户要签署愿意接受资助的承诺书。

（三）加强"侨心居"工程的宣传力度。迅速营造"侨心居"的氛围。每一条"侨心村"均要挂"侨心居"横额，宣传栏要张贴"侨心居"的有关资料，列明建设"侨心居"的目的和由来、捐赠社团或个人名称、捐赠金额、受赠户名、受赠额，公开捐款的使用情况，让每一名受赠灾民均清楚"侨心居"和捐款的由来，使捐款的使用公开透明。

（四）原定资助的乐昌市坪石镇成家岸村委神步村、曲江区白土镇下界滩村的项目，由于当地上报情况有出入、问题多、未动工等原因，终止资助该两村的计划。

（五）迅速把接收到的捐款、签订协议的"侨心村"受赠金额、户数等数据整理列表，对已承诺的捐款要抓紧跟踪落实。

（六）尽快向捐赠人征求落实"侨心居"碑文内容，加紧制作功德碑和纪念瓷片。

（七）定于12月20日在韶关举行"侨心居"建设工作会，对下一阶段做好"侨心居"工作进行部署；有关县（区）、镇、村负责人参加，请2～3条工程进度较快、宣传比较到位、捐款使用落实情况较好的"侨心村"做经验介绍，并组织会议代表到符合上述要求的1条"侨心村"实地参观学习。

参会人员：吕伟雄、林　琳、黎　静、董华民、王筱玲、钟　纲　陈金流

记录整理：陈金流

考虑到韶关市接受"侨心居"捐款最多，我决定在韶关市设立工作组，特意租一间民房，派一部专车，安排处长董华民在韶关市安营扎寨，做建设"侨心居"的"钦差大臣"，天天到各个"侨心居"建设点，检查落实各项工作。

尽管如此严格管理，还是发现一些地方想出各种主意企图将捐款挪作

十三、"侨心居"成了侨捐慈善项目的好形式

他用。2006年12月,我专门在韶关翁源的温山村召开了一次工作会议,把各方"侨心居"建设的负责人找来,强调使用捐款的严肃性,强调"侨心居"的捐款必须用在"全倒户"建房中,任何单位、个人不得擅自改变捐款用途或挪作他用。不得用于建设桥梁、道路等公共设施,不得用于接待捐赠人考察捐赠点,举办"侨心居"相关会议费用等。

2006年12月,"侨心居"建设工作会议在韶关翁源温山村举行

经过海内外各方人士的共同努力,2007年元旦前后,2000多户"侨心居"基本建成,灾民陆续搬入新居过春节。为了纪念侨胞赈灾的功劳,我们用花岗岩石做了一个心形"侨心居"牌,永久地安装在受捐灾民各家的大门口墙上。在每一条侨心村做一个慈善碑,碑文上记录着灾情中海内外侨胞同心救灾的情况,侨胞捐款的情况。我特意不用侨胞捐赠的款项制作这些"侨心居"的牌子及慈善碑的费用,都由省侨办的办公经费开支。此外,建立了每位捐款人、受捐人的档案作永久保存。灾民入住"侨心居"后,我们还专门组织捐款者前往慰问,一方面,让捐款者看到自己所捐款项真正惠及了灾民,另一方面也加深了捐款人与受捐人双方的联系。

2007年4月,香港中山社团联合会主席郑汉成(左)与省侨办专员何炎芬在郑汉成捐建的"侨心居"屋前合照("侨心居"心形石碑上专门刻上"郑汉成捐"的字样)

2007年4月,香港中山榄镇同乡会代表团视察上寮村"侨心居"

2007年6月,省侨办、香港广东社团总会向捐款赈灾会员颁赠感谢状

7. 一共建设了 8462 户"侨心居"

2006年侨胞捐款支持广东抗洪救灾中诞生的"侨心居"慈善模式的成功，让我想到，省侨办应该从"侨心居"的创造开始，形成一套侨胞慈善事业的具体运作方式，这是一条受捐者开心、政府的工作得侨心的路子。我萌生了成立广东省侨心慈善基金会的想法。但是，在产生这个想法时，我就要从省侨办主任岗位上离任了。我把这一想法向接班者吴锐成主任交代了，而他也把我这未了心愿办得有声有色。

就在筹办广东省侨心慈善基金会之际，2008年5月12日，四川汶川发生大地震。5月13日，地震发生的第二天，广东省侨心慈善基金会便向灾区汇出第一批30万元捐款，并随即向海外侨胞、港澳同胞，海外华侨华人社团发出了抗震救灾的《倡议书》，吴锐成主任亲自前往汶川商讨在汶川灾区实施"侨心居"的救灾计划。结果，这个计划以"侨心居"的形式，广东省侨心慈善基金会总共使用3812万元捐款，分别在四川省汶川威州、克枯、雁门、映秀、漩口、水磨、三江、卧龙、耿达、草坡、绵虒等乡镇，以每户1万元补助灾民重建家园，共救助2553户建设了"侨心居"。2013年，四川芦山地震，广东省侨心慈善基金会又用同样的办法，为四川宝兴县捐建了617户"侨心居"。2014年云南省鲁甸地震，广东省侨心慈善基金会又在昭阳区捐建了156户"侨心居"。至2014年，广东侨务"侨心居"的模式，总共在各地为灾民建设了8462间新房。2008年12月29日，中共中央总书记胡锦涛到汶川漩口镇视察时，了解到广东海外侨胞用"侨心居"方式帮助灾民重建家园，连声说："很好！很好！很好！"国务院侨办也把"侨心居"捐款模式列为侨界支援灾区的主要模式。

十四、华侨农场改革与发展的艰辛历程

华侨农场的改革与发展历程是极其艰难，也极其漫长。可以说，从中国改革开放初期起，直到我离开侨务战线，足足经历了40多年，华侨农场的改革和发展还远远没有完成。

当然，我算是经历了华侨农场改革和发展从曙光初现到太阳升起的这一段时光，因而也更深刻感悟到"积重难返"这个词语的内涵。

1. 侨务新官见联合国难民署新官

真没想到，我这位侨务的"新官"，上任后，第一个要见的竟然是联合国的"新官"。2000年2月23日我到省侨办就职。上任一个星期后，也就是2月29日，联合国难民署驻北京代表处新任代表麦希伟，在国务院难民办副司长徐卫东的陪同下，到广东检查印支难民的安置工作。

联合国难民署驻北京代表麦希伟这次来广东的目的，是要为在广东召开"在华印支难民工作会议"做具体准备。他是专门过来准备开会材料和选择会议地点的。

这一天，我第一次接触到"印支难民安置"这个词，也是这一天，我才知道省侨办还有另外一个牌子——"广东省接待安置印支难民办公室"。

2. 两种称呼：印支难民、归难侨

20世纪70年代末，中国政府本着人道主义和国际主义精神，先后共接收来自越南等国家的印支难民26万人，其中，广东安置有8万人，占了总数的三分之一。为了安置这些印支难民，国务院于1979年将"接待安置归国华侨委员会"改名为"接待安置印支难民领导小组"，并设立了办公室。同年10月，联合国难民署在北京设立了代表处。广东省也于同年成立"接待安置印支难民领导小组"，并在省侨办设立办公室。这个办公室对外对接的是联合国的难民署，对内负责安置国内的印支难民，而在广东安置的8万多名印支难民，从我们侨务工作的角度看，大都是华侨华人，也因为如此，这8万多名的印支难民全部安置在我省华侨农场及一部分的农垦农场。这8万人，对联合国而言，他们是"印支难民"，而对我们侨务工作而言，则是"归难侨"。

这8万多的归难侨，分别来自印尼、缅甸、柬埔寨、马来西亚、越南等24个国家，大都是因住在国"排华"被迫离开的。在当时国际政治气候的情况下，有资金的，大都变换成黄金带着逃离到别的国家去了。而贫困的、年老体弱的、无路可逃的，大都自愿回到自己的祖籍国来了。可以这样说，这8万多归难侨都是贫困潦倒者，由当时并不富裕的中国敞开胸怀，勒紧裤腰带接收他们。

联合国难民署对安置这些印支难民是有一定资金资助的。而这种资助基于中国当年很高调接收难民的态度，给予中国的支持也是极少的。从1980年至2000年，20年期间，联合国难民署只给广东提供了2100万美元，其中无偿援助了1960.5万美元，周转金186.5万美元，一共支持了127个项目，都是一些零星的小项目。也因为广东在使用这些资金方面的严谨及有效，这次麦希伟来广东，除了监管资金使用外，还准备在广东召开会议，推广广东的做法。

附录一

2001年11月广东侨网报道:《2001年在华印支难民工作会议在粤召开》

【广东侨网讯】11月4日至6日,国务院接待安置印支难民办公室在广州召开了2001年在华印支难民工作会议。国务院难民办主任靳尔刚和外交部、民政部、公安部、国务院侨办有关负责人以及广东、广西、福建、云南、海南、江西等省(自治区)难民办负责人参加了会议。联合国难民署驻华代表麦希伟等官员也出席了会议。广东省政府副秘书长黄业斌在会上致辞欢迎各位代表莅临,并介绍了广东省基本情况。4日晚,广东省侨办主任吕伟雄设宴宴请全体与会代表。

会议总结了安置印支难民的工作经验,研究解决在华印支难民的有关问题,并交流、总结联合国难民署援助项目和周转金项目实施情况,讨论修改《周转金管理框架协议》实施细则。

20世纪70年代末,中国政府本着人道主义和国际主义精神,共接收安置了主要来自越南的印支难民26万人,其中广东省安置有8万多名印支难民(含子女),主要安置在省内23个华侨农场和部分农垦农场。我国政府在向难民提供有效庇护的同时,对他们的生活、生产、就业、教育、医疗等基本生活权益给予了充分保障。为了安置好这批难民,我国政府付出了巨大的人力、物力和财力。联合国难民署从1980年至今,也为广东省提供了2147万美元(其中无偿援助1960.5万美元,安排周转金186.5万美元),援助127个项目,项目涉及工商业、农业、教育、生活福利设施等,项目实施后,对促进安置农场的经济发展、解决难民的就业、改善难民的生产生活条件发挥了重要作用。(黄爱华)

3. 华侨农场,广东有三个"最"

到省侨办任职前,我对省侨办还管理着23个华侨农场是不知情的。

十四、华侨农场改革与发展的艰辛历程

上任后,了解到广东华侨农场当时困局,心情有点沉重。我潜意识里感到,广东是当时全国改革开放的前沿,但广东的华侨农场却是广东改革、至少是广东农村改革被遗忘的角落。当然,这个感受,长久以来只是埋在自己的心底,从没公开谈及。

回顾我国华侨农场的历史,广东有三个"最":设立华侨农场全国最早;华侨农场数量最多;华侨农场人口总量及安置印支难民人数最多。

1951年12月,为了安置回国的海外归难侨,广东省归国华侨处理委员会在东莞万顷沙二涌划出了3000亩土地,办起了全国第一个华侨农场,当时农场的名称是"广东省归国难侨处理委员会农场"。自那时起,经历了20世纪50年代、60年代、70年代三次大规模接侨与安置归难侨,到20世纪80年代初,全省共建立了23个华侨农场,分布在全省14个地级以上市。广东华侨农场的数量及华侨农场人口总量都占了全国的"半壁江山",占全国华侨农场人口总量的49%,安置印支难民占全国总量的40%。

4. 谈华侨农场的历史,我心里百味杂陈

我省23个华侨农场建场的年代背景各有不同,差异很大。

其一是建场年代跨度大,从第一个华侨农场到最后一个农场跨度近半个世纪。珠江华侨农场是全国最早的一个华侨农场,成立于1951年,最后一个是1966年韶关的消雪岭华侨茶场。

其二是建场的背景复杂,隶属几经变换,人员鱼龙混杂。"英红九号"是驰名中外的红茶。这茶的原产地就是广东省英红华侨茶场。英红茶场建于1951年,原名广东省公安厅英德劳改场,监管过一万多名犯人,电影《羊城暗哨》大特务八姑的原型、大汉奸汪精卫的警卫大队长就关押在此。1960年更名为广东省英德茶场,隶属于广东省公安厅劳改局。

1968年,英德茶场又变身为广东省英德茶场"五七"干校,安置了包

括原省委书记尹林平、原省公安厅厅长王宁、原中山大学校长李嘉人、著名作家欧阳山、著名粤剧艺术家红线女等一万多名省直属单位的下放干部。干校由省政府直接管辖。

1969年秋，英德茶场又变为知青农场，接收来自广州、佛山、江门、汕头、潮州等地一万多名下乡知青。初期与干校同时存在，同步运作，隶属广东省直属农场管理局。

1978年，越南当局排华，英德茶场接收了一万多名越南难民归侨，成为广东省内安置越南归侨最多的华侨农场。其名称改为广东省英红华侨茶场，隶属于广东省华侨农场管理局。

惠州杨村华侨柑橘场，1951年初建时，是广东省民政厅为解决社会游民问题，在惠州杨村成立的一个收容性质的农场，名称叫广东省救济分会第三农场，隶属广东省救济分会。农场从1952年至1969年隶属省民政厅，1970年至1973年，又转至隶属惠阳专（地）区。1975年，越南排华，为了接收越南排华难民，改为广东杨村柑橘场，隶属广东省华侨农场管理局。1988年，农场下放地方，又由惠州市农委代管。1995年农场又改为杨村经济管理区，2003年改革进一步深化，撤区建立杨村镇，划归博罗县管辖。杨村华侨柑橘场建场之初只是为了安置游民，而随着社会形势发展，这个场的人口成分，有越南、印尼、新加坡、泰国、马来西亚、老挝、缅甸等国家的归侨，还有下放干部、上山下乡知青等。

再看看全国最早成立的广州珠江华侨农场。1950年，马来亚当局排华，为了安置大量被驱逐回国的归难侨，广东省归国难侨处理委员会于1951年12月在东莞万顷沙成立了全国第一个华侨农场"广东省归国难侨处理委员农场"，到1953年改名为"广东省万顷沙集体华侨农场"，1959年又改名为"广东省国营珠江农场"。这个农场的职工成分也是相当复杂，1951—1960年以马来亚、印尼归难侨为主，有11000人，到1978年有4000多人的越南难民安置到了珠江华侨农场，1980年，又从陆丰等地转移400多名难侨到珠江华侨农场。还先后有近3000名上山下乡的知青，还有一部分是河源、从化等地迁来的水库移民。珠江华侨农场的体制也几经变化，从直接隶属政府管理转成了国有企业，从国有企业又转为集体企业，国营的时候他们是拿着"铁饭碗"，工资由国家支付，粮食由国家供应。尽管标准不高，但比起当时生活在农村的农民而言，他们算是幸福多了。正如当时农民们对农场归难侨说：你们是"食米"的（由国家保障），我们是"食谷"的（自食其力）。

5. 华侨农场改革起步早，但步伐慢得像蜗牛爬行

1985年，时任国务院副秘书长吴庆彤率领调查组，到广东、广西等地华侨农场调研后，向中央提交了《关于国营华侨农场经济体制改革的调查报告》。中共中央、国务院根据此报告，于1985年12月9日，联合下发了《关于国营华侨农场经济体制改革的决定》，提出了华侨农场经济体制改革的指导思想是：走我国农村改革的道路，彻底改革现行的农场经济体制，逐步调整产业结构，切实扩大生产经营者的自主权，充分调动归侨难侨和广大职工的积极性，促进共同发展，实现勤劳致富。

该决定提出，将华侨农场由中央和省主管的领导体制，改为由地方人民政府领导。因此，1988年8月，省人民政府印发《关于华侨农场领导体制改革的通知》，将我省平沙、红旗、珠江、大旺、迳口、光明、杨村、潼湖、英红、英华、黄陂、消雪岭、清远、大槐、合成、海宴、岗美、奋勇、陆丰、普宁、大南山、蕉岭共22个华侨农场，从接到该通知之日起下放给所在市管理。

华侨农场划归地方管理后，省华侨农场管理局也随即撤销。由省侨办设一个专门的华侨农场管理处负责对华侨农场进行业务联系和指导。

华侨农场下放地方管理后，还是保留国营身份。因为华侨农场当时实在是一个大包袱，各地方政府并不乐意接收，各地市经济能力有限，主

要精力又放在农村改革上,因而,华侨农场的经济发展并未纳入当地的发展规划,改革并没有真正到位,总体上看,华侨农场改革进度像蜗牛爬行。

6. 省人大代表(原省委书记)林若领衔提出的《关于扶持贫困华侨农场经济发展的议案》未能如期实现

华侨农场的困境,一直以来都被各方关注。1997年2月,在省人大八届五次会议上,中共广东省委原书记林若,以人大代表的身份领衔提出了《关于扶持贫困华侨农场经济发展的议案》。

他在广东土生土长,在干部群众中德高望重,他就华侨农场这一具体问题提出议案,必然引起省政府的高度重视。4月省政府派出省直23个部门组成的3个工作组,分赴全省各华侨农场作专题调查。之后,省政府常务会议决定,由省财政安排4000万元,作为华侨农场职工养老保险纳入所在市、县社会保险统筹的补助,希望一次性解决这一问题,不留尾巴;省财政从1997年至2000年每年安排2000万元有偿使用周转金,用于扶持华侨农场发展经济。当年8月26日,省政府向省人大常委会提交《关于扶持贫困华侨农场经济发展的议案的办理方案报告》,人大常委会也在第三十一次会议审议并同意了这个报告。

省政府报告是这样向省人大表态的:"省人民政府决定:要加大扶持贫困华侨农场经济发展力度,使贫困农场在2000年实现脱贫,年人均收入达到省的脱贫标准,绝对贫困(按户计人均收入500元以下)人口占总人口比例小于1%,交通、水电、通信等方面有较大的改善;归难侨生活水平有所提高,教育、卫生事业有较大的发展。"

当年10月,省政府发出《转发广东省人民代表大会常务委员会〈关于扶持贫困华侨农场经济发展的决议〉的通知》,之后的几年里,省政府从财政资金上,在经济政策的倾斜上,在督促检查上,都尽了不少力,但因当时主客观因素，效果未尽如人意。原因之一是地方政府的经济承担能力及对农场改革的认识不足。说到底，地方政府并没有把华侨农场看成与地方是"生命共同体"。在他们眼里，华侨农场是国营企业，好处不归地方，负担却要地方承受，当然有情绪。到了2001年，《关于扶持贫困华侨农场经济发展的决议》实施到期时，省政府1997年向省人大承诺的"使贫困华侨农场在2000年实现脱贫，年人均收入达到省的脱贫标准，绝对贫困（按户计人均收入500元以下）人口占总人口比例少于1%，交通、水电、通信等方面有较大改善；归难侨生活水平有所提高，教育、卫生事业有较大的发展"的任务并未能如期实现。省政府只好在2002年上半年向省人大常委会提交的议案办理情况的报告中，提出将议案办理期限延长至2003年。2003年下半年，省政府组织省侨办、省计委、财政厅、劳动保障厅等部门对议案任务落实情况再进行了一次检查，认为议案基本达到了预期目的，建议省人大予以结案。

7. 农场历史包袱积重难返，归难侨生活"水深火热"

随着整个社会改革进程的深入，我国由计划经济向市场经济转变过程中，国有企业体制、职工养老保障、下岗职工再就业等问题日益凸显，农场职工收入与附近农民收入水平差距越拉越大，土地归属争端问题凸显，许多本应属于地方政府负担的社会支出仍然由农场负担，华侨农场经营管理体制改革尚待深化。在这样一种环境下，1995年12月，国务院办公厅转发了《国务院侨办关于深化华侨农场经济体制改革的意见》。这是1985年中共中央、国务院《关于国营华侨农场经济体制改革的决定》下发十年后，国家又出台的一个关于华侨农场改革的文件。

2000年上半年，我任省侨办主任后，带着广东华侨农场如何深化改革的课题组织专门队伍到全省10多个华侨农场展开调研。

从报表及文件上看，到了2000年，全省23个华侨农场已全部设立经济管理区或镇一级建制。其中,有 13 个农场已经设为管理区或经济区,9 个农场设立镇级政权建制,一个农场设立街道办事处。

但从调研的实际看,华侨农场的体制改革还是没有实质性的进展,存在的问题和困难依然不少。华侨农场还是处于"企业办社会,养社会",教育、文化、卫生、公安等政府性开支仍然由农场负担,以致大部分农场入不敷出。1999 年,23 个华侨农场有 22 个出现不同程度的亏损,大部分农场靠大量借贷发展生产,应对巨额的政策性、社会性支出。至 2000 年 6 月,23 个农场各项负债达 45 亿元人民币。另外,拖欠职工工资和离退休人员退休金情况十分严重,有的农场部分职工有 20 个月未领到工资;农场的人均收入与全省农民平均收入差距巨大,2000 年农场人均收入只有 2800 元,比当年全省农民人均收入 3629 元低了 22 个百分点,其中有 12316 户 48317 人的年均收入未达到广东省的脱贫标准(年均收入 2000 元),处于贫困状态。农场土地被周边村民强行侵占严重,全省 23 个华侨农场中,有半数以上不同程度存在此问题。土地被侵占后,部分归侨为了生计,反而要向侵占者租回被侵占的土地用于耕种。

归难侨的居住环境更是令人揪心,大都居住在 20 世纪六七十年代土木结构的临时安置房。全省归难侨居住面积有 94 万平方米,危房面积占了 47 万平方米。加上农场职工长期捧着国营职工的"铁饭碗",依赖国家心理很严重,再者,他们在国内没有什么亲人可以投靠,又没有人脉关系,自救能力低,生活处于极其艰难之中。

每年省两会期间,人大代表、政协委员所提交的建议或提案,涉及侨务方面的,大部分都集中反映在华侨农场的问题上。以 2000 年为例,当年两会后,省侨办接办的人大代表、政协委员提交的建议或提案共 11 件,其中 8 件是关于华侨农场事项的。

8. 地方政府要把华侨农场看作自己的亲生儿子

从调查研究的现实看，华侨农场改革发展的困局，并不只是华侨农场自身的原因。其中一个重要的原因是各级政府、各部门，特别是作为主责的地方政府，没有把华侨农场看作自己的"亲生仔"，没有把推动华侨农场的改革发展作为责无旁贷的职责。作为侨务部门的职责，要改变华侨农场改革发展的困局，必须着力推动政府及各职能部门参与到华侨农场改革中来。

为了表明省侨办这一意见，我起草并于2000年11月1日向省政府签发了《关于将我省华侨农场经济社会发展纳入全省农村扶贫计划的报告》，提出了八点具体建议：

第一，各级政府要切实把华侨农场经济社会发展纳入当地的经济社会总体发展规划，对设区或改镇的华侨农场，地方政府要与其他相应县、镇一视同仁，切实负起领导责任。

第二，切实把扶持贫困华侨农场经济社会发展纳入全省"十五"农村扶贫计划，在资金、政策上对贫困华侨农场适当倾斜照顾。对华侨农场通国道、省道的公路建设要参照对贫困县的政策提高补助标准；把华侨农场电网改造纳入地方农村电网改造计划，一视同仁给予解决；优先安排并适当增加华侨农场水利建设投资，加强农场水利基础设施建设；支持华侨农场邮电通信网络建设，保证各生产队（村）实现通邮和通电话。

第三，对中央和省里安排的用于华侨农场基础设施建设及生产发展资金，地方财政要拨出一定配套资金帮助华侨尽快完成项目建设。

第四，地方政府有关部门要结合当地产业发展方向，引导华侨农场进行产业结构调整，并在资金上给予支持，扶贫机构和金融部门对华侨农场的"造血型"项目，要优先提供低息贷款给予扶持。

第五，地方政府要充分发挥华侨农场土地等资源优势，大力扶持华侨农场进行农业开发。在华侨农场建立"菜篮子"基地，形成"公司＋基地＋农户"的产业化经营模式，促进华侨农场农业经济发展，提高农场归难侨经济收入。

第六，省、市外经贸委、侨办等部门要积极为华侨农场牵线搭桥，引进资金、技术和项目，发展外向型经济。

第七，鼓励和引导省、市属企业以资金、技术入股，采取承包、租赁、技术转让、联营等形式，积极发展与华侨农场的经济合作。

第八，尽快对改区设镇的华侨农场实行财政转移支付制度，提高转移支付标准，省财政对华侨农场继续安排专项资金给予扶持。

我们心里明白，解决华侨农场的困局需要一个过程。鉴于当时情况，单凭省侨办力量是无法完成华侨农场深化改革这个任务的，必须由省政府牵头，组织各部门形成合力，推动我省华侨农场新一轮的深化改革。这正是我们向省政府提出八点意见的用意。之后，省侨办还主动与省外经贸厅及华侨农场所在市政府组织了多场华侨农场招商洽谈会，组织东南亚华裔考察华侨农场投资环境。

2003年11月，在肇庆举办广东省首次华侨农场招商洽谈会

省侨办在肇庆高新技术开发区举办招商引资联系点挂牌仪式

9. 解读《关于加快华侨农场改革与发展的意见》

由省发展计划委员会会同省侨办起草的《关于加快华侨农场改革与发展的意见》进一步明确了华侨农场的改革目标是：强化属地管理，实现政企分开，剥离社会职能，增强市场竞争意识，调整经济结构，探索与社会主义市场经济相适应的农场发展新路子。明确了华侨农场工作的责任主体是当地市、县政府。要求各市、县切实负起责任，要把配备好农场的领导班子作为解决华侨农场问题的首要工作来抓。该意见首次明确提出"摘掉华侨农场的牌子，彻底理顺管理体制"。

关于华侨农场脱贫这一目标，1997年，省政府在《关于扶持贫困华侨农场经济发展的议案的办理方案报告》中决定"使华侨农场在2000年实现脱贫"。这一决定，到了2001年还没有实现。所以《关于加快华侨农场改革与发展的意见》再次表示"力争使全省华侨农场在2003年实现脱贫"，并要求"各级政府及扶贫机构要把贫困华侨农场纳入扶贫攻坚计划，使贫困华侨农场享受贫困地区的各项优惠政策，并给予倾斜照顾"。

《关于加快华侨农场改革与发展的意见》的一个明显的特点是从经济政策上加大了省政府的支持力度,且明确了各部门在加快华侨农场改革的进程中各自的任务。决定从 2001 年开始,各有关市、县"把华侨农场财政供养人员的经费补贴分别列入市或县级预算",并要求省财政部门"要加强督促和协调,确保按全省统一规定,对华侨农场所在地实行财政转移支付"。

关于华侨农场职工养老保险纳入地方统筹的项目,过去由于农场无法负担一次性补缴统筹金而迟迟无法实现。对于这一难题,《关于加快华侨农场改革与发展的意见》明确,农场职工纳入地方养老保险的一次性补缴统筹金"由省和所在市两级分担",更进一步明确"对纳入养老保险统筹后每年的收支缺口,省里从 2002 年至 2005 年每年按各地实际的统筹水平给予适当补贴,由省财政和社保基金共同承担,其中,省财政负责 60%,省社保基金负责 40%;从 2006 年开始由社保统筹基金解决"。

《关于加快华侨农场改革与发展的意见》进一步加大了华侨农场的资金扶持力度。省财政在原来划转到各市华侨农场的事业费的基础上,每年增加发展生产资金 600 万元,水利建设补助资金 500 万元。省发展计划部门从 2002 年起连续四年,每年在省级预算内基建投资计划中安排 500 万元,补助华侨农场基础设施和社会发展事业。

《关于加快华侨农场改革与发展的意见》对我省华侨农场的改革和发展,不单有指导性,更重要的是它的实操性。

10. "三融入":华侨农场改革发展的目标

为了落实《关于加快华侨农场改革与发展的意见》,2001 年 10 月 30 日,省政府在广州召开了"全省华侨农场深化体制改革会议",省内各华侨农场所在市的领导、各华侨农场的领导、省政府各有关部门的领导是会议的主体,共 90 余人。国侨办国内司副司长宁活义专程参加了会议并做了讲话。汤炳权副省长出席了会议并讲话。从这个会议开始，我省华侨农场体制改革进入实质性、攻坚性的阶段。

会议之前，汤炳权副省长指示我要在会议上围绕如何落实省政府《关于加快华侨农场改革与发展的意见》作一个主旨发言。我建议这个发言应该由省发展计划委员会领导负责更贴切，但汤炳权副省长认为还是要由我来负责。他认为，从华侨农场改革的调研，到起草《关于加快华侨农场改革与发展的意见》，都是省侨办在操作，而我是其中的主要负责人，由我来做这个主旨发言，才能把问题讲得透彻。

既然决定由我作这个主旨发言，我不敢怠慢，做了认真的思考和准备，亲自起草发言稿后，送省政府副秘书长黄业斌审阅，再呈交汤炳权副省长同意。

在我的主旨发言中，我对华侨农场改革的目标做了一个简洁的归纳。我是这样表述的："华侨农场深化体制改革的目的，是使其行政融入地方，管理融入社会，经济融入市场。"这个表述得到了汤炳权副省长的首肯。自此，"行政融入地方，管理融入社会，经济融入市场"这"三融入"正式成为广东省华侨农场深化体制改革的目标要求。2005年省政府《关于进一步加快华侨农场改革与发展的意见》再次强调华侨农场改革的目标是"使华侨农场真正在行政上融入地方，管理上融入社会，经济上融入市场"。

2006年8月，国务院成立了由发展改革委牵头，18个部门和广东、广西两省（自治区）政府参加的华侨农场发展改革工作小组，在大量调研的基础上提出了《国务院关于促进华侨农场发展改革的意见》，把广东这"三融入"的提法正式作为全国华侨农场发展和改革的目标。我省原来提的是"行政上融入地方"，国务院在文件中，把"行政"二字表述为"体制"二字，我觉得这一表述更精准了。某时任国务委员在2007年2月13日的（省区）华侨农场改革和发展工作会议上也明确要求："只有真正实现体制融入地方，管理融入社会，经济融入市场，才能使华侨农场不断增强自身发展活力，才能使广大农场职工和归难侨共享改革发展成果，逐步改善生产生活条件，不断提高生活水平。"

"体制融入地方，管理融入社会，经济融入市场"的华侨农场改革目标，为深化华侨农场改革和发展指明了方向，为促进全国华侨农场改革和发展厘清了思路。

11. 一个又一个棘手问题，成了实现"三融入"的拦路虎

为了落实"全省华侨农场深化体制改革会议"精神，省侨办领导分成若干组，到汕尾、揭阳、梅州、江门、阳江等地了解实情，除感受到各地政府的决心外，更感觉到还有许多主客观因素，阻碍着华侨农场改革的上路。真正要上路还须披荆斩棘。

遇到的第一丛荆棘，是"对华侨农场职工养老保险纳入地方统筹的一次性补缴筹备金由省、市两级财政分担"这一措施如何实现。这个措施是汤炳权副省长在全省华侨农场深化体制改革工作会议上宣布的。但是，省财政厅却认为，《关于加快华侨农场改革与发展的意见》对两级分担没有明确由财政负担，因而没有纳入预算安排。地方政府又因《关于加快华侨农场改革与发展的意见》没有明确省与地方的分担比例而迟迟没有行动。

第二丛荆棘，是40多亿元农场各类历史债务如何摆脱？由谁承担，又如何界定？总不能"行政融入地方"，国营农场的历史债务也融入地方吧？

第三丛荆棘，是华侨农场要摘掉"国营"的帽子，必须与几万名国营职工解除劳动关系，而解除劳动关系必须向这几万名国营职工支付一次性的经济补偿金。经历了几十年风雨、几经变化的职工身份如何界定？补偿金从何时计算？更大的问题是：钱从何来？

一个又一个现实的棘手问题成了实现"三融入"的"拦路虎"。

为解决这些难题，2002年元旦一过，省侨办向省政府提交了请示，对两个关键难题提出我们明确的建议：

第一，"请求省政府对华侨农场职工养老保险纳入地方统筹的一次性补缴统筹金的安排渠道做出明确规定"。并对省、市分担比例提出了省侨办的意见："考虑到华侨农场所在市、县财力的实际困难，而省对解决华侨农场的历史遗留问题也应责无旁贷负主要责任，为此建议对华侨农场职工养老保险纳入地方统筹一次性补缴统筹金的安排，原则上由省财政分担80%，市财政分担20%。"

第二，"采取措施帮助解决华侨农场部分历史债务"。"基于华侨农场的历史债务主要因为政策性、社会性负担所造成，因此应区别不同情况分别处理，建议除对企业内部集资问题应由农场自身负责解决外，采取呆账处理、固化核销和财政补贴等方式给予解决。"

省侨办所提出的请示，得到省政府的重视。汤炳权副省长于当年2月28日率领省直各有关部门领导到清远市英德英红华侨茶场等地实地调研。之后，按汤炳权副省长的指示，省侨办带着全省华侨农场改革发展的存在问题，在惠州杨村华侨柑橘场、清远英德英红华侨茶场这两个试点单位摸索解决办法。4月，省政协由李金培、王兆林两位副主席率领省政协委员，分赴省内各华侨农场对侨场改革发展的进程进行调研。5月30日，省政协召开主席会议，听取调研组的汇报，省政协的调研实际上起到监督的作用。

6月17日，省政府召开九届九十二次省府常务会议，这是一个专题讨论华侨农场深化改革的专门会议。会上，我和符圣荣副主任汇报了华侨农场改革发展工作，特别重点汇报了两个试点农场的工作进展。就是在这个会议上，省政府同意省侨办的提议，决定华侨农场职工养老保险纳入地方统筹一次性补缴的资金，由省财政负担80%，华侨农场国营职工解除劳动关系，一次性补偿所需资金，由省财政负担80%。省政府负担这两个

80%，意味着，省财政要拿出超过10亿元的巨额资金，这在当时，也是相当不容易了。之后，省政府又于9月24日发出了《关于华侨农场改革工作若干问题的补充通知》，对华侨农场职工参加社会养老保险一次性补缴统筹金，及职工解除劳动关系一次性补偿金的计算标准，计算时间及对象范围，甚至连省财政负担的部分如何下拨等问题都做出了具体规定。

7月25日，汤炳权副省长召集各有关部门领导开会研究具体落实省政府九届九十二次常务会议精神，决定成立省华侨农场改革工作协调小组。这个小组的成员单位由省侨办、计委、财政厅、劳动保障厅、民政厅、外经贸厅、编办等部门的副职组成。组长是省政府副秘书长黄业斌，副组长由我这位侨办主任担任。从组长及副组长的安排，我体会到汤炳权副省长的心思，尽管省政府决定财政拨巨款，真正要落实还有大量的具体协调工作要进行，而这种协调的职责，一是省政府办公厅，一是省侨办。我明白这场攻坚战，省侨办必须负起协调的作用了。

11月28日，省政府召开华侨农场改革工作会议。这是继2001年后专题研究华侨农场改革的会议。会议主要是落实解决华侨农场职工养老保险及解除劳动关系两大工作。汤炳权副省长在会上做了讲话。他特别有针对性地强调，省政府花了大力气，下了大决心推动华侨农场的改革发展。华侨农场工作的主体是华侨农场所在地的地方政府，这一点必须明确。华侨农场所在市、县的政府及相关部门一定要切实负起责任，按照省政府确定的华侨农场改革和发展的具体目标，完成各项改革任务。汤炳权副省长甚至抛出了一句硬话：对不按要求把华侨农场养老保险纳入地方统筹的，要追究地方有关政府、部门和有关领导的责任。

会后，汤炳权副省长指示协调小组要保证省及地方政府所拨资金的使用落到实处。于是，省侨办、省劳动保障厅、省财政厅三部门成立专门小组，从2002年年底开始，先后到17个华侨农场，对各农场上报的一次性补缴养老保险费和一次性支付解除劳动关系经济补偿金的人数进行复查，逐个核实。这个复查核实足足用了三个月时间。

经过这次认真核实，除广州、深圳、珠海、佛山等市所属华侨农场经济补偿由所在市财政负责外，余下的17个困难华侨农场需要纳入地方养老保险统筹，实行一次性补缴的职工人数为39000多人，共需补缴养老保险费总额约为4.4亿元；而需要解除劳动关系的职工人数约为35000人，需要安排一次性经济补偿金约为3.6亿元。

这个核查结果，出乎我的意料，原来，我的惯性思维是，下级向上级要钱要物，大都"报大数""有水分"，而上级去核查，目的也是要把"水分"挤出来。可这次核查的结果颠覆了我的惯性思维。核查结果是，需要解除劳动关系的职工人数比各农场上报数增加了2500多人，需要一次性补缴地方养老保险统筹金的职工人数比上报的增加了9000多人。

为了让各农场实际操作的工作人员掌握政策及补偿的计算方法，省侨办、省财政厅、省人社厅三家联合，在惠州市杨村华侨柑橘场专门举办培训班，对各农场具体操作的工作人员进行集中培训。

职工解除劳动关系的经济补偿金的计算方式是十分严格的，按职工在华侨农场的工作时间，每满一年发给相当于一个月工资的经济补偿金。不满一年的按一年计发。而补偿金的计算标准，按职工解除劳动关系前12个月的平均工资计算，如职工月平均工资低于所在农场职工平均工资的，按所在农场职工平均工资计算，农场职工平均工资低于所在地级市最低工资标准的，按最低工资标准计算。

经济补偿金的支付办法也有严格规定：由地级市财政部门在国营商业银行开设经济补偿金专户。所在地级市财政负担的20%经济补偿金补助资金拨到专户后，省财政厅在10个工作日内将省负担的80%补助资金通过财政转移支付拨付到市，由市转拨到该项资金财政专户。农场支付给职工的经济补偿金要造册登记，报所在市劳动保障、财政、侨办三部门审核批准后，由地级市财政部门通知银行，直接支付到职工个人账户。

从省侨办提请省政府对 17 个困难华侨农场职工养老保险纳入地方统筹和在册职工解除劳动关系给予补助,由省、市两级财政按 8∶2 的比例分担解决算起,到这个建议彻底落实,前后经历了四年多的时间。两项改革的补助金合计约人民币 8 亿元。

这两项改革在全国率先摆脱了华侨农场社会性、政策性的负担,提高了华侨农场归难侨和职工的退休收入,解除了他们的后顾之忧,使广东省华侨农场改革"三融入"目标迈出了历史性的坚定步伐,得到了国务院、全国人大、全国政协的高度评价。

12. 还要集中力量解决几个历史遗留问题

尽管各地花大力气,许多政策有所突破,华侨农场离彻底翻身的距离还是很远。特别突出的是华侨农场历史债务和归难侨危房问题。

华侨农场的历史债务,主要是由于长期以来政策性、社会性负担的客观原因所造成。而我省华侨农场占全国华侨农场的数量超过"半壁江山",因而也成了华侨农场历史债务的主要省份。截至 2004 年,我省 23 个华侨农场总负债 40.23 亿元,占全国华侨农场同类债务近八成。

至于华侨农场归难侨的住房更是令人揪心。绝大部分房屋都是在 20 世纪 50～70 年代接收突如其来的归难侨而土法突击上马兴建的,大都是因陋就简的土木结构,经历了几十年的风吹雨打虫侵,严格来说,不少早已不适合人类居住了。每到台风雨季,不少归难侨只好搬到学校等处暂住。

对于归难侨居住危房问题,省人大、省政协代表一直高度关注。2004 年的两会期间,两会代表提出有关侨务工作的建议、提案共 13 件,其中关于解决华侨农场归难侨危房改造问题的占了 8 件。

可见,解决归难侨居住问题,已经成为华侨农场深化改革的关键措施之一。为此,省政府领导指示,由省侨办牵头,组织省发改委、省财政

十四、华侨农场改革与发展的艰辛历程

厅、省建设厅等部门到农场实际调查,拿出实施方案。

调查的结果是:全省23个华侨农场第一代归难侨总户数有2.4万户,而居住在危房的占了近1.5万户,占了总户数的65%。面对如此大面积的危房改造,资金从哪里来?省直职能部门意见很不一致。

财政部门直接向省政府办公厅表达该部门意见:拟将归难侨危房改造问题纳入农村安居工程统筹解决。这一意见让我担忧归难侨危房改造会被拖延。

对应财政部门的意见,我们立即起草了关于解决广东省华侨农场归难侨危房改造问题的请示,向省政府表明侨务主管部门的意见。

我们认为:华侨农场的归难侨劳动者的身份本来是国营职工。2000年国有企业职工住房改革时,因绝大多数归难侨居住在危房,加上农场本身也拿不出资金来为职工进行住房改革,因而归难侨职工未能享受作为国营职工房改的优惠政策。而为了解决农场职工纳入当地养老保险和解除职工劳动关系,当地财政已经耗费了大量财政资金,根本无力在资金方面支持华侨农场归难侨的危房改造。建议归难侨危房改造工作纳入农村安居工作中,资金必须由省政府专项解决。

当华侨农场归难侨危房改造工程是否由省财政拨专项资金解决议而未决时,省委书记在清远市委、市政府《关于英德市英红区改制遗留问题情况的报告》上做了批示:"炳权并伟雄同志:华侨农场的旧体制不适应新形势,改革势在必行。我省在华侨农场改制方面,做出了积极探索,方向是正确的,成效也是显著的。但是,改制后也面临一些遗留问题需要解决。英德市原英红华侨农场改制后的问题有一定的代表性。我建议由省政府一位副秘书长牵头,侨办、劳动社保等部门参加,对全省华侨农场改制遗留问题进行调研,按照有关政策,拿出切实可行的解决办法。同时,向国务院侨办汇报,争取国家的支持。"时任省委书记的批示态度如此鲜明,指示又如此明确具体,我体会到省委是要下决心解决华侨农场历史的遗留问

题，内心充满激动！

汤炳权常务副省长依据批示，指示由我负责组织省发改委、财政厅、人事厅、劳动保障厅、国土厅、信访局、扶贫办等有关部门的业务骨干分成两个小组，于 2005 年 8 月、9 月，用了 2 个多月时间，深入不同地区、不同经济状况、不同改制形式的 13 个华侨农场调研，最后形成了《关于呈报省华侨农场改制遗留问题调研情况的报告》，时任省委书记在该报告上批示："调研工作认真，同意报告精神，抓好有关政策落实。"时任省委副书记、省长和省委副书记都在该报告上做了批示，同意报告的具体意见，要求形成具体政策，抓紧落实。在《关于呈报省华侨农场改制遗留问题调研情况的报告》的基础上，省政府形成了《关于进一步加快华侨农场改革发展的意见》，下发至地级以上市人民政府、各县（市、区）人民政府，省政府各部门、各直属机构。

与此同时，根据时任省委书记批示的要求，10 月 17 日，省政府向国务院提交了《关于请求解决我省华侨农场历史债务和归难侨住房等历史遗留问题的请示》，客观地提出单靠我省的力量难以解决华侨农场的历史债务和危房改造问题。恳请国务院考虑我省华侨农场的特殊情况，帮助我省解决华侨农场上述两个历史遗留问题。具体请求是：（一）对我省华侨农场长期拖欠金融机构的历史债务，包括由银行划转到资产管理公司的借款本息 21 亿多元予以豁免。（二）请中央财政安排专项补助资金，对我省归难侨危房改造每户补助 10000 元。

省政府在《关于进一步加快华侨农场改革发展的意见》中，对于如何加快华侨农场归难侨危房改造，提出对 17 个困难华侨农场危房改造按 8000 元一户予以补助。从 2006 年起正式实施，力争用 3 年左右时间完成我省欠发达地区 17 个华侨农场 1.21 万户第一代归难侨危房改造任务。广州、深圳、佛山、珠海所属华侨农场归难侨危房改造资金补助办法，由各市参照省补助办法自行研究解决。

2006年3月31日，省政府召开全省华侨农场改革工作会议。这个会议主要是推动归难侨安居工作的落实。会上，汤炳权常务副省长做了一个讲话，对归难侨危房改造工作提出了"这类事情迟早都要办，迟办不如早办"的观点。

附录三

《汤炳权：归难侨安居工程还是早办好》

（《人民日报·华南新闻》，2006年4月3日）

3月31日，广东省常务副省长汤炳权在全省华侨农场改革工作会议上指出，帮助归难侨解决住房问题是深化华侨农场改革发展的重中之重。他说这类事情，迟早都要办，迟办不如早办。省政府既然定了用3年左右时间基本完成17个困难华侨农场1.21万户第一代归难侨的危房改造任务，有条件的农场就要尽早启动，条件不成熟或地方政府财政有困难的，可否想想通过贷款能否行得通。

当然，3年的目标定了，能在3年内完成也算完成任务。不过，我提出的指导思想是，有条件的地方，能够早一年早一天完成的，就要用积极的态度往前赶。这个危房啊，非同小可。我们要真正体现以民为本、为侨服务，我看得抓好这件大事。

时任省委书记等也再三强调这个问题非解决不可，我们要下最大的决心。各级政府和有关部门要结合社会主义新农村建设切实抓好这项工作，使归难侨真正安居乐业。不过，如果没有相应的措施跟上，用3年都不一定能够做完这项工作。因为这些归难侨是困难户，他们自己要能拿钱出来就不会拖到今天了。省政府安排专项资金给予每户8000元的补助，各华侨农场所在的市、县财政配套一点，侨场地价相对便宜些，政府将其作为安居工程来建，这样建筑成本就会降低一点；另外，也可考虑用供房的办法，供个5年、10年甚至更长的时间，可以跟银行谈谈。

我希望这项工作做得漂亮一点。今天,各个市分管的市长都来了,这件事情就拜托大家了,希望大家以"只争朝夕"的态度来加快这项工程。

鹤山市合成华侨农场危房重建奠基礼

到了2006年年底,全省23个华侨农场已经动工兴建归难侨安居房4500多套,其中近2200户喜迁新居。

2007年,国务院出台了《关于推进华侨农场改革和发展的意见》,提出对归难侨危房改造,中央和地方政府给予每户归难侨危房改造补助不能低于1.5万元。于是,我省又实行了中央和省每户补助12000元;对5个非困难华侨农场,中央和省给予每户补助7500元,其余由有关地级以上市、县政府解决。中央要求务必保证在2009年年底前全部完成归难侨危房改造工作。而直到2007年下半年我离任省侨办主任一职时,我省归难侨危房改造工作任务只完成了40%,时间过半了,任务完成还没过半,留给接任者吴锐成同志的压力非常大。

现在回过头来,再谈谈解决华侨农场历史金融债务问题。广东省是全国华侨农场负债总量最大的省份,也是比重最大的省份。截至2004年9月,全省23个华侨农场负债总值超过40亿元,平均资产负债率87%。其中,向金融机构借款本息共15亿多元,由银行划转到资产管理公司的借款6亿多元,分别占全国华侨农场同类债务的73%和82%。省政府为此于2005年10月17日向国务院提出请求解决我省华侨农场历史债务,一个月后的 11 月中旬，财政部与国侨办随即派员到我省了解农场历史债务的情况。2006 年元旦后，时任财政部副部长专门率领国家调研组到我省调研，汤炳权常务副省长与副部长进行了深入的会谈，客观地反映我省华侨农场历史债务的形成过程。后来，国务院更专门成立了由财政部牵头，有广东省政府参加的解决华侨农场金融债务问题领导小组，我省也及时成立了以汤炳权常务副省长为组长的华侨农场金融债务处置工作领导小组，配合国家做好处置方案。财政部等部门提出的对华侨农场金融债务问题处置方案，经国务院同意后，正式下发有关省区实施。按国务院批准的处置方案，我省华侨农场历史上金融类债务豁免了近 12 亿元，约占全国华侨农场金融债务的 74%，占全省华侨农场总债务的 65%。这个方案的实施，使长期困扰我省华侨农场发展的沉重历史包袱得到了较好的解脱。

我国华侨农场的历史，从广东起步；华侨农场的改革和发展，也一直得到党中央和国务院的关注。经过几十年的不懈努力，我省华侨农场已经翻开了历史新的一页。广东也为全国华侨农场改革和发展提供了先行的经验。从"三融入"改革目标的提出，到解决历史遗留问题的具体思路、政策、措施，大都被国务院关于华侨农场改革和发展的文件采纳，成为对全国华侨农场改革发展的要求。

华侨农场体制改革，从 1985 年算起，足足走了 30 多年，尽管改革道路并不平坦，也走得很不平凡，华侨农场这一历史概念还是在现实社会中渐行渐远了。但是，改革后的华侨农场依然还有不少新的问题。改革还是不能停步，还需继续前行。

十五、侨务工作与广东经济的发展

1. 广东经济腾飞的第一桶金

中国对外开放从办经济特区开始。

邓小平提出建设经济特区。开始时四个经济特区有三个在广东,深圳、珠海、汕头,还有一个在福建的厦门。邓小平认为深圳毗邻香港,珠海毗邻澳门,汕头在东南亚的华侨华人多,而福建的厦门也是因为华侨众多。

从这四个经济特区的设立,我们体会到,邓小平要中国经济腾飞,他首先想到的是华侨、港澳同胞的作用。广东的改革开放,无论是经济腾飞还是社会发展,第一桶金是靠华侨、港澳同胞"肩挑背扛"进入广东投资积累起来的。为什么这么说呢?在改革开放初期,侨胞们支持家乡经济建设,办侨资企业,起步的时候是相当艰难,却又相当踊跃。就像当年为解放全中国,老百姓拆掉自己的门板给解放军渡长江一样的艰难与踊跃。

记得改革开放初期,进入内地办企业的大都是港澳同胞,他们的投资并不大,初始时都是"三来一补"模式(来料加工、来料装配、来样加工和补偿贸易)。华侨、港澳同胞们是用麻袋装着需要加工的零配件,自己肩挑、背扛、手提过海关,带回家乡,交给自己村里的乡亲,穿珠子,织胶带,插胶花,等等。乡亲们手工劳作完成后,将所有产品又运回香港、澳门,再出口到世界各国。侨资企业开始的时候就是这样起步的。当时流行着一句很典型的话:"(侨胞)办了一间厂,富了一条村。"所谓办了一间厂,也不过是小手工的厂。这个阶段,基层的侨务工作几乎都是为办这些小型的侨资企业在奔忙。广东经济腾飞的第一桶金,就是这样积累起来的。

2. 侨务部门应起协调作用

2000年,我从省旅游局调到省侨办的时候,广东兴办的侨资企业已经达到了好几万间,可以说撑起广东经济的半边天。

经过20多年的发展,壮大了的侨资企业也面临越来越多的问题。首先,国家支持和鼓励侨资企业发展的政策已经不像刚开始的时候那么宽松优惠了。其次,早期地方政府为了吸纳侨资,承诺的一些条件,如土地、交通、水电等优惠政策,随着法治的完善,也难以一一兑现。这造成了涉侨经济纠纷案件增多,许多还久拖不决。初期进来的侨资企业大都是劳动密集型企业,甚至适应不了现今的环保条例。一句话,政府各部门所制定的规章制度与侨资企业之间碰撞的事情越来越多。

在这些碰撞中,侨务部门究竟是袖手旁观还是主动发挥协调作用,为侨资企业排忧解难呢?我觉得,在这个困局中,侨务部门如果能找到切入点,起协调作用,会在解决这个困局中发挥作用的同时,争取更多的话语权。

过去,侨务部门只是单对单地去与有关部门协商,我觉得这样还是成不了气候。侨资企业发展所遇到的问题是综合性的,侨务部门应该在其中起协调作用,把各部门联系起来,认真研究如何为侨资企业解困。这个想法,得到主管侨务工作的汤炳权副省长支持,于是我们在全省范围内物色了22家各种类型的侨资企业,让他们收集意见建议。做足准备后,在2000年下半年,省侨办首次主办了一次省政府所属部门与侨资企业代表的座谈会。省公安厅、省外事办、广州出入境边防检查总站、广东海关分署、省外经贸厅、省地税局、省国税局、省工商局、国家外汇管理局广东省分局等领导全被邀请出席。当然了,能有那么多厅局领导出席,全依靠汤炳权副省长的邀请。

2000年下半年,省政府侨办主办省政府所属部门与侨资企业代表座谈会,图为与会的侨资企业代表卢伟国(左二,香港腾讯科技亚太有限公司董事、总经理)、何业成(左三,肇庆市端州区侨兴实业发展有限公司董事长)

参加侨资企业代表座谈会的李江海(左三,东莞市联友五金挂具纽扣有限公司董事长、总经理)、龚尚谦(左四,清新温矿泉旅游度假区有限公司常务副总经理)

十五、侨务工作与广东经济的发展

出席侨资企业代表座谈会的沙少娟（左一，广东海关分署副主任）

出席侨资企业代表座谈会的（左起）汤炳权（常务副省长）、吕伟雄（省侨办主任）、朱明健（省公安厅副厅长）、肖锦哲（省外事办副主任）

22个侨资企业与省政府各部门领导济济一堂，共商一个议题：侨资企业如何发展壮大？常务副省长汤炳权带领着政府各部门用整整一天的时间面对面听取侨资企业代表的意见，这成了改革开放以来的第一次。会后，我们形成一份《侨商对我省改善投资环境提出意见和建议——广东省侨资企业代表座谈会情况综述》，连同汤炳权副省长的讲话，发给了有关单位。

3. "钱袋"+"脑袋"

早期兴办的侨资企业,也包括当地的民营企业,大都是传统项目,而投资者大都也是老一辈侨胞。经济形态发展急剧,这些企业要追上时代,必须升级了。他们有资金,但是缺信息,缺新技术。简单地比如,就是有"钱袋"但是缺"脑袋"。同在这个时期,出国留学的大批学有所成的新侨,也踊跃地带着自己的项目、自己的知识产权,回国寻求创业机会,可这批人,有项目,却缺乏资金。简单地比如,就是有"脑袋"但是缺"钱袋"。

在"钱袋"与"脑袋"之间,作为侨务部门应该成为二者之间的加号。我们知道,打开国门之后,各省大量年轻人出国留学,在这潮流中,广东人出国留学比例不高,再者我们也不能只依靠广东籍的海归,于是我们决定要借助国务院侨办的力量,推动"钱袋"+"脑袋"活动的开展。

那时候,广州机场是旧机场,就算北京机场国际航班也有限。国务院侨办邀请的世界各国华侨华人博士回国参加活动,更多的是先到香港机场,然后进入广州,再飞往北京。国侨办每次有这样的安排,都是委托广东省侨办负责接待安排这些人的行程。我们有了这个"近水楼台",每次都让广东企业与海外博士们先饮"头啖汤"。从2002年第一批开始,每年都举行好几次这样的对接活动。留学博士和本省企业直接对接,当然不是一对接便成功。有了这样的形式,尽管自己对接不上,也会推荐其他人来对接。这样的模式就成了省侨办推动广东省侨资企业成长,促进广东经济持续发展的常态性活动。

附录一

《20位华人博士来粤"抛绣球"》

(《羊城晚报》,2002年5月29日)

今天上午,20名海外华人博士带着自己的高新技术项目到广东考察洽谈，寻找广东企业中的"意中人"。

广东省委常委、副省长上午会见了这些博士，希望他们能为广东的经济发展做出贡献。广东省计委、人事厅、科技厅、知识产权局等分别介绍了广东经济发展、创业、人才引进、知识产权保护政策等方面情况，并回答了博士们的提问。

这20名博士回国是为了参加由国务院侨办、国家科技部、人事部、外经部等部门联合举办的"2002年华商企业科技创新合作交流大会"及"海外百名博士回国创业考察团"活动。为吸引更多的海外留学人员来粤创业和合作交流、促进广东高新产业的发展、推动广东外向带动战略的实施，广东省侨办积极争取，促成广东成为这20名博士回国的首站。

这20名博士，共带来24个项目，其中12名带来的是信息技术项目。他们掌握信息技术、生物工程、新材料、新能源等领域的最新技术，都拥有一项或几项自主知识产权。

今天下午，广东省侨办将举行"海外博士团项目推介会"。明天，20名博士将在广州考察创业环境，随后，他们将分组赴珠海、肇庆、深圳考察，与广东有关科研机构及企业进行具体洽谈。

在2002年"世粤联会"上，我们还特意邀请"新广东人"来参加大会。这些"新广东人"多数是浙江、福建的新移民，他们出国发展，多数是前往西班牙、意大利，已经成为当地的华侨，因广东的对外贸易发达，也临近东南亚，所以他们要从广东采购广东产品到世界去销售。浙江新侨也好，福建新侨也好，都成了广东企业产品最重要的推销商。把广东产品带到国外去的那些人多数是浙江、福建的新侨，就如广州整条皮革街，都是浙江、福建的新侨。这个工作打破了以前只做乡亲工作，少做乡亲以外的侨胞工作的局限，更改变了我们接待侨胞的方式，从多见政府官员到多见民营企业，因为他们回来的目的并不是要听政府官员作报告，而是要寻求创业机会。

在这些活动的过程中，我们逐渐对海归人员有了更深入的了解，理解到许多海归回国者未必就是想创业，也许想加入侨资企业或民营企业里先做管理层，摸索经验，寻找机会再创业。于是我们以省海外交流协会为主体，与广州的出国留学人员科技人员协会合作，邀请了海外留学人员与全省民营企业举行"相亲大会"，令这些企业能吸纳到这些"海归"回来做管理人员。这样的活动，让很多的"海归"成了我们民营企业的高层管理人员或者业务人员，在管理上扭转了很多企业的观念，让企业的档次得到了提升。

2004年5月27日，"留学人员创业与民营企业发展论坛"在广州举行

附录二

《民企"海归"面对面碰出合作火花》

（《民营经济报》，2004年5月28日）

本报讯　广东出国人员有70万人，但归国发展的仅有17万人。另一方面，广东民营企业群却存在快速发展与管理水平滞后的矛盾。怎样找寻

两者间的结合点？昨日,"留学人员创业与民营企业发展论坛"就提供了一个信息平台,让数百名留学生与民营企业主真正面对面"对对碰"。

广东海归创业率不高

虽然广东是个留学人员输出大省,但其海归发展的留学人员比例却不高。据广州市留学回国科技工作者协会秘书长黄镰称,上海人事局和工商局统计数字显示,到2003年6月份,上海留学回国人员创业开办的企业有2500家;北京中关村回国创办企业的数字也以每月110家的速度向上增长;而广州工商局注册处统计截至2003年6月份,海归创业的企业仅148家。

民企是海归创业最佳载体

为了给广大留学生提供回国发展的舞台,广东省政府近年也搞过"留交会",但80%～90%的留学生仍然未能找到合适的位置,这是为什么呢?一位曾参加留交会的留学生一语道破:"到会大小政府部门官员不少,留学生也有上千人,阵容鼎盛,但留学生回国的载体——企业偏偏空缺!因为相当一部分的留学生并不是一回来就自己当老板,有些人更愿意当企业管理者。"黄镰指出,广大民营中小企业经过市场经济浪潮的冲击,越来越显示出强大的生命力和灵活性。而国家对民营企业的扶持更让广大"海归"看到了民营中小企业发展中蕴藏的巨大潜力,中小企业成为留学人员回国创业发展的首选。另外,受过国际化教育的留学人员回国创业又为民营企业增长了"国际眼光",大大提升了民营企业人才资源优势,产生了聚集效应,使得经营方式、管理理念、企业文化等方面迅速国际化。

京沪欲"克隆"论坛

据黄镰介绍,在"留学人员创业与民营企业发展论坛"上,来自广州、深圳、珠海、佛山、东莞、中山、惠州、肇庆等地及港澳地区总产值上千亿元的400多家广东优秀民企与上百名留学博士将共聚一堂,探讨民企与留学人员新的合作点。黄镰称,把民营企业与留学人员邀请到同一个平台上谈合作这种形式在国内还是首次出现，目前北京和上海等城市都对此表示高度关注，据了解这些兄弟城市都想在6月份把"留学人员创业与民营企业发展论坛"克隆到自己的地盘上。主办单位广东省海外交流协会的常务副会长、广东省侨务办公室主任吕伟雄称，广东海交会将联合有关部门，建立一个信息交流平台，把想引进留学生的民营企业和想回国的留学人员资料都放上去，"留学生还没有回国，就可以通过互联网把民营企业的信息都掌握了"。

4. 从新加坡起步，扩展东南亚

早先，由于地理位置及历史人缘关系，广东的侨资企业绝大部分是港澳资本。2000年，我初入"侨门"时，做过了解，东南亚华商在广东投资的企业大概只占广东侨资企业的六分之一。但2001年度国际华商500强排行榜中，新、马、泰、菲、印尼五国共有149家华商企业榜上有名。从这些数字上看，吸引东南亚侨资到我省的投资仍有很大潜力。用心去分析，也有我们过往只重视吸引港澳资本，从而造成东南亚侨胞产生误解，以为广东是港澳人投资的天下。他们对到广东投资，心里有一定的疑虑。另外，在地缘与亲缘方面，东南亚不同于港澳，东南亚的华侨华人中祖籍更多的是福建、海南、广西等省、自治区籍的同胞，他们对广东省投资环境缺乏了解。破解东南亚华商"广东是港澳资本的天下"这一误区，成了我们侨务为广东经济发展服务，推动东南亚华资进入广东的重要任务。

我们知道，东南亚众多的华资，其总部大多数设在新加坡。新加坡经济开放，因此许多东南亚华商都在新加坡设立公司，把新加坡作为资本的避风港和投资的桥头堡。

当我们在寻找进入新加坡的切入点时，获悉省政府将在新加坡举办"中国广东——新加坡经济技术合作交流会"，时任广东省委书记将在会上作演讲。这是我们做好联系东南亚华侨华人企业家工作的好机会。于是我们主动向省政府建议，邀请印尼、马来西亚等国的华商出席这个交流会。

我们的建议得到了省政府的批准，我们的邀请也得到了印尼、马来西亚华人的热烈反应。显然，省政府举办的经济技术合作交流会，本意是希望有更多的企业家参与，我们提出让华商参加，当然是正合省政府的本意。而东南亚的华商，也在努力寻找新的发展空间，特别是1998年金融风暴后，华商加快了对外投资、分散风险的步伐。而广东经济发展迅速，市场容量大、投资回报高、环境宽松，对他们有极强的吸引力。收到邀请的华商都踊跃报名出席会议。

新加坡这个交流会为我们引进东南亚华商打开了大门。会后，许多华商纷纷组团到广东考察。马来西亚著名华商张愈昌还专门组织了几十个企业家的子女来考察，目的是让东南亚企业家的后代对在广东投资有信心。

我们十分精心地安排这些考察团的活动。在日程安排上，改变以往客人一到先由领导会见，再考察经济的做法，而是由省侨办领导陪同先深入各地考察，然后再由省领导出面见面洽谈。这样做，使华商与领导交谈具体、充实而有时效性。考察团中有企业家是从事海洋捕捞的，我们安排其与广州海洋渔业公司对口谈，针对他们担心"广东是港澳资本的天下"的问题，我们就安排参观由来自同一居住国华商创办的成功企业。如在中山，我们特意安排张愈昌先生与同是马来西亚的投资者、马来西亚华裔古润金与他交流，从土地价格到工人工资，从生产成本到产品边际效益，从社会治安到政府工作效率，无话不谈。通过这些考察，让东南亚华商感受到广东的文明法治环境，按国际通行规则办事的管理体系，感受到广东对不同文化、不同经营思想和不同管理风格、不同行业、不同产品的巨大包容性，从而打消顾虑，坚定在广东寻找投资机会的信心。

从2001年5月新加坡交流会后至当年年底，已经有印尼华商施柏松先生与中国某电器公司合作开发适应海边环境的空调机；马来西亚华商张愈昌先生在东莞新沙投资棕油精炼厂；省农垦集团与张愈昌先生合作在马来西亚投资粗棕油提炼厂；马来西亚华商林茂发先生在兴宁市投资年出栏六万头肉猪的兴发现代农业发展有限公司；印尼黄志源先生在韶关和清远投资林业和造纸厂；印尼张明开先生在大旺农场办制冷设备和一个制冷压缩机厂；等等。这些项目，后来大部分都是成功的。

5. 从东南亚开始，走向世界

从2001年开始，省侨办参与了省政府在新加坡举办"中国广东——新加坡经济技术合作交流会"的成功实践后，每一年省政府在海外举行的经济技术合作交流会，省侨办成了组织者之一，而每一次，我们几乎到所在国家与当地侨胞一起策划经贸洽谈活动。2003年，随时任省委书记到南美的智利、阿根廷、巴西，签了11.58亿美元的协议；2004年，随时任省委书记到南非、埃及、阿尔及利亚，签了贸易协议，总额达24.3亿美元；2005年，随时任省委书记到澳大利亚、菲律宾、印度尼西亚、泰国，共签订各类贸易及投资合作项目，总额达86.31亿美元。此外，2004年，随时任省长到葡萄牙、英国等参加"2004粤港——欧洲经济技术贸易合作交流会"，签约金额达47.6亿美元；2005年，随时任省长到美国、墨西哥、加拿大在"2005粤港——美国经济技术贸易合作交流会"签约金额达72.7亿美元。

6. "来到国外，让我真的懂得华侨了"

这一系列的海外活动，不但真正起到了"以侨引外，以侨促贸，以贸聚侨"的作用，更让广东省主要领导和各部门的领导面对面地深入了解侨胞的生活，明白侨胞的内心世界，亲身感受到侨胞对广东家乡的热切情怀。

2005年10月，省长率团到美国、墨西哥、加拿大，举办经贸合作交流会。我们半年前便与省海外交流协会海外理事、留美中山大学北加州校友联系，委托他们邀请留美精英学者齐聚到美国硅谷，举行一场省长与留美精英的见面会。因为省长在北京有会议，迟了一天才飞到美国。那天，省长时差未过，精神疲倦，有随团的某厅长建议取消这个见面会，腾出时间让省长多休息。我当然反对这个建议，据理力争，经过"磨牙"，我退了一步，同意见面会压缩在一个小时之内。我知道省长是中山大学毕业的，来参加见面会的也有许多中大毕业的同学，在陪同省长进入会场时，我特意高声说："在座各位是中山大学毕业的请举手。"举手者众多。我接着说："省长也是中大毕业的！"话音刚落，会场响起一片掌声，这场面令疲倦的省长精神为之一振，兴致勃勃地现场解答了七个问题。与会者深情地对省长表达内心："我们在国内不懂得爱国的真意，到了国外，我们真的懂得爱国了。"与会者的情怀深深感染了那位提议取消这个见面会的厅长，他举手发言说："在国内我也不懂得华侨，来到国外，让我真的懂得华侨了。"

7. "金鹰"是如何飞进广东的？

根据省领导指示，2002年10月15日至21日，由省侨办牵头，组织了由省计委、省对外经贸合作厅、省国土厅、省环保局、省安全生产监督局、江门市新会区双水镇政府组成的考察团专程到新加坡及印尼，对新加坡金鹰集团在印尼的制浆造纸项目进行实地考察。

这次考察有两个焦点：一是广东省近十个政府部门集中去考察一个具体投资项目，这重视程度是前所未有的；二是这十个部门中，多个是刚性部门，如省计委、省外经贸厅、省国土资源厅、省环保局等部门都不是牵头单位，而是由一个柔性的部门省侨办作牵头单位，这大概也折射出省侨办在这个项目中举足轻重的位置了。

这个故事还得从头说起。

省侨办特别重视印尼这个国家，说起来是有因缘的。我们省侨办副主任许丽华是印尼归侨,她在印尼有很好的人脉关系,加上广东华侨农场的印尼归侨人数占了全国印尼归侨总数的一大半。许多时候我们都与印尼归侨有接触,通过这一层关系,我们也认识了不少印尼华商。

2001年新加坡交流会之后,我们更加大了对印尼整体工作的力度,卓有成效地推动印尼的华文教育,推动广东省与印尼苏北省正式建立姐妹省;推动印尼苏北省长率领近50人的政府官员到访广东,策划由印尼著名华商林文光率领印尼各华商考察广东经济。我们还专门邀请我国驻印尼大使陈士球先生考察广东。经过这一系列进程,印尼华商寻求到广东发展便火热起来。

新加坡金鹰国际集团便是这一热潮的典型。该集团主席陈江和是福建籍印尼华商,他所掌控的新加坡金鹰国际集团是亚太地区一个多元化综合性工业集团,当时的集团总资产超过60亿美元,集团的高中级管理人员分别来自全世界20多个国家和地区。该集团在印尼已经拥有150多万公顷的人造再生森林和20多万公顷的种植园区,还与印尼政府签订了一个为期43年70万公顷的林地使用合同。它在印尼苏门答腊岛的一个纸浆厂是当时亚洲地区最大的纸浆厂,年生产能力达200万吨,而产品80%是供应至亚洲。

我还要专门介绍一下陈江和这位集团主席。他熟悉中国历史,也了解中国改革开放的许多具体政策,可以算得上一个中国通。他为人十分务实,重大事项事必躬亲,从不假手于人,而且脑筋灵活,记性极佳。与领导见面时,领导说了什么,他记得清清楚楚,是一个典型的务实型亚洲风格的企业家。

中国改革开放的策略及金鹰集团未来发展的路向,都令他必须在中国寻求新的发展。尽管他在中国寻求发展已经多年,但始终没有找到理想的地方。他是造纸的,他要考虑纸的原料——木材,他的产品是供应亚洲为主,而且要依赖香港这个产品集散基地,除了运输,环保也是十分重要的。他当然是希望在广东能找到这样一个基地,但寻找多时,总是东不成,西不就,已经有放弃的念头。就在此时,省侨办经科处处长赵升才在浙江省一个经贸洽谈会上遇上了陈江和,是赵升才处长让陈江和对广东投资重新点燃了希望。

2002年陈江和(右)在世粤联会上接受记者采访

赵升才处长回来后,向我汇报了此事,我立即让他带人在广东寻找合适金鹰集团发展的地方。前后几十天,我们与金鹰集团具体人员密集式多次碰头,项目选址拟定在江门市新会区双水镇银洲湖畔。

《2002年广东省侨办大事记》中,记述了我们和陈江和主席两个月内进行了多次的紧密接触:

"7月31日,我办接待新加坡金鹰国际集团考察团一行七人。"

"8月8日,我办接待新加坡金鹰国际集团主席陈江和主席率领的访问团,并陪同前往江门考察。陈江和先生考察后,提出第二天就要举行仪式,签订意向书。我们立即做具体准备。"

"8月9日,省侨办主任吕伟雄、副主任赵金陵参加新加坡金鹰国际集团的45万吨造纸项目的签约仪式。晚上省政府领导会见并宴请陈江和先生一行。"

"9月16日,省侨办领导陪同新加坡金鹰国际集团主席陈江和先生前往新会参观考察。"

陈江和主席办事十分迅速果断,第一期工程刚确定,金鹰集团便提出要进行第二期工程的谈判。由于第二期工程规模宏大,是当时仅次于惠州"壳牌"石油的全省第二大外资项目,涉及征用大量土地、环保等一系列需要认真评估的大问题。为此,省政府副省长汤炳权指示由省侨办牵头,与有关部门一起到新加坡及印尼对金鹰国际集团进行全方位考察,拿出具体意见,供省政府审核。

考察团于11月1日向省政府做了考察报告,建议第一期造纸由省里尽快审批,第二期上纸浆厂的问题,也建议省政府积极做好报批工作。

12月3日,第二届世界广东同乡会联谊大会在广东举行,我们不但邀请陈江和出席,并作为贵宾上主席台,让他在会上专谈选择到广东投资的体会。省政府领导在会上表态支持金鹰国际集团在新会双水建立大型造纸基地。这个表态,对于他来说,是极大的鼓舞。

2003年8月28日,金鹰国际集团亚太纸业(广东)有限公司造纸项目的奠基典礼在新会双水镇隆重举行。时任省长、副省长、江门市委书记、市长等都参加了奠基典礼。我因当时带队前往新西兰作海外侨情调研,没能参加。可陈江和先生是个懂得人情世故的人,典礼结束后,还亲自签发了一封感谢信,专程让助手送到省侨办给我,感谢省侨办为该项目的成功所作的努力。

到目前为止,金鹰国际集团在新会双水先后已投资了72亿元人民币,企业成了全中国第三大的造纸企业。金鹰集团进入广东投资,为东南亚华商投资广东起到了示范作用。

十五、侨务工作与广东经济的发展

2003年8月，金鹰国际集团亚太纸业广东有限公司在新会举行奠基典礼

8. 建立侨务工作联席会议制度与成立为侨资企业服务律师顾问团

2005年，省侨办会同统计、外经贸、工商等部门，对我省侨资企业的状况进行了全面的调查。经调查，全省有侨资企业36840家，占全省外资企业总数的63%，侨资企业的投资额占全省利用外资总额的64%。在调查中，我们发现侨资企业遇到的突出困难和问题较多，主要集中在以下两个方面。

（一）不少地方以侨引资呈现无序竞争，留下了不少涉侨经济隐患。一些地方政府为了吸引侨资争相出台不少优惠政策，做出了超政策范围的承诺。如香港同胞伦志炎先生在肇庆市投资水泥厂，投资额度200万元，由水泥厂主管单位担保，地方政府承诺投资者年投资回报率超过50%，但实际上根本达不到这种收益水平，也无法支付侨商投资收益，造成经济纠纷。一个好项目来寻找土地，不同地方以低价竞争，甚至以零地价争项目。这种超能力承诺使项目定点后，引资方没有足够的财力交土地款，或者投资项目根本与土地功能不符，造成项目无法进行。国家对建设用地收

373

紧，严格管理，某些地方欺上瞒下，超指标卖地，最后被上级发现制止，也影响了侨商的投资。一些地方政府为争夺投资项目，随意答应某些侨商的投资条件，而这些投资条件到工商、税务、国土部门时却无法落实，也使引资工作失去了严肃性，影响了政府的诚信度，损害了侨商的合法权益。

（二）侨务部门维护侨商的合法权益权责受限，力度不足。在涉侨经济纠纷中，各方利益矛盾突出，部门条文相互制约。而地方政府普遍存在"重引资，轻维权"的倾向，侨务部门在协调此类纠纷中，左右为难，手段软弱无力。侨务部门在维护侨资企业权益的道路上举步维艰。

要改变这种被动局面，必须靠侨务部门自身的努力，除此之外，谁也帮不了。首先，要努力争取在维护侨资企业正当权益中，侨务部门在协调各部门中的话语权。为此，省侨办向省政府请示：在省直有关部门中建立侨务工作联席会议制度。我们要求联席会议的成员应该包括：省政府办公厅、省发展和改革委员会、省财政厅、省公安厅、省人事厅、省外经贸厅、省民政厅、省国土资源厅、省教育厅、省广播电视台、省新闻出版局、海关总署广东分署、省外办、省侨办、省法制办、省新闻办，并要求省侨办作为这个联席会议的牵头单位，负责侨务工作联席会议的会务工作，以及会议议定事项的督促落实。根据当时的现状，我们提出侨务工作联席会议制度的主要职责有七项。第一，听取侨务工作主要情况汇报，重要会议及重要活动等工作安排意见；第二，研究在引进华侨华人资金、技术、人才以及借助华侨华人的商业网络，帮助我省企业和产品"走出去"方面需要统筹协调的问题；第三，研究制定海外侨胞、归侨侨眷权益的政策法规，协调有关维护华侨华人、归侨侨眷合法权益问题；第四，协调解决华文教育及侨务外宣工作涉及的有关问题；第五，协调解决侨资企业在生产、经营、发展中存在的问题；第六，协调及解决有关华侨农场改革和发展中出现的问题；第七，其他需要统筹协调的事项。

十五、侨务工作与广东经济的发展

我们向省政府提出建立侨务工作联席会议制度的目的，就是要强化省侨办在侨务工作与有关部门协调时的话语权。我们对这个联席会议提出了三点工作形式：第一，侨务工作联席会议由省政府分管领导或省政府分管领导委托的省政府副秘书长主持。第二，原则上每半年召开一次侨务工作联席会议，由省侨办提出召开会议的预案，包括会议议题、会议时间、参会范围等，会后形成会议纪要，报有关领导，发各成员单位落实会议议定事项。第三，若有需要协调的特殊、紧急事项，报省政府同意后，临时召开协调会议。我们的请示是2005年10月12日上报省政府。省政府办公厅于2006年1月22日，向各地级以上市人民政府、省政府有关部门、直属机构，发出了《关于建立省侨务工作联席会议制度的通知》。

省里有了这样一种制度，地、县也上行下效，先后都建立起来。这个制度的建立，除了侨务的重大工作事项召开联席会议通报，客观上形成每个单位都有一个领导人成了侨务工作的组成人员，侨资企业产生的各类问题属于哪个部门的工作，我们便让该部门的侨务工作组成人员协调解决。

侨务工作联席会议制度建立的目的之一，是要在政府各部门工作中贯彻和落实党和国家有关侨务政策及法律。但是，在现实中，许多侨资企业投资者缺少对中国的法律的深刻认知，容易被各种国家法律不容许的各类利益诱惑上当了。许多侨资企业初办时，只知道找侨务办公室，但侨办的工作人员法律知识也缺乏。让侨胞投资者懂法、依法，是减少正当权益被侵害的前提。从这个思路出发，省侨办决定组织一个专门为侨资企业服务的律师团体，向侨资企业宣传中国的法律知识，让侨资企业在开办初期咨询各种法律。在省司法厅的推荐下，由省侨办聘任法律顾问团律师，任期三年。顾问团成立后，我们领着顾问团分片分区到各地去解释投资法律，听取侨资企业自身面临的法律困惑，这种面对面的交流效果很好，可以使侨资企业投资者掌握法律武器，也可以让律师们了解投资者面临法律困境的问题所在，有针对性地去为侨资企业服务。

省侨办成立为侨资企业服务法律顾问团

9. 侨资企业应有自己的组织

过去,表述广东是侨务大省时,大都单一表述为"海外华侨华人港澳同胞众多"。后来,我觉得,这个表述对改革开放后的广东而言,已经不全面了,改革开放后,广东侨务大省应该是三个"众多",即"华侨华人众多,侨资企业众多,侨捐项目众多"。我们在各种场合都同时表述这三个"众多",这个提法便开始见诸领导讲话及各类文件了。

这三个"众多",正面看是广东侨务大省的特有优势,深思下去,同样是广东的特有责任。政府不能只看到优势,而不担起责任。侨资企业众多,也就必然是这类企业遇到的难题多,而这些难题,政府未必切身体会到。那就需要侨资企业形成一个组织,以这个组织为桥梁向政府反映侨资企业的意愿。同样,政府也需要通过这个组织,向广大侨资企业传达政府的要求。所以,从我到任省侨办后,就一直在筹谋推动我省的侨资企业协会的成立。

那时,全省只有深圳和广州有此类组织。要成立全省性的侨资企业商会,首先应该促进各地级市成立组织,我选择推动中山市成立侨资企业商会。一是我熟悉中山,中山也没有设县,容易操作;二是不少侨资企业是我在中山任副市长时落户中山的,有些我还参加过他们的开业典礼。加上中山市侨务局对此事积极性很高,实际上,中山许多侨资企业都是在市侨务局的协助下办成的,这些企业都把市侨务局认作"娘家"。所以,在中山办有关侨务的事,大都得心应手。在考虑谁当会长时,我便提出,虽然中山的侨资企业主要是港澳投资企业,最理想还是选择一位港澳以外的侨胞任会长。最终选出了马来西亚华裔、完美公司董事长古润金为首任会长。古润金这个会长选择对了。后来他不仅是中山的会长,还是广东省的会长、全国侨资企业商会常务副会长。2004年9月,中山成立侨资企业商会时,我也被聘为荣誉会长。

当江门组建侨商组织时,在选择由谁任会长时,也看出许多人的内心想法。江门市有下属五个县级市、县,所以称之为"五邑",可各邑有各邑的人脉圈子,要各圈子统一意见也不是一件容易的事。虽然,民间组织由他们自己做主,但工作制度规定最终要经省侨办审核批准。由什么人构成江门侨商总会的核心班子,也是很费心思的。再者,合适的人选不一定愿意做,不合适的人选却积极要求入围。在入围的人选中,香港人、在开平办厂的吴荣治先生作为会长人选较合适。吴荣治在江门的企业不是最大,但他白手兴家,为人正气,办事公道,有社会公德心,大部分人赞成由他出任第一任会长。但有另一种不同意见,说吴荣治只在自己家乡开平市有捐赠的项目,却没有向江门市捐赠。开平市本来就是江门市的一部分,这种狭隘的地域观念正是应该纠正的。为此,我专门向江门市领导提出看法,释除疑惑,最终让吴荣治出任江门市侨商企业总会第一任会长。吴荣治先生众望所归,亲力亲为,把会务办得有声有色,特别是在侨资企业与政府沟通方面做得有成效。到了换届时,吴荣治还继续连任。

在推动地级市成立侨资企业协会的同时,我们也抓紧策划省级的侨资企业协会的组建。通过各地政府侨务机构,推荐了40多家侨资企业,组成筹委会成员单位。这些成员,并非都是大企业,而是选择不同性质的有行业代表性的,目的是日后能真正起到实质性的作用。

一个协会能否成功,领导核心是关键。为这个事,花了长时间进行磨合。而在核心层中,会长的确定也是很费神的。当时,多方比较,广州侨商会会长周泽荣是个合适的人选。可与他谈话后,他不愿意,担心社会工作多,影响自己的企业,也害怕成为公众人物后,无形的制约太多,缺少了生活的洒脱。为了动员他出山,我先后与他详谈了七八次,他终于愿意担起筹组协会的责任。

从2003年开始筹划,一直到2006年年底,一切准备工作基本就绪,我也在省侨办主任的岗位上离任了。接任的是吴锐成。我和吴锐成是在2006年12月19日交接的。2007年1月12日,便和他一起召开省侨商会发起人会议,再次讨论章程等重大事项。

附录三

《省侨办召开广东省侨商投资企业协会筹备会》

（广东侨网,2007年1月28日）

广东省侨资企业协会组织发起单位负责人会议

十五、侨务工作与广东经济的发展

近日,省侨办召开广东省侨资企业协会组织发起单位负责人会议,共商成立广东省侨资企业协会事宜。省侨办吕伟雄书记、吴锐成主任、陈仰豪副主任以及广州、深圳、江门、中山市侨商会负责人和38个发起单位负责人参加了会议。

吕伟雄书记在筹备会上谈了成立广东省侨商投资企业协会的意义和作用。他指出,侨资企业是广东经济社会发展的重要力量,侨资企业及其众多的投资者是广东省建设和谐社会的一支强大的不可忽视的力量,侨资企业为广东省经济发展和社会进步做出了贡献。在激烈的竞争大潮中,广东面临着如何保持侨资企业众多的优势,也面临着扶持侨资企业提升素质的问题,随着经济发展,侨资企业也越来越需要为自己的生存环境斗争,建立侨资企业协会很有必要,一是让侨资企业、投资者有互相交谈、互相联系、互相学习的大平台。二是可形成向政府和社会传递侨资企业诉求的通道。三是可以使侨商在更高的层次参与社会事务,形成一种提升侨商和投资者社会地位和影响力的氛围。

吴锐成主任表示,广东的侨资企业成立自己的组织,这是侨资企业的一件大事、一件盛事、一件好事。成立侨商会有五个有利,有利于侨资企业做大做强和持续发展,有利于侨资企业国际竞争力的增强,有利于侨资企业之间的交流与合作,有利于维护侨资企业的合法权益,有利于侨资企业与政府部门的沟通,更有利于侨商的发展。会上,吴主任要求各市侨务部门要高度重视,采取有力措施,积极主动协助商会成立筹备工作。

广州、深圳、江门、中山市侨商会负责人也在大会上发言,提出了许多意见和建议,并表示要好好把握侨商会这个平台,团结一致,集思广益,把协会做大做好。

作者:侯 瑜 稿源:广东侨网

从1月到7月,这半年时间都在讨论协会领导人的人选问题以及会议文件准备。2007年7月20日下午，广东省侨商投资企业协会第一届会员大会在广州东方宾馆举行。会前，拟任会长周泽荣反复提出，认为我为省侨资企业协会的成立费尽心思，尽管现在离开省侨办了，但一定要安排一个位置让我担任，以示感谢。大会上周泽荣先生当选为广东省侨商投资企业协会会长，我被聘为特别顾问。

10. 王观强"抢咪"发言，使历史难题解决了

改革开放以来，广东民营经济生机勃勃。经历过这一历史进程的人都清楚，侨资企业是广东民营企业的先导，有侨资企业的"先走一步"，才有民营企业的"千军万马"。许多侨资企业发展中所遇到的难题，不久便会在整个民营企业反映出来。

从2009年省政协十届二次会议开始，我省的侨资企业代表以"特聘委员"身份，参加政协大会。而每年的政协大会，都有一节安排委员"即席发言"，这一节，省委、省政府的主要领导特意到来，专门听取委员的心声。因此这一节向来都是整个大会的亮点和社会关注的焦点。在这个亮点上，大会安排自由发言只有半天时间。许多委员都早作准备，占领有利位置，用尽花样"抢咪"，对着主席台上的省领导直吐心声。

特聘委员王观强的侨资企业是改革开放早期设立的，是"三来一补"政策的产物。那时，国家对侨资办企业的政策还不明朗，侨资购买的土地、兴建的厂房、进口的设备，还不能堂堂正正地由侨胞投资人持有，只能由有当地户籍的人持有。当时，"遇到红灯绕道走"这一口号，几乎成了广东改革开放的成功经验之一。所以，许多侨商都把自己投资购买的土地、兴建的厂房、进口的设备登记在当地某一亲人或代理人名下。各地政府也公开支持这种"变通"做法。王观强的企业正是属于此种类型。

历史发展到2008年，国家相关部门要求此类企业要重新注册，这样一来，土地、厂房、机器设备的资产属于谁，便产生矛盾了。如"依法办

事"，土地证、房产证上写着谁的名，资产就是谁的。可历史实际却真金白银、千真万确全是侨商投资者的。遍及广东大地的这类企业都陷入两难境地，也没有任何部门能拿出一个妥善的解决办法。

为了解决这一历史难题，我鼓励王观强抓准机会"抢麦"发言。王观强面对上千位政协委员，面对主席台上省委、省政府主要领导，针对此难题为此类企业的生存抗争。王观强不谈理论，只摆历史事实，直奔主题的发言，引发会场阵阵掌声。主席台上的省长听着王观强的发言，也坐不住了，干脆站起来发声。他当着全场政协委员的面，表示支持王观强先生的诉求，指示有关部门要尊重历史，研究措施，为此类企业的升级改造"松绑"解困。这个历史难题就这样迎刃而解了。

每年的政协会议，委员们都会认真收集民情准备许多提案交到大会秘书处，更盼望着自己写的提案有解决的着落。这些提案经过"过滤"后交政府各部门"办理"，就算真正能落实的也许要几年时间。更多的提案，会被有关部门以各种理由"回复"了。可这次王观强的这个即席"提案"，坐上了"直通车"，一站到位，起到了"马上办"的作用，解决了众多侨资企业的困局。

之后，特聘委员们常把建议事项集中交由王观强表述，他也主动积极围绕侨资企业的问题建言献策。政协领导重视他的表现，建议吸纳他为正式委员，安排在港澳组，但他还是要求回到特聘委员组。他认为，特聘委员组更有"家"的感觉，他可以在这个"家"发挥更出色的作用。

十六、从印尼起步的海外华文教育

1. 21世纪，省侨办增加了一项新职能

2000年4月11日，省政府办公厅下发了《广东省人民政府侨务办公室职能配置、内设机构和人员编制规定》。

这是21世纪省政府机构改革后关于省侨办工作职能的第一份文件。省政府在该文件中明确，省侨办增加一项新的职能：在海外华侨华人中开展华文教育工作。

过往，侨务部门在海外华侨华人中开展华文教育，只是作为与海外华侨华人联系的一种方式方法，可现在作为一种职能，一种工作任务，而这新增的职能是明确要在海外开展。

2. 对越南、印尼的考察让我感到这项新职能的紧迫性

5月中旬，为了让新入"侨门"的我尽快进入角色，几位副主任陪我到港澳地区拜访港澳社团。

港澳社团众多，但出访时限有严格规定，不得超越。所以，对许多社团的拜访只能"蜻蜓点水"，见见面，握握手，寒暄几句。当拜访到澳门嘉应同乡会时，本来也是安排礼节性拜访，可该会会长黄铨昌先生是缅甸归侨，他向我诉说缅甸从1964年将所有华文学校收归国有，封闭全部华

十六、从印尼起步的海外华文教育

文报社，1967年出现排华事件，大量抓捕华文教师，致使缅甸华文教育中断了40年。如今，缅甸侨胞积极推动华文教育，但是困难重重。我越听越感到这项在海外开展华文教育的新工作职能的紧迫性。为了与黄铨昌先生多一些时间探讨，我推却了与澳门中山同乡联谊会的午饭。

港澳活动回来后，围绕如何开展海外华文教育这项侨务工作新职能进行思考。我考虑其他工作，侨办的同志原来已经运作开了，可以说是驾轻就熟了。海外华文教育是新的职能，如何开展，原来的同志没有底，我更没有底，必须先把这个问题弄清楚。

紧接着，我以广东省海外交流协会副会长名义出访越南。这是我到任后第一次出国访问，也是有史以来广东省侨办领导首次到访越南。我没用省侨办主任的名义出访越南，是因为当时越南当局不认为越南有华侨，把在越南生活的华侨看作越南的一个少数民族。我们也把越南这个国家看作侨务工作的"敏感国家"。如果我以省侨办主任的身份出访越南，那是办不成签证的。

这次出访越南，尽管是受越南胡志明市政府华人事务工作处邀请的，但侨胞们与我们见面时还是顾虑多多，甚至躲躲闪闪。令我觉得奇怪的是，越南各地有许多保存完好的中国传统庙堂，而华人社团举办华文教学班亦都借助这些传统庙堂。经了解，越南当局开始照顾华人开展华文教学，而华人社团一是缺乏场地，二是对越南政府对华侨的政策还是心有余悸。所以躲在庙堂里举办华文教学，认为这样较安全。

我们专程拜访了有政府背景的胡志明市华文教育辅助会和麦剑雄华文中心，了解到他们华文师资、教材极为缺乏。陪同的当地官员甚至直接向我提出，希望我们协助编写中文教材、派出老师到越南任教。一些华侨的上层人士还私下求我协助将其子女安排到中国来学习中文。这使我觉得，在越南这样的被认为是侨务工作的"敏感国家"开展侨务工作，必须以华文教育为切入点。回国后，我们形成了《关于在越南开展侨务工作的思考》，提出了推进华文教育和文化交流的设想。

时任中国驻胡志明市总领事馆的副总领事许明亮是广东潮汕籍，我们这次能成功出访越南，主要得益于他的策划。他提议我们把这篇《关于在越南开展侨务工作的思考》的调研报告呈送外交部领事司。国务院侨办的刊物《侨情》在2001年第九期，还刊登了我们《关于在越南开展侨务工作的思考》的报告。

在省侨办前往越南考察华文教育之前，省侨联和广州地区越柬老归侨联谊会也于2000年4月中旬专门组成考察组，到柬埔寨考察华文教育，回来后形成报告，建议我省侨务部门要在师资培训、教材编写、派出教师、办华侨华人学生夏令营等方面，帮助柬埔寨侨胞开展海外华文教育。

6月下旬，柬埔寨柬华理事总会会长杨启秋、副会长杜瑞通专程从柬埔寨前来与我会面，探讨如何依托省华侨中专学校帮助柬埔寨培训华文师资问题。

9月上旬，我与省侨办巡视员许丽华一起带领有关处室人员一行六人到印尼调研华文教育。许丽华同志本身是印尼归侨，又长期分管归难侨工作，在印尼有广泛的人脉关系。在印尼期间，通过与中国驻印尼大使馆、印尼教育部主管文化教育的官员、印尼从事华文教育的华文教师及出资支持华文教育的热心人的广泛接触，对印尼华文教育的历史和现状有了初步的了解，对如何开展华文教育工作，我已有初步构思。

从印尼调研回来后，为了更多地了解各国华文教育的现状，我们召开了有12个国家22位侨胞代表参加的"广东海外华文教育座谈会"。召开这样的座谈会，在广东侨务历史上也属首次，主要目的是广泛了解各国开展华文教育的现状，听取意见，为我省下阶段开展海外华文教育工作做准备。

3. 东南亚华文教育的历史和现状

经过一段时间的调研，我对东南亚几个国家的华文教育有了初步的认识,并对其历史和现状做了进一步的分析。

印尼华文教育的黄金时期是"二战"结束后至20世纪50年代中期。当时,全印尼有华文学校约1400所,学生达30万人。此后,苏加诺政府实行国民教育政策,限制华文教育。到1965年"9·30事件"后,苏哈托上台,关闭所有华校,禁止讲授华文,华文学校领导人被抓或被迫害,校舍和资产被接管或没收。至1966年5月,印尼629间华文学校全部关闭。华文教育中断。

1998年5月,苏哈托政权在亚洲金融危机和社会骚乱的冲击下,结束了32年的统治。新政府逐步消除歧视华人的条例,华文教育又出现了转机。

1999年5月5日,哈比比颁布了第4号总统令,要求政府各部门解除华人讲授华文的禁令。"华文热"又在华人社会中开始了。印尼大中学校甚至小学、幼儿园,以及原来从事华文教育的华人,利用印尼政府政策开放之机,纷纷开设各类华文班。

我们到印尼调研时,印尼的华文教育主要有三种形式:一是家教;二是社会开办的各类补习班,这些大都是由华人或华人社团开办的,几乎每个华人社团都在办;三是正规的公立与私立学校开设中文课程。从调研中,我亲身体会到印尼华侨华人对华文教育的需求强烈且迫切。感到扶持印尼侨胞开展华文教育,应该成为我们在印尼开展侨务工作的当务之急。

谈到越南,20世纪60年代,越南和东南亚其他国家一样,也都发生过大规模的排华事件。1975年越南统一后,黎笋集团将全越南所有华文学校关闭,华文教育被全面禁止。80年代中期,越南实施"革新开放政策"后,随着大量台资、港资和新加坡资金的注入,华文人才的需求剧增,当局对华文教育的控制才有所松动。

在侨胞的努力下,胡志明市1989年正式成立了"华人华文教育辅助会"。该市华人企业家和社会名流也慷慨解囊相助,成立了麦剑雄、启秀两家主要的华文中心，当时已经有学生 3000 人。

尽管华文教育在越南发展的势头不可阻挡，但侨胞们对过往历史上发生的事还是心有余悸，对当局的现行政策是否会变化存有疑虑。

柬埔寨华侨华人大部分祖籍都是广东潮汕，20 世纪五六十年代华文学校很兴盛，有 200 多所，中小学生 5 万多人，可以说是柬埔寨华文教育的第一个黄金时代。1970 年开始，华文教育被全面禁止达 20 多年。后来，柬埔寨新政府逐步推行多元化文化政策，在 1992 年正式重新开办华文学校。尽管华文学校复课和复课后面临诸多困难，但经柬华理事总会和各华侨华人社团努力，华文学校还是发展迅速。到了 2000 年，可以说，柬埔寨华文教育进入了第二个黄金时代。

2000 年前后，印尼、越南、柬埔寨等国与我国的关系亲密了许多。

1999 年 12 月初，印尼总统瓦希德对我国进行友好访问，发表了许多对中国友好的谈话，并在各种场合再次保证不会歧视印尼华人。

1999 年 2 月，越南总书记黎可漂对中国进行友好访问后，双方确立了"睦邻友好，全面合作，长期稳定，面向未来"的新关系。1999 年 12 月，我国时任总理访问越南，双方就多项重要问题达成共识。其中，最重大的事件是 1999 年 12 月 30 日，双方签署了《中华人民共和国和越南社会主义共和国陆地边界条约》，这标志着两国之间的睦邻友好关系进一步稳固。

4. 着手策划开展海外华文教育

在认真分析海外华文教育现状后，我们确定把在海外开展华文教育作为 21 世纪为侨服务、促进侨务工作可持续发展的战略性任务来抓，制定了广东省侨办开展海外华文教育的策略：第一，选择印尼作为我省侨务开展海外华文教育的重点。第二，在印尼的华文教育以培训当地华文教师为切入点。第三，根据印尼国情，华文教育必须争取印尼政府教育部门的认可和合作。

明确了重点在印尼开展华文教育之后，我们主要从以下几个方面着手策划。

第一，向国务院侨办呈报《关于我办在印尼开展华文教育工作的请示》。这个《请示》，我们除了分析广东把印尼作为海外华文教育的重点有利条件，更是根据在印尼调研发现国内多省多部门在海外华文教育中"抢地盘"的无序现象，请求国侨办明确印尼华文教育工作由我省负责统筹、协调，防止多头进入，造成混乱。我们提出这样的请求，本意是建议国侨办根据各省地理位置和区位优势及历史工作关系，明确各省海外华文教育重点区域。比如，广东侧重印尼，云南侧重缅甸，广西侧重越南，福建侧重菲律宾，等等。

国侨办领导肯定了广东主动承担把印尼作为重点国家开展华文教育的意见。但对"我们请求国务院侨办明确印尼华文教育工作由我省来负责，对印尼华文教育工作进行统筹协调，并且在经费上对我办开展印尼华文教育工作给予大力支持"这一要求没有表态。

第二，争取我国驻印尼使馆的指导和支持，并派遣骨干赴印尼协调当地华社团体成立师资培训筹备小组，筹备派出老师在印尼的费用等问题。

2001年7月，与印尼合作举办华文教育培训班协议及签约仪式举行

第三，为确保在印尼进行师资培训的工作合法性，通过各种途径做工作，邀请印尼教育部有关官员来广东访问，并以广东省海外交流协会和广东教育国际交流协会的名义，与印尼教育部青年、体育和校外教育司签订了在印尼共同举办华文教师培训班的协议。这个协议，开了省侨办和国外官方共同开展华文教育的先河。

第四，协调有关单位和部门共同开展工作。邀请省教育厅领导和有关院校负责人就选派教师、编写教材等具体问题进行研究，达成共识，明确分工。

在筹备海外华文教育的过程中，我们不断地与各种"金钱主义"的倾向作斗争。例如，我们派往印尼开展前期工作的人员提出与侨胞企业合作开办收费华文班，对参加教师培训班的侨胞收费。这是有违我们一直以来的宗旨的，大使馆对这种做法也提出了不同意见。实际上，在准备开展印尼华文教育过程中，我意识到我们队伍中的个别人，一直有把在印尼开展华文教育项目作为一门生意来经营，以及从中牟利的念头。尽管我也一直在实际工作中压制这种倾向的滋长，但这种因素一直在干扰着我们的正常工作。如今大使馆出面了，正是我果断解决这个问题的时候了。

我采取调整具体负责人岗位的办法解决这个问题，让刚从美国留学回来的文宣处副处长黄玲同志负责这项工作。虽然此时我还没接触过黄玲同志，但办里的其他领导在我面前都称赞她能办事，办事果断，思路正确。我相信同志们的判断，让她立刻与暨南大学华文学院副院长马跃副教授一同飞往印尼，与大使馆协调好，让工作重回正轨。

5. 黄玲的三点建议很有水准

黄玲同志接手这项工作后，迅速打开了局面。她从印尼回来后，给我提出三点建议。

第一，从印尼历史上对华文学校所采取的态度来看，华文教育不能走

20世纪五六十年代把华文教育办成单纯的中华民族语言教学的老路。只有把华文教育办成第二外语技能教育，才能长期稳定发展。为此，我们所派教师不应叫华文老师，而应叫"汉语老师"，我们在印尼培训汉语教师，就像培训英语老师一样。这样，就可以避免出现仇华情绪。

第二，鉴于印尼社会上华文教学班踊跃，但教师五花八门，参差不齐，我们选派的老师一定要是汉语教学方面国家正式认可的专家型人才，并正式打响"汉语专家团"这一名称。

第三，前往印尼的老师应该由印尼政府教育部门正式发出邀请，用工作签证到印尼工作。参加培训的学生毕业时，也应该由汉语专家团与印尼教育部门联合签发结业证书，以便使这些学生能在印尼成为新一代的汉语教师。

黄玲所提的三点建议，我觉得很有水准。从中可以看出黄玲同志是用心研究如何把这项工作办好的。我决定，派往印尼的"汉语专家团"就由黄玲同志任总团长，由她去挑选首批专家于2001年5月初前往印尼。中国与印尼教育合作史上的一件大事，由此拉开了序幕。

附录一

《广东首批华文教师启程奔赴印尼任教》

[《人民日报》(海外版)]

日前，由广东省海外交流协会、广东教育国际交流协会组织的"汉语专家团"8位华文教师，从广州白云国际机场出发赴印尼任教。他们是广东省首批前往印尼任教的华文教师。

"汉语专家团"由广东省海外交流协会副处长黄玲任总团长，暨南大学华文学院副院长马跃副教授任团长，广东外语外贸大学李秀坤副教授任副团长，团员是暨南大学华文学院宗世海副教授、吴玉峰讲师，华南师范大学邓志才副教授、肖海薇讲师和广东外语外贸大学王凤兰讲师。他们在对外汉语教学方面均有较深的造诣,将在中国驻印尼大使馆的全力支持和印尼各华人社团的协助下,在雅加达、万隆、棉兰等城市巡回任教3个月,培训当地华文教师。

附录二

《印尼华文教育枯木逢春——广东汉语专家团赴印尼培训师资纪事》

(《大公报》,2001年7月22日)

由于三十多年的华文教育断层,印尼汉语教师缺乏,由中国广东省海外交流协会、广东教育国际交流协会和印尼教育部校外教育司合作进行的此次汉语教师培训,成为中国与印尼教育合作史上的一件大事。

今年4月,以广东省侨办文宣处副处长黄玲为总团长的"广东汉语专家团",千里迢迢赴印尼开展汉语师资培训,所到之处,颇受欢迎。当地传媒认为这是印中交往历史上的一件大事,标志着印尼华文教育事业再露曙光。

断层三十二载又掀热潮

自1910年第一所华校在印尼建立,由于历史原因,印尼的华文教育被迫中断了32年,目前,40岁以下的华族子弟多不懂中文。

随着印尼社会发展步伐的加快,为了迎接世界经济一体化的挑战,参与国际竞争,印尼政府把推广汉语、支持华文教育作为国策,其教育部计划已把汉语作为第二外语纳入国民教育系列,在全国小学、中学设立汉语课程。

十六、从印尼起步的海外华文教育

由于三十多年的华文教育断层，印尼汉语教师缺乏，目前，从事华文教育的人绝大部分年龄在五六十岁。由中国广东省海外交流协会、广东教育国际交流协会和印尼教育部校外教育司合作进行的此次汉语教师培训，成为中国与印尼教育合作史上的一件大事。

此次，中国专门从暨南大学华文学院、华南师范大学及广东外语外贸大学三所高校中选派了八名教师参加汉语专家团，其中不乏博士生、硕士生，他们均有志于为培养更多印尼华文教育师资力量出力。

学习者众多"爆棚"

在三个月中，该专家团成员十天换一个地方，先后前往雅加达、棉兰、泗水及万隆等地进行汉语师资培训工作，几乎没有休息过一天。

暨南大学华文学院副院长、副教授马跃博士，是该专家团的团长。他说，报名参加学习的人数均是招生人数的几倍，学习热情相当高。在棉兰，本来计划仅招收180人，但前来报名的人数近600人。教师们想尽办法，收了近300人，但还是远远不能满足要求，落选的学员只好挤在课室和走廊旁听，专家团挤出星期天休息时间，为这些"落榜"的学员开讲座。

在课堂上，学员最大的73岁，最小的仅17岁。出生于印尼泗水的朱立英，现年73岁，认为该培训非常好，增加不少知识。朱婆婆希望今后有更多

类似师资培训班,让更多中青年老师有机会参加培训。

八百人获得结业证书

马跃坦言,这些学员不仅年龄悬殊且水平参差不齐,加上没有现成的课本,又需要根据学员的情况调整教学的内容,给本来就很繁重的教学任务带来了困难。

"功夫不负有心人",经过短短三个月时间,该专家团共在雅加达、棉兰、泗水及万隆等地进行了五期汉语培训,近千人参加,其中超过八百人获得由印尼教育部社区教育司与广东省汉语专家团共同签发的结业证书。

对于此次培训,广东省侨办副主任、省海外交流协会副会长王荣宝认为仅是一个开端而不是终结。王荣宝说,华文教育在印尼能够弘扬、生根、开花,主要的功劳还是印尼的华侨华人,他们为我们今日的工作打下了根基。

九月赴六岛十省培训

王荣宝表示,下个月,争取派先遣队到印尼配合大使馆寻找函授点,并力争9月赴华人居住比较密集的锡江、先达等未开班的六岛十省办培训班。

广东省侨办主任、省海外交流协会常务副会长吕伟雄在该老师培训班的结业典礼上表示,我们都有一个共同目标,就是用汉语这种美丽的语言去传播友谊,在族裔与族裔之间,国家与国家之间,架起一座座桥梁。

6. 六年间,在印尼15个城市培训了3500多名华文教师

首批"广东汉语专家团"的成功,令我们信心大增。专家团回来后,我们做了认真的工作总结,并就省侨办在印尼开展华文教育工作的情况和设想专题向省委、省政府、国务院侨办做了专题汇报。

2002年1月开始的第二期印尼汉语培训班,我特意安排一位刚招聘到省侨办的印尼语大学毕业生杨圣祺负责跟进。他除了有语言专业优势,人

也十分进取，愿吃苦，工作热情高且思路开阔，又善解人意，各方面都协调得很好。当然，安排一位刚到机关工作的年轻人去担任这样一项工作，在别人看来，有点打破了常规，可我却特意要这样安排是另有目的的，我要以此为开头，打破机关论资排辈的陋习。杨圣祺的工作实践证明，我的安排是适当的。

第二期汉语培训班的教学设在印尼三个最主要的岛屿，加里曼丹的坤甸、山口洋，苏门答腊的巨港、占碑，以及爪哇岛的三宝垄、苏拉卡尔塔共六个城市。这六个城市的总人口390万，华人约有45万，占当地人口的11.5%。

六个城市的报名人数相当踊跃，但年龄跨度大，最小的15岁，最大的81岁，50岁以上的人数占了72.56%。从这个数字可以看出印尼华文教育的断层状态。我们在报名的800人中，经考核正式录取了337名学员。最后，有259人顺利结业，获得由印尼教育部社会教育司和广东汉语专家团共同签发的结业证书。

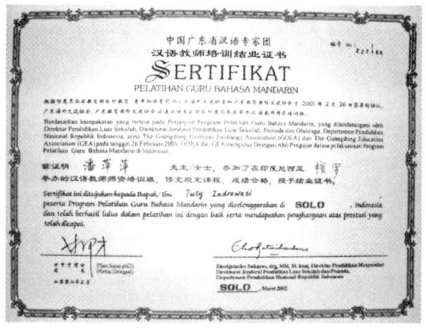

参加培训并顺利结业的学员获颁结业证书

"广东汉语专家团"只有五个人，可他们的活动却牵动了印尼社会各界。印尼教育部的司长不惧路途遥远专程从雅加达前往占碑市参加开学仪式。占碑市市长也亲自来到该市的培训班参加开学仪式。巨港市警察局为了保证师资班的顺利举办，免受不三不四的人干扰，还专门为师资班学员发出了证明。

华人社团对举办这个师资班,更是费尽心思,出钱出力。坤甸市西加华裔联合总会总主席陈林贤、主席李麒麟两位都是印尼著名的大企业家,他们的生意都在雅加达。这些大企业家,让他们出钱支持华文教育是绝对没有问题的。而且,为了这个师资培训班,他们不但拿出大笔资金,全力资助,更难能可贵的是放下雅加达的生意,赶回坤甸,亲力亲为安排师资班的具体活动,全程陪同我们"专家团"的成员。

印尼华文媒体对师资班的关注更是空前少有。印尼发行量位居第二的华文报纸——《国际日报》先后几次报道师资班的活动情况。

我们派去的五位同志,始终保持饱满的工作热情,克服食、宿、交通等种种困难。每到一个岛屿,都分作两个教学点,而每个教学点之间最远的相距200千米。印尼道路状况不太好,在路上耗费的时间很长。中国农历大年初一那一天到占碑市,足足在路上颠簸了七个多小时,他们就是在这种艰苦中度过春节的。

印尼《国际日报》报道第二期汉语师资培训班教学情况

2001年至2006年,我们以广东海外交流协会的名义,共派出了七批次"广东汉语专家团"赴印尼雅加达、泗水、棉兰、万隆、坤甸、山口洋、巨港、占碑、三宝垄、苏拉卡尔塔、楠榜、锡江、三马林达、麻里巴板、巴厘岛等15个城市举办培训班,培训了教师3500多名,其中2700多人获得由汉语专家团和印尼教育部社会教育司共同签发的结业证书。

我们可以想象一下,这 2700 人成为印尼教育部认可的可以在正规学校担任汉语教师,在印尼社会学习华文热情高涨而又缺乏汉语教师的环境下,是何等大的作用?

从 2003 年开始,我们又从全国征募"海外华文教育志愿者"。经过考核和严格筛选,陆续派出了 100 多名志愿者到印尼华文学校任教。这些志愿者,一般到印尼华文学校任教一年。志愿者的食宿费用由聘用单位负责,另每月给予 400 美元的生活补贴。

印尼华文教师培训班基本情况表

期数	时间	地点	领队
第一期	2001 年 4 月—6 月	雅加达、棉兰、泗水、万隆	黄玲、马跃
第二期	2002 年 1 月—2 月	坤甸、山口洋、巨港、占碑、三宝垄、苏拉卡尔塔	杨圣祺
第三期	2003 年 8 月—9 月	雅加达、泗水、棉兰、万隆	杨圣祺、张勇
第四期	2004 年 6 月—7 月	万隆、泗水	杨圣祺
第五期	2004 年 12 月—2005 年 1 月	楠榜、锡江	殷民
第六期	2005 年 6 月—7 月	棉兰、占碑、麻里巴板、坤甸	杨圣祺、杨夏
第七期	2005 年 12 月—2006 年 1 月	雅加达、三宝垄、巴厘岛、山口洋	殷民、杨夏

2001—2006 年印尼华文教师培训基本情况表

7. 一件大好事,被狭隘观念搁置了

2006 年,我们计划分别在 6 月和 12 月继续派出"广东汉语专家团"到印尼举办第八期和第九期华文教师培训班,国侨办也同意为这两期培训班支付约 80 万元经费。两期的专家成员也确定了,只等待印尼教育部发出邀请,办理签证手续。但是印尼教育部迟迟没有发出邀请,我猜事情有变故了。我们通过我驻印尼使馆了解到,2006 年印尼教育部机构改革,原来主管华文教育的青年、校外教育和体育总司职能一分为二,原司长换岗,新任司长不熟悉业务,致使衔接不上。新的司长不熟悉业务只是托

词，实际上是对前任司长与我们省海交会签协议办班另有不同看法，认为印尼以国家教育部一个司的名义与中国一个省的海交会签协议不对等。一件大好事，被这样的陈旧狭隘的观念搁置了。

从2007年开始，我们变通了做法，在国侨办的指导下，通过我驻印尼大使馆，再次邀请印尼教育部官员到中国考察访问，让印尼教育部官员对广东省海交会、对我们开展的工作有了新的认识。由中国海交会牵头，通过我们广东侨办牵线，让印尼华文教师到中国大学来接受专业培训，把好事继续办好。

8. 华文教育要"从娃娃抓起"

在印尼举办"汉语师资培训班"的过程中，华社中的有识之士从印尼华文断层的状况，及参加汉语培训班学员年龄大都接近60岁的实际中觉醒，不断呼吁华文教育要从幼儿抓起。这促使我们重视要"从娃娃抓起"的问题，开始考虑要培训印尼的汉语幼师。培养幼师，不再是我们"走出去"了，而是把有志向从事汉语幼师的年轻人"请进来"，进行系统的培养。

2004年，我们首次通过印尼华社的华文教育协调机构，从印尼14个城市中挑选了29名印尼姑娘，开始在广州幼儿师范学校举行为期一年的专业培训。

附录三

2005年7月15日《人民日报·华南新闻》报道：
《传播中华文化的新使者》

（《人民日报·华南新闻》，2005年7月15日）

7月12日一大早，广州市幼儿师范学校的老师们依依不舍地送走了一批特殊的学子——首批29名来自印度尼西亚的姑娘，她们经过一年的特殊幼师培训顺利结业了。这天，这批首次由我国培训出来的海外华文幼师将带着祝福与期盼回到印尼，投入印尼华文教育的热潮中去。

来自印尼的华文教育使者

去年，在广东省侨办的热心帮助下，首批29名印尼姑娘来到了广州市幼儿师范学校接受华文幼师的培训教育。一年的学习，她们不但强化了对中华文化的认知，还接触了幼儿教育学、心理学、教学法。

"一年前我们满怀希望而来，一年后的今天我们满载而归。"张美兰是这29名印尼学子中的一员，在毕业典礼上，她的发言道出了姑娘们的心声，"我们做梦也没想到能有这么一个机会。在这里，我们找到了家的感觉，内心只能用感激来表达。"姑娘们告诉记者，此前她们大部分从来都没摸过钢琴，不认得五线谱，对舞蹈也很陌生。然而，在结业典礼上，这29名来自印尼的华文教育使者为大家献上了一台精彩的文艺汇演，俨然一群能歌善舞、能弹会画的"小才女"。"小才女"们羞涩而又自豪地告诉记者："一年前我们的汉语说得怪腔怪调。一年后，我们大部分人在普通话水平测试中达到80分以上。"

"中国对印尼很友好，现在两国从经济到文化的交流都增加了。就连印尼原居住地的人民也更迫切地想了解中国。作为华人的后裔，我们为此感到自豪。"张美兰告诉记者，在她们当中，就有一位原来半句华文都不会讲更不会写的印尼原居民——倪卡。如今，倪卡已能用中文与记者流畅地交谈，小方块字也写得有板有眼。她兴奋地说："回到印尼，我就可以给孩子们上华文课了。"

华文教育：无法割舍的情结

其实，印尼华族办学已有近百年的历史，但在"新秩序时期"，印尼华文教育遭受了长达34年的禁锢，华校被封，华文教育被禁。但这些都无法割断印尼华人的华文教育情结。四度踏访印尼的广东省侨办主任吕伟雄每想到印尼华人在艰难岁月里仍心系华文教育就十分感动。他说："每去一趟印尼，我都觉得多受一次教育。在这些华人身上，我真正明白了中华文化才是联结中华民族子孙后代无法割断的纽带。"

自 1999 年华文禁令解除以来，印尼越来越多的学校相继开设华文课程。目前，印尼从大学到中小学都兴起了"华文热"，当地国民、学校特别是由华人创办的教会学校和国际学校开设华文课程的愿望非常强烈。据了解，印尼政府已有计划有步骤地将华文列入当地国民教育体系工程。近几年内，全印尼 8000 所高中将开设华文课程，华文将成为学生选修的四种外语之一。

不过，目前印尼华文教育的师资相当匮乏。踏上归程的印尼姑娘感触良多：一年很短，当初匆匆地来，如今又要匆匆地走；但一年也很长，在华文师资严重匮乏的印尼，有多少期盼学习华文、了解中国和中华文化的孩子正急切地等待她们回去。

印尼华文教育从娃娃抓起

教育应从娃娃抓起，华文教育也遵循这一原则。印尼东爪哇华文教育统筹机构教研处主任何宜仙向记者介绍，目前印尼的华文教师缺口至少达两万人，其中华文幼师更是奇缺，几乎找不到一位本土的专业华文幼师，大多数都是半路出家。他们不仅没接受过幼师培训，就连普通师范培训也没接触过。近年来印尼华文幼教事业发展迅速，不少原来教授成人课程的华文老师纷纷转为幼师，但他们对儿童心理学、儿童教学法等几乎一无所知。何宜仙说，幼儿是学语言的最好阶段，幼教是最基础的教育，未来几年，印尼师资培训的重点和热点将是华文幼师。

在广州市幼儿师范学校一年的学习收获让姑娘们显得更加自信："我们学会了与孩子们更好地沟通，更有信心能让他们体会华文的丰富多彩。"

据吕伟雄透露，目前广东正积极配合国外华文教育的发展，定期向有需要的国家选派志愿者去帮助举办华文教育短期培训班，同时热心为来自海外的华文教育机构牵线搭桥，提供教育培训机会。明年，广东培训的海外华文幼师将达到 240 多人，他们将成为传播中华文化的新一代使者。

取得第一期培训的经验后，2005年年初，我们再接再厉，在印尼24个城市挑选60名幼师，分别在广州幼儿师范学校和江门幼儿师范学校培训一年。我手头上的省侨办《2006年大事记》中，记载了2006年3月、4月关于印尼幼师班的工作记录。从这些历史大事记中，我们可以感受当年的工作氛围。

附录四

省侨办《2006年大事记》选录

3月9日

3月9日上午，文宣处郑建民处长一行三人到广州幼师学校与该校廖校长等人谈印尼华文幼师工作。具体内容包括：1.了解第二期印尼华文幼师培训班情况。学校反映，有了第一期培训班的经验，第二期的课程设置合理，教学至今进展顺利。相比第一期，本期学员年轻，兴趣广泛，比较活跃；课程增加了幼儿教学实践课和文化讲座。为了增进这批学员对广东的了解，本学期拟组织到省内参观。2.了解印尼华文幼师教材编写情况。去年12月已经启动，目前急需资金的投入。根据目前编写的进度，双方初步商定到5月份先编写出小班的教材及教师用书提供给印尼华教机构使用。3.探讨第三期幼师班招生范围及条件。学校根据办班实践，建议学员的年龄层次要相对集中，中文水平应该比较接近才能保证教学有好的效果。

3月14日

3月14日，文宣处殷民副处长等人与江门外侨局刘宁等一起到江门幼师学校了解印尼华文幼师培训班近况。具体内容包括：1.了解印尼华文幼师培训班情况。学校反映，在江门培训的学员学习非常认真刻苦，每周学校安排40节课，不少学员仍要求老师课余时间再加课，以求在最短的时间提高自己在中文和专业课方面的水平。江门幼师学校根据学员的特点和要求，合理设置课程，目前教学进展顺利。学员的中文水平进步很快，12

个零基础的学员现在已能听讲。本学期学校将加大中文课程的难度并进一步提高学员的专业课水平。2.就举办结业典礼的时间、形式以及继续举办培训班等具体事项分别征求学校领导和任课老师的意见。3.要求学校尽快建立学员个人档案。殷民副处长要求江门幼师学校在近期详细了解学员的情况，尽快建立资料库，为今后的联络工作奠定扎实基础。4.安排学员到省内参观。为进一步增进幼师班学员对广东的了解和认识，本月18日省侨办牵头，安排广州幼师和江门幼师到深圳参观。同时要求江门外侨局尽快安排学员到海宴农场与归侨联谊。5.为提高教学水平，做好印尼华文幼师培训工作，江门幼师学校希望省侨办举办教学交流会，组织广州和江门幼师学校老师参加。

4月1日

4月1日，印尼驻华大使苏特拉查（Sudrajat）中将一行在广东省海外交流协会副会长赵金陵等的陪同下到广州幼师学校参观。在听取了学校建设以及印尼华文幼师班情况介绍后，还观看了学员们的汇报演出。苏特拉查大使表示，中国有五千多年的灿烂文化，印尼和中国的交往历史很长，现在在经济方面的交往更加频繁。他鼓励学员们不仅要学好汉语，还要学习中国的风土人情，成为印中友好的桥梁。他同时感谢广东省海外交流协会和广州市幼师学校为印尼华文幼师班学员提供了良好的学习机会。4月2日，省侨办主任吕伟雄会见并宴请了印尼驻华大使苏特拉查中将一行，并向他们介绍了近年来广东与印尼在经济文化特别是在华文教育方面的友好交流情况。

4月11日

4月11日至12日，为了进一步提高印尼华文幼师培训班的教学水平，省侨办组织广州和江门幼师学校进行教学观摩。活动中，两校领导分别介绍了印尼华文幼师培训班情况和教学的安排，并互相观摩。两校领导、印尼华文幼师培训班督导组成员、任课老师以及江门市外侨局有关人员参加了活动。12日举行的座谈会上,两校领导认为省侨办举办教学观摩,为两校提供了交流平台,对今后的教学很有启发,效果很好。督导组成员也纷纷发言,充分肯定广州和江门幼师学校的教学成果,认为印尼华文幼师学员通过短短半年的学习,中文能达到现在的水平,学校方面也付出了不少努力。江门幼师学校为提高印尼学员的中文水平,不仅在教学上有所侧重,而且还专门开设"汉语角",使学员中文水平进步很快,连12个零起点的学员现在也能听能说中文了。广州幼师学校有了第一期培训班的经验,在课程设置、教学管理等方面更加规范和有针对性,使学员对中文和专业知识的掌握更全面。同时督导组成员也就观摩中发现的不足谈了各自的看法,鼓励两校不断总结经验,使华文幼师培训班越办越好。郑建民处长在最后的总结发言中谈到,这是省侨办首次举办教学观摩,对下一步办班很有启发,有很多可以借鉴的东西。他希望督导组与学校之间、学校与学校之间也多点交流,多点沟通,共同提高教学水平,更好地为海外华文教育服务。

2005年,第二期印尼华文幼师培训班开学典礼举行

9. 编写《千岛娃娃学华语》系列教材

2006年，应印尼华教界的请求，结合我们印尼华文幼师培训的经验，我们向国侨办提出承担编写适合印尼实际的幼儿园汉语课本。研究后确定，国侨办负责编写经费，省侨办负责协调组织，广州市幼师学校负责编写，印尼华教机构负责印刷发行。

经过一年多的紧张编写，反复修改，《千岛娃娃学华语》教材和教学参考书小班1～10册、中班1～10册、大班1～10册编写完成。

附录五

《千岛娃娃学华语》教材评审会在穗举行

（广东侨网，2007年9月24日）

2007年9月24日，由国务院侨办和广东省侨办组织、广州市幼儿师范学校编写的华文幼儿教材《千岛娃娃学华语》教材和教学参考书（中班6～10册，大班6～10册）评审会在广东省侨办举行。来自暨南大学、华南师范大学、广州市教育科学研究所等高校及研究机构的专家及广州市

教育局职成处负责人应邀出席了评审会。国务院侨办文宣司雷振刚副司长、高教处李民处长、华教处邱立国处长以及广东省侨办吴行赐副巡视员出席了评审会，评审会由广东省侨办文宣处林克风处长主持。

雷振刚副司长在会上说，印尼是世界上华人华侨最多的国家。但是，由于印尼的特殊情况，华文教育中断了将近38年，现在印尼对华文教育政策的改变，给华文教育发展带来了千载难逢的好机遇。考虑到语言学习的特点，国侨办确立华文教育从娃娃抓起的指导思想。编写华文幼儿教材是华文教育从娃娃抓起的基础性工作，他希望教材的编写能针对印尼华文幼儿教育的特点，从当地的侨情出发，从当地的经济、文化、社会生活出发。会后，他对广州幼儿师范学校对教材编写工作做出的努力表示感谢。

与会专家对教材和教学参考书提供了许多宝贵的意见和建议。

据了解，《千岛娃娃学华语》系列教材是第一套立足于印尼本土教育特点、专为千岛孩童学习华语而编写的，它的出版将填补印尼多年来无本土幼儿华语教材的空白，丰富印尼幼儿学习华语的内容和形式。另外，此套教材（小班1～10册，中班1～5册、大班1～5册）曾在3月通过了专家评审，其中小班1～5册在印尼部分华文学校试用，反映良好。该套教材将由暨南大学出版社出版。

这套《千岛娃娃学华语》系列教材，是第一套立足印尼本土教育特点的，专为千岛娃娃学习华语而编写的。我是很看重这套教材的历史作用的。最后这套教材由暨南大学出版社出版。

"汉语专家团""走出去"到印尼培训华文教师，和"请进来"在国内培训华文幼师，成了广东侨务华文教育工作的一大品牌。海外华文教师培训班从2004年开始，培训质量深受印尼华校好评，所培育的华文幼师成为印尼华文幼儿教育的主力军。在广州市幼儿师范学校和江门幼儿师范学校的努力下，一直坚持到如今。每年一期，到现在连续办了16期，为印尼、柬埔寨、菲律宾、马来西亚、泰国、越南、老挝等14个国家培养了超过1000名华文幼儿教师。这些学员回国后，大都成为当地幼儿华文教育的骨干，真正起到海外华文教育"从娃娃抓起"的作用。

在我们看来，华文教育在印尼持续推进，体现了我们倡导"国力为侨"的观念。而在这个工作过程中，却又为"侨力为国"提供了机会。印尼巨富之一、福建籍华人陈江和先生在新会投资70多亿元的造纸项目，该项目目前仍然是全省第二大造纸项目。就是因为我们在雅加达安排"汉语专家团"工作时，陈江和先生捐资支持师资培训而认识的。通过这个连接点，一直发展到我们积极支持陈江和下定决心在广东投资。

就海外华文教育而言，与中国台湾比较，我们是后来者，但我们一进入，便后来居上了。我们教的是汉语拼音、简体字，这是联合国所确定的，而印尼政府认的是联合国的规定。

历史上，在同一个区域，侨团与侨团之间因利益或地域的不同，也积累了一些不和谐的旧账。而"华文教育"这是一个无论任何社团都认为要努力实现的目标，也促使了许多社团放下了历史上的不和谐，共同携手去承担起这些任务。这个过程，客观上便促使了社团之间的团结。有一个很好的例子，西加里曼丹省会坤甸市的最大社团"西加华裔联合总会"与该省第二大城市山口洋的最大社团"南华中学校友会"，由于利益上的矛盾，已经七年没有任何接触，就是因为在这个城市举行教师培训班，促成了两个城市的华人社团重新握手。

十七、培养和锻炼侨务干部队伍

在工作实践中培养和锻炼侨务干部队伍，是我们侨务工作的一个重点。下面谈谈我经历的一些往事。

1. 这种风气，我是不认同的

记得到省侨办任职时，是省委组织部副部长罗东凯领着我前往报到的。东凯副部长也有下乡当知青的经历。我从中山调至省旅游局时，也是他陪同前往报到的。我们早就是无话不谈的朋友了。途中，东凯副部长随口问我，要不要带两个得力的助手去省侨办。领导换岗带一两个助手到新岗位，这也是当时的风气。对于这种风气，我是不认同的。我觉得到哪个单位工作，就要接受哪个单位的人员现状。领导换岗，带着原工作岗位的人上任，会令新单位的干部觉得新来的领导对自己不信任。这是我一贯以来对待换岗的态度。一个干部无论到什么地方工作，首要的是相信当地人和单位同事，与当地人融为一体。我回复东凯副部长，我一个人过去，不带任何人。

我从下乡知青转为国家干部调到中山小榄公社任团委副书记时，就有朋友替我担心，怕我孤身一人到一个经济发达的地区，难以让当地人接受。事实上只要你全心投入当地，真心为当地服务，当地人一定会接纳的。因为我这样做了，小榄人十分器重我，从来没有排斥我，当然我也从来不排斥别人。我这个小榄的外来人,就是在小榄这个人文环境下成长起来的。

从小榄公社调到佛山地区团委,我是只身一人前往;从佛山地区团委调回中山工作,我也是只身一人回去。从中山调到省旅游局,我是一个人过去,连司机都没带。从省旅游局到省侨办,我的级别已经是"老牌"正厅级了,带着司机调动可以说是理所当然了,我还是一个人过去,连司机也不带过去。我觉得作为领导,到新的岗位,带自己原部属人过去,就是对新部门那些干部的一种不信任。说得重一点,也是自己对自己缺乏自信。说来好笑,确定我去省侨办任职前,我连省侨办位于哪里都不知道。报到时,才知道省侨办在风景美丽的二沙岛。

2. 这办法,我是当农民时学来的

我到任时,省侨办机关机构改革方案已获上级批准,各处室人员编制也已经落实到位。着手工作后,我觉得工作受处室人员编制的束缚严重,而且没有因材配岗,因而干部的作用难以发挥。

我决定按实际工作需要安排人手,并提出"放下家务事,拿起开山斧"的口号,突破编制规定,按工作实际安排人员。我们把各领导的司机分派到各个领导所管辖的处室,作为这个处室的工作人员,把司机的积极性调动起来。老干处、党办、档案等处室,工作量并不满,一个月只需要几天工作即可完成。把这些处室的其中一些人安排到外联、经科、文教等部门,将后方的力量调配到前方,从后方调到前方来的人员自己也很高兴,因为这些人并不是不愿意做事,只是编制制约了他们。采用了这样的办法也就激发了他们的聪明才智,令整个机构的人员士气大振,拓宽了干部的视野,还锻炼了干部的工作能力,在工作的互动中,消除了许多过去因为互相对工作的不了解所产生的矛盾。

有一句成语是"无事生非"。我的理解是一个单位闲人多了,没事干的人多了,就会去生出是非。没有事可做就容易生出是非,让大家都忙起来是非也就少了。以前是后勤的埋怨前线的,前线的抱怨后勤的,一边是忙死,一边是闲死,是非多多。采用这个办法后,调动了大家一起去做事,无事生非的现象也就自然消失了。

这办法,是我当农民时学来的。农民是最讲实际的,在农村,到双抢大忙,学校也要放农忙假,机关干部全部回到农村参加双抢大忙。省侨办的工作,也是有季节性的。清明节前后,大批侨胞回乡祭祖,是我们工作的大忙季节,而春节前后,国内许多单位工作开始放缓,侨胞回乡的也不多。我干脆把省侨办春节假期从七天扩展到十五天,留下领导值班之后,全办其他人员安心放假。别以为我们偷懒,春节放完假之后,清明期间就不再安排放假了,几乎天天都要陪侨胞办事。要根据工作实际需要来安排人员假期。

3. 面试新人的故事

由于历史原因,省侨办的干部大都是从基层调上来的。他们有务实作风,但是缺乏开拓精神;他们做具体事情有执行力,但是缺乏长远工作的谋略;他们有改革开放初期侨务的实际经验,但缺乏创新思维,无法适应新时期侨务工作。这三有三缺是当时省侨办干部队伍的现状。全省基层侨务干部也大致如此。

这样的干部结构,适应不了以海外为主战场的侨务工作新任务,必须在干部队伍中补充新血液。几经争取,2001年省委组织部同意我们干部队伍增加新鲜血液。我要求时任人事处处长吴行赐要用公开、透明、健康的新方法招聘大学生。由吴行赐带着助手直接到暨南大学、中山大学、广东外语外贸大学的人才市场上设摊招聘。报名相当踊跃,我们只招6人,报名却有200多人。在200多人中挑选了20名参加面试。省侨办几位领导带着几位处长分成若干个小组分别交叉面试。面试时有很多趣事。其中,由我面试英语专业的同志。我自己不懂英语,根本不能面试她的英语。想了解一下她汉语的底子,请她在我面前念一首唐诗。也许是太紧张了,也许是她料不到我不考她的英语反而考她的中文,她竟然一首唐诗也念不出来。我心里想,说一句"床前明月光"总可以吧,她却一句也说不出来。按照面试标准,我心想她就要落选了。可集体讨论时,其他几个组都认为她的英语很好应该选上,我只好服从集体讨论。后来的工作实践证明,她的综合能力还是很强的,她应对我的面试时,实在是太紧张了。

4. "省长,你能说台山话吗?"

侨务工作是社会性的工作。海外华侨华人社会结构发生了深刻的变化,对侨务干部的素质要求也越来越高。在工作过程中,几件具体事使我感到侨务干部不能只有情怀,而缺少工作专业技能。

某天,来了好几位美国传统社团的重要侨领,他们大都是台山籍侨胞,听不懂普通话。接见这类侨胞,省政府领导多由会讲广府话的汤炳权常务副省长出面。这次碰巧他出差了,改由副省长接见。副省长说的是普通话,有位老侨胞跑到副省长面前说:"李省长,你能说台山话吗?"幸好副省长在读大学时在台山实习了几个月,磕磕巴巴说了几句台山话。

平时,海外侨胞打电话到省侨办来,大都只用广府话、客家话、潮汕话。而新来的干部大都是北方人,不懂广东地方语言,成了"鸡同鸭讲"。越来越多在海外出生的华裔到家乡来寻根,需要用外语与他们沟通,而我们许多老侨务工作者不懂外语,空有情怀而无法沟通。

一件又一件实际事例触动了我。我决定把省侨办干部的语言能力作为素质培养的实质性工作来抓。每个星期五的下午,全脱产学习语言,强制实行,当作工作实绩来考核。

具体是这样要求的:不懂地方语言的干部,自由选择一种地方语言技能补课。多数人选择了广府话。40岁以下缺乏外语能力的干部，必须选择一种外语进行补课，多数人选择了英语。

制度推行了半年后，在一次全办干部会议前，我突发奇想，突击检查一下学习地方语言的情况。我出了两道题，第一道题：请用广府话读出省侨办干部名单。这道题比较容易，大部分人都能过关。不过名单中有几个人的名字对初学广府话的同事学员来说确实不好读。我让籍贯是湖南省娄底市的张康庄来念，当念到屈桂琴这个名字时，全场人都捧腹大笑，他用广府话读屈桂琴名字时，变成了"乌龟琴"。第二道题，是我说一句广府话，让他们做文字记录。我说："你呢条失魂鱼撞到我的单车轮歪了。"可许多人记录的结果是把"失魂鱼"三个字记录成"三文鱼"（广府话"失魂鱼"是冒失鬼的意思）。学习语言中闹出的一个个笑话，进一步激发了大家学习的热情。因为省侨办这样做，地市侨办纷纷效仿，组织自己的干部学习当地的方言。我认为侨务干部不懂得当地语言，工作效率会受到影响，和当地人沟通会存在距离和不足。

通过这种强制性的学习，新旧同事相互的本领都得到了提高。某种意义上，更让干部们明白，能够有融入自己的工作对象的本领，是做好本职工作的前提。如果没有这种每周半天的脱产学习，掌握工作技能，即使干部们有坚定的政治方向也毫无作用。就像一个人知道自己将要到达的地方，也坐在最先进的汽车上，但如果不掌握驾车技能，是永远到不了他想到达的地方。

5. 着力培养干部的综合协调能力

一个队伍要战斗，每个成员具有单体的技能还不行，必须让整个队伍有综合协调配合的能力。而机关当中，存在着比较大的问题是鸡犬之声相闻、老死不相往来。不同科室的同事尽管天天见面，但很多时候谁也不知道谁在干什么。在实际工作安排中，我刻意去改变这种状态，着力在工作实际中培养干部的协调协作能力。所有大的活动,各科室人员都重新综合编组。例如经科处的活动,我要求文宣处、侨政处也派人参与;同样,侨政处的活动,要求文宣处、经科处派员参与。通过这样的办法来促进干部之间相互的了解,锻炼每位同事的互相配合精神,培养科室之间相互默契配合,实际上也让各科室的同事,互相分享各科室的苦与乐。长期坚持这样的做法,省侨办的干部队伍形成特别能综合作战的团队。世粤联会(世界广东同乡联谊大会)、所罗门撤侨、配合省政府在海外举办经贸洽谈会等大型活动,我们省侨办的队伍表现出很出色的综合战斗力。当年广州市分管侨务工作的副市长王晓玲参加全省组织的海外经贸活动,亲身体验了省侨办干部工作的综合战斗力,深有感触地称赞省侨办干部强而有力的团队合作精神,并要求广州市的侨务干部队伍要像省侨办干部队伍一样有战斗力。

6. 敢于"牵一发而动全身"的人

在实际中,一些"牵一发而动全身"的工作,必须敢用"牵一发而动全身"的人。省侨办原队伍没有这样的人,我也设法从外部寻找。而许多时候,用对了一个人,便可以带来了一片工作新天地。以新闻秘书屈桂琴为例,她是蒙古归侨,幼小时随家人从蒙古回来读书,她原来是《粤港信息报》的资深记者,曾任该报深圳记者站站长。她在《粤港信息报》时也曾是跑旅游线的记者,当我正在考虑人选推动侨务和传媒有效融合的时候,偶然间她给我打电话,说要从深圳调回广州了。她的来电让我醒觉,屈桂琴正好可以启动这项工作,我立即邀请她调来省侨办负责侨务新闻的工作。她有这样的特性,既是归侨又做过记者,对侨务有一定的认识,更有很好的新闻触角。为了明确她的职责,我在秘书处专门设了新闻秘书职位。结果,来了屈桂琴一个人,开创了侨务与传媒紧密合作的局面。省侨办从过往每年只有火柴盒大小的侨务新闻消息,到后来形成每年评侨务好新闻，引导海外传媒来广东采风，整个海外传媒的网络在屈桂琴的努力下慢慢建立起来，还拉动内地的传媒和海外传媒搞专题报道。《广州日报》《南方日报》《羊城晚报》派记者到海外去找海外侨团探访等，推动了与南方广播影视集团合作举办全球华人传媒羊城峰会、全球华人传媒羊城广州论坛，春节期间省长在媒体上向全世界的广东侨胞致以春节问候等。所罗门撤侨事件，这么大规模的传媒报道，都没有出现对所罗门撤侨事件的负面报道，与屈桂琴把握分寸的能力有关。

7. 容不得他的缺点，也就发挥不了他的长处

在改革开放的前二三十年，广东侨务工作基本上只是围绕港澳、东南亚等地区的侨胞开展工作。中南美洲、欧洲方面的联系很少，几乎是一片空白。中南美洲有大量的广东籍华裔，是我们工作的一个重头戏。我们提出侨务工作"三新战略"，开拓中南美洲华裔工作是广东侨务工作的重要一环。但中南美洲以西班牙语为主，华裔更是只懂西班牙语，而当时省侨办并没有精通西班牙语的人。

正如"一把钥匙开一把锁"，我们需要一位懂西班牙语的人来打开联系中南美洲华裔群体的大门。我干事极不喜欢沾亲带故。但当工作真正需要时，也不怕外人议论我沾亲带故。冯子源是我在省旅游局工作时的下属，还是我的同乡（这一点是后来别人议论时我才知道的）。他是学西班牙语的工农兵学员，可他的西班牙语的水平，连西班牙人都误认为他是在西班牙出生的。因为他读书时的确很努力，更重要的是他有在西班牙语地区的工作经历。我任旅游局局长时，曾因为他的语言专长安排他到澳门任省旅游局驻澳门代表处代表（澳门是葡萄牙语区，葡萄牙语与西班牙语高度相近）。后来他任白云宾馆副总经理。白云宾馆企业改制时，他提前退休离职。我特意聘他到省海外交流协会任副秘书长，享受副处级待遇，专门开拓中南美洲华裔群体工作。

正是用了冯子源这把"钥匙",我们打开了联系中南美洲华裔群体的大门。从第一次由他进入哥斯达黎加、多米尼加开始,到之后省侨办多次进入中南美洲活动,结识了墨西哥的李氏家族(李子文是墨西哥驻华大使)、多米尼加的吴玫瑰(后来任多米尼加驻华贸易发展办事处代表)、厄瓜多尔的华盛顿·阿戈(后来任厄瓜多尔驻华大使)、巴拿马的甘林(后来任巴拿马驻华大使),这一大批高官华裔,从引导他们回乡寻根开始,结下了有效果实。哥斯达黎加、巴拿马、多米尼加与中国建交,与这些华裔高官都有着密切的关系。

我本人也多次在冯子源的陪同下,前往中南美洲各国调研,推动当地社团和侨胞开展各项活动,使中南美洲的侨务工作成了广东侨务的一个品牌。直到我离开省侨办,任广东省政协外事侨务委员会主任,国侨办的刊物还专门刊登了我对中南美洲侨务工作的观点的文章。

附录一:

作者在国侨办刊物上发表的文章
《对中南美洲侨情要有新认识、工作要有新举措》(节选)

中南美洲侨情有着许多鲜明的特性,我们必须用新认识、新举措去开展中南美洲的侨务工作。

一、用新视野看中南美洲侨情

(一)中南美洲是侨务对台工作的重点地区之一

中南美洲有40多个国家和地区。其中,有19个国家和地区与台湾有所谓的"外交关系"。由于历史上的原因,各类"台湾情结"盘根错节、根深蒂固。换一句话说,这是我们侨务对台工作的一个主战场。如巴拿马科隆有一个自由贸易区,越来越多中国新侨在此做贸易生意。科隆"台湾领事馆"的人员二十四小时开着手机,中国新侨有麻烦随时都可以找到他们。2007年春节,台湾"侨务委员会"印制了大量的春联、贺卡派发到各个华人社团,以此来强化与各社团的联系。

(二)中南美洲不但是广东侨务工作的"根据地",更是广东侨务工作的"扶助地"

此地区的华侨与中国革命息息相关。历史上,中南美洲华侨支持孙中山先生革命、支持中国解放战争,对中国革命和历史发展做出过贡献。

现在中南美洲的新移民还是以广东籍为主。其中,以广府人为主,客家人次之,潮汕人甚少。例如在巴拿马,15万华人中有10万是花县(现为广州市花都区)人,3万是恩平人为主的四邑人,1万是中山人;在委内瑞拉,光恩平人就有12万;在哥斯达黎加,也有6万是恩平人及中山人。

此外,该地区的新移民需要我们关注的问题多而集中。例如新华侨华人的居留权、华社治安、小孩回国读书、赡家侨汇等问题。

(三)"百年侨团"众多,但大都后继无人,前辈留下的物业流失严重

150年前华人就已抵达巴拿马了。此地历史悠久的会馆很多,如仁和会馆,馆内香炉上印着"光绪二十五年"(1899)的字样,还有古岗州会馆,馆内的祭神用具上也印着"光绪三十三年"(1907)的字样。长久以来,这些社团仍然沿用"拜神""装香""磕头"方式来开展社团活动。

巴拿马三邑会馆是当地一个著名会馆,里面文物很多,墙上还挂着康有为从上海寄来的照片。该会产业也不少,但是现在楼房已经岌岌可危。再如墨西哥的墨西卡利,有数十个传统社团,但是这些社团大部分只留下一个牌匾或空房子了,没有人去打理。

巴拿马花县同乡会、鹤山公所都是"百年老店",可现任骨干全是清一色的近20年来抵巴的新侨,而创办会馆的前辈人的后代中没有一人参加会馆活动,更没有参与理事会。这说明即使这些百年侨团有人继承,也是由改革开放后中国新移民支撑的,土生土长的华裔没有参与。

一些前辈人筹款置下的产业被私人占用的情况相当严重。例如厄瓜多

尔的瓜亚基尔中华总商会规模很大，但是已经被私人长期占用达20多年，华侨华人想了很多办法也要不回来。墨西哥京城中华会馆的旧址也落入私人手中，会馆的后人办了很多手续也要不回来。

（四）社团数量多但规模小（人数）、圈子窄（乡域性）、层次低（素质），传统社团与华裔社团老死不相往来

哥斯达黎加许多侨团无注册，在当地没有合法地位。某些侨领实际是"一人社团""万年会长"。他们"照相争在前，吃饭埋单我走先"。

地域性的乡团侨领有一定群众基础但缺少与上层社会的联系，精英群体侨领虽有上层关系，但看不惯地域性社团的陋习及其侨领的坏习气（如赌博等）而不愿与他们为伍，华裔社团首领多是因为与传统社团侨领、精英群体侨领缺少文化认同、没有利益上的关系而独行于两者之外。

二、要用新的举措推动中南美洲侨务工作

（一）建议成立一个跨部门的中南美洲侨务工作专责小组

建议成立一个跨部门的广东省中南美洲侨务工作专责小组。主要做三件工作。

第一，重组高端的依靠队伍。我们目前主要联系或依靠的社团基本上是进入不了当地主流社会的、以流入地为主而形成的乡域性社圈，而进入了主流社会的华裔社圈却在我们的联系网之外。我们不能单单依靠与主流社会脱节的传统社团。

第二，抢修断层的侨务工作基础。华裔—华人—传统社团，这个基础是断层的，如果不抢救这个基础，就很难开展工作。

第三，为当地华侨华人的生存发展做更多的实事，集中解决几个涉及侨胞生存的实际问题。

一是推动中华文化在该地区的传播，并推动侨胞加强与当地人联系及让当地人认识中华文化。

二是协助新华侨学习当地文化，遵守当地法律，融入当地社会，提升

其素质和社会地位。过去我们只强调帮助华侨华人学习中华文化,其实在新华侨华人当中,协助他们学习当地文化也十分重要,因为有很多法律的问题、融入的问题他们都不懂。只有懂得了当地语言文化,才谈得上融入当地。

三是与当地治安部门联手打击华社中的黑恶势力,以保证华人社会的平静及提升住在国人民对中国人的正面看法。华社中的黑恶势力使得侨胞在当地生活不得安宁,他们把小孩儿送回中国,这也增加了我们教育的负担和出现了其他方面的问题。侨务部门应该与政法、公安部门联手研究打击海外华社的黑势力。

四是实施组织家乡信息向华文媒体供稿的"家书抵万金"工程等。中南美洲很难接收国内的电视节目,即使我们送了卫星接收器也经常收不到国内的频道;广东的侨刊乡讯有一百多种,但真正能到中南美洲地区的很少。侨胞反映,很需要乡情信息。建议广州(含花都)、江门(含恩平)、中山等侨乡,专门向这些地方的华文媒体提供地方信息和稿件,以让乡亲们了解家乡的情况。

五是解决几个新华侨华人遇到的实际问题。例如,华侨华人子女回国读书办签证的问题、汇款收款不顺的问题等。

(二)大力培养华社的"领头羊"

1. 选择有影响力而又不受传统社团桎梏的精英,培养、聘其为我海外理事、顾问

回顾这几年,广东省侨办有针对性地选择这一地区华社中的精英人物开展工作,如聘为广东省海外交流协会的理事、顾问等,取得了一定成效。对在当地关系广、办事能力强、敢于坚持正义的精英人物,我们应该大力地去寻找和培养,并通过他们去做华侨华人的工作。同时,针对他们受到某些黑势力及传统观念打击的现象,我们应该心中有数,旗帜鲜明地采取措施支持他们,巩固和提升其在住在国的社会地位。

2. 推动两个"融入"

现在华社中的精英人物跟传统社团是隔断的,我们要推动这些精英人物融入传统社团中去,用新的观念带领传统社团走出困境,然后再引导传统社团融入主流社会。

(三)在华裔群体中培养中华文化情怀,引导该群体在观念上认同华人社会

中南美洲华裔多,而且许多为混血。他们多数都融入了主流社会,是我们要长期持续做工作的重点对象。他们对中国的认识很模糊,我们应该持之以恒地推动"华裔中国寻根工程",做中南美洲有影响力的华裔的寻根工作,要做一个成功一个,做一个影响一群。

(四)逐步调整社团结构,推动社团重新整合

华人社团各有特点,重新整合必须根据特点,实行个性化推动,切不可一蹴而就。例如,有搞联合会形式的,有搞协会的,甚至有的地方可以搞精英骨干会,不可能只用一种会来取代。整合与调整结构,这是我们长期要坚持的一项工作。

推动社团整合,要精心挑选和培养一些有影响力、有号召力的核心社团。同时,还要注意创造一种机制让侨领离任后仍有舞台可表现,以避免一些很有表现欲的侨领不愿意离任,或者离任后自立社团,与原来的社团产生矛盾。此外,我们要鼓励社团在当地注册,让社团有规章可循,引导社团依法办事,以避免社团中的投机分子有机可乘。

在培养侨务干部方面,除培养省侨办的队伍外,我们还花了不少精力培养各个地市侨办的骨干。省侨办开展大规模的海外侨情调研,每一个调研组都安排一至两名各地侨务骨干参加。单是2003年,就有广州、中山、梅州、汕头、深圳等市多名干部参与省侨办的海外侨情调研。海外的侨情调研,地级市侨办人员的经费由省侨办开支。对此,当时省侨办领导

班子里也有争论,觉得用省侨办的钱去培养地市的人,有点儿舍不得。但我认为只有省侨办干部的能力提高,而地市干部的能力没有提高,整支侨务干部队伍的整体素质还是不行。我坚持要用这个方法去培养地市干部。现在回过头看,许多参与过海外侨情调研的同志都成了地市侨务部门的领导了。

8. 难道要我鞭打死牛?

我对省侨办的队伍要求是十分严格的,有时甚至有点苛刻。对于冷落侨胞的人和事,我是绝不留情面的。我曾经用这样的例子去教育我们的干部。当我们到海外去开展侨务工作,无论是老华侨还是企业家,他们放下自己的生意,自己开着私人汽车到机场接机,私人筹款请我们吃饭,掏心掏肺地安排我们的活动。而侨胞们回来,我们是领了国家工资,用的是国家的汽车,吃饭付费是国家的钱,你还不用心、不积极,讲得过去吗?一些工作积极有热情的同事有时也有怨气,说吕主任最会用"鞭打快牛",说我只会逼着能做事的人去做事。我也笑着回答:我当然要鞭打快牛,难道要我去鞭打慢牛?但是我的鞭子鞭打下去的同时是促进他们的进步。省侨办的一批"快牛"在被鞭打之下全部进步了。黄玲、林琳如今是正厅级巡视员,黎静如今成了省侨联主席。更多的"快牛"如今都成了独当一面的骨干了。同事们有时在我面前埋怨说我批评人不留情面,我也在他们面前说,如果我连批评你的积极性也没有,你在我心中也就不存希望了。同事们调侃说,被吕伟雄"骂"得多的人,都一一进步了。

9. 侨务领导干部应该尽量在侨务队伍中层级提拔

对侨务干部队伍的建设,我有一个观点,就是侨务部门的领导干部应该尽量在侨务队伍中层级提拔,以保证长期积累的人脉资源得以延续。这个观点我一直都在坚持。直至2005年省委《关于加强新形势下我省侨务工作的意见》(零发[2005]8号),明确规定:根据省侨务工作的特点,要注意从侨务干部队伍中提拔侨务部门的领导,并保持领导班子的稳定性和梯次性。这个观点在省委文件中得以体现,也是我们不断努力反映,不断"磨牙"的结果。当时,我们提出文件中要写上这样一段文字,省委起草文件的同事说首先要经省委组织部同意。我又向省委组织部提出,组织部长赞成我的这个观点。实际上,每次班子要调整,我都和省委组织部强调这个观点。所以在我任职的七八年及吴锐成接任后,我们省侨办的班子成员大都是在侨务队伍中被提拔的,吴行赐、黎静、林琳、李仲民、郑建民等,均是在侨务岗位上一级一级地被提拔的,保持了侨务班子的稳定性和工作计划的持续性。当然我们也十分乐意接受"空降"领导,在我任省侨办主任期间,有从组织部调来的何炎芬同志,从澳门中联办调来的赵金陵同志,从部队转业来的朱尔武同志,都成为侨务工作的行家里手,他们能发挥好作用,我觉得班子中有相当数量的"老基层"是原因之一。

10. 吴锐成比我聪明,比我能干!

按制度,省直机关部门一把手工作7年要换岗。省委组织部考察省侨办领导班子后,综合各种因素,认为一把手人选需要从外单位调人来。我向组织部建议,如确定要从外单位调入,应在我离任前半年提前调入,这样可以保持工作的延续性。侨务工作,人与人的联系是工作的重要环节,绝不能脱节。真是"无巧不成书",省委组织部让我先推荐人选,我向省委组织部推荐了时任河源市市长的吴锐成同志。吴锐成在中山市曾经接过我的班,我现在再次推荐他。我是认为他来自侨乡中山,做过基层的一把手,后任中山市副市长多年,又在山区河源市当过市政府的一把手,有侨乡、山区地方工作经验。省侨办主任一职需要具备这样经历的人选。当组织部决定把吴锐成调到省侨办做一把手时,尽管我的任期还有半年多,我还是要求组织部让吴锐成提前接替我的主任一职,好让他熟悉省侨办的运作。

在交接会议上，我接到一个带调侃味的条子，要求我与接手的吴锐成作一个自我比较，我笑了笑，真情实意地脱稿讲了一番话，向同事们介绍了吴锐成同志。

附录二

《吴锐成比我聪明、比我能干——在欢迎吴锐成主任会上的讲话》

同志们：

我给大家介绍一下吴锐成同志。

首先，吴锐成同志比我聪明、比我能干，他来侨办也肯定比我干得更好。

我离开中山时，时任中山市委书记（现任常务副省长汤炳权）曾问我吴锐成的情况，我脱口就说吴锐成比我聪明。我不是在说虚伪的话。吴锐成同志思路十分广阔，策划能力强，许多方面比我更胜一筹，这是值得大家高兴的。

吴锐成同志的工作经历比我更扎实，实践范围更宽广。虽然我也是从基层上来，但我没有在基层任过一把手。他在基层任过好几年镇的书记，而且他是在中山稻田面积最大，与周边关系复杂的镇任职，他把一个农业镇办成一个工业镇，这的确是不容易的。然后他从镇的第一把手到中山市工作了很长时间，再到河源当市政府的一把手。在地方当一把手，这是一个很锻炼人的岗位。从这方面来说，他的经验比我好得多。吴锐成同志虽然没有直接干过侨务工作，但是他长期在中山工作，中山是个重点侨乡，也经常接触侨务工作，懂得侨务政策。我感觉到，广东的侨力资源分布和广东的经济发展水平相似，珠江三角洲较为集中，山区相对薄弱。一个在三角洲工作过再到山区工作的领导，又到侨办来工作，对如何运用好侨力资源是会更全面和更有把握的。

其次，吴锐成同志的脾气比我好得多，这是真的。我"骂人""骂"得太多，当然我"骂人"并不是对那个人有什么意见。吴锐成为人很厚道，可以容忍自我去为大局，为大家服务。

真凑巧，我在中山的时候也是吴锐成接替我的职务，这次省委同意我的要求不再任省侨办主任，又是吴锐成来接我的班。我感觉这次吴锐成同志到省侨办来任主任，这是省侨办的一件好事、喜事，也是广东侨务的一件好事、喜事。看着吧，往后锐成同志一定会干得比我出色，这是我发自内心的话，并不是虚伪。要我做虚伪的人，也难。

这几年，我省侨务工作在省委、省政府的领导下，空间越来越宽广，事情也越做越大，这跟省委、省政府的关心关爱是分不开的，跟组织部长期以来在人员配备上给侨务这个特殊部门给予关照是分不开的。省侨办领导班子的配备，新同志的加入，一些同志因为特殊的情况，例如他是归侨，或者因为历史的原因，他的学历不一定达到干部的要求，还有我们这种工作一干就是几十年，仰豪同志任副厅已经十二年整了，像这些特殊情况，组织部不断给予特殊的照顾。按照有关规定，一些同志也许不能升职，但组织部都给予了关照。正是这种关照，有一些同志的作用就可以更好地发挥，他们的专长就可以更好地体现。体现了这种专长，我们的工作就有进展。

再说说我本人。

我在省侨办工作快满七年了。"七"字跟我很有缘分，我当了七年的知青，当了七年的团地委副书记，当了七年的中山市副市长，又当了七年的旅游局局长。你看，又当了快七年的省侨办主任。昨天晚上，省委组织部胡部长对我说，同意你在你认为适当的时候提出退休的申请。我很感谢省委给我这个机会。这是我多年来的愿望。说实在，我并不是革命意志衰退。我提出提早一点不当这个主任，是因为我真正感觉到，干部队伍应该有越来越多的新人，有越来越多的能人出现。我当省侨办主任是尽了自己的努力的。但是我感觉到,我的能力、我的思维以及我的视野已经远远落后了,我真的是感觉到需要有更开阔的人,更有视野的人来搞这个事业。这是我长期以来的内心想法。侨务的干部有一个特殊的地方,他是要靠人的联系来连续的。如果一接任,马上就换岗,对侨力资源是很大的浪费。这次省委这样安排,吴锐成来任主任,过一段时间我再提出退休,这样一些连续性的工作才有更好的结果。所以从本人来说,我是十分满意的。

在省侨办这个部门工作这七年来,对我的培养、教育、锻炼是很大的。这种历练是在其他部门得不到的。这不是一个风风火火的部门,老实说,这是一个很容易被人遗忘的部门,在此部门工作要耐得住寂寞。要从寂寞做起让越来越多的人注意到,重视到,这就是一种锻炼。这几年,我们正是这样去做,才把侨务从社会能见度扩大到社会影响力,从部门侨务推动到社会侨务,推动到各个有关部门都去关心侨务工作。我越干就越感觉到侨务很有干头。某些人也许会问既然侨务那么有干头,你怎么提前退休呢?按正常任职年限,我还可以再干几年,但不等于在领导岗位上离任就不干活了。我不当这个主任并不等于我就不干侨务工作了,我跟侨务的不解之缘脱也脱不下来。我会运用民间和社会的力量,推动华侨华人和中国的联系,推动侨务事业的进展。大家看着吧,我会为大家服务好的。

在今天这个特殊的日子,我首先要感谢省委、省政府派来一个好主任,也感谢省委组织部这样的一个安排。

我想请大家再一次用热烈的掌声欢迎吴锐成主任!

(根据 2006 年 12 月 19 日现场录音资料整理)

吴锐成是 2006 年 12 月接任,2007 年元旦一过,我便陪同他到海外去了解侨情,参加侨团活动,让他感受侨团的氛围。之后,我又把准备了多年的广东省侨资企业协会成立的筹备工作向他做了详细交代。对省侨办班子情况、干部情况做详细交代。接着,因为这时正好有一大批市、县新任的侨务领导上岗，我和吴锐成组织了一次全省性的侨务领导干部培训班。利用这个机会，我与新上任的侨务领导谈了自己在侨务岗位上的心得。

吴锐成的悟性很高，接手后工作进展十分顺利。于是，我提前主动向组织部提出，把我省侨办党组书记一职也交由吴锐成担任。而我在省政协外事侨务委员会主任的位置上，与吴锐成相互配合也十分顺畅，可以说，使广东的侨务工作起到相得益彰的效果。

十八、与传媒合作，用社会化思路应对社会化的侨务

1. 带着旅游局的经验上任

我是从广东省旅游局局长的岗位上转任广东省政府侨务办公室主任。

当时的官场风气，领导调职都时兴带一两位自己的"人马"（原来的下属）到新的单位。我只身一人前往省侨办任职，未带下属，但带上了工作经验。我带上的经验是善于、乐于与传媒打交道，注意建立侨务与传媒的合作机制。

我在省旅游局工作的七年，旅游与传媒的合作成效显著，闻名世界。"广东人游广东""五彩缤纷广东游""穿越韶关乳源大峡谷""为广东旅游争光"等各项旅游社会活动，都是与我省各类传媒合作推动的，搞得红红火火。那时，广东各种旅游活动使得各报纸设有旅游专版，各电台电视台都有旅游专题节目。我们可以查一下当年广东报纸的历史记录，广东提出实施"国民旅游计划"，比国家旅游局足足早十年，这不是吹嘘，而是历史事实。

当有记者朋友知道我调任省侨办主任时，还对我调侃说，省侨务没什么新闻，每年只是两块"豆腐干"（指两则小消息），一个是春节团拜，一个是国庆座谈会。省直机关的几位厅级领导干部知道我将调任省侨办主任，也问我："侨办是干什么的？"我也一脸茫然答不上来。厅长们对侨办

的职能也都不甚了解，这折射了侨务工作在社会上的知名度不高。

上任后的第三天，按自己的工作习惯，我准备与侨务工作有联系的新闻记者见见面，便请文宣处的同志联络记者。几天后，文宣处的同事递给我一个与记者见面时我的讲话文字稿，我觉得很不对劲，怎么一个小小的见面会也要替领导写好讲话稿呢？我问大概有多少记者参加？得到的回复是：省侨办平时与记者联系不多，要具体联系后才能回复我。此事让我意识到这是侨办工作的一个薄弱环节。我决定暂时不开记者座谈会，先把这方面工作开好头再说。

2. 选择四个人，落实四件事

我着手推动侨务与传媒的紧密联系，提高侨务工作的社会知名度，用社会化的思路应对社会化的侨务。

我具体先抓四件事的落实：第一，评选"广东侨务好新闻"。第二，设立"广东侨务信息站"。第三，开设"广东侨网"。第四，在秘书处设立新闻组，设一名新闻秘书。这四件事，我选择了四个人去落实。

选择秘书处处长吴行赐去评选"广东侨务好新闻"。他父亲是中山大学中文系的知名教授，他本人也是个"笔杆子"，心很静，说话不多，行事低调，执行力很强。让他去负责评选"广东侨务好新闻"，是希望通过评选，联系侨务记者，组建侨务新闻队伍，推动各级侨务部门重视传媒对侨务的作用，同时向新闻记者们传递信息，侨务部门重视他们的作用了。

"广东侨务好新闻"评选活动从2000年开始。当年因没有多少新闻参与评比，加上是由省侨办自己关门单独评，没有新闻单位参与评选，应该说影响是不大的，但不管如何，总算是开了重视侨务新闻这个头了。自此之后，真有点如火如荼了。

选择王奕华去办广东侨务信息站。这个侨务信息站主要是定期向海外华文媒体提供广东侨务工作的信息、侨务政策等。为什么选择王奕华负责？当时省侨办还没有多少人懂计算机，广东侨务信息站是通过计算机、网络把广东开放改革的新事物、家乡建设的新面貌、人民生活的日益改善等侨胞盼望得到的信息发致海外各华文媒体，让海外华文媒体选择刊登。尽管王奕华并不是计算机专业，但在当时，在机关干部中，他对计算机较为懂行，所以选择了他。

21世纪初，正是海外华文媒体兴起之时，这些华文媒体也较缺乏中国信息来源，我们设立这个信息站既助了华文媒体的一臂之力，也通过海外华文媒体宣传了国内的改革开放，传递了国内的侨务信息，实在是相得益彰的大好事。

为了与各海外华文媒体建立联系，我还专门签发了一封关于建立"广东侨务信息站"的函件，发至各海外华文媒体，广而告之。海外华文媒体赞赏此举，有些海外媒体还把我们的函件刊登在自己的报纸上以作纪念。

附录一

省侨办致海外华文报刊负责人函件

敬启者：

在21世纪已经来临、农历蛇年即将到来之际，广东省人民政府侨务办公室谨向广大海外乡亲及各海外华文报刊的董事长、社长、总编辑及编务人员致以诚挚的问候和良好的祝愿！

广东省是全国主要侨乡，海外乡亲有2000多万人，分布在世界各地。广东省人民政府侨务办公室是广东省人民政府主管侨务工作的部门。我们在工作中了解到不少居住在世界各地的海外侨胞很想知道有关家乡的变化，家乡的讯息，家乡对华侨华人的政策等，很多海外报刊也非常希望我们能及时给他们传递国内的信息。为了沟通与海外乡亲的联系，让海外乡亲更多地了解广东建设情况、广东的侨务动态，我们决定成立广东侨务信息站，不定期地为海外华文报刊提供侨务政策、侨务动态和广东侨乡建设情况等信息，供你们参考，并希望通过贵媒体传递给广大海外乡亲。

我们的工作刚刚起步，为把这项工作做好，我们真诚欢迎各位提出宝贵意见和建议，并把海外乡亲的反映反馈给我们。

祝贵报在新的世纪一纸风行，宏图大展！

此致

各有关海外华文报刊负责人

广东省人民政府侨务办公室

主任：吕伟雄

2001年1月11日

首批与我们建立联系的海外华文媒体有20家，我们每月平均向他们提供两期广东侨务的信息。为了适应海外情况，消息用简、繁两种字体发出，到了2003年，我们信息站与海外华文媒体的联系已发展到58家，2004年又增加到100多家。不少华文媒体还把他们出版的报纸寄给我们，这样侨务信息站还成了海外侨情收集站。我们正是通过这些报纸了解到许多国家侨胞们的生活。

从社会上招聘陈雄同志来建"广东侨网"。那时候互联网刚刚起步，许多机关单位还没有认识互联网的作用，我们组建"广东侨网"，算是走在省直机关的前头了。"广东侨网"的组建还有一些小故事。起初"广东侨网"是设在华侨华人投诉咨询服务中心的，为什么？只是为了打个"擦边球"。当时，整个侨办机关都找不到一个懂互联网操作的人。华侨华人投诉咨询服务中心是事业单位，可以招新人，只是为了招一名懂网络操作的陈雄同志来组建"广东侨网"，所以便把"广东侨网"放在华侨华人投诉咨询服务中心，而陈雄同志也不是这方面的专业科班生，只是在实践方面自学成才的。设立"广东侨网"，让全省侨务工作有了一个侨务喉舌，让侨务工作见之于社会，同时推动各地侨务部门重视宣传自己的工作。

十八、与传媒合作，用社会化思路应对社会化的侨务

在秘书处设立新闻组，找一位适合与新闻记者打交道的人。这事真有点"踏破铁鞋无觅处，得来全不费工夫"的感觉。2001年春节假期后上班不久，《粤港信息日报》记者屈桂琴到省侨办来向我拜年，她是我在旅游局工作期间认识的记者朋友。屈桂琴年少时随家人从蒙古回祖国读书，是个货真价实的归侨，而大学本科读的也是新闻系。再者，她多年从事记者工作，与各家媒体有广泛又深入的联系。知道她准备离开所工作的报社时，我便极力邀请她到省侨办任新闻秘书。在我几番热情邀请下，她婉拒了几个单位的岗位，决定到省侨办来当这个新闻秘书。

3. 开一个有质量的记者座谈会

记得屈桂琴上班后问我，新闻秘书怎样开展工作？我告诉她，代表省侨办联络各路记者，将省侨办的工作思路用最适当的方式"爆料"给记者们，让记者们根据自己的思路写新闻稿。

人啊，有没有工作悟性是完全不同的。屈桂琴一上任，便建议我要举办一次记者座谈会。这个座谈会我把全办领导、各处处长都叫来了，开得很有历史意义。可以说，正是这个座谈会开启了侨务与传媒合作的历史大门。

为这个记者座谈会，我专门准备了几样材料给记者。第一，是将省政府《关于进一步加强侨务工作的意见》（曾发［2001］9号）印发给记者，这一举动算是一个突破了。在机关内部，有人认为，省委文件不应该给记者。我心想不把文件提供给记者，记者不了解侨务的最新工作思路，又如何对症下药写出好的新闻稿？第二，专门印制了各领导及各处长的联系电话小册子送给各位记者，就是对记者们公开省侨办各主任及各处长的联系电话及手机号码。目的是让记者和有关人员直接沟通，以扭转以前完全不愿意主动和记者沟通的局面。

附录二

2001年3月28日省侨办记者座谈会：
以新的姿态调整好侨务与传媒的关系（录音整理）

吕伟雄（广东省侨办主任）：各位新闻界朋友，大家好！今天，省侨办请各位记者来开个座谈会。

记者按领域分工，各有专线。可现在侨务工作越来越社会化，经济、政治、外交、科技、文化、教育、法律等都牵涉侨务工作，甚至外国人来中国领养孤儿，也与侨务工作有关。如果只把负责侨务的记者请来，显然联系面太窄了。

我认为，侨务工作越来越社会化，这种社会化的作用应越来越依靠广大传媒给予广泛关注和宣传。而侨务宣传不应仅靠通稿应付记者，这种模式亟需改变。我们应该有为传媒服务的思想和手段，为传媒关注侨务工作大开方便之门，这是一种双赢的策略。

在与记者们的交谈中，我了解到，记者们感到现在的侨务报道越来越窄，每年只能写两篇报道，即"春节""国庆"招待酒会。我想，这与我们原来对传媒的作用认识不够有关。"三讲"后，我们对这个问题做了比较大的反省。今天召开记者座谈会，希望广东侨务大省中有关华侨华人、归侨侨眷等的各种丰富资料和动人事迹，都能成为广大传媒重要的新闻来源。

今天开座谈会，省侨办各位主任、各处处长都在场，我们真心准备听大家的意见，也希望大家能够讲出真话来，大胆提出意见。

为了广泛联络记者，及时将信息传递给各媒体，我们调来了大家认识的一位记者，是《羊城晚报》报业集团的，她就是《粤港信息日报》深圳记者站站长屈桂琴，她本身也是蒙古国归侨。我们在秘书处专门增设了一个新闻秘书岗位，让她专门与传媒联系，这是对过去不足的一种补救。我们会不断加大此方面的工作力度，希望促使侨务与媒体联系得更加密切，

十八、与传媒合作，用社会化思路应对社会化的侨务

能听到记者们对侨务工作的真实声音和看法。

记者们感到侨务方面没有东西可写，其实是我们没有给予记者很好的服务，现在我们要改正此方面的工作，要让整个社会了解侨务，了解"侨"的各种情况。

我一下说了这么多，带个头说真话，不讲客套话。也希望记者敢于讲真话，请大家大胆发表意见。

董育芳（《羊城晚报》）：我跑侨务线已十几年了，在省侨办，能有今天这样的记者座谈会，真是很难得！或者说，我从来没享受过这种待遇。感谢省侨办对我们新闻界的厚爱和给予这样的沟通机会。

很惭愧，跑了十几年侨务，出不了什么"彩"！总无法"打入"省侨办，可能我们的"功力"不够吧！我们也曾"抛过绣球"，总得不到回应，好像表错情！我们只能将方向转其他线，一样可以搞得有声有色！说句心里话，记者无论跑哪条线，都希望把自己所负责的那块"田地"耕耘好！记者与所负责报道的部门和行业是鱼水关系！希望能够挖掘出好新闻。

这十年来，我们记者都有议论，觉得省侨办最难"搞"！我们都很主动靠近，但你们没人理我们！不是我们不想做，是得不到信息，主动打电话咨询，都得不到应有的指引。我们很想靠近省侨办领导，但没有人有时间与我们交流。

省侨办领导今天要我们实话实说，我就有什么说什么！是想表达我们对侨办又爱又有意见的心情。

我们在报社议论，吕伟雄来到省侨办肯定会重视新闻宣传。凡是熟悉吕伟雄主任的旅游记者都认为，您非常重视与新闻界的沟通。果然，我们等到了今天。希望以后有多些机会与省侨办最高领导对话，及时了解你们的工作思路，跟进你们的工作，我们会为你们鸣锣开道，推波助澜！

林艳萍（《南方日报》）：感谢省侨办，让我们有机会参加这样的座谈会，可以反映记者的心声。我负责侨务报道两年，在时间方面来说，不长

不短。我接手侨务线时，曾请教前任记者有什么值得掌握的要点。她说，省侨办每年有两大酒会、一个夏令营，平时你就不用理了。说明我的前任已放弃了。事实上，我在前一年也基本属于放弃状态，自己有力气没地方施展。如董大姐刚才所说，每个记者都有良好的愿望，都希望耕耘好自己的"二亩地"，出点成绩，不要辜负这条线。我也曾想过放弃，曾经很苦恼。我也很惭愧，没什么好稿参评好新闻。

但是，从去年吕主任到任以来就有了明显的改观。近半年来，有个好的开端，最大的收获是认识了省侨办各个处室负责人及办领导，这样就多了一些条件和线索，不了解信息是做不好新闻的。侨务是广东省的特色，既然省侨办这么重视宣传，希望是双赢局面。今后，我会争取多出些新闻。也相信今后可以跑好这条线，我多了很多信心！

袁秀贤（香港《大公报》广州办事处）：与《羊城晚报》董记者一样，我负责侨务报道好多年了。每年除了两个酒会，我们港澳记者每年还有一次赴侨乡采访的机会。我的感觉是，与省侨办的沟通比较欠缺。广东省是侨务大省，从正面宣传侨务工作会比较好。但多数是安排性采访，是处于"通知与被通知"的状态，找不到门路，有特色的新闻很少。

建议今后建立定期的沟通机制，不同报纸（每个媒体其宣传定位不同）以不同角度进行报道，我们可以各取所需。譬如吕主任刚说道，今后如何加强侨务工作在国外的主导地位，你们的做法，思路如何，我们是否可写一些专题报道，或者一些有特色的新闻？总之，最关键是有效建立健全沟通联络制度，让我们获悉更多信息。

张碧霞（中国国际广播电台广州记者站）：我自己负责侨务线有好多年了，与刚发言的记者一样有同感，与省侨办的沟通渠道不够通畅。

由于广播媒体性质，每年除了酒会活动外，我有幸还可与港澳记者赴基层采访，比较深入，可写出大稿。相信此次座谈会后，会有更好的开始，最好建立定期的沟通渠道。因每个媒体报道角度不同，可根据需求做自己的新闻。我们总台每年与地方电台联播,主要是打"侨"牌,这方面与侨办会有更多的合作空间。

刘冲(香港《文汇报》广州办事处):我刚刚接触侨务线,与吕主任是老朋友,因为我也负责旅游报道,吕主任担任广东省旅游局局长时曾多次采访过。知道吕主任对宣传和新闻报道很重视,相信今后在侨务报道方面会有新的发展。

吴道山(中国新闻社广东分社):我提几个比较实质的建议:一、省侨办组织记者到重点侨乡系统采访,比如汕头、梅州、五邑地区。二、今年在全国侨办主任会议期间,我们总社采访了各地方侨办主任,包括对吕主任的专访,这一批30多篇稿子在海外的影响很大,能否借鉴在广东也组织类似的采访活动?比如到重点侨乡采访外侨局领导。三、在华文教育方面,广东省有什么想法?有何得力举措?能否让我们深入采访?

陆敏华(珠江经济广播电台):广东侨乡品牌,在本省生活的年轻人是不了解的,其认知度也很有限,这方面推广不够。作为政府主管部门,对内宣也应像外宣一样重视,不要忽视年轻一代,工作要有前瞻性,现在的"留学热"中,这些年轻人很快出国后就成为新移民、新华侨,对将来会起到很好的作用。

去年吕主任刚来时,与他曾谈过的华侨华人投诉咨询中心,近期已挂了牌子,由此可见省侨办的工作效率。

韩志鹏(《广州侨商报》):我赞同同行们提出的建议,应该建立经常性、制度性的交流渠道,每个媒体各取所需,我们记者更应多来。从我们这个报纸来说,虽然是小报,至少全省主要侨务部门和各级侨联及100多个社团可看到我们的报纸。我们很乐意做宣传,比如今天提供给我们的《关于进一步加强侨务工作的意见》,我们在最新一期就可刊载。

我很荣幸,此次获得"好新闻"奖,这不是我写得好,的确是吕主任的思路很新。当时,我们也只是一个"例牌"采访,因为新上任的主任总有新的想法，可做些报道，但没想到吕主任提出的观点很新，这是我们没想到的。他说，侨务工作社会化是一种进步！很多侨务干部都接受不了，他们认为，侨办的工作已经社会化了，侨办的权威哪里去了？怎么还是进行呢？主要是吕主任的观念很好，这样也说明一个问题，省侨办的新思路，完全可通过传媒力量，提供给社会各界，让人们接受和认可。

吕伟雄（广东省侨办主任）：今天给各位记者发了一份联系资料，包括我们办领导的直接电话、手机和家庭电话。这份通信录仅提供给省委、省政府值班室的，也提供给你们，表示一种诚意，希望记者们大胆地与我们联络，目的是达到双赢局面。从2001年开始，每年都会评选侨务新闻，我们会通过广东省新闻工作者协会，并邀请各大媒体专业人士参与评选。各位在写作过程中遇到什么困难尽管大胆开口，我们一定会千方百计满足各位的要求。再次衷心感谢各位坦诚提出了很多中肯的意见。我们将会用新的办法，用新的姿态改正不足，调整好此方面的关系，以增加广东侨务工作的能见度，希望通过侨务这个基地，能给各传媒提供多姿多彩的信息。

4. 由"冷"而"热"的侨务新闻

自2001年记者座谈会召开后，省侨办开始和省新闻工作者协会联合搞"侨务好新闻"的评比，让记者们更多地走进侨务工作阵地，从此，侨务新闻渐渐由冷变热，有越来越多记者参与进来。由于与省新闻协会联合评选"侨务好新闻"，培养和团结了一大批专注于侨务工作的新闻记者，一些不是跑侨务线的记者也踊跃地写起侨务新闻稿。

在评选"侨务好新闻"的同时，我们还搞了几次评选"侨之声"活动，专门向获得"侨务好新闻"奖项多的媒体（如《广州日报》《南方日报》、中国国际广播电台等媒体）颁发一个"侨之声"的奖牌。"侨之声"对传媒单位来说也是一种荣誉，也起到了相互促进的作用。

十八、与传媒合作，用社会化思路应对社会化的侨务

"侨之声"颁赠仪式

2003年度"广东侨务新闻"奖颁奖会

附录三

《由"冷"而热的侨务新闻》

作为一名新闻工作者，当我得知省侨办准备把历年来各大媒体关于侨务工作的报道、"广东侨务新闻奖"得奖文章选编出书，心里自是一番激动。

出一本书如今算不上什么大事，作为一名记者，把自己多年来的作品结集成册，作为评职称之用或者说对自己来一个总结，也是一名新闻工作

者的本分。一个单位把新闻传媒报道本单位、本领域的新闻作品，收集成册，也是常有之事。但是，作为省侨办来做这事，我的内心也就有一种特别的亲切感。

说句老实话，在新闻工作所报道的各个领域中，侨务报道算是一条"小"线，起码算不上是一条"热"线。记得20世纪80年代中期我当记者时，对侨务工作的印象，仅仅是"华侨农场""印尼归侨"以及逢年过节中央媒体上出现的"向海外侨胞致以亲切的问候"这些零星的碎片。

侨务工作在人们心目中分量的不断增加，也是随着国家的地位提升而逐步上升的。侨务新闻的宣传报道这些年也是不断加大分量，占据了各大媒体相当的版面和时段。特别是遇到了一些突发事件后，媒体开始在这个领域抢新闻抢镜头了。媒体的这种变化也可以折射出侨务工作在人们心目中的地位正在逐步提升。

但是，仅仅靠这些大环境的变化而没有侨务工作者自身的努力，仍然是不够的。或者说，如果侨务工作者自身对新闻宣传工作不予以足够的重视，那么侨务宣传也没有办法做得好。类似的情况，已经在其他的领域中出现过。

值得庆幸的是，历届广东省侨办的领导对侨务宣传工作是高度重视的，而我采访工作接触时间最长的省侨办主任，要算吕伟雄了。

第一次听到吕伟雄的名字，并不是他在省侨办主任的位置上，而是他在省旅游局当局长时，听到报社跑旅游的记者回来议论，这位省旅游局局长可真是不简单，工作作风雷厉风行不说，还自己背上背包，和记者们一起翻山越岭步行到异常艰苦的乳源大峡谷旅游点去踩线。我当时心想，堂堂一大局长，自己还到一线……这是一个什么样的局长呢？

不久，听说吕伟雄到省侨办当主任了，在大大小小的侨务活动中，人们又看到了那个雷厉风行的影子；不久，广东省的侨务新闻开始热起来了，侨务新闻开始多起来了；不久，并不是新闻"热"线的侨务新闻也评起了每年的"好新闻",而且一评就是七八年,新闻作品越评越上档次;不久,侨务新闻的覆盖范围从省内扩展到国内,进而走向国际;不久,在一些重大的国际性突发新闻事件中,比如东南亚海啸、所罗门群岛撤侨等,广东省侨办已经跻身其中了;不久,侨务新闻竟然在不知不觉中成了"热"线,成了新闻"富矿"。

侨务新闻由"冷"而"热"的变化,令人感慨良多。当今海外华人华侨已达3000多万人,其中祖籍广东的就有2000多万人。侨务工作的中心,就是服务这些华人华侨,而这本身也是新闻媒体报道的重要组成部分。

(刘海陵,《羊城晚报》报业集团副总编辑)

5. 和海外华文媒体"结盟"

建立侨务与国内媒体合作之后,我们乘胜前进,进一步加强与海外华文媒体的联系,邀请海外华文媒体来广东采风。这个举措同样是开了全国的先河。2001年9月,国侨办在南京举办"首届华文传媒论坛",借助这个论坛的机会,我让新闻秘书屈桂琴带两位同事一起参加活动,目的就是邀请世界各国华文媒体的高层领导来广东,让他们了解广东的侨务,并和他们"结盟",成为合作伙伴,向海外华文媒体介绍广东侨务工作。当时,邀请了参加论坛的18家华文媒体到中山、江门、深圳、南海等地实地考察采风。我们特意邀请曾从事传媒记者工作的中共广东省委副书记蔡东士与他们会面,这个小举措很有效果。蔡东士副书记就像同行见面一样,与海外媒体负责人谈得很在行,很深入。采风活动之后,这些华文媒体领导们都运用自己的媒体大篇幅地介绍广东开放改革及广东侨务。

我觉得,应该用新的观点看待华文媒体,发挥华文媒体新的作用。要把华文媒体看作新的"唐人街",是中华文化的聚集点,是华侨华人生存与发展、经济与贸易、思想与文化交流的"超级市场",更是国内侨务工作与海外侨胞联系的桥梁,是我们了解海外侨胞生存与发展的晴雨表。

从2006年春节开始,省侨办通过海外华文媒体推出了《广东向世界问好》的春节电视特别节目和报纸贺年专版。每年都请广东省省长在海外传媒做一个春节祝词节目,向海外侨胞拜年。于大年初一零时在广东卫视首播,2007年我们还联系了中国国际广播电台华语台、广东电视台、《星岛日报》等多家海内外媒体,通过报纸、电视、广播和网络四种媒体立体化、全方位地打造《广东向世界问好》,向侨胞们送上丰盛的"春节大餐"。

附录四

2006年省侨办致省长
《关于2006年春节专版〈广东向世界问好〉刊播情况的报告》

华华省长：

由我办牵头制作的2006年春节贺年专版《广东向世界问好》已于春节期间在海外刊播。其中,报纸专版在美国、加拿大、澳大利亚、英国、法国、德国、南非、委内瑞拉、巴拿马、马来西亚等20多个国家的33家主要华文报纸上刊登,发行范围基本覆盖北美洲、中南美洲、欧洲、大洋洲、南部非洲、东南亚等地区。电视版在美国、加拿大、欧洲、澳大利亚等国家和地区的14家主要中文电视台播出。广东卫视在大年初一零时播出了该片。这是我省首次由省长向海外乡亲发表新年祝词,形式创新、海外覆盖范围广,在全国也是首创。

我们和海外华文媒体建立联系之后,还通过这些华文媒体,邀请所在国的主流媒体来广东考察。海外的主流媒体来广东采访,不会单纯谈"侨",而会报道整个广东的情况,这样就变成了侨务为整个社会服务。2006年9月,我们特别邀请世界各地《星岛日报》海外版的总编辑集体访问广东,直接让他们考察韶关洪涝灾区的现场。

我们还特别邀请省委副书记蔡东士直接听取他们提出的意见,产生了很好的效果。2007年,我们通过新西兰的华文媒体《先驱报》邀请了新西兰七八家主流的英文媒体来考察新西兰人在广东投资的企业,认识新西兰企业在广东发展的巨大潜力;考察大亚湾核电站,让新西兰主流传媒了解中国发展核电的措施,消除某种误解。事后,他们也认为从来没有这么认真地报道过真实的中国。

《星岛日报》2006年11月1日专题报道,《韶关洪涝救灾重建闻见记》《开平碉楼访根》

如果省侨务部门没有和华文媒体建立如此密切的联系,华文媒体没有这样的触角,就请不到国外主流媒体来广东考察,而华文媒体没广东这一个广阔的"舞台空间",他们又有什么资本能请得动本国的主流媒体过来呢?这是一个双赢的局面,我们还是很划算的。总之,一环扣一环,从联系国内的媒体到海外华文媒体，再到国外主流媒体，就形成民间"讲好中国故事"的很大的联动。

6. 向海外侨团赠送卫星电视接收器

侨办的许多工作并不是由上级交办的，而是需要我们主动争取，而这种争取还需要有顽强的工作精神。

在与传媒的合作中，我们获知广东电视台珠江频道海外版于2004年中开播。这是我国第一个覆盖全球的粤语节目频道。众多广东籍的侨胞正是极其渴望能收看到粤语电视，但收看这套节目必须安装专门的卫星电视接收器。尽管珠江频道海外版每天六小时向海外播送粤语节目，在南北美洲、澳大利亚、中东和南非、欧洲等地区，这套节目根本无法落地。广东电视台珠江频道这个良好的愿望，对于广大侨胞仍是"水中的月亮"。为了让侨胞真正享受到家乡广东的信息，省侨办主动向省政府提出，以省政府名义向海外华社赠送卫星电视接收器并申请拨款10万美元。

这个请示在2004年年底呈报后，省政府办公厅十分赞成和重视，提出请财政厅考虑解决10万美元经费。财政厅研究后又提出这些经费应该由省宣传文化发展专项资金中支出。省委宣传部也认为向海外华社赠送卫星接收器具有积极意义，但又认为他们掌控的宣传文化专项资金不多，建议经费从其他渠道解决。

许多事情往往都是这样，每个部门都说是好事，但涉及出钱，那都是别的部门的事。这10万美元的经费扯来扯去，已经拖了100多天，本来我们准备2005年春节让乡亲们看到广东粤语节目的愿望落空了。

在有关部门为经费扯皮时，我们不怕"好事多磨"，向驻外使领馆发出请求，请他们提供受赠的华侨社团及重要侨领名单。驻18个国家的中国使领馆十分积极主动，向我们推荐了近600个受赠单位和个人。2005年4月省侨办向省政府报送《关于落实向海外华社赠送卫星电视接收器款项的请示》，并把拟赠送的社团名单也附上，恳请尽快落实专款。

省政府最终确定由省财政拨出专款80万元人民币。但是难题又推到我们侨务部门来了，拨出的专款是人民币，又如何汇出境外？卫星电视接收器是专用设备，必须由技术人员安装，10多个国家，几百家受赠社团，不可能由广东电视台派人去安装。颇费几番周折，省侨办与广东电视台海外的公司签约，由这家海外公司的分支机构负责安装。人民币由省财政厅通过外汇管理局兑成美元后，省侨办把款项汇至香港，请香港广东社团总会分别汇到各国社团，待安装好接收器后由社团直接向安装公司支付费用。

一件具体小事前后也经历了两年多才得以实现。事情虽小意义却大。因为侨胞们能迅速了解广东，为传媒的作用能真正惠及侨胞，我感到是值得的。

7. 海内外华文媒体聚首羊城话合作

2005年、2006年，省侨办分别与《羊城晚报》报业集团、南方广播影视传媒集团联合举办了"全球华文传媒羊城峰会·2005""全球华文传媒羊城合作论坛·2006"，世界五大洲40多个国家和地区，100多家海外华文媒体和广东省、市新闻媒体高层聚首羊城话合作。通过交流、考察、展览、采风等多种形式，向海外全方位介绍广东，增进了海外华文媒体对广东的了解，也有力地推动了海内外华文媒体的合作与交流。

广东的传媒与华文传媒的合作，令广东的形象立体化地通过这些海外华文媒体向世界各国展示。能够促成此次论坛及高峰会，我觉得主要是抓住了两个客观因素的结合。第一是中国的改革开放令海外侨情变化，大量的新华侨华人办起了各类的华文媒体，华文媒体的兴起就迫切需要大量的国内信息，以满足广大侨胞对祖国了解的欲望。而要拿到这些国内的消息，就要通过国内的媒体。第二是广东实施走出去的战略，也很需要华文媒体协助做推介。侨办在海外的华文媒体和国内的媒体之间起到一个"结合手"的作用，成了两个方面的"媒人"，将两方面联系在一起，成了一个双赢的局面。

全球华文传媒参加2005年羊城峰会（上图）和2006年羊城合作论坛

海外的华文媒体来中国合作交流，也成为国内媒体出国了解报道侨胞的桥梁。2006年春节前，省侨办收到《广州日报》的函件，要求协助该报12名青年记者分成六路赴世界各地采访，让国内读者了解生活在海外的侨胞们春节期间多姿多彩的过年气氛。这是一个很有新意的点子,我当然全力支持。我们向海外的媒体及社团发出通告,请求配合采访。那一年《广州日报》的春节版内容很丰富,澳大利亚、新加坡、南非、法国、古巴、美国等地春节的热闹场面,真情实感地通过《广州日报》与国内读者分享,报道了很多洋人到中国茶室饮茶,洋人穿唐装,洋人看粤剧。记者们能顺利完成采访活动,与我们和传媒的关系融洽是分不开的。

《全球华文传媒聚穗商合作》及报道此次会议的报纸

8. 与"南方网"合作办"广东侨网"

"广东侨网"的起步也是很简单的。设立之初只是添置了机器,然后将资料存入系统再发出去,由于页面死板,太机关化、行政化了,吸引力不大。直到2002年举办第二届"世粤联会",在和南方网合作搞"世粤联会"专版的过程中,体会到网络的优势,我们决定与《南方日报》属下的

"南方网"合作办"广东侨网"。依托"南方网"强大的技术支撑,将侨务知识、侨务政策、侨务新鲜事件等传播出去,我们只是每年缴纳约6万元的管理费,整个"广东侨网"的技术就由"南方网"负责。之后又因为我们用中文,年轻的华裔不懂中文只会看英文,我们就开设了一个英文频道,适合年轻华裔阅读。

作者(右二)参加"广东侨网"英文频道开通仪式

9. 实施交侨务信息的"公余粮"制度

有了"广东侨网"、广东侨务信息站,但"巧妇难为无米之炊",这么大的架构需要更多的资料,而侨办机关各处干部各顾各的业务,谁也不把这两间对外营业的"商店"看成自己的。因此,"广东侨网"也好,广东侨务信息站也好,都在"等米下锅"。

为解决这个难题,我想起在农村当知青时候的经历了。那时,我当农民时,向国家交公余粮是爱国的体现,必须完成。我决定借鉴这个方法,从省侨办机关起步,逐步在整个广东侨务系统实施侨务信息的"交公余粮制度",要求机关每个人都要交"公余粮"。开始时,每月每人无论官职高

十八、与传媒合作，用社会化思路应对社会化的侨务

低，一律都要交一条的信息稿，提供给"广东侨网"或者信息站，这算"公粮"，必须完成，我本人也不例外，并规定年底考核。超额提交信息的算"余粮"，交"余粮"有奖。干部评优时，完成不了"公粮"任务的不能参评。

有制度和没有制度就是不一样，有执行与无执行更是不一样。2001年1月，秘书处处长向党组会议汇报"公余粮"完成情况：超额完成任务的有24人，占总人数近50%。这24人中，每超额完成一条信息，获得奖励30元。这奖励，激起了不少"浪花"。有同志提出意见，觉得制度有点不公平，认为侨办有些岗位消息来源少，有些岗位消息来源多，没有区别的"一刀切"不合理。为此，我们又调整了"政策"，分开"产粮区""山区"与"非产粮区"。"产粮区"包括文宣处、外联处、经科处、投诉中心、海交会和秘书处的新闻组，坚持每人每年12条，这类属于信息量大的处室，每人每个月需要交一条信息稿。属于"山区"的，有农场处、侨政处，每人每年8条。属于"非产粮区"的，有财务处、人事处、档案室、保密室、机关服务中心和监察室，每人每年4条。

所提交的"公余粮"需保证质量，原创稿件计为一条，采纳转发外系统的稿件计为半条，合作写稿的各算一半。用"公余粮"制度鼓励同志们多提供稿件，效果相当不错，使"广东侨网"成为省内各个党政机关内容最丰富的网站。各省侨办的侨网都向我们学习，不少侨务干部都上"广东侨网"看我们广东的侨务消息，从侨网上捕捉我们的工作动向，"广东侨网"成了国内侨务的著名网站。2002年，秘书处处长吴行赐代表省侨办参加国侨办的信息工作会议，并在大会上介绍广东侨办办侨网的经验。外省的侨务同行很惊奇地说，没想到广东的吕伟雄主任出的这一招呀！"公余粮"制度从省侨办开始，又推广到各个地级市，要求各个地级市侨办都形成向"广东侨网"供稿的制度。我认为，自觉是要和制度结合在一起的，没有制度的制约是不可能做到自觉的，但是这个制度

的压力也不大,很容易完成,只需要每个月检查一次完成程度即可。

10. 编辑出版《侨务与传媒》一书

"侨务工作是社会性、长期性的工作。侨务工作的性质决定了侨务部门的特点是间接性、服务性。间接的意思是侨务工作要通过很多部门才能完成一项综合性的工作,间接性带着协调性,协调将是以后侨务工作的一个很大的特色。我们的协调作用发挥得越好,我们的工作就做得越出色。还有一个就是服务性,我们要争取在社会化工作中起到协调作用,把侨务工作深入党和政府各部门、各个社会团体的整个工作中去。"在2001年第1期国侨办出版的《侨务工作研究》杂志上,我发表了《以新的思路发挥广东独有优势》一文,以上的这段文字是我文章的其中一段。当我接触侨务工作后,我感到侨务是一种社会工作,必须以社会化的思路去应对。而要实施社会化的思路,运用传媒的力量是最有效的。

社会化的侨务,使得侨办不再是孤立地干侨务了,侨务在整个工作中产生并提供了许多传媒所需要的因素;传媒也不是孤立地干传媒,他们在整体报道中也营造了良好的社会侨务氛围。这是互为因果的双赢。这双赢,使侨务从"独木桥"变成"高速路"。侨务与传媒,正以"山连着山,海靠着海"的形式活跃在这个讯息纷呈的时代。

在侨务工作岗位七年后,2008年南方日报出版社出版了我主编的《侨务与传媒》一书。该书近700页,分成创新理念、联谊交流、侨团革新、救援侨胞、民族情怀、侨心慈善、维护侨益、侨场改革、合作共赢、华裔寻根、文化穿梭、华文教育、互动采风、记者感言及附录等十五个章节,把从2000年至2007年获得"广东侨务新闻奖"的好文章结集成书。

如今翻看一下此书,传媒所报道的、所反映的正是侨务工作社会化的过程,这里面正是广东侨务工作改革开放过程中某个时段的真实工作回顾。

十八、与传媒合作，用社会化思路应对社会化的侨务

2008年《侨务与传媒》（上、下两册）由南方日报出版社出版

2002年度"广东侨务新闻奖"颁奖会举行

2006年度"广东侨务新闻奖"颁奖仪式举行

附录五

永远在路上

（节选自《情通天下》，屈桂琴）

与吕伟雄局长认识和共事，皆因"新闻"之缘。

"吕局长时代"，我们很快乐

1993年年初，吕伟雄局长到任广东省旅游局。

我有幸领略了吕局长的领导魅力和睿智胆识，也见证了吕局长统率下广东旅游界所创造的一个又一个"辉煌和第一"，更亲身感受到他对新闻工作者的高度尊重和独特情怀。

吕局长的到来，让旅游线一时"洛阳纸贵"，成为记者们争相跑的线，各大媒体的旅游专栏、专版更是从无到有。那时，广东旅游不仅在全国旅游界是龙头，而且在新闻界同样是焦点。

吕伟雄局长是名副其实的旅游新闻"领跑者"。媒体界朋友诙谐地称，那是一个"吕局长时代"！

吕局长对媒体界始终秉持开放态度。高层领导不愿透露的住宅电话，时髦的"大哥大"，时兴的BB机，还有他一早就有的电子邮箱，总是最先提供给记者朋友们。

有一次写专题稿，需要就吕局长的新提法进行补充，而第二天一早又出差，犹豫之中拨通了他的手机。在夜深人静的时候，电话中的吕局长依然热情而耐心。记忆中，愿意在深更半夜接受"突然"采访的厅级领导，只有吕局长了。

由于与吕局长的联系超越时空，更由于他有很多大胆的新构想，强力的新举措，幽默贴切的新说法，记者从他那儿随时可寻到新闻"亮点"，有写不完的新题目。

诸如"三大一新"，即"营造大环境，着眼大区域，塑造新形象，发

十八、与传媒合作，用社会化思路应对社会化的侨务

展大旅游"。构建"粤港澳大三角旅游区"；"五彩缤纷广东游"；"广东人游广东"；建立生态旅游推广站；珠三角实施"72小时便利签证"；吕局长亲率旅游新闻界考察队徒步穿越乳源大峡谷，以新闻扶贫为粤北景区出谋献策；组织"学生使者"赴欧洲考察青少年旅游服务网络，体验修学游；将欧洲盛行的青年旅馆概念首次引入中国；把"旅游饭店业"概念引申到"旅游住宿业"；倡导旅行社率先改制迎接WTO后全面开放的市场；在全国率先实施国民旅游计划……一个个敢为天下先的新政策和新变革，在当时都是媒体紧追不舍的"大"新闻。

旅游记者与旅游局局长结下深厚友情，成为广东新闻界一段佳话。

2000年3月，吕局长赴任广东省侨办主任前夕，专门设宴感谢媒体，到场的旅游记者和编辑近40名。吕局长说："过几天，我就要到省侨办报到了。今晚的宴请，不是旅游局安排，与省侨办也没关系，是我个人想表达对各位记者的衷心谢意，非常感谢大家七年来对我的大力支持！"

那晚，我们与吕局长把酒话别，谁也不想采访了，更不用赶着发稿。坐在对面，清晰地看到吕局长笑眯眯的眼中闪烁着晶莹的真情，定格在我心中的是一种永远的感动！

这种特殊的道别宴，在我八年的记者生涯中也只有这一次！

追随智慧，是一种选择

2001年春节期间，我第一次走进二沙岛的省侨办大楼，是专程去给"吕局长"拜年。

谈话间，得知我准备离开所在报社时，吕主任表情急切而又诚恳："你来我们这儿工作吧。"我很惊讶："来您这儿？我能干什么？""做新闻秘书，策划侨务新闻啊！你是归侨，很适合到侨务部门工作……"

那天，吕主任像"吕局长"一样亲自把我送至电梯口，还一再嘱咐希望尽早得到回复。

事实上，当时等候我的新选择已有三四个之多，吕主任的"盛情之

邀"只能排在第四、第五位。

当决定把简历送给吕主任时,我想到了《人民日报》资深记者撰写的《追随智慧》一书。

我选择了一位有性格、有智慧的领导。

到省侨办工作不久,旅游界朋友告诉我,吕主任委托老朋友寻找有专业经验的新闻秘书已达半年之久。

2001年3月19日,到广东省侨办接手的第一件工作,就是按照吕主任的批示,组织"'广东侨务好新闻'颁奖暨侨务记者座谈会"。

与记者们一轮电话联系,发现这"新闻秘书"还真不好当。

侨务线的记者们似乎对省侨办有很多的意见,对"侨务好新闻"评选更是颇有微词。

我极力解释,是吕主任真心邀请媒体界来座谈,听取大家的意见。一位采访侨务十几年的"老记"终于诚敬地说,知道吕主任曾与旅游记者的沟通很好,我们终于等到这一天了!

其实"好新闻"评选就是吕主任提出的,由于新闻不多,范围有限,评委由侨办的处长们担当,只选出十来篇。吕主任的用意是希望推动侨务新闻,增强侨务工作的社会能见度。

根据记者们的意见,我提出几条工作建议,吕主任都采纳了。会议名称改为"记者座谈会"。

2001年3月28日,吕主任率全办领导及各处处长与媒体朋友交流了整整一个上午。吕主任一个多小时的真心开场白,打动了记者们,大家纷纷畅所欲言。看着热烈的会场,我仿佛又回到了"吕局长时代"。那是吕主任到任省侨办后第一次召开记者座谈会。

2001年7月,"绿叶对根的怀恋"华裔青年寻根活动掀起了吕主任"掌门"以来首个广东侨务新闻"热潮"。半个多月,华裔寻根的感人故事成为醒目新闻,参与采访的记者达230多人次,稿件有100篇之多,是广

十八、与传媒合作，用社会化思路应对社会化的侨务

东省侨办20年来史无前例的喜讯。

新闻界开始热切关注广东侨务，侨务新闻在各大媒体崭露头角。

一年之后的第二届世界广东同乡联谊大会（以下简称"世粤联会"），吕主任倡导成立"记者服务中心"，特别建立新闻联络员制度，旨在为国内外记者提供个性化采访服务，确保传媒在海外嘉宾入住的广州市九间酒店中都可获得采访协助。

作为"记者服务中心"总负责人，我与同事及广东省新闻办、广东省侨联工作人员、"南方网"志愿者日夜工作，每人每天最多睡两个小时。吕主任在闭幕式当天清早，于百忙中专程看望"记者服务团队"，那一刻的感激和感动至今记忆犹新。

"世粤联会"期间，中央电视台综合频道（CCTV-1）和中文国际频道（CCTV-4）特派记者来粤采访；CCTV-4《中国报道》在大会前夕还特邀吕主任到北京演播厅接受专访；中国国际广播电台、广东电视台现场直播；凤凰卫视等港澳媒体及海外华文媒体进行系列报道；广东省各大媒体更是与省侨办提前半年联合策划，刊发了数十个专版。一次在故乡举办的"世粤联会"，云集了300多名国内外记者，各类新闻报道上千篇。

就是因为"世粤联会"的良好合作，吕主任与"南方网"欧阳总裁"一拍即合"，让"广东侨网"搭上了"南方新闻网"的"快车"，升级改版，建立英文频道，成为全国侨务网站中的佼佼者。

第二届"世粤联会"，让广东侨务新闻攀越新高峰！

2001年，吕主任参与策划，广东省侨办首次与广东省新闻工作者协会联合主办"广东侨务新闻奖"评选，开创了全国侨务新闻奖评选之先河。至今已是第七个年度，该奖项成为广东省直部门新闻奖评选的典范之一。

2001年9月，借中国新闻社举办首届世界华文传媒论坛之机，吕主任特派我和同事到南京，热忱邀请数十个国家的华文媒体高层来粤采风。之后的2005年、2006年，广东省侨办分别与《羊城晚报》报业集团、南方

广播影视传媒集团联合举办了"全球华文传媒羊城峰会·2005""全球华文传媒羊城合作论坛·2006",世界五大洲40多个国家和地区100多家海外华文媒体和广东省、市新闻媒体高层聚首羊城话合作。

2005年夏季,马来西亚华文媒体客家文化访问团来粤进行文化专题报道;2006年9月,《星岛日报》海外分社高层首次率团赴粤考察;2007年上半年,《先驱报》(中文版)与广东省侨办联合组织新西兰主流媒体来广东采访……

2004年至今,"来自广东的问候与祝福""广东向世界问好"等图文并茂的贺年专版通过数十个华文媒体向海外侨胞传递了家乡人民的新春问候与祝福。

2007年,广东省侨办向48家媒体颁发"侨之声"牌匾和感谢辞,衷心鸣谢新闻界的大力支持!

吕主任的一个个"新闻创意",扩展和延伸了广东省侨办、广东省海外交流协会与海外华文媒体的联络交流。早在2000年,吕主任执意以广东侨网为基础成立的"广东侨务信息站",如今成为各华文媒体定期了解广东、宣传广东的咨询渠道。

在我的脑海中,吕主任总是以其独特的工作思路和创新理念,在实践中孜孜不倦地推动和证明了"广东侨务有新闻"!他更善于把新闻宣传与侨务工作紧密相连,增强侨务工作的社会能见度,也让广大媒体参与到社会化的侨务工作中,达成互动多赢。

作为具体工作人员,我不仅仅是在执行领导的"批示和指示",最重要的是切身学习感受到吕主任高度敏锐的"新闻理念"和细致的"新闻思维",其实战及谋略可与媒体专业人士媲美。此方面的历练,令我受益匪浅。

我明白,与"吕局长时代"提出的新思路一样,吕主任所倡导的"增强侨务工作的社会能见度""与海内外媒体互动机制"……绝不是一句句

十八、与传媒合作,用社会化思路应对社会化的侨务

口号,而是实实在在的一种推动,让"广东侨务"犹如当年的"广东旅游"精彩无限……

我常想,如果有机会让吕局长和吕主任成为一名新闻记者,以他特有的敏锐、执着、睿智,还有那骨子里强烈的使命感,不折不挠的阳光性情,相信他会是一位出类拔萃的"无冕之王"!

屈桂琴

2007年12月于广州

十九、与驻外使领馆构筑内外互动的新机制

广东侨务与我国驻外使领馆构筑内外互动新机制，是从2002年开始的。

2002年，广东省侨务工作计划中提出了要建立六大机制推动侨务工作的新发展。与中国驻外使领馆共同构筑内外互动机制，是这六大机制之一。

1. 两个偶然性举动，成了常态化行动

从2002年开始，广东省侨办围绕与驻外使领馆构筑工作机制，办了两件事。

第一件事，2002年1月7日，邀请中国驻印尼大使陈士球访问广东。2001年，我们开始在印尼华文教育已经中断20多年的背景下重启华文教育工作，除靠印尼侨胞和民间力量，还得到中国驻印尼大使馆的全力支持。经我国驻印尼大使馆与印尼国家教育部门沟通，我们在印尼开展华文教育可以说是旗开得胜。为此，我们特别邀请中国驻印尼大使陈士球到访广东，具体商讨继续合作事宜。1月28日，我们又邀请中国驻洛杉矶总领事许士国到省侨办座谈，研究洛杉矶传统侨团促进互动等新问题。

第二件事，与广东省人民政府外事办公室（以下简称省外办）联合召开"驻外使领馆与广东有关部门座谈会"，邀请了中国驻文莱、印尼、越

十九、与驻外使领馆构筑内外互动的新机制

南大使馆及驻澳大利亚悉尼和墨尔本、韩国釜山、日本大阪、越南胡志明市总领事馆的九位大使和总领事来广东考察,专门商讨互动机制的问题。这是我省建立内外互动机制的重要举措。

九位大使和总领事先到广州、深圳等珠三角城市考察广东的经济社会情况,之后我们专门邀请了省直机关领导和珠三角三十多家企业的负责人与他们举行座谈,由省人事厅、省外贸厅、省旅游局向大使和总领事介绍广东的人才现状、人才引进政策、外资引进政策、旅游资源等,在互相沟通的基础上专题研究如何建立互联互助合作的机制。

附录一

省侨办、外办联合召开驻外使领馆与广东省有关部门座谈会

（广东侨网,2002年4月9日）

广东侨网讯 4月9日,"驻外使领馆与广东有关部门座谈会"在省侨办礼堂举行。我国驻文莱、印尼、越南大使馆及驻澳大利亚悉尼和墨尔本、韩国釜山、日本大阪、越南胡志明市总领事馆的九位大使、总领事,以及省直、广州市和珠三角各市侨务部门共36家单位出席了座谈会。

九位大使和总领事是在参加了由省侨办组织的到深圳、东莞、中山、江门、顺德等珠三角经济发达地区及重点侨乡的参观考察活动之后参加座

谈会的。本次邀请驻外使领馆使节到广东考察并与有关部门举行座谈会，是省侨办建立与驻外使领馆内外协作机制，加强与驻外使领馆的联络、沟通、互通情况的一项重要举措。

省侨办吕伟雄主任首先在座谈会上发言。他充分肯定了广东华侨华人为广东的改革开放、经济社会发展做出的重要贡献。他说，面对目前侨情的变化和广东经济发展的新情况新要求，广东侨务部门将加紧实施针对新华侨华人、华人新生代和社团新力量的"三新"战略。为广东"走出去"战略和引进侨智提供支持，为广东率先实现现代化做新贡献。

省人事厅、省外贸厅和省旅游局负责同志分别向各位大使和总领事扼要介绍了广东在人才现状、人才引进政策、外资引进、外贸现状和发展状况、旅游资源等情况。省人事厅副厅长赵伟光提到，广东目前可谓求才若渴，有足够的空间吸收高层次人才，希望驻外使领馆发挥桥梁作用，促进广东的人才引进工作。

各大使和总领事分别谈了参观考察后对广东的印象以及驻在国的一些情况，还就如何加强广东人才引进工作、与驻在国经贸、文化等方面的交流互动提出了建议。

他们说，通过这次活动他们看到了一个充满生气、经济发达、社会进步的广东，收获丰富，对他们今后开展工作有重要的意义。驻悉尼总领事廖志洪说，广东的确走在全国改革开放的前列，不但经济发展很快，而且在政府机关改革，农村改革等方面同样走在全国前列，值得借鉴学习。驻大阪总领事王泰平把这次参观考察称为"学习之旅、工作之旅"。他说通过这次活动收获很多，广东方方面面的发展状况让他很吃惊，也很受鼓舞。

大使和总领事们对广东的干部素质称赞有加。驻文莱大使瞿文明说，这次参观让他接触到一群业务熟练、工作能力强、富有朝气的干部，他们充满活力和创造力，对工作充满信心，是广东日新月异、向前发展的重要因素之一。

大使和总领事们都觉得,广东不要闷头搞建设,他们建议通过邀请外国记者到广东参观报道和邀请外国地方政府人员来访等形式加强广东在海外的宣传。在引进人才上,要建立人才资料库,做足调查工作,有目的、有计划地引进人才。他们还就发展与驻在国经贸往来要注意的问题说明了情况,提出了建议。他们称赞省侨办举办这次活动是建立彼此间互动协作机制的有益开始,希望以后要不断加强和巩固这方面工作,他们也会在驻在国加大宣传广东的力度,共同促进广东的发展。(陈金流)

我们是抓住对外使节回国休假的机会一次性邀请九个使领馆负责人来广东考察的。后来,这个偶然的举动还成了一个常态行动。驻外使节回国休假一般是每年一次,这一时机我们抓住了。但实际上,驻外使领馆人员也很希望了解广东这个中国改革开放前沿阵地的真实发展情况,更愿意与广东侨务部门共同交流驻在国的侨情。我们又用什么办法掌握驻外使节回国休假的消息呢?大使领事们回国,国侨办都会和他们进行一次会面,相互沟通内外情况,我们就是通过这一渠道捕捉到哪一位大使回国的日期,提前邀请他们来广东。当然,我们利用大使回国休假,请他们到广东来考察,机票、食宿等费用全部都由省侨办支付。实际上,我们是占用了他们的私人休假时间来做工作,费用由我们负责是理所当然的。有时候,也邀请他们与夫人同行,这样的效果会更好一些。邀请他们来广东不单是了解广东情况,还要他们为我们的侨务干部介绍驻在国的侨情。

从邀请回国休假的大使和总领事来广东发展到新任大使出国前,也邀请其先到广东了解广东的侨务和广东的改革开放实情。当然,新任大使也是因为国侨办的关系,通过国侨办介绍给我们,让我们来做这些工作。无论他们是回国休假还是即将外出赴任,利用这样的关系建立相互协调的机制都是相当有效的。我一直都是很看重这样的机会,每次大使或总领事到来我都争取陪同，他们来多少天我就陪多少天。一些重要的侨务重点国家的使节，我还陪同他们下到基层。

我们会通过他们了解所驻在国侨情、侨团动态以及对侨领们的评价等具体的细节，这种相互沟通、相互了解，在会议上根本做不到，所以每一个大使回来或者每一个大使上任，都成了我们工作很好的沟通机会，而我们到海外所做的侨情调研，也专门向使领馆作详细报告，我们完成的调研报告也通过外交途径送到使领馆。

每年，国侨办都会召开一次全国侨务工作会议，侨务工作重点国家的使领馆也会派人回国参加。我们争取到国侨办批准，利用这个机会特别为这些回国的大使领事们开一个"小灶"。也就是专门举行一次"午餐会"，请吃一顿饭。这顿饭用时三四个小时，期间汇报了广东侨务工作，听取大使领事们对广东侨务的建议。有两年，因会议接近春节，我们还把广东的土特产，如腊肠、腊肉送给各位大使和总领事，让他们尝尝广东味道。我觉得，这些土特产是接地气的交流媒介，对于增进彼此感情、让大使们记住广东是必不可少的。

附录二

驻外使领馆使节盛赞广东侨务与时俱进

（广东侨网，2005年3月4日）

十九、与驻外使领馆构筑内外互动的新机制

广东侨网讯 3月1日上午，广东省侨办、广东省海外交流协会邀请正在北京出席全国侨务工作会议的驻外使领馆使节，座谈交流侨务工作。我驻外19个使领馆的外交使节，以及外交部领事司黄屏副司长等应邀参加了座谈。

广东省侨办主任、广东省海外交流协会常务副会长吕伟雄对各位驻外使节应邀出席座谈会表示感谢，并介绍了近几年广东开展侨务工作的情况。他说，近几年广东省侨办顺应形势发展和海外侨情变化，以国外侨务工作为主导，大力实施"三新战略"，重点推动华侨华人新生代、新华侨华人和社团新力量的工作，同时做好华人企业家、高层次专业人士和参政华人的工作。吕主任重点介绍了过去两年开展海外侨情调研的情况，并指出，通过2003年和2004年海外侨情调研活动，广东省侨办新开拓了中南美地区多个国家的工作，新与几百个华侨华人社团和近千名各界重点人士建立了联系，大大拓展了工作面。他表示，经过几年的努力，广东省对外联络工作开拓了新的天地，初步形成一支国家覆盖面广、界别多元、层次高、活力强的海外联谊交流骨干队伍。吕主任表示，这些成绩的取得，离不开各驻外使领馆长期以来的支持和协助，他对此表示衷心感谢。

各驻外使节在交流中表示，这几年广东省侨务工作很活跃，与他们的工作交流很频繁，他们对广东省侨务工作也有了更深的认识。他们说，通过海外侨情调研等一系列举措，他们感到近几年广东省侨务工作是卓有成效、与时俱进，掌握了新侨情，开拓了新领域，取得了新发展。他们还对由吕伟雄主任主编的侨情调研文集《海外华人社会新观察》表示赞赏，认为反映了调研成果的同时，也反映了调研考察的深入、细致，资料新、观点新，很有实用和参考价值。

座谈会上，广东省侨办、广东省海外交流协会还就加强与驻外使领馆的工作交流和联系沟通与各使节交换了意见。

作者：黎 静 稿源：广东省侨办

2. "高看一眼,厚爱三分"

与驻外使馆建立互动机制的同时,我们还主动与外国驻中国使馆建立联系,尤其是外国驻中国大使中的华裔,我们更是"高看一眼,厚爱三分"。如马达加斯加的驻华大使是南海人,混血华裔;秘鲁驻华大使陈路,中山籍华裔;墨西哥的驻华大使李子文,中山籍华裔;巴拿马驻中国商代处代表甘林(巴拿马与中国建交后任驻中国大使),中山籍华裔;多美尼加驻中国商务代表处代表吴玫瑰,恩平籍华裔。他们是代表自己的国家驻中国的大使(或商务代表),我们都逐一上京拜访,以邀请其回乡寻根等方式和他们建立稳固的联系。通过这些联系,运用这些软实力,许多有利于两国的事情都一一办成了。

虽说是"无巧不成书",但许多巧事仍需有人细心促成。秘鲁驻华大使陈路(Luis Chen)是中山籍华裔,而中国驻秘鲁大使麦国彦也是中山籍人,两个同乡同一时期在对方国任大使,算是凑巧了,可更巧的是,我们趁着中国驻秘鲁大使麦国彦回国休假,把大使陈路也邀请来家乡聚会。他们是同乡,一个代表中国驻秘鲁大使,一个代表秘鲁驻中国大使。这个特别的寻根活动,连外文报纸也争相报道。之后,我们还专门请两位大使到省侨办做客,由麦国彦大使作秘鲁侨情专题报告。

附录三

两位祖籍中山的大使相会故里

(《中山日报》,2003年8月25日)

两位祖籍中山的大使相会故里

岐江自欢畅　知是故人来

两位祖籍中山的大使相会故里,陈根楷会晤两大使,省侨办巡视员称赞中山英才辈出。

十九、与驻外使领馆构筑内外互动的新机制

本报讯（通讯员 赵锡雄 记者 谭文卿）真是无巧不成书：祖籍同是中山的秘鲁驻华大使路易斯·陈和中国驻秘鲁大使麦国彦，昨天相会故里。市长在会晤他们时开怀一笑："中山出了两位大使，此乃中山人的骄傲。"两位大使语出一致："能作为中山人的子孙，此乃我俩的荣幸。"

路易斯·陈祖籍中山石岐，1937 年在秘鲁首都利马出生，2002 年出任秘鲁驻中国大使。弥久的莼鲈之思、故乡之恋，使他于 2001 年向中山侨务局发出寻亲认祖的求助函。2002 年 11 月，他专程回中山石岐寻到了南下西边街的祖屋。麦国彦大使祖籍中山三乡镇茅湾村，儿时就随父母回过中山。2000 年出任中国驻秘鲁大使。2001 年时任秘鲁交通与通信部部长的路易斯·陈和麦国彦首次在秘鲁会晤。万缕乡情使他俩相见恨晚，于此，两位异国大使身虽万里，心犹咫尺。中山市长陈根楷去年会晤路易斯·陈时，得知麦国彦亦为中山人，便建议有关部门相约两位同乡大使联袂回乡。麦大使知道路易斯·陈的生日是 8 月 25 日，便相约 8 月 24 日一同回到中山，以便 25 日为他祝寿。路易斯·陈甚为感动，推却了许多要务，偕夫人及两个儿子一齐回中山，麦大使则带弟弟及弟媳回乡。

市长向两位大使介绍了中山社会经济发展情况，感谢旅外乡亲对中山的支持，并向两位大使赠送了辛亥革命 90 周年的孙中山纪念邮集。

（2003 年 8 月 25 日）

墨西哥驻华大使（2001 年至 2007 年）李子文，是广东中山籍华裔，他的先辈早年因逃难移民墨西哥，如今李氏家族的经济实力在墨西哥已经举足轻重了。我们特别邀请李子文大使访问广东及回乡寻根。李子文大使这一次寻根，带动了其大哥李华文（北美洲超级市场协会主席）一家，三哥李安文一家，其弟弟李帝文（墨西哥大型农场主）一家，以及整个家族的后人一次又一次回乡寻根。省长率团赴墨西哥举行贸易洽谈会时，我们专门安排其与李子文家族座谈，李子文家族也为贸易洽谈会邀请了当地的

高官及重要商人。

多米尼加共和国驻北京贸易发展办事处代表吴玫瑰，是恩平籍的混血华裔，2011年5月起任多米尼加驻中国商务代表处代表，至2018年5月中国与多米尼加建立外交关系时止。可我们与吴玫瑰建立的联系，却远在她任代表之前。

2005年7月李安文回乡寻根时的系列活动

2005年8月，时任多米尼加总统顾问的吴玫瑰女士，首次携儿子回中国寻根。在与她的接触中我感觉她尽管有着混血的面孔，却有一颗强烈的中国心。我们聘请她为广东省海外交流协会海外理事，在受聘仪式上，她用西班牙语的发言我一点也听不懂，但她说话的神态、眼神，以及手势，让我感到她有思想深度，有长远视野。2006年，我省举办"广东国际旅游文化节"，她成功引导多米尼加旅游部长以私人身份来参会。我用"成功引导"这四个字，是因为当时多米尼加还未与我国建交，旅游部长来参加我国的活动，是有一定顾虑的。更戏剧性的是，这位旅游部长回国后，立即做出决定，凡有美国签证的中国人进入多米尼加免办签证。之后，吴玫瑰女士更决意让儿子放弃在多米尼加的学业而改到北京大学学习中文，我们给予了帮助。其儿子在北大学习期间又认识了印尼华裔姑娘，结为夫妻。我们到多米尼加调研时，吴玫瑰女士更是尽力让我们认识了更多的多米尼加高层人士。2008年，她策划在该国首都圣多明各新建的中国城落成，省侨办专门赠送了一套大型户外电视屏幕，支持她的行动。到了2011年，吴玫瑰更被任命为多米尼加共和国驻北京贸易发展办事处代表。她担任这个代表时，改变了家乡亲人移民到多国团聚时需要到北京办烦琐手续的规定，每到一定时期，她亲自到家乡恩平为乡亲们办手续。她不断为多米尼加与中国建交而奔忙。直到2018年5月，中国正式与多米尼加共和国建立外交关系。我本以为，她可以成为多米尼加驻中国的第一任大使，无奈她年纪偏大了，直至8月协助新大使馆建立后才离任回国。为了感谢她为中多两国及侨务工作的努力，我和冯子源两人还于2018年8月自费专程到多米尼加去，邀她一起参加中国驻多米尼加共和国大使馆首次举行的庆祝中国国庆的酒会。

2019年的中秋节前，巴拿马侨胞朋友透露了一个准确的消息，巴拿马总统决定任命中山籍混血华裔甘林先生为巴拿马驻中国大使，尽管还未正式公布，我随即通过冯子源同志用西班牙文向甘林先生发信表示祝贺。

在中山市侨务局的努力下，我们迅速找到了甘林同父异母的两位姐姐的下落，她们已经80多岁了。10月29日，我陪同甘林先生到他的祖籍地中山市三乡镇白石沙岗仔村，见到已经80多岁的亲姐姐，已经61岁的甘林先生兴奋得像小孩儿，狼吞虎咽吃着我特意让他的亲人制作的家乡糕点。因时间紧迫，我不断催促他该离开了，他还是依依不舍。

2018年，作者在多米尼加与吴玫瑰（右）参加中国驻多米尼加大使馆首次举行的庆祝中华人民共和国国庆酒会

此后，每次到北京公干，我都争取拜访甘林等朋友，有一次，甘林先生还用悬挂外交牌照的汽车到机场接我们。为了请我们吃上北京烤鸭，甘林先生亲自在烤鸭店排队一个多小时等空位。甘林离任巴拿马驻北京贸易发展办事处首席代表一职回国，我也退休了。但我们还一直保持联系。前些年，他代表巴拿马民主革命党（甘林是该政党的创始人之一），受中共中央之邀，到中国参加中国共产党召开的与世界政党对话会。我也抓住这一机会邀请他到广东来，再次回乡会见亲人。在极其有限的时间里，还让中山市领导会见了他。直至2018年9月，就如何开展简化汉字教学一事，应巴拿马中巴文化中心之邀，我和冯子源再度前往巴拿马时，我还特意让冯子源制作了甘林第二次回乡见亲人的照片集，在会见他时亲手送给他。就是这一细小的行动，也让甘林感动不已。

十九、与驻外使领馆构筑内外互动的新机制

2007年10月30日《羊城晚报》报道《巴拿马华侨甘林先生中山寻根喜认亲人》

也许有人认为，都退休了，工作时的朋友也就无必要联系了。我可不这样想。我认为，我与海外侨胞的联系，是一辈子的事。只要你上了侨务工作这辆"战车"，就别想停下来休息。人这一辈子，做事是有因果的。谁又会预料到，作为早年巴拿马与中国台湾"建交"时的外交部长，当中华人民共和国与巴拿马共和国建交后，已是73岁高龄的甘林先生，再次到中国来，出任巴拿马驻中华人民共和国的大使呢？

2005年6月、7月间，我和冯子源到厄瓜多尔作侨情调研。在这之前，我曾安排冯子源（副处级）与范培于2004年10月到巴拿马及哥斯达黎加作侨情调研。他俩回国时，航班经停厄瓜多尔，认识了时任厄中商会会长的混血华裔华盛顿·阿戈。

华盛顿·阿戈是厄中商会的创办人之一，长期把发展厄瓜多尔与中国贸易关系作为宗旨，联系了一批厄瓜多尔企业主及商人，每年都带领大批人士参加中国进出口商品交易会。当我在厄瓜多尔调研时，冯子源知道我特别注重发展混血华裔朋友的意图，刻意让我再次见见华盛顿·阿戈，说

这位华裔值得关注。在一个多小时的接触中,华盛顿·阿戈滔滔不绝谈了他许多如何开拓厄中两国贸易、如何发展当地经济的想法,同时,也希望我们替他寻找他的中国根。结束会谈出门时,我便向冯子源交代,一定要重点跟进华盛顿·阿戈。像这类融入了当地社会又有思想的华裔,是我们拓展海外侨务工作的重要依靠力量。调研回国后,我们立即为华盛顿·阿戈到中国寻根做准备。根据他提供的民国时一个旧信封,我们很快便核实了他的祖籍地是中山市南朗镇茶东村。当华盛顿·阿戈知道这一消息时,正带着40多位厄瓜多尔商人在中国参加出口商品交易会。繁忙中,他不愿放弃寻根机会,急匆匆连夜赶到中山,第二天早上回到茶东村,他父亲的出生地。在一位80多岁老人的提示下,在祖屋的神台上,找到了他父亲的名字,祖屋的墙上,还挂着他父亲出国前的照片。直到此时,华盛顿·阿戈有生之年才第一次通过这张照片看到了父亲的样子,知道父亲的名字叫陈信兰。实际上他自己也是从父亲朋友的口中,知道自己是中国人的。

华盛顿·阿戈(右六)回中山寻根

2007年,作者(中)到北京祝贺华盛顿·阿戈(左)出任厄瓜多尔驻中国大使

2007年8月,华盛顿·阿戈作为厄瓜多尔驻中国大使,在向国家主席递交国书时,还专门谈到他到祖籍地中山寻根的感受。华盛顿·阿戈出任厄瓜多尔驻中国大使后,省侨办再次邀请他回故乡寻根。他卸任大使后,还多次率领其后人回乡寻根。如今,他还以厄瓜多尔华人专业人士协会荣誉主席的身份,不断为厄中经济交流出力。在华盛顿·阿戈的策划下,广

东与厄瓜多尔的经济往来密切多了。好几批中山企业家还专程考察厄瓜多尔经济,早年移民到厄瓜多尔的中山籍移民的后裔也更多地通过华盛顿·阿戈的周旋,而实现了寻根的梦想。

附录四

厄瓜多尔华裔华盛顿·阿霍伊中山寻根感言

(广东侨网,2006年5月)

尊敬的中国人民的代表:

尊敬的中华人民共和国驻厄瓜多尔全权大使刘玉琴

尊敬的中国驻瓜亚基尔总领事刘自发

广东省侨务办公室主任吕伟雄

中山市侨务局局长卢艳红

首先向你们致以问候,并请允许我对中国人民于今年三四月我访问期间所给予我的款待表达深深的满足之情和感谢之惠。

广东侨办的领导及其工作团队以极大的爱国主义情怀和职业素质使我得以第一次回到广东中山去访问我的故乡,并给予我热情的款待。

在那里我分别找到了曾祖父阿霍伊和外曾祖父阿门的祖屋,找到了亲人,我还用中国的客家话与他们进行了交谈。这样的"寻根与团聚"的确是一次难忘的经历!

在所有安排的活动中,省、市和地方领导的出席使活动的气氛显得隆重,这是伟大的中国人民所特有的那份敬重的典范。

"我向他们致以衷心的祝贺和诚挚的谢意!"

早在1977年,时任中国驻瓜亚基尔领事的于良仕(音译),一位非凡的女士,就曾告诉过我们有关侨办的存在,这个机构惠及着世界数以千万的人士。幸得她从中帮忙,另一位厄瓜多尔人,比奥莱蒂塔·克鲁斯·希门尼斯女士,就是卡门·克鲁斯博士的母亲,在中国与她那六十多年没见面也不知下落的兄弟得以重逢。

比奥莱蒂塔,我们是这样亲昵地称呼她的,她常常都会向我们提起她所受到的那份既温情又有效的关照,以及她那份永恒的感激之情。

今天,当我们的人民得以兄弟般地靠近时,我们又再次欠了你们的情。

这些活动崇尚的是中国的精神,你们理所当然就是代表:尊敬的全权大使、尊敬的总领事以及广东和中山的侨办领导。

最后,我还要说,在这次旅行当中我所收集到的报刊是祖国愉悦地和慷慨地给予我们——即在我们的中国血脉中带着自豪与谦恭情感的厄瓜多尔人——的一片心,是多么伟大的见证。

此致

敬礼!

华盛顿·阿霍伊·阿门
厄瓜多尔"十月十日"协会主席
2006年5月22日于瓜亚基尔

在我任省侨办主任时,有一句工作上经常说的话,叫"四有人才",也就是要求我们侨务工作要注意在海外多联系政治上有影响、社会上有地位、经济上有实力、专业上有造诣的侨胞朋友。可在我们的工作实践中,我们有了新的感悟,对"四有人才"的提法,有了新的补充,补充了"一有",就是未来发展有潜质的。后来,我们一直的提法是"五有人才"。不是吗?你看,多米尼加的吴玫瑰,巴拿马的甘林,厄瓜多尔的华盛顿·阿戈,等等。在我们与之建立联系时,全都是未来有发展有潜质的朋友。

3. 他的书架摆满了各种版本的《毛主席语录》

澳大利亚驻广州总领事马克文很有性格,而且会说一点汉语。因为这一点，我们和马克文总领事建立了交往。也因为澳大利亚华人钟广荣（政协第十届广东省委全会海外侨胞特聘委员）在高要县（现为肇庆市高要区）投资开办企业，在我们侨务部门看来是侨资企业，在马克文看来钟广荣是澳大利亚公民，他也必须关注，我们便一同参加了钟广荣先生在高要企业的开业剪彩。我们还互相邀请对方互访了办公室。通过这些联系，我们也从他的角度了解了他对我国侨务政策的理解。

附录五

澳大利亚驻广州总领事马克文拜访广东省侨办

（广东侨网，2006 年 2 月）

广东侨网讯　澳大利亚驻广州总领事马克文（Kevin Magee）先生于 2 月 23 日上午来到广东省侨务办公室，与省侨办主任吕伟雄及各处室主要负责人进行了座谈交流。

老朋友相见分外高兴。早在去年年底，吕伟雄主任出访澳大利亚时，就与马克文总领事相识，建立了很好的关系。今年 1 月 4 日，吕伟雄主任赴高要出席澳大利亚华商钟广荣先生投资的添林实业有限公司第二期项目投产剪彩仪式时，与马总领事再次见面。这次会面，马总领事表达了拜访省侨办的愿望，吕伟雄主任欣然邀请。

座谈时，主客双方共同回顾了 2005 年广东省委书记率团访问澳大利亚的情况，并就共同促进粤澳民间友好往来、经济、文化交流等共同关心的问题进行了亲切交流。

吕伟雄代表广东省侨办对总领事的来访表示诚挚的欢迎，对澳大利亚政府实行鼓励多元文化的政策表示赞赏，认为这样一个相对平和宽松的外部环境，对旅澳华侨华人的生存和进一步发展有着重要的意义。他向马克文先生介绍了在澳华侨华人社会发展和高明同乡会等主要社团的情况，同时表示：澳大利亚华侨华人社团有着悠久的历史，有百年历史的社团就有十个以上。如今的华侨华人社会结构已经有了新的变化,逐渐从过去的单一广东籍移民群体,逐渐发展到广东高明、越棉寮、马来西亚、帝汶、圣诞岛、华侨后裔等八大移民群体,发展呈现多样化。作为侨务部门,我们鼓励各移民群体积极融入澳大利亚社会,既谋求自身发展,也努力促进当地社会的发展。此外,随着中国对国际社会经贸、文化活动的进一步参与,海外包括澳大利亚华侨华人对中华文化的了解和学习的热忱日益高涨,如何更好地促进中澳媒体界间的交流、推广华文教育、帮助澳大利亚华侨华人子弟提高中文水平等成为我们侨务部门所致力解决的新课题。

马克文先生表示,澳大利亚华侨华人取得了瞩目的成绩,在商界、政界、科技界、教育界等领域都涌现了许多知名人士,在澳社会各界扮演着重要的角色。在相互了解、友好往来、经济文化交流等方面,澳大利亚和中国有着共同的利益,在这方面澳大利亚驻穗总领馆有着和广东侨务部门共同的职责。2005年,在总领馆和广东外办、侨办等有关部门的共同合作下,广东在澳大利亚举行的招商洽谈会就很成功,为此代表总领馆向广东侨办的努力工作和支持表示感谢,希望今后在加强双方经济、文化交流等方面进一步合作。

在谈到关于移民出入境等问题时,吕伟雄主任说,侨务部门会进一步关注华侨华人在海外的具体生活和发展情况,在对待公民出入境、移民他国的问题上,坚持"来去自由"的基本政策,但是坚决反对用不正当手段非法移民的行为。马克文先生表示,领馆也有着同样的职责,今后也要加强合作。

中午,吕伟雄主任在省侨办设宴款待了马克文先生及其夫人。

作者:许明阳　稿源:广东侨网

2005年,当马克文获知时任广东省委书记出访澳大利亚,其间广东贸易代表团也出访澳大利亚时,他在我面前极力要求随团出访。起初,组织者不太同意，怎能让一位外国驻广州总领事跟着？马克文反驳说："我在广东工作，省委书记到访我的国家，我怎么可以不帮忙组织？"他也真的全程随着省委书记到澳大利亚，的确是做了很多工作，联系了很多澳大利亚企业家来参加活动。那天刚好是省委书记生日，公务活动结束后，我们几位厅局领导私下商议，想找地方小范围和省委书记聚聚。这事被马克文知道了，他一定要参加这个私人活动，和看守门口的人员吵起来。吵闹声被省委书记听到了，省委书记示意让他进来，并感谢他对我们这一路的支持。

4. 改变不了大使馆的看法，就改变我们自己的做法

当然，在与驻外使领馆互动的过程中，也出现过改变不了大使馆的看法，就改变我们自己的做法的事情。从2008年开始，广东省政协便在海外侨胞中邀请一些有代表性的人物回来参加政协大会，我们推荐了一位在澳大利亚办企业，生产计算机产品的广州籍侨胞黎晋峰。在现实中，许多留在国外的留学生，大都从事贸易、旅游、教育等工作，或者在科研机构从事科学研究。而黎晋峰办实业，生产计算机整机，并取得了显著成就。没想到我们把名单报到大使馆，大使馆没有同意，询问理由，回复说是不认识黎晋峰这个人。这回复让我们觉得奇怪，黎晋峰的计算机产品在澳大利亚已经有一定名气了，可这个企业的创办人黎晋峰，驻澳大使馆竟然不认识。我打电话问黎晋峰，黎回复说，他只专心做自己的企业，没有时间和大使馆联系，不像某些人削尖脑袋围着大使馆团团转。尽管黎晋峰很优秀，但大使馆因为不熟悉黎晋峰，他们认为依据不足而无法同意。既然我们改变不了大使馆的想法，我们就改变自己。我们建议黎晋峰主动多和大使馆汇报。黎晋峰接受了我们的建议，注意向大使馆汇报之后，大使馆才知道这个人的能耐。第二年，大使馆不仅同意他来广东省政协做列席代表，还主动帮他在中国打假。因为国内有人冒充他的产品，在深圳做假货。这件事说明了尽管我们有想法，有的时候还是要接受大使馆的规章制度的。

在新西兰搞侨情调研时，一些退休后移民到国外随子女生活的干部反映，他们领取国内社保时需要凭生存证明，而大使馆要求他们须亲自到大使馆办理。他们很多都不居住在大城市，专门坐飞机到大使馆，刚好又遇上大使馆非办公时间，实在很不方便。他们希望我们向大使馆提意见，改进这一规定，方便他们写生存证明。大使馆回复此事有难度。既然改变不了大使馆，我们干脆就回到广东省与民政部门沟通，由省侨办认定一批可以信任的社团，由这些社团出具生存证明，这样就不用劳烦大使馆了。民政部门也接受我们的意见，于是由省侨办与省民政部门联合发出正式文件，由省侨办指定的社团来承担这项工作，侨胞的这个问题也就解决了。

与驻外使领馆互动机制在实际的运用过程中顺畅之后，舞台扩大了，解决问题的方法多了，渠道多了，思路也活跃了。回顾工作历程，我们在海外的侨情调研，在海外开展的华文教育，在委内瑞拉的"打蛇捉马"，所罗门撤侨行动，我省在世界各国经贸洽谈会，侨胞支援国内灾情救助等大动作的成功，都因为有了与驻外使领馆的互动机制，而这些活动也巩固了我们这一机制的运行。

二十、在各级党校开设侨务课

2000年我出任省侨办主任后,省侨办积极推动并最终落实在我省各级党校开设侨务课。

省委办公厅、省政府办公厅于2005年下发的7号文件《关于加强新形势下侨务工作的意见》中,有这样的一段文字:"要加强对党政领导干部的侨情教育,各级党校、行政学院要开设侨务课程或讲座,使党政领导和广大干部树立侨务意识,增强执行侨务工作方针政策的自觉性……"这么一段话,是省委、省政府要求各级党校必须落实的。别小看这么一件具体小事,我们可是经历了三年多的不断努力,才得以实现的。

这件事得先从黎子流市长的一句名言谈起。

从侨乡顺德成长起来的原广州市市长黎子流,在江门任市长时有一句经典名言:"在侨乡工作,不懂侨务的不是好干部。"黎子流市长这句话,在坊间流传得很广泛。听坊间流传这句话时,我还在中山市任副市长,那时我十分认同黎子流的这句话。也许是我赞同黎子流这句名言,1993年,我调任省旅游局局长时,韶关市在筹备成立珠玑巷后裔联谊会。我省三大语系(客家、潮汕、广府)中,客家、潮汕语系的内外同胞早就在海内外成立了庞大的社团组织,唯广府语系没有。而坐落在韶关南雄县(现为南雄市)的珠玑巷,则是历史上广府人的发源地之一。韶关市希望形成类似这样一个联谊会,促进韶关及南雄的经济社会发展。后来事实证明,也的确起到了这样的作用。那时,我极力向韶关市举荐在广府人中有崇高威望而又有侨务情怀的黎子流(时任广州市市长)担任这个联谊会的领导人。我本人也一直是这个联谊会的主要骨干,积极参与策划联谊会的各项活动。珠玑巷后裔联谊会总部从南雄迁到广州市时,省侨办还主动承担作为联谊会的主管部门。

我担任省侨办主任期间,要筹备世界广东同乡联谊大会、推动成立广东三种语系的统一社团时,首先想到的也是黎子流。请他作为广东省总团长到新加坡参加第一届"世粤联会"。正是因为黎子流有侨务情怀,懂得聚合侨胞的力量,一大批侨胞和港澳同胞都成了他的好朋友。而黎子流的这些朋友都为广东,特别是为黎子流工作的地方出谋划策,出资出力。最近,我在互联网上更见到一则消息,说黎子流市长在一次活动中进一步说:"在侨乡工作,不懂侨务、不重视侨务,没有资格当一把手。"在侨务部门工作多年的我,十分赞同黎子流这句结论性的话。

我心里明白,广东是全国重点侨乡,虽然侨务工作在广东的地位十分重要,但不管重要到什么程度,侨务工作都不可能成为一个地方的中心工作。侨务工作虽非各级政府的中心工作,但中心工作却离不开侨务支撑。侨务工作不是全局,但全局绝对不能没有侨务这个局部。侨务工作在党和政府中心工作中永远处于配角的位置,配角是配合主角的。问题在于要真正把配角做好,必须让当主角的人懂得配角的重要性,明白没有配角的正确动作,主角也难以表现出色的。

在工作实践中,经常碰到某些地方或某些部门所作的某项决定、某件工作,背离了党和国家的侨务政策,忽视了侨务工作的特殊性,甚至侵害了侨胞的正当合法权益。这些问题的产生,大都与决策人不懂得侨务政策方针,而顾此失彼、无心盲目做成的。例如,改革开放中,侨胞、港澳同胞捐资我省教育事业共计约300亿元人民币,在全省各村落、城镇新建中小学18000所,占广东全省中小学的六成多。但当全省中小学教育布局调整时，一些地方政府因忽视侨捐学校的具体政策，随意改变了侨捐学校的功能，损害了捐赠者的权益。又例如殡葬改革中"一刀切"，一律实行"无坟化"等措施，都极大地伤害了侨胞的权益。这种伤害，往往都等到事情发生了，造成了坏的影响，才由侨务部门出面去"擦屁股"。每遇此类景况，我都想到要在公务员队伍中，特别是在决策层中灌输侨务理论、知识，让干部了解侨务工作的具体政策方针。当然，广东省也制定了《广东省归侨侨眷权益保护实施办法》，也会进行执法检查，但这些大都是例行公事，许多时候"水过鸭背"，作用不大。作为重点侨乡，应该在各级党校和行政学院中专门设立侨务课，作为侨乡干部的必修课之一。

我开始为实现这一设想开展工作。2002年，我希望先通过与省委党校协商，由省委党校发文到各级党校去实施。可这个办法被省委党校一位领导一句话就回绝了："党校有党校的规矩。"

第二年，我趁到省委党校参加培训班的机会，用更多的时间与省委党校各领导交谈。这种交谈，增加了相互了解。他们说，党校的教程是系统性的，而且计划在年头早定好了，不容易改变。一位曾是我1983年在省党校干部专修班读书时的老师，私下提醒我说："你的想法很好，但省委党校太正规了，太机械了，不如先在下边地市的党校寻找突破口。你堂堂一个省侨办主任去与一个地级市党校商量，分量和效果会是不一样的。"这真是一语惊醒梦中人。我决定从我的根据地中山市入手。我先与分管党校的中山市领导谈，她觉得很有必要，再与市委党校领导商量，结果一拍即合，中山市委党校愿意作为全省各级党校开设侨务课的试点。

附录一

侨务课程即将进入党校

（广东侨网，2004年7月30日）

广东侨网讯　为提高领导干部的侨务理论水平，加深领导干部对侨务工作的认识，经中山市委批准，中山市党校作为全省的一个先行点，即将在下半年向领导干部学院开设侨务课程。

7月26日，省侨办吕伟雄主任带领调研组赴中山，与中山市委、市委党校、市侨务局等领导就开设侨务课程的问题一事进行了深入的交流与探讨。座谈会上，大家一致认为，中山市作为广东省重点侨乡之一，在党校开设侨务课程意义重大，主要表现在以下几个方面。

一是中山市开展侨务工作渊源深远。中山人移民海外历史较长，华侨华人多，不少华侨历史都是从中山起始的，例如海外华侨华人支持革命先行者孙中山先生开展革命活动，谱写了历史的新篇章。

二是中山籍的华侨华人在各行各业都有杰出的成就，对家乡的发展做出了巨大的贡献。据不完全统计，改革开放以来海外华侨华人、港澳同胞在中山捐赠兴办公益事业的金额已达12亿元人民币，有效地促进了中山市两个精神文明建设的发展。

三是中山市各级政府历来重视侨务工作，但近年来干部更换较快，一些新调任的干部不了解中山市的侨情和侨务工作，因而在工作中忽视了侨务工作的特点，造成了负面的影响。在党校开设侨务课程，这将是一项打基础的、长期的工作，对于提高各级党政领导对侨务工作的认识，更好地开展侨务工作有深远的意义。

为支持党校开设侨务课程，省侨办专门成立了"侨务理论编写小组"，邀请国务院侨务办公室侨务干部培训学校的专家、教授共同对侨务理论课程进行精心设计，向地方侨务部门收集实际案例、有效经验以及在开展工作中遇到的问题，力求向党校提供既活泼生动，又对开展实际工作具有较强指导性的教学素材。

侨务课程计划将分为邓小平侨务理论、侨务法规与政策、基础侨务知识、案例分析等多个专题，视党校学员的具体培训情况确定授课内容。中山市委党校已确定在今年9月举办的"科级公务员学习班"与"民主党派主委及委员学习班"正式开设该项课程。

我决定要做此事的"开荒牛",第一课由我来开讲。所以准备得十分认真,在省侨办年轻人的努力下,我们组织了大量电子图表、历史照片制成了影像片。2004年9月22日上午,我和省侨办几位年轻人合作在中山市委党校为中山近300位科级干部讲了一课,这一课,分成四大部分:一、华侨华人形成的历史。二、新时期华侨华人社会的变化。三、邓小平侨务思想。四、侨务工作的基本任务、地位作用和特点。这堂侨务课比我预想的效果要好,连党校的校长和老师也点头称赞。就这样,中山市委党校成为广东省首家开设侨务课的地市级党校,连《中山市华侨志》也记载了这一史实。

在中山市委党校讲课之前,省侨办组织有理论底子的一帮人编写侨务理论纲要,逐步完善教材,积累经验,争取向省委提出把侨务理论纳入党校培训计划的建议。

2004年9月,作者在中山市委党校为300多名科级以上干部讲授侨务课

附录二

2004年7月5日省侨办秘书处《工作会议纪要》
关于编写侨务理论纲要问题

7月5日上午,吕伟雄主任召集会议,研究编写侨务理论纲要问题,

有关人员参加了会议。现纪要如下。

一、侨务理论问题是当前侨务工作的一个重要问题

理论指导实践，实践推动理论。当前侨务工作正处于转变工作重点、创新工作形式时期，广东作为重点侨乡，总结二十多年侨务工作的经验教训，系统地研究归纳侨务理论，对当前侨务工作的转型具有重要意义。

今年，要把侨务理论工作作为一件大事来抓，当务之急是组织力量编写侨务理论纲要，8月邓小平同志100周年诞辰之际拟出纲要初稿，然后在此基础上逐步形成侨务理论的体系。

二、侨务理论纲要要以邓小平侨务理论为核心

在编写侨务理论纲要中，要将邓小平侨务理论贯穿始终，要站在国际、国内两个角度，全面、客观、公正地总结华侨华人的历史作用，阐明侨务工作的任务、方针、政策、地位、作用等，使之对各级领导了解、指导侨务工作起重要作用和影响。

三、以中山为试点，逐步在全省推广

侨务理论要作为全省尤其是重点侨乡基层干部学习的内容，要争取列入各级党校的培训课程。中山市委已经将侨务理论课程作为党校学习的课程之一，我们要抓好中山这个点，逐步完善教材，积累经验，做好准备，明年向省委提出把侨务理论纳入党校培训内容的建议。

四、建立侨务理论编写小组。

记录整理：李　健

我相信"机会总是留给有准备的人"这句话。2005年2月7日，中共中央办公厅、国务院办公厅下发了《关于印发〈加强新形势下侨务工作的意见〉的通知》。随后，国务院在北京京西宾馆召开了全国侨务工作会议，正是这个会议和中共中央办公厅、国务院办公厅的文件，阐明了新形势下做好侨务工作的重要性，明确了新形势下侨务工作的指导思想、基本

方针、基本原则和今后一个时期侨务工作的主要任务。也是在这个会议上，汤炳权常务副省长发表了题为《增创广东侨务新优势，为率先基本实现现代化服务》的重要讲话，全面向与会代表介绍了广东侨务工作的情况和经验。

全国侨务工作会议结束后，汤炳权常务副省长指示由省侨办代表省委、省政府就广东如何加强新形势下侨务工作方面起草文件。我想，必须把握这个机会，在强调起草文件时全省党政干部中树立和强化侨务意识。在《切实加强侨务工作的领导》这一章里，我特别写下了以下一段："要加强对党政领导和干部的侨情教育，各级党校、行政学院要开设侨务课程或讲座，使党政领导和广大干部树立侨务意识，增强执行侨务工作方针政策的自觉性。"我这里强调了一个"要"字，这个"要"字就不是可做可不做了。文件几经修改后，时任省委书记、省长做了批示，经省政府常务会议审核、省委讨论通过后，形成了《关于加强新形势下我省侨务工作的意见》。

有了省委文件这把"尚方宝剑"，我再去省委党校商量如何开设侨务课时，省委党校领导们的态度就大大改变了。以前，我们是部门之间商讨，如今成了要落实省委、省政府指示，没有商量的余地。

省委、省政府既然决定要在各级党校开设侨务课程，我们省侨办便要抓紧落实。我考虑应该从省委党校开始到地市以至县级党校逐级落实。中山市更是做出决定，党校侨务课程纳入科级公务员培训的必修课。各地市在落实省委、省政府文件的过程中，也开始考虑如何开设侨务课。在这样一种氛围中，省侨办与省委党校联合在中山市委党校举行侨务课程现场教学观摩会，组织珠三角各市党校和侨办负责人来现场观摩。观摩会由我和省侨办有关人员亲自授课，在全省推广中山做法，推动各地党校开设侨务课程。

12月9日，我在省委党校举办的领导干部培训班上为市厅级以及处级等领导干部近300人讲授侨务课。我用了2小时25分钟，通过翔实的历史资料及图片，结合我省在海外侨情调研成果及侨务工作实例，介绍广东侨情新特点，阐述新形势下侨务工作的指导思想。从厅、处长们专注听课的神情中，我感觉这堂课是成功的。这成功当属不易。一开始坐冷板凳，我们不气馁，一步一步做工作，最终让侨务课程进入各级党校的课堂，我们的内心能不欣慰吗？

直到2008年，我除了在广东省委党校、中山市委党校开讲侨务课程，还应湛江、汕头、佛山、惠州、珠海市委党校邀请前往为各地的干部讲授侨务理论课程。

二十一、《海外中山人》电视专题片与侨务的社会能见度

我一直觉得，广东虽然称为侨务大省，但侨务的社会能见度不高，与侨务大省不相称。我"以社会化的思路推动社会化的侨务"的观点，正是基于这一现状而提出的。我总是希望能在社会各渠道增强侨务工作的社会能见度，于是想到通过向生活在国内的人介绍海外广东人的艰辛创业史，介绍侨胞们的爱国情怀及其改革开放以来对家乡的贡献，从而潜移默化增强全体民众的侨务意识。

与电视台合作，到世界各地拍摄侨胞海外生活的酸甜苦辣，向国内人民介绍，这想法一直在我脑海里面打转。这想法是受香港亚洲电视台拍摄《寻找他乡的故事》启发的。那时，我任职省旅游局局长，《寻找他乡的故事》在香港亚洲电视台播出，引起了阵阵称赞。我想，如果请亚洲电视台掉转枪头，拍几集寻找故乡的故事，以介绍华侨及港澳同胞回故乡投资办厂的故事为主线，从中反映祖国改革开放的日新月异的变化，在香港及海外播放，这不就于我省旅游和经济都有好处吗？我真的委托香港某旅行社老总与香港亚洲电视台谈过此事。但拍摄方"狮子大开口"，一集要50万元，把我吓回去了。

2003年年初，我与广东电视台协商，以《海外广东人》命名，联合到海外拍摄大型历史纪事纪录片。资金由省侨办负责筹集，拍摄以电视台为

主,用三年时间,共同策划完成。我的这个主意,广东电视台很赞成,多次在一起碰头协商此大制作。

我想,广东广府、潮汕、客家三种语系,在海外都有众多侨胞,要办好这件事,应该要省、市联手,共同去完成。特别是到海外拍摄,如果单有省的力量,到了海外,很难得到不同语系的乡团的支持。在海外办这样的事情,没有乡亲的配合,是很难办得好的。所以,我的宗旨是省电视台和省侨办联合领头,广州、深圳、汕头、梅州、江门、中山等地的市电视台和侨办参与,由省上统一拟好拍摄大纲,分开语系地域去完成。这个方案,我除考虑在拍摄时方便外,更考虑到完成后的播放收视面。如果单独由省台完成,一是海外缺乏支持力;二是播放时缺收视率;三是如此浩大的广东华侨历史,如此丰富的人物典型,单靠一个省台不知要拍到牛年马月呢?就算质量再高再好,也形成不了向全省人民普及侨务意识的氛围。但省电视台参与协商的人强调,版权必须由省台掌握,由省台独家享有,也不赞成与地方台联合。我们的思路是要营造侨务的社会氛围,应遵循"哪个城市拍摄制作,版权归哪个城市"的原则。我们要的是社会化,是文化宣传,他们却认为是一盘生意。因观点不同,谈了几个月,谈不拢,只好暂时搁置。

2004年年初,我在与中山市委党校商谈举办侨务课试点时,不经意间向中山市分管侨务的副市长韩泽生及侨务局局长卢艳红谈及与省台谈不拢的事。

我不经意,她们却很在意,表示中山可以自己先干。中山积极肯干,我当然举双手赞成。我答应省侨办会支持20万元资金,但后来不知什么原因并没有兑现。很快,中山市侨办形成了《关于拍摄制作大型电视专题片〈海外中山人〉的筹划方案》报请中山市政府,我也专门向当时市主要领导谈及此事,希望市政府支持。

中山市党政领导向来重视侨务工作。在中山市政府的支持下,《海外中山人》摄制计划很快付诸行动。

《中山市侨务志》有这样的记载：2004年6月4日，市侨务局与市广播电视局召开筹拍《海外中山人》座谈会。省侨办主任吕伟雄、中山市副市长韩泽生、中山市政协原主席林藻、省广播电视学会会长孙孔华、中山电子科技大学教授胡波、广东电视台海外中心原主任陈德璋、市侨务局、中山电视台领导以及《海外中山人》摄制组成员参加了座谈会。……会上，副市长韩泽生向《海外中山人》筹委会顾问吕伟雄、林藻、刘斯奋、孙孔华、胡波、陈德璋颁发聘书。

2004年6月，筹拍电视系列片《海外中山人》顾问及专家座谈会在中山举行

从2004年开始至2010年的六年间，由中山市侨务局和中山市广播电视台联合组成的摄制队伍，先后到位于大洋洲、北美洲、亚洲和中南美洲的17个国家的70多个城市，总行程近20万公里，在海外拍摄时间总计为312天，制作成了140集专题电视片《海外中山人》。

这个电视专题片，拍摄和制作时间跨度之长，地域跨度之广，片中讲述的人物之众，我想在广东电视制作历史中也是少有的。就从我们侨务工作的角度，以电视专题片形式向全社会介绍海外侨胞的创业史，起到以社会化的思路推动社会化的侨务的作用，也是十分成功的。

《海外中山人》光盘封面

我被聘为顾问,自然不能顾而不问。我建议摄制组先到澳大利亚去。澳大利亚是中国四大百货公司创始人的旅居地,有众多的中山侨胞,更有许多出彩的侨胞故事。当然,我的提议还有我个人因素,当年8月要带省侨办调研团到澳大利亚调研,我想兼顾一下拍摄组的进程。我总觉得万事开头难,把摄制组开头的事搞好了,往后就顺利了。

在澳大利亚悉尼,我特意安排省侨办调研团和《海外中山人》摄制组一起住进澳大利亚中山同乡会会长李炳鸿的家。白天,我们分头行动,各司其职。晚上,我与摄制组一齐研究选择采访人物,确定拍摄主题。夜深了,困了,一齐睡地板。(李炳鸿家中的地板制作讲究,且木材上乘,我们都睡得很舒服,也许是太累了)早上我还负责煮早餐,早餐的速食面也是经营杂货店的侨胞送来的。

那年头,摄制器材与如今的相比很不先进,体积还是很巨型的,没有微型摄像枪,数码技术还未全面应用。录像带更是每一盒像一本长篇小说那么厚。澳大利亚侨胞人物内容太丰富了,所拍摄的录像带已经装了几大行李箱。可摄制组还要到新西兰和斐济。他们知道我要先回国,而且坐商务舱，可以多带行李，便试图求我先带走录像带。不要说我是《海外中山人》的顾问，就是没有这个职务，我也会乐意完成这项任务的。

当我把两个装着录像带的大行李箱运送到机场时，才知道问题来了。两箱录像带严重超重，托运需付超重费，总计要9000多港元。幸好我口袋里有钱。

在飞机上，正好遇上在电视台工作的朋友。他知道我托运了两大行李箱录像带后，吃惊地说，太危险了！这些录像带只有一份，如果飞机托运丢失了，你们就前功尽弃了。应该复制一份，或者直接随身携带。他这么一说也把我吓出一身汗。接着，我却想起另一个难题来了。两大箱有内容的录像带，如何向国内海关做说明，如果海关要逐盒检查，那要用多少时间。干脆未雨绸缪，飞机一着陆还没停稳，我电告汤炳权常务副省长的秘书，请他通过省政府办公厅通知广州海关放行。结果，我顺利完成了这项任务。

摄制组总共在澳大利亚、斐济、新西兰三国待了51天，回国后用3个月时间，制作成专题系列片《海外中山人》大洋洲篇共25集。这个专题片于2005年1月起在中山电视台播出，每集20分钟。其时，正是香港电视节目在珠三角一带风行之时。可当中山电视台一开播《海外中山人》，家家户户的电视机屏幕都转到《海外中山人》节目来了。第二天，街头巷尾谈论的话题也是前一晚《海外中山人》的主角和他的故事。

紧接着，广东卫视、广东卫视海外频道也陆续要求播出，中央电视台国际中文频道"华人世界"栏目也以此为主要素材，改编后分集播出，就连香港无线电视台等媒体也选择性地播出。海外侨胞纷纷把电视节目录制下来，带回住在国。

打响第一炮后，《海外中山人》摄制组再接再厉。2005年下半年，花费62天时间，跑遍美国、加拿大的主要城市。回来后制作成《海外中山人》美洲篇42集专题系列片。2006年8月，摄制组分为东南亚和日本两个小组拍摄,一共制成《海外中山人》亚洲篇共 40 集专题系列片。2008 年摄制组前往秘鲁、厄瓜多尔、哥斯达黎加,历时 72 天,走访了 16 个城市,制作了《海外中山人》中南美洲篇专题系列片 31 集,每集 20 分钟。之后,2010 年再续拍了美洲续篇共 27 集,每集 30 分钟。最后,该专题片通过广东音像出版社出版向全国发行。中山市政府、侨务部门也以此作为珍贵礼物送给海外侨胞及来中山参观的各地宾客。

《海外中山人》专题系列片拍摄和播放,所产生的影响具有历史性意义。摄制队伍长达数年深入从没到过的国家,联系不少从没见面的侨胞,是一次中山海外侨情的大调研,起到了大串连、大发动作用,从中认识了众多的侨胞,激发了众多的正能量,成了侨务工作的播种机和宣传队。

140 集的专题,除了出版过万张 DVD,通过中山电视台,在全省通过省电视台,在香港通过亚洲电视台,在全国通过中央电视台中文国际频道的连番播放,应该说,是一次海外侨胞生活的大规模展影,从而达到了观众对侨务的再认识,使侨务的社会能见度大大增强。

《海外中山人》的专题片,不但在侨务宣传上功绩显赫,在电视制作专业方面也获得了不少奖项:2007 年,入选广东省第三届精神文明"五个一工程";2008 年,在第二届国际环保纪录片周暨第五届中国纪录片国际选片会上,获评委会特别表彰节目;2009 年该专题片其中的一集《秘鲁的天空》入选"纪念改革开放三十周年中国优秀纪录片"二十佳纪录片;2010 年在第二十五届中国电视金鹰奖暨第八届金鹰艺术节上,《海外中山人》荣获第二十五届中国电视金鹰奖纪录片类组委会特别奖。这也是广东省在这届电视金鹰奖上唯一获得该奖项的电视纪录片。

在《海外中山人》专题片制作中,我觉得有点遗憾。在开始时,我强调除了电视台,《中山日报》也应该参与,因为只有影像资料不够,应该有文字报道,这样会更加立体、更加透彻反映侨胞的生活。我是以顾问身份直接向策划者提出建议,几经申述,都没有实现。深入了解,原来是电视台一方不赞成,原因同样是版权的"专利"问题。我又一次遇上狭隘的利益观念影响社会大局的伤感局面,当然,这样的局面我在工作中也是司空见惯了。我用"狼狈为奸"这一成语尝试去说服他们。我说,干坏事的动物"狼"和"狈",都会互相配合,取长补短,为什么我们人类做有益于社会大众的好事,反而不愿互相配合,取长补短呢?尽管我这个省侨办主任所提的建议对整个大局是有利的,但同时影响了小团体利益,他们还是死把大门,绝不松口。世间多少好事,就因这些狭隘观念而办不成,办不好,实在遗憾!

到了后来,也许他们真的感到只有影像资料是个遗憾,于是几经努力,从140集的《海外中山人》电视专题片中选择了41个人物故事,编辑成了《彼岸——海外中山人纪事》一书,并交由花城出版社于2009年出版。这本书还是编得十分好的。但是,可能出版印刷数量不多,没能引起大众的广泛关注。

拍摄《海外中山人》电视专题片这件事,还作为广东改革开放伟大实践中涌现出来多种多样的全国"率先",入选了广东省政协征编的《敢为人先——改革开放广东一千个率先》文史资料。

二十二、我在省政协工作的十年

我是2003年1月17日,在广东省政协九届一次常务委员会议上,以省政府侨办主任的身份被广东省政协任命为省政协港澳台侨外事委员会副主任的。这个委员会的主任是巢振威,他是省政府外事办原主任,其他几位副主任分别是省港澳办、省台办和省侨联的领导。

尽管我当省旅游局局长时,已经是省政协委员,但是从这个时候开始,我才对政协这个组织有了更深刻地认识,并在这个组织中发挥自己的作用。

2006年6月27日,广东省政协九届常委会第十五次会议,决定新设立外事侨务委员会。新设立的外事侨务委员会,实际上是把原来港澳台侨外事委员会一分为二。这个一分为二,是从广东的实际出发与时俱进,很有必要。港、澳、台、侨、外事五部分工作,每一部分在广东都是重头戏,分成两个专委会,每一部分工作都比原来活跃了。

外事和侨务工作独立形成一个委员会后,我也就从港澳台侨外事委员会副主任转为外事侨务委员会副主任。主任是由省政府外事办主任黄子强兼任,他当时还是省政府外事办主任,主要精力放在领导省政府外事办的工作。而我本人在2006年12月19日把省政府侨办主任的职务移交给吴锐成同志之前,组织上已经明确我将出任省政协外事侨务委员会主任。所以,我在2008年1月20日政协第十届广东省委员会第一次会议上正式任命为省政协外事侨务委员会主任之前，已经以副主任的身份主持省政协外事侨务委员会的工作。

1. 让政协有侨胞的声音

省政协外事侨务委员会新设立，有许多打基础的工作。主持了多年的省政府侨务工作，我认为应该尽快促成政协组织吸纳海外侨胞的直接声音。

主持省政协外事侨务委员会工作后，我便趁热打铁，向主席会议提议：邀请海外侨胞列席省政协大会。我这个建议，在当时省政协领导中一拍即合，领导们一致通过了，并指示由省政协外事侨务委员会草拟一个邀请海外华侨华人列席政协大会的暂行办法。

事情进展得很顺利。2007年8月29日政协第九届广东省委员会第四十次主席会议上，由我起草的《邀请海外华侨华人列席政协广东省委员会全体会议暂行办法》（以下简称《暂行办法》）获得了通过。

附录一

《邀请海外华侨华人列席政协广东省委员会全体会议暂行办法》（2007年8月29日政协第九届广东省委员会第四十次主席会议通过）

为更加广泛地团结海外华侨华人，充分发挥海外华侨华人优势，加强与他们的联系，使他们积极参政议政，为我省经济建设和社会发展服务，政协广东省委员会将从十届一次全体会议起，邀请海外华侨华人列席省政协全体会议。为规范此项工作，特制定本暂行办法。

一、被邀请人选的条件

每年邀请列席政协全体会议的海外华侨华人，一般不固定国家、不固定人员。首次邀请20名左右，以后逐步增加。具体条件为：

（一）祖籍广东省或对广东经济建设和社会发展有突出贡献的非广东籍的华侨华人。

（二）坚持一个中国原则，拥护祖国统一，情系桑梓。

（三）具有一定的参政议政能力。

（四）在居住国的华侨华人社团中有一定的影响力和代表性，有一定的侨团工作经验。

（五）统战工作需要。

二、被邀请人选的产生程序

（一）由省政协办公厅委托外事侨务委员会商省外办、省侨办、省侨联等单位提出推荐名单及其背景材料，报省政协办公厅审核。

（二）将建议名单通过外交部领事司征求我驻外使领馆的意见，然后报省政协主席会议审议确定。

（三）通过外交部领事司委托我驻外使领馆向被邀请人发出政协广东省委员会的正式邀请函。

（四）将邀请列席会议的华侨华人名单送大会秘书处，列入大会统一管理。

（五）大会前4个月启动邀请工作。

三、列席会议的有关规定

（一）列席政协全会期间的各次全体会议，单独编组讨论、安排参会日程。小组组长、副组长经推荐协商产生。可视情列席侨联界别或有关界别的小组讨论，酌情安排在省内参观考察。

（二）列席华侨华人在会议上发表的意见和建议原则上不登会议简报，不做新闻报道，可视情整理成专项材料或政协信息向省委、省政府及有关部门反映。

（三）配备专门工作人员2～3人，列入大会工作人员序列。

（四）列席华侨华人的国际旅费自理，会议期间食宿、考察、交通费用列入大会经费开支。

四、本办法经省政协主席会议审议通过后实施。本办法由省政协办公厅负责解释。

按《暂行办法》的规定，邀请人员的产生程序是十分严谨的。外事侨务委员会拟出初步名单，要与省外办、侨办、侨联协商一致后，再经外交部领事司征得我驻外使领馆的同意。

参加省政协十届一次大会的18名海外侨胞几经海内外及上下磨合、研究，终于落实了。海外侨胞列席广东省政协大会这件新鲜事，在海外广东籍同胞中反响是极其热烈的，也成了我省政协历史性的大事。

列席广东省政协第十届第一次会议的海外嘉宾与省政协工作人员合照

附录二

列席省政协十届一次会议海外华侨华人

（2008年　18名　按国别顺序排列　职务为时任）

古润金　马来西亚中山会馆联合会总会长、完美（中国）日用品有限

公司董事长

吴德芳　马来西亚客家公会联合会会长、马来西亚多美集团董事主席

陈汉士　泰国泰中友协副主席、福州会馆副主席、吉利证券（大众）有限公司董事长、泰国万盛冷冻食品（大众）有限公司集团董事长

陈建江　马达加斯加塔马塔夫顺德联谊会会长、塔马塔夫华侨总会副会长、FRIGOTA 有限公司董事总经理

谢　伟　南非粤港澳总商会永远名誉会长、南非综南国际贸易进出口公司董事长

马文新　丹麦中国和平统一促进会会长、广东同乡会荣誉会长、丹麦东方中医针灸治疗中心总裁

邝伟森　德国华商联合总会常务副会长、全德华侨华人联合总会执行主席、德国汉堡中国酒家董事总经理

陈颖源　法国潮州会馆名誉会长、法国嘉华进出口有限公司董事长

周光明　澳大利亚中国和平统一促进会荣誉会长、澳大利亚潮州同乡会创会会长、澳中集团发展有限公司董事长

方君学　加拿大社区发展促进会主席、世源有限公司董事长

林大松　加拿大魁省潮州会馆名誉会长、信兴公司董事长

方伟侠　美国华盛顿州中国和平统一促进会会长、美中经济文化发展促进会会长、鲁班建筑有限公司董事长

黄金泉　美国美洲各地中华会馆联谊会秘书长、罗省金龙酒家董事长、美国金荣投资公司董事长

黄伟雄　新西兰奥克兰市区议会副主席、新西兰中国商会副会长、新西兰商学院院长

黄伟文　巴拿马中华总会会长、巴拿马龙宝集团公司董事长

梁权暖　墨西哥西北地区华侨联合总会主席、墨西哥西北地区和促会会长、墨西哥蒂华纳敦煌酒家董事长

冯永贤　委内瑞拉华商社中华会馆第一副主席、委内瑞拉加拉加斯省华人杂货同业商会主席

彭奋斗　智利中国和平统一促进会会长、中南美洲中国和平统一促进会常务会长、智利中国医疗研究中心

省政协十届一次大会开幕那天，第一个项目是省委、省政府、省人大、省政协领导与全体参会人员合照全家福。本来，大会秘书处重点安排18名海外侨胞站在省领导背后，位置是很显眼的。无奈，照相前一刻，部分参会人员抢占显眼位置。18位海外侨胞被挤到一个角落里。经历千辛万苦回到祖国参加大会的海外侨胞代表被"冷落"，我心里当然很不舒服。

2. 我的即席"爆肚"发言

广东省政协召开大会，有一个亮点就是数天的会议中有一天是全体与会者齐集在一起举行"即席发言"。谁抢到"咪头"（麦克风）谁就可以发言。

那一天，满腹怨气的我因侨胞代表被"冷落"打抱不平，决定抢咪发言，结果成功抢到了发言的机会。我的"爆肚"发言，获得了与会者的阵阵掌声。虽说是即席、抢咪"爆肚"发言，其实这些话藏在肚子里许多年了。我把多年来在省侨办工作的一些感触，借这个机会说出来了。《羊城晚报》和《南方都市报》当时对我的即席发言都做了报道。

附录三

吕伟雄：我不说，对不起华侨华人

(《羊城晚报》，2008年1月19日)

2008年1月18日作者在省政协会议上抢咪发言

发言开始后，广东省侨办原主任吕伟雄一直举手，希望有个发言机会。3时40分左右，第七位发言结束后，主持会议的蔡东士说："刚才主席台上有人提醒我，说有位同志老举手。我不让你讲，就是不民主哇。"

全场大笑。

蔡东士说的这位"老举手"的同志就是吕伟雄。

吕伟雄侃侃而谈——

"广东是侨务大省，华侨、归侨众多，深刻认识广东侨情，才能全面认识广东省情。我要讲三个观点——

第一，华侨华人众多，不但是广东独有优势，同样是广东独特责任。广东现在是经济强省，但一些侨房长期被非法占用，至今没有返还，这很不合理。我们几千万华侨的后代都需要了解中国，都需要了解中华民族和中华文化。广东华侨众多，不应该忘了自身的责任，应该对历史负责，解决好历史遗留问题。

第二，要纠正对华侨的片面误解。改革开放30多年来，我们看待华侨的作用，我感觉基本上是看到他们在经济上的作用，说实在点，就是金钱上的作用。我举个例子，广东几乎每个市授予的荣誉市民，都是根据捐赠多少授予的。很多人说，广东改革开放，华侨华人功不可没，他们说的这种'功不可没'，指的是华侨捐赠了近400亿美元。这是片面的！实际上，华侨华人对社会各项事业的发展都做出了巨大贡献，这种影响是深远的。这次省政协开了一个好头，邀请18位海外华侨华人参加会议，这是重视华侨在社会事务中的独特作用"。

这时，蔡东士说："我插句话，我提议为我们前排的18位海外归来的来宾热烈鼓掌，表示欢迎。"全场响起掌声。坐在前排的华侨华人集体站起来，转身对全场人员鞠躬。

"第三，华侨华人回来一次不容易。这次开会，我们提前一个月通知他们，回来很仓促，像委内瑞拉的一位先生，提前10多天飞到加拿大，在加拿大等了15天，才坐飞机回来。不然，根本没办法回来开这个会。"

全场再次响起热烈的掌声。华侨华人再次站起来，鞠躬。

吕伟雄8分钟的发言时间快到了，蔡东士说："刚才我插话了，给你加一分钟，你可以继续讲！"全场再次鼓掌。

吕伟雄说："我的观点也许并不正确，但这是我内心的想法，我不说出来，我觉得对不起华侨华人。"

会场代表长时间热烈鼓掌。

3. 形成工作机制

邀请海外华侨华人列席省政协大会，成了省政协十届一次大会的一大亮点。参会的侨胞代表发表的意见情真意切，很有建设性，效果超乎预料。会后，省政协领导为了完善这一工作，扩大效果，决定将其纳入省政协工作机制，指示外事侨务委员会起草建立机制的文件。

附录四

广东省政协办公厅印发《关于建立加强与海外列席人员联系机制的意见》的通知

机关各处室：

《关于建立加强与海外列席人员联系机制的意见》已经省政协领导同志同意，现印发给你们，请遵照执行。

政协广东省委员会办公厅
2008年6月6日

关于建立加强与海外列席人员联系机制的意见

2008年，广东省政协首次邀请18名粤籍海外华侨华人列席省政协十届一次会议，各方反响良好。为进一步建立加强与海外华侨华人列席人员（以下简称海外列席人员）的联系，特提出如下意见。

一、密切与海外列席人员的联系。有选择地出席海外列席人员在所在国举行的重要活动，深交老朋友、广交新朋友。省政协团组出访，注意安排与海外列席人员见面，听取他们对省政协工作的意见和建议，并通过海外列席人员在居住国建立广泛联系，扩大海外联谊工作。

二、重视发挥海外列席人员的作用。每年将省政协议政、协商内容以邮件、传真等方式告知海外列席人员，收集他们的意见和建议，供常委会和协商会议参考。今后，要在广泛联系海外列席人员的基础上，逐步形成一支以海外列席人员为主要依托的建言献策的海外智囊队伍，使政协的海外团结联谊工作与参政议政工作有机紧密地结合起来。

三、组织海外列席人员回国内参观考察，进一步加深联系。每年围绕经济社会发展和社会关注的热点问题，有选择地组织海外列席人员回国内或本省参观考察，请有关部门负责人介绍情况，让海外侨胞进一步了解情况，增进对家乡的感情。通过专题考察活动，为广东经济社会发展献计出力，促进广东与海外的交流与合作。

四、关心海外列席人员在内地的投资情况。定期走访海外列席人员在内地的企业，了解对投资环境的意见和呼声，努力为他们排忧解难，维护他们的合法权益。

五、对海外列席人员担任主要职务的重要侨团的换届、周年庆典或各种喜庆活动，以及海外列席人员在所在国获得的荣誉、奖项，或由我国有关部门授予的荣誉、奖项，应视不同情况，分别以省政协领导或外事侨务委员会的名义发贺电（信）致贺。

六、加强与海外列席人员的信息联系。外事侨务委员会办公室要加强对海外列席人员的活动动态、有关情况的信息资料收集工作，对海外列席人员反映的各种信息，要认真进行整理，及时向省委、省政府和有关部门反映，并将领导批示和主管部门处理意见及时反馈给海外列席人员。

七、与海外列席人员联系机制由外事侨务委员会负责实施，外事侨务委员会办公室负责该机制的具体事务。

从 2008 年省政协十届一次会议开始，省政协已经连续十三年邀请了来自 74 个国家和地区的 306 位海外侨胞列席了省政协全会。正是通过这一机制，省政协广泛地直接听到了海外侨胞的声音，也是通过这一机制，让海外侨胞亲身感受到祖国政协组织在国家治理中所起的真实作用。

从省政协十届一次大会开始，虽已有海外侨胞列席政协大会，但我觉得这还不够。我认为，改革开放以来，海外侨胞、港澳同胞踊跃回国投资办企业，实际上国家的经济成分中，侨资企业占比例很大，广东的侨资企业更占了全国的侨资企业的"半壁江山"。侨胞们在广东投资过程中的喜怒哀乐也应在政协中得到反映。于是，经外事侨务委员会提议，从十届二次大会也就是从 2009 年开始，省政协又专门新设立了"特聘委员"这一个特殊的组别，让在国内投资的海外侨胞、港澳同胞的意见得到反映。

"特聘委员"是按届聘任的，而列席代表则是每年单独邀请的。

附录五

省政协十届二次会议特聘委员名单

政协第十届广东省委员会海外侨胞特聘委员名单

（10名　按姓氏笔画为序　职务为时任）

王观强　巴拉圭　香港泰昌制造厂有限公司董事长、香港惠州社团联合总会副主席、广东省侨资企业协会副会长

古润金　马来西亚　马来西亚中山会馆联合会总会长、完美（中国）日用品有限公司董事长

冯文清　加拿大　鹤山市精联印刷有限公司董事

李桂雄　泰国　泰国华人青年商会会长、泰国中国和平统一促进会秘书长、深圳高科德通讯数码广场董事长

何　飚　加拿大　佛山金葵子科技有限公司董事长、总经理

郑可明　澳大利亚　东雅集团有限公司董事长

钟广荣　澳大利亚　澳大利亚中国和平统一促进会名誉会长、澳大利亚K.V.C.K有限公司主席、高要添林实业有限公司总裁

2009年省政协十届二次会议，省政协外侨委领导与特聘委员合影

袁建华　加拿大　加拿大杰特生化制品国际公司董事长、广州洁特生物过滤制品有限公司董事长

龚立强　新加坡　广州关键光电子技术有限公司董事、总经理

谢建龙　澳大利亚　澳大利亚杰夫矿业有限公司总裁、深圳市杰夫实业发展有限公司董事长

4. 我的三个政协提案

作为省政协委员，我单独或与其他委员联合，就涉侨方面的若干问题提出过许多建设性的提案。这里，我专门谈谈三个有一定典型性的提案。

（1）提出《关于积极解决海外侨胞和港澳同胞公益性捐款被冻结的提案》

我手头有一份政协广东省委员会办公厅2007年5月编印的《政协动态》第19期。该期《政协动态》在首页首项"领导批示"一栏中提到：省政协委员、省侨办主任吕伟雄《关于积极解决海外侨胞和港澳同胞公益性捐款被冻结的提案》（2006年《广东政协信息》第75期）获省领导高度重视。宋海副省长指示："请省金融办认真研究伟雄同志的建议，并根据实际情况和现行法律法规，提出意见。请阳胜同志审示。"省委常委、常务副省长钟阳胜同志批示："宋海同志的意见好。"省金融办经调研，并听取有关单位意见，于近期提出《关于对侨胞和港澳同胞公益性捐款被我省停业整顿金融机构冻结问题的签报意见》，原则同意吕伟雄委员的建议并由有关部门予以落实。省委副书记、省长批示："同意签报意见。"

从解决海外侨胞和港澳同胞公益性捐款因我省停业整顿金融机构工作被冻结问题的工作过程中，可以看到维护侨益的艰巨性及艰辛历程。

关于解决海外侨胞和港澳同胞公益性捐款被冻结一事，应该追溯到2000年。我到省侨办任职后，进行第一轮调查研究，期间海外侨胞和港澳同胞就不断向我投诉自己的公益捐款被国内金融机构冻结的问题。

带着这个问题,我几次与省金融等有关部门反映、协商,但由于对问题认识的角度不一,一直得不到解决。我干脆向省政府提交《关于公益性捐款受金融事件影响的情况报告》。报告提到:"自1999年年底开始,各市信托机构和信用合作社陆续停业整顿,部分由海外侨胞和港澳同胞捐赠的款项以受赠单位的名义存入这些金融信托机构,被视为单位存款受到冻结,无法兑付。对此,海外侨胞反应很大。"

"据了解,这些以教育基金、培训基金名义存放在我省各市金融信托机构的款项,实际上是海外侨胞和港澳同胞公益性的私人捐款。"

"这些公益性存款未能兑付,已引起海外华侨华人及港澳同胞的不满。"

"海外侨胞和港澳同胞个人捐款用于公益基金或公益项目的存款视为单位存款长期不能兑付,海外捐赠人在感情上难以接受,有伤海外侨胞和港澳同胞爱国爱乡、热心公益的热情。这个问题如不解决,其负面影响会越来越大,对我省开展侨务工作极为不利,对我省的经济发展也不利。"

报告在结尾处向省政府提出建议:"考虑到这些受影响的公益性存款实际上是海外侨胞和港澳同胞的私人捐款这个事实及这些存款是公益慈善性质而非营利性质的特殊性,为保障海外侨胞和港澳同胞在内地的合法权益,保护捐赠公益事业的积极性,建议省政府关注公益性存款的兑付问题。在政策上,建议金融部门在完成对个人存款兑付后,对海外侨胞和港澳同胞捐赠的公益性存款适当优先考虑兑付。"

从2001年向省政府提出建议到2006年,这六年时间,尽管各方经多方努力,此问题还是在金融主管部门处搁浅而得不到解决。到了2006年,我从省侨办主任的位置上转到省政协工作。我心里总是放不下,也还不死心。于是,我在省政协九届四次会议上提交了《关于积极解决海外侨胞和港澳同胞公益性捐款被冻结的提案》。

后来，省政协办公厅把我的提案编发在《广东政协信息》第75期，专送至省委和省政府各领导。省政府副省长宋海（分管金融）和省委常委、省政府常务副省长钟阳胜对我的提案做出批示，指示省金融办认真研究我的建议，并根据实际情况和现行法律法规提出意见。

省领导批示十多天后，省金融办便向省侨办发出了《关于请协助提供全省侨胞和港澳同胞公益性捐款被冻结有关情况及数据的函》，请求省侨办协助提供有关情况及数据。

直到2006年11月29日，省侨办把省金融办所要求的情况及数字函复省金融办。经过调查核实，全省各地共有39宗侨胞港澳同胞公益性捐款被冻结，总金额超亿元。这个复函是我在省侨办主任的岗位上最后签发的几个文件之一。因为签完这个文件后的20天，也就是2006年12月19日，省侨办主任这个职务由吴锐成同志接任了。

省金融办花了近5个月的时间去研究分析，于2007年4月4日向省政府领导报送了《关于对侨胞和港澳同胞公益性捐款被我省停业整顿金融机构冻结问题的签报意见》。表示："通过对侨胞港澳同胞公益性捐款被冻结情况的摸查及法律法规政策的分析研究，我办认为吕文（即我的提案）的建议具有一定的针对性，应予原则同意并由有关部门予以落实。"

对这个《签报意见》，三位副省长圈阅后，省委副书记、省长同志批示：同意签报意见。

也许我的提案从提出到落实有某种典型意义。省政协具体办理提案工作的同志把提案从提出到落实的过程编制了《吕伟雄主任关于解决侨捐公益性捐款被冻结问题提案（第20060353号）处理情况图》，通过这个图表，我们清楚地了解到维护侨胞的正当权益并不是一件容易的事情。

附录六

省政协人员编制《吕伟雄主任关于解决侨捐公益性捐款被冻结问题提案（第20060353号）处理情况图》

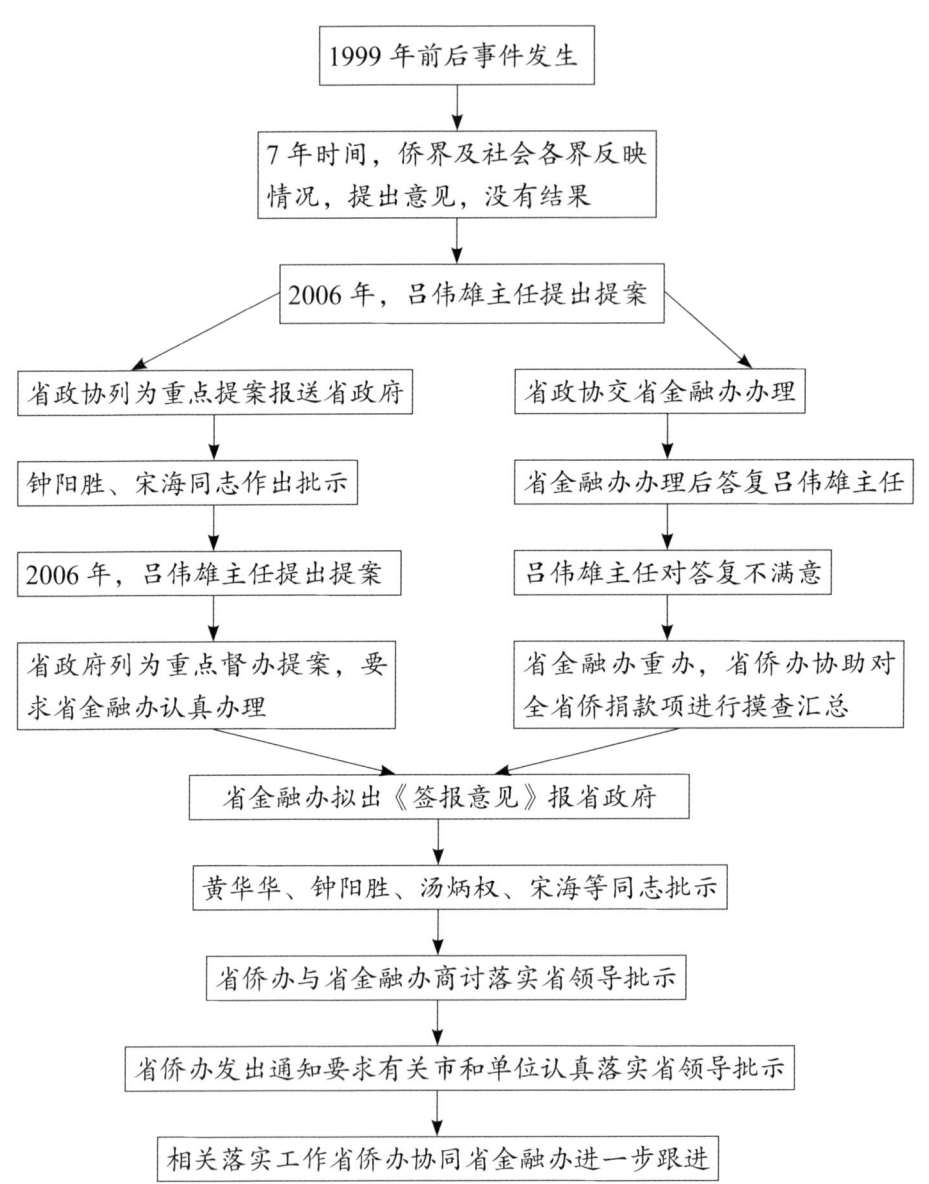

二十二、我在省政协工作的十年

（2）提出《关于省政协侨联界别要优化委员结构增强委员界别代表性的建议》提案

政协组织是以界别开展活动的。我的委员界别属于侨联界（侨联的全称是归国华侨联合会）。每次政协大会，我都被安排主持这界别的分界别讨论。按理说，侨联界别的委员，是代表归侨的，在讨论全省大政方针的同时，也要表达归侨的诉求，为归侨发声。可是，我发现，省政协侨联界别的26个委员中，竟然没有一个是归侨，相当部分委员连侨眷也不沾边。26个委员中，除了我和侨联主席的工作是与华侨归侨有联系，其他委员与归侨群体几乎没有任何直接联系。这一结构严重偏离归侨属性的侨联界，又如何能把归侨的心声传递到政协上来呢？

我认为很有必要提请有关部门纠正这种委员属性的偏离。

经过一番研究分析，我于2009年2月13日在十届二次会议上呈交了《关于省政协侨联界别要优化委员结构增强委员界别代表性的建议》的提案。十位首次参加省政协大会的特聘委员对此提案表示十分赞同，都在提案上签上了名字。

附录七

2009年2月作者在省政协呈交的《关于省政协侨联界别要优化委员结构增强委员界别代表性的建议》

人民政协按界别组成，这是政协的特质，各界别代表各社会阶层、各党派、各民族群众的利益和诉求，在政协组织里协商国家大事。因此，各界别委员结构是否合理，代表性是否显现，关系政协组织能否发挥作用的大问题。据分析，目前政协组织在各界别委员结构和代表性方面有改进的必要。

以省政协侨联界别为例：侨联界现有委员26名，党政机关领导人共11名，占了委员总数的42.3%，其中厅级领导占了5名；企业投资者共9名，占了委员总数的34.6%；医务及文职专家共5名，占了19.2%。侨联界是代表归侨侨眷的,这样的委员结构极不合理。首先,党政机关领导人数之比例过大(统战部部长三人,政府部门领导三人,侨联领导三人,政协专委会主任二人)。本来,这些涉侨机关的执政者是要接受侨联界委员的监督,与侨联界委员协商共事的,现在的位置变成自己监督自己,自己和自己协商了。其次,来自企业的9名委员全是投资者或国有企业的"一把手",从委员们的阶层来看,全是上、中层人士。整个侨联界别由党政领导、企业投资者和专家全部占满了,生产工人、农民,基层群众一个也没有。这样的委员结构,要真实地反映基层的呼声,我看是难乎其难了。

从26名委员的界别代表性来分析,也是令人难以接受的。26名委员中,没有一个有归侨属性的代表,9名企业家近半数是香港同胞,而据省侨办普查核实,我省现有归侨超过十万人,且大部分生活在边远农村和华侨农场。在社会各行业中有许多归侨的代表人物,但26名侨联界委员之中却没有归侨属性的委员,实在难以服众,这种现象在其他界别同样是存在的,是什么因素造成界别背离了所属界别的属性,这里不好做更深入的分析,反正造成这种现象的社会生态值得人们深思!

希望尽快扭转这种现象,让这一界别委员真正体现本界别的属性,真正代表本界别的群众利益,在政协组织中起到协商作用。

省政协常委:吕伟雄
2009年2月13日

省政协提案委把我们的提案编号为第20090722号,十个月后得到了答复。

这个答复做出了如下承诺:"考虑到侨联界委员中有归侨属性的委员较少的实际情况,今后在增补委员和下一次省政协换届时,我们将会综合考虑把符合条件的有关归侨人员安排为省政协委员,以进一步完善侨联界委员的结构。"

（3）提出《关于在我省各级政协中恢复华侨界别的建议》

在广东省政协十届二次会议上，我还提交了《关于在我省各级政协中恢复华侨界别的建议》。省政协提案委员会的同志把我这个建议编为第20090581号提案。

我对广东作为侨务大省，又是改革开放的"排头兵"，应该在政协组织中恢复设立华侨界别的想法，从进入省政协的2003年开始便有了，也不断在各种场合阐述这个建议。因条件未成熟，我一直没有正式提交议案。只是在有限的范围内争取邀请海外侨胞列席会议，以及后来的特聘委员制度。但是，这两类人员参加政协大会，只有发言权，没有表决权，也没有选举权，更没有被选举权。实际上还是名不正言不顺。直到2006年中共中央发布的《关于加强人民政协工作的意见》文件下发，提出了"要适应改革开放和经济发展的实际情况，研究合理设置界别，扩大团结面，增强包容性"。之后，我便在省政协各种会议上名正言顺地提出要恢复华侨界别的建议。直到2008年6月省政协二次常委会议提交给中共广东省委的报告中，也提出要增设华侨界别。我想时机到来了，于是在广东省政协十届二次全会上，提出了这个建议。

我的建议是2009年年初提出的，在2009年年底收到了答复。

十届二次会议我的提案没有落实，到了十届三次会议，我继续坚持协商下去，向大会提交了《广东的一切工作都应敢于先行先试——关于在我省各级政协中恢复华侨界别的再建议》

我在省政协的这几个提案，虽经几番努力，仍然没有完全实现。但我从来没有泄气，一直在努力争取。在我自己从政的经历中，一直都有这样的意识：许多沉积多年的尘垢，绝对不可能轻轻触碰一下就解决了。不同观念的对决、较量，不同看法的协商探讨，将是长期的。我问心无愧也决不气馁。我不会在政协这个大家庭里只当听众，只当观众，我必须承担起我所要承担的责任，如果连这点斗志，这点勇气都没有，那就真的"不如回家种红薯"了。

后　记

在侨务这个岗位，我站了13年的岗。我曾在多个岗位工作过，这是时间最长的一个，也是我公务员生涯中最后的一个工作岗位。

我即将退休时，有领导与我谈心，对我说："侨务这个岗位有点委屈你了。"我感谢领导如此厚爱我，也明白领导们的一片诚心，但我真不感到委屈。在这个平凡的岗位工作，充满艰辛与曲折，也充满欢乐与痛苦，可我对这个岗位充满情怀。我是用我的心灵，用我的灵魂去做侨务，所以我的内心充满激情充满成就感。老实说，我是带着对侨务满满的眷恋之情离岗退休的。

退休后，我着手准备这个口述。屈指算来，前后用了五六年时间，这个过程虽然艰辛，但很值得。

这本书能够出版，除了要感谢我自己的执着，要感谢的人和事实在数之不尽。没有众多热心人士的倾力支持与协助，这事不可能办成。

起初，我本人一个专题一个专题做前期准备，由林干、黄为民、肖韵贤同志几乎每月一两趟从广州来到中山，为我做口述录音、录像，及后来整理出文字初稿。在此基础上，我再对事件的时间、地点、人物逐一核对，形成文字基础稿。而大量的附件及照片，则是由我的一些旧同事于繁忙中偷空从历史档案资料中查核提取出来的。这项工作耗费了马碧雯、屈桂琴、陈雄、冯子源、杨圣祺等同志大量的时间和精力。我要特别感谢的

后 记

是马碧雯同志,许多历史照片都是由她千方百计查核出来的。由于她的努力,使口述显得更加立体。

把口述的手写稿转换成打印稿,这个工作让中山市侨办及《中山侨刊》的同事们则花了不少工夫。这方面,我必须特别提到中山市侨联高妙葵同志,大量的手稿是在她手上转换成打印稿,许多错别字、别扭句子,都是她一一改正过来的。

2006年,我从省侨办主任岗位上离任时,写了一封与侨胞和侨界朋友们的告别信,题目为"生命的新起点——向我热爱的岗位挥手告别"。几经考虑,我还是决定摘录几段放在这本书的后记中:

"事业必定是一代人接一代人往前走的。我从陈毓铮主任手里接过接力棒,不经意又走过七年了。这七年,有成功的,诚然,也有错失。我的成功在于无论处在什么位置都努力扮演自己该演的角色,并且以这个角色把自己奉献给自己的信念,而我的错失在于某些时候太固执地坚持不该坚持的,可在某些不该放弃的时候却又轻易放弃了。这也许就是人性的弱点。

告别自己所热爱的岗位,我想得最多的是自己在位时的不足,最想对同事们说的是:对不起!在位时,我表扬人少,批评人多,骂人骂到毫无距离,也不留面子,更不顾场合;要求部属近乎严苛,什么事都以自己的标准去要求同事,从不考虑别人的客观条件和自身感受。朋友都说我诚实坦率,可有时我的诚实让人无奈,我的坦率让人可恨!我身上的不足,影响了工作,也伤了不少同事的心。而我深爱的同事心胸比我更宽广,他们在这悠悠岁月的颠簸中,一直与我百转千回,风雨同舟,不离不弃。每想到此,万般歉意在心头!

回首走过的路,一行行艰辛的脚印,一个个揪心的故事,一幕幕难忘的景象……这一切,都匆匆而过。来不及回味,来不及后悔,也来不及反省。不过,我真实地感到,这几年,我学了很多,懂得很多,没有白过。

我体悟了华侨华人心底里的声音，懂得了奋斗的价值，我学到了生活的哲学，明白了追求的意义和生命的真谛。这七年，是我生命中最富有的金色秋天！

我在生命处于春天时，与同龄人高歌着'到农村去，到边疆去，到祖国最需要我的地方去'，在风雨中与生活在社会底层的农民兄弟摸爬滚打了整整七年，尝到了人生的酸甜苦辣，经历了人间的生离死别。记得有一回，在狂风骤雨中，我用锄头在荒野上写过这样的字句来表达自己的心声：会在花阶砖上跳舞，并不等于会在泥泞上走路。如今，我生命的春天已过，夏天已过，已是秋冬之际了，可觉得还在这条泥泞路上走。这是一条无尽的路，我却要执着地走下去。

来时风吹黑发，走时雪满白头。岁月是峥嵘的，可也是无情的。它磨掉了我许多许多，可永远磨不掉我与拼搏在五湖四海，生活在海角天涯的侨胞们结下的情义。在我看来，此刻骨情义是我生命中的至极财富，它让我领悟了真爱，让我无怨无悔，让我活得精彩。此情此义，成了我这辈子永不消逝的牵挂……

可敬的侨胞们，我的挚友们，一切为这神圣事业用过心，出过力，欢乐过，烦恼过的朋友们，对你们而言，我是个欠债者，我欠你们的情义太多了。在向我热爱的岗位挥手告别之际，欠债者用沙哑的声音、真情的心，来咏唱《远情》这首令人情感起伏的歌，还点儿情义之债……

我知道，情义之债是永远还不清的……"

吕伟雄
2022年12月28日